"十四五"时期国家重点出版物出版专项规划项目 · 重大出版工程规划
中国工程院重大咨询项目成果文库
新兴产业发展战略研究（2035）丛书

丛书主编：周济　邬贺铨

面向2035的新兴产业创新治理与政策研究

周　源 薛　澜 苗仲桢 等 著

科 学 出 版 社
北　京

内 容 简 介

本书以研究我国战略性新兴产业发展治理与政策创新为着眼点，通过产业发展与政策演化、创新生态体系建设、区域发展与治理、路线图规划与政策建议等四篇内容，分别分析国内新兴产业发展现状，构建战略性新兴产业创新生态体系，总结我国重点区域战略性新兴产业发展经验，规划我国战略性新兴产业路线图进程，为我国面向2035的战略性新兴产业发展治理与政策创新提出建议。

本书适合新兴产业创新发展战略研究领域的专家学者，以及从事新兴产业创新治理研究的学者和产业政策制定者阅读。希望本书能为中国战略性新兴产业发展治理理论和相关产业政策制定提供参考。

图书在版编目（CIP）数据

面向 2035 的新兴产业创新治理与政策研究 / 周源等著. -- 北京 : 科学出版社，2024.12
（新兴产业发展战略研究（2035）丛书 / 周济，邬贺铨主编）
“十四五”时期国家重点出版物出版专项规划项目
重大出版工程规划 中国工程院重大咨询项目成果文库
ISBN 978-7-03-074689-4

Ⅰ. ①面… Ⅱ. ①周… Ⅲ. ①新兴产业－创新管理－研究－中国－2035 ②新兴产业－经济政策－研究－中国－2035 Ⅳ. ①F269.24

中国国家版本馆 CIP 数据核字(2023)第 014651 号

责任编辑：王丹妮 陶 璇 / 责任校对：贾娜娜
责任印制：张 伟 / 封面设计：有道设计

科学出版社 出版
北京东黄城根北街 16 号
邮政编码：100717
http://www.sciencep.com
北京建宏印刷有限公司印刷
科学出版社发行 各地新华书店经销
*
2024 年 12 月第 一 版 开本：720 × 1000 B5
2024 年 12 月第一次印刷 印张：22 1/2
字数：454 000

定价：258.00 元
（如有印装质量问题，我社负责调换）

新兴产业发展战略研究（2035）丛书
编委会名单

凌　文　彭苏萍　蒋庄德　韩英铎　程　京　舒印彪
谭天伟　谭建荣　潘云鹤　薛　澜

工作组组长：

周　源　陈璐怡

工作组（以姓氏笔画为序）：

王　磊　王海南　孙旭东　陈必强　苗仲桢　赵丽萌
赵鸿滨　姜玲玲　徐国仙　高雨辰　陶　利　曹雪华
崔　剑　戴培超

本书撰写人名单

主要作者：

周　源　清华大学公共管理学院 长聘副教授
薛　澜　清华大学公共管理学院 文科资深教授
苗仲桢　清华大学公共管理学院 助理教授
刘宇飞　中国工程院战略咨询中心 副研究员
臧冀原　中国工程院战略咨询中心 副研究员
许冠南　北京邮电大学经济管理学院 教授

参与贡献的重要团队成员：

孔德婧　北京邮电大学现代邮政学院（自动化学院） 副教授
陈璐怡　清华大学公共管理学院 助理教授
高雨辰　清华大学公共管理学院 助理教授
盛如旭　清华大学中国工程科技发展战略研究院 博士后
戴培超　清华大学中国工程科技发展战略研究院 博士后
陈晓红　清华大学中国工程科技发展战略研究院 博士后
常　悦　清华大学中国工程科技发展战略研究院 博士后
张容嘉　清华大学中国工程科技发展战略研究院 博士后
董　放　清华大学公共管理学院 博士研究生
周　蓉　清华大学公共管理学院 博士研究生
张秦天　清华大学公共管理学院 博士研究生
刘宇涵　华中科技大学机械科学与工程学院 博士研究生
魏　洁　华中科技大学国家智能设计与数控技术创新中心 工程师
赵丽萌　清华大学中国工程科技发展战略研究院 项目主管
刘婧阳　清华大学中国工程科技发展战略研究院 研究助理

丛 书 序

2021年是“十四五”开局之年，必须立足新发展阶段、贯彻新发展理念、构建新发展格局，加快发展壮大战略性新兴产业。战略性新兴产业是以重大技术突破和重大发展需求为基础，对经济社会全局和长远发展具有重大引领带动作用的产业，具有知识技术密集、物质资源消耗少、成长潜力大、综合效益好等特点。面对当前错综复杂的国际国内新形势，发展战略性新兴产业是全面建成社会主义现代化强国、推动经济发展新动能的重要任务，也是促进我国经济高质量发展的关键。

战略性新兴产业是引领国家未来发展的重要力量，是主要经济体国际竞争的焦点。习近平指出，要以培育具有核心竞争力的主导产业为主攻方向，围绕产业链部署创新链，发展科技含量高、市场竞争力强、带动作用大、经济效益好的战略性新兴产业，把科技创新真正落到产业发展上①。坚持创新在我国现代化建设全局中处于核心地位，把科技自立自强作为国家发展的战略支撑，面向世界科技前沿、面向经济主战场、面向国家重大需求、面向人民生命健康，深入实施科教兴国战略、人才强国战略、创新驱动发展战略，完善国家创新体系，加快建设科技强国。战略性新兴产业作为未来的先导产业和支柱产业，对我国转变经济发展方式，实现创新驱动发展有着重要的推动作用。

为了应对金融危机，重振经济活力，2010年，国务院颁布了《关于加快培育和发展战略性新兴产业的决定》，并于2012年出台了《“十二五”国家战略性新兴产业发展规划》，提出要重点培育与发展节能环保、新一代信息技术、生物、高端装备制造、新能源、新材料、新能源汽车等七大领域；2016年出台了《“十三五”国家战略性新兴产业发展规划》，把战略性新兴产业摆在了经济社会发展更加突出的位置，加快发展壮大了网络经济、高端制造、生物经济、绿色低碳和数字创意等五大领域，超前布局了空天海洋、信息网络、生物技术和核技术领域等一批战略性产业；2021年，《中华人民共和国国民经济和社会发展第十四个五

---

① 《实施创新驱动发展战略》，http://theory.people.com.cn/GB/n1/2017/0622/c148980-29355177.html[2017-06-22]。

年规划和 2035 年远景目标纲要》中明确指出，要着眼于抢占未来产业发展先机，培育先导性和支柱性产业，推动战略性新兴产业融合化、集群化、生态化发展。当前，我国已转向高质量发展阶段，战略性新兴产业在坚持创新驱动发展，全面塑造发展新优势方面起到了重要作用。

中国工程院是中国工程科技界最高荣誉性、咨询性学术机构，同时也是首批国家高端智库。自 2011 年起，开展了“战略性新兴产业培育与发展战略研究”“‘十三五’战略性新兴产业培育与发展规划研究”“战略性新兴产业发展重大行动计划研究”等重大咨询项目的研究工作，并配合国家发展和改革委员会参与了“十二五”“十三五”国家战略性新兴产业发展规划的制订和规划实施的中期评估，为战略性新兴产业相关政策的制定及完善提供了依据。

在前期研究基础上，中国工程院于 2018 年启动了“新兴产业发展战略研究（2035）”重大咨询项目。项目以“十四五”及 2035 战略性新兴产业创新发展研究为主要内容，紧密结合我国国情与国际形势，在系统分析国内外战略性新兴产业发展趋势、我国经济社会发展的战略需求的基础上开展研究。研究战略性新兴产业重点领域规划实施和创新发展，形成新兴产业技术预见路线图，完善战略性新兴产业统计指标体系和成熟度评价指标体系的建设。为“十四五”产业部署和创新发展重点及“十四五”规划的前期研究提供参考，同时为实现 2035 年创新发展目标奠定基础。

经过两年的广泛调研和深入研究，项目组编纂形成“新兴产业发展战略研究（2035）”丛书，共 8 册。其中 1 册综合卷，即《新兴产业发展战略综合研究（2035）》；1 册政策卷，即《面向 2035 的新兴产业创新治理与政策研究》；6 册领域卷，包括《新一代信息产业发展战略研究（2035）》《生物产业发展战略研究（2035）》《高端装备产业发展战略研究（2035）》《新材料产业发展战略研究（2035）》《绿色低碳产业发展战略研究（2035）》《数字创意产业发展战略研究（2035）》。丛书在研判国际新兴产业发展的新趋势基础上，梳理各个重点领域的系统性技术、产业瓶颈突破技术、跨领域技术，凝练“十四五”战略性新兴产业发展面临的问题，开展面向 2035 年的新兴产业技术预见及产业体系前瞻研究，并提出了“十四五”及中长期战略性新兴产业的发展思路、重点方向及对策建议。

2021 年正值“两个一百年”奋斗目标交汇与转换之年，也是“十四五”国家战略性新兴产业发展的关键之年。衷心希望本套丛书能够继续为广大关心、支持和参与战略性新兴产业发展的读者提供高质量、有价值的参考。

前　言

战略性新兴产业代表未来科技和产业发展新方向，对经济社会具有全局带动和重大引领作用。党的十九届五中全会再次提出要发展战略性新兴产业。《中华人民共和国国民经济和社会发展第十四个五年规划和 2035 年远景目标纲要》提出，要“推动战略性新兴产业融合化、集群化、生态化发展”。加快培育和发展以重大技术突破、重大发展需求为基础的战略性新兴产业，对于推进产业结构升级和经济发展方式转变，提升我国自主发展能力和国际竞争力，促进经济社会可持续发展，具有重要意义。

本书以研究我国战略性新兴产业政策创新发展为着眼点，通过产业发展与政策演化、创新生态体系建设、区域发展与治理、路线图规划与政策建议等内容，分别分析国内新兴产业发展现状，构建战略性新兴产业创新生态体系，总结我国重点区域战略性新兴产业发展经验，规划我国战略性新兴产业路线图进程，为我国在“十四五”时期的战略性新兴产业政策创新提出建议。

第一篇为产业发展与政策演化篇，通过对政策文本和产业案例分析，回顾了“十三五”期间我国战略性新兴产业的发展历程。第一章对“十三五”战略性新兴产业发展进行了回顾，从宏观和微观两个角度梳理了“十三五”期间我国战略性新兴产业的发展概况，分析了 2021 年我国战略性新兴产业领军企业 100 强发展情况。第二章利用自然语言处理（natural language processing）等机器学习（machine learning）的方法，梳理了 2010 年 1 月至 2020 年 6 月中央部委颁布的一系列战略性新兴产业政策和八大产业领域政策（新一代信息技术产业、生物产业、高端装备制造产业、新材料产业、新能源产业、智能及新能源汽车产业、节能环保产业、数字创意产业）的主题、主题演化过程及主题演化导向，总结这十年我国战略性新兴产业政策的发展脉络、演化进程和变化规律，为提出“十四五”阶段产业政策建议提供支撑和方向。第三章从国际角度出发，梳理了发达国家和新兴经济体在新兴产业方面的相关政策，并以智能制造为例，回顾了“十三五”战略性新兴产业具体领域的发展，梳理了我国发展智能制造的战略性意义，并从持续增长的市场和资金规模、重点领域蓬勃发展、快速打造多个产业集群三个方面梳理了“十三五”时期我国战略性新兴产业在党和政府的引导下取得的丰硕成果。

第二篇为创新生态体系建设篇，通过对战略性新兴产业产业链的全景分析，提出了“供需主体层—赋能体系层—治理体系层”新兴产业生态体系框架。第四章通过集成产业创新系统、创新生态系统和创新型政府等相关理论，阐述了生态体系的内涵及外延；在此基础上结合我国战略性新兴产业的发展需要和经验，进一步提出了构建战略性新兴产业生态体系及其分层和要素（供需主体层、赋能体系层、治理体系层），为我国产业升级保驾护航，为宏观经济增长提供持续动力。第五章重点聚焦战略性新兴产业生态体系中的土地要素供给问题，分析了我国工业的空间分布格局和集聚效应。第六章通过对我国战略性新兴产业上市企业专利分析，梳理了我国战略性新兴产业重点领域和重点地区知识产权发展进程，并对我国“十三五”期间战略性新兴产业专利申请情况与产业聚集区战略性新兴知识产权结构特征进行了深入解读。

第三篇为区域发展与治理篇，从产业结构、产业治理和发展思路等多方面分析了全国及五个重点地区战略性新兴产业发展现状，并总结各地区成功经验和相关启示。第七章，从政策措施、产业发展成就、创新体系升级、国际化等方面对我国战略性新兴产业发展现状进行了整体分析。第八章至第十二章，分别对我国战略性新兴产业五个重点地区，包括北京市、重庆市、广东省、湖北省、浙江省，从升级产业结构和技术创新角度出发，总结其实现战略性新兴产业显著发展成果的经验，为未来其他地区战略性新兴产业规划和布局提供启示，并分别提出相关政策建议。

第四篇为路线图规划与政策建议篇，通过创新大数据支撑的新兴产业技术态势预见与路线图方法，并结合新兴产业特点提出促进我国战略性新兴产业发展的政策建议。第十三章基于技术预见方法和技术体系与技术态势分析，提出在产业发展规划与创新政策制定中应该系统围绕“技术创新—制度体系—社会风险”等多重维度进行综合考虑，并强调上述不同维度主体之间的互动、沟通及协同，并围绕高端装备制造、新医药和新能源等产业的发展提出政策建议。第十四章系统性地从技术创新体系、市场环境、科技转移转化、新兴技术扩散、企业融资、人才激励、国际合作等角度，为我国新兴产业在“十四五”时期的创新发展提出相应的政策建议。

本书排名第三、第四、第五位作者，分别为苗仲桢、刘宇飞、臧冀原。感谢北京邮电大学经济管理学院许冠南教授领导的研究团队参与指导本书的写作和编撰。先后参与本书成果贡献、资料收集以及内容整理的专家学者与工作人员共有15人，他们是孔德婧、陈璐怡、高雨辰、盛如旭、戴培超、陈晓红、常悦、张容嘉、董放、周蓉、张秦天、刘宇涵、魏洁、赵丽萌、刘婧阳。

同时，本书感谢中国工程院战略研究与咨询项目（2022-HY-17，2022-HY-01，

2022-HY-02，2022-HY-03，2021-HYZD-6，2021-JZ-06，2021-HZ-9）、中国工程院院地合作重大项目（2022-GD-9，2021-GD-3，2021-DFZ-6，2021-XZ-CQ-2）、国家社会科学基金重大研究专项（22VMG014）、国家自然科学基金项目（71974107，L2224059，72204135，72104224，72004016，L2124002，91646102，L1924058，L1824039，L1724034）、中国工程科技知识中心建设项目（CKCEST-2022-1-30）、清华大学—剑桥大学自主科研国际合作专项（2019Z02CAU）的支持。

目　录

第一篇　产业发展与政策演化篇

第二篇　创新生态体系建设篇

第三篇 区域发展与治理篇

第一篇　产业发展与政策演化篇

第一章 “十三五”新兴产业发展回顾

第一节 战略性新兴产业总体情况分析

一、新兴产业发展态势

（一）产业规模稳健提升

“十三五”期间，我国战略性新兴产业呈现出稳健、高质的发展特点。

从产业发展规模上来看，“十三五”末战略性新兴产业增加值占 GDP（gross domestic product，国内生产总值）比重较“十二五”末提升了 5~6 个百分点。

从产业发展速度上来看，“十三五”期间我国战略性新兴产业规模持续增长。在工业方面，2016~2020 年上半年战略性新兴产业规模以上工业增加值增速始终高于全国工业总体增速。其中，2020 年上半年战略性新兴产业规模以上工业增加值同比增长 2.9%，高出全国总体增速 4.2 个百分点（图 1-1）[①]。

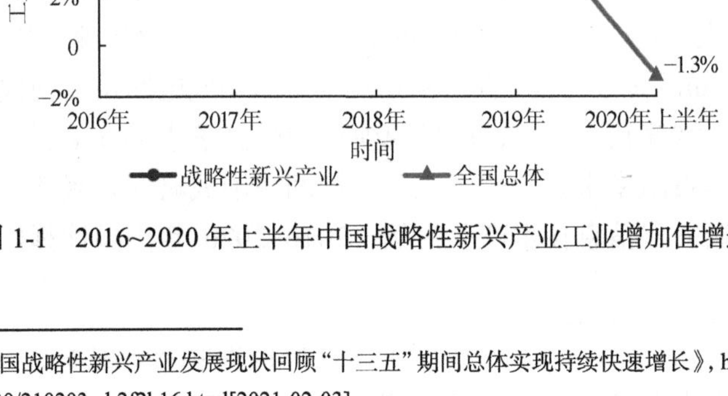

图 1-1 2016~2020 年上半年中国战略性新兴产业工业增加值增速

① 《2020 年中国战略性新兴产业发展现状回顾“十三五”期间总体实现持续快速增长》，https://www.qianzhan.com/analyst/detail/220/210203-ab2f2b16.html[2021-02-03]。

在相关服务业方面，2018 年以来我国战略性新兴服务业营收增速同样领先全国规模以上服务企业营收增速。其中，2020 年 11 月，全国战略性新兴服务业营收增速达 8.6%，高出全国规模以上服务企业营收增速 7 个百分点（图 1-2）①。

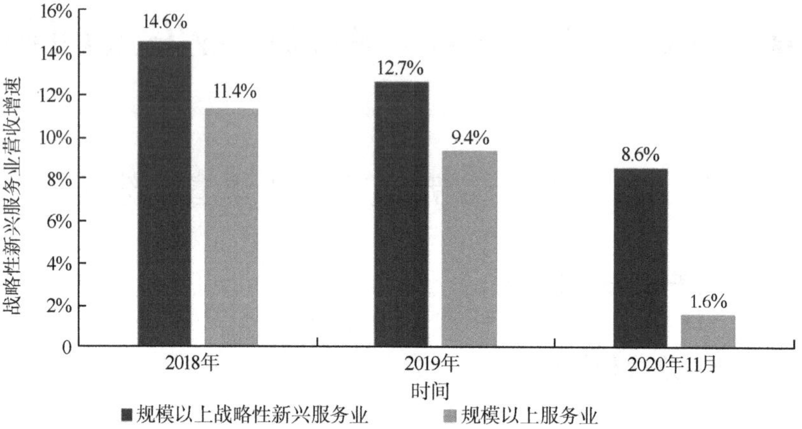

图 1-2　2018~2020 年 11 月中国战略性新兴服务业营收增速

（二）产业竞争力显著增强

“十三五”期间我国战略性新兴产业在多领域实现世界领先乃至是全球首位，对我国外贸出口的贡献突出，一批富有国际竞争力的中国战略性新兴产业企业在国际市场崭露头角。

从世界领先水平来看，一是部分领域技术水平达到世界领先水平：新一代信息技术产业中的新一代移动通信，新能源产业中的核电、光伏，高端装备制造产业中的高铁，生物产业中的基因序列等领域具备世界领先的研发水平和应用能力；二是部分领域产业规模位居世界首位，新能源产业中的发电装机量、新能源汽车产业中的汽车销量、高端装备制造产业中的海洋工程装备接单量位居全球首位。

从市场规模来看，2016~2020 年全球半导体行业销售规模整体呈增长趋势、增长率起伏较大（图 1-3）。在此期间中国半导体行业快速发展，以集成电路（integrated circuit，IC）为例，2016~2020 年中国集成电路市场规模及制造规模整体呈增长趋势，增速较为平稳，市场规模年均增长率达 11.1%（图 1-4）。

从外贸出口贡献率来看，“十三五”期间我国战略性新兴产业在出口规模上逐年提升。以新一代信息技术产业为例，2016~2020 年中国计算机、通信和其他

① 《2020 年中国战略性新兴产业发展现状回顾“十三五”期间总体实现持续快速增长》，https://www.qianzhan.com/analyst/detail/220/210203-ab2f2b16.html[2021-02-03]。

电子设备制造业出口交货值稳步提升，2020 年达到 58 503.3 亿元（图 1-5）。

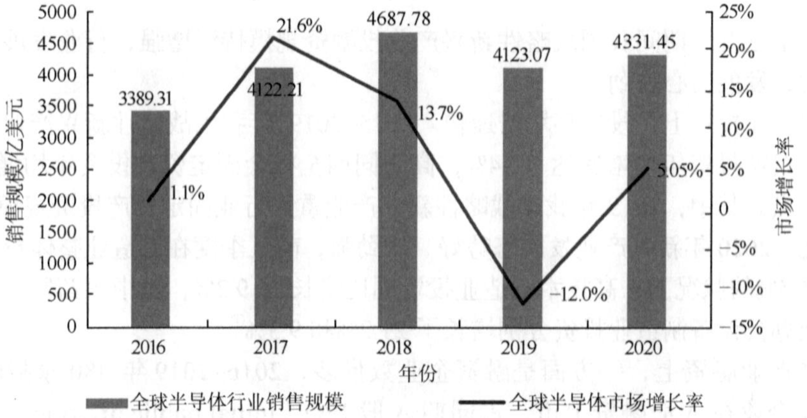

图 1-3 2016~2020 年全球半导体行业销售规模及增长率

资料来源：亿欧智库《2021 中国集成电路行业投资市场研究报告》

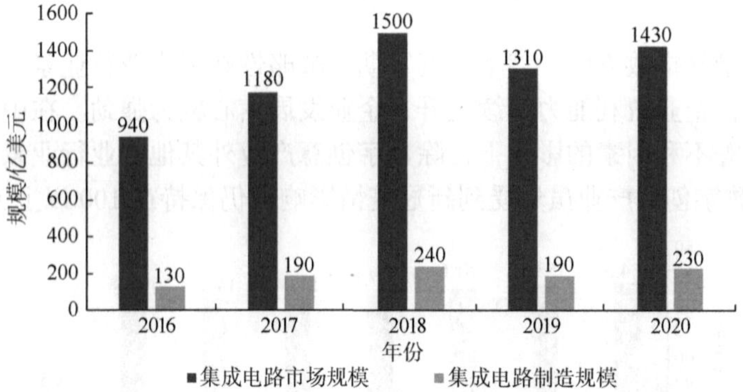

图 1-4 2016~2020 年中国集成电路市场规模及制造规模

资料来源：亿欧智库《2021 中国集成电路行业投资市场研究报告》

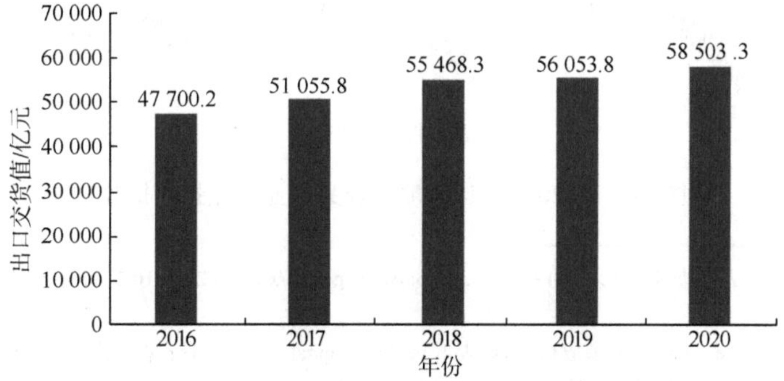

图 1-5 2016~2020 年中国计算机、通信和其他电子设备制造业出口交货值

资料来源：国家统计局、博思数据

（三）产业投融资持续增长

“十三五”期间我国战略性新兴产业投融资规模持续增强，行业发展景气指数正常，发展信心强劲。

在产业投资上，投资年均增速快。2015~2019 年我国战略性新兴产业重点行业固定资产投资年均增速达 10.4%，高于同期全社会固定资产投资年均增速 3.8 个百分点。其中，2019 年我国战略性新兴产业重点行业固定资产投资规模超过 5 万亿元。2020 年新兴产业发展态势好、后劲强，前三季度在制造业整体投资同比下降 6.5%的状况下，高技术制造业投资同比增长了 9.3%，其中医药制造业、计算机及办公设备制造业投资分别增长了 21.2%和 9.3%[①]。

在产业融资上，一方面是融资企业数量多，2016~2019 年 480 家战略性新兴产业企业在 A 股融资上市，占同期 A 股 IPO（initial public offering，首次公开发行）企业总数的 49.3%；另一方面是融资规模大，2016~2019 年战略性新兴产业企业获得风险资本投资额（PE/VC[②]）近 3 万亿元，占风险资本投资额的 70%以上。

在行业景气指数方面，“十三五”期间战略性新兴产业行业景气指数处于景气区间以上，企业盈利能力持续提升，企业发展信心较为强劲。在中美贸易摩擦和新冠疫情等不利因素的影响下，除数字创意产业外其他产业行业景气指数都在 140 以上，数字创意产业虽然受到新冠疫情影响但仍保持在 100 以上（图 1-6）[③]。

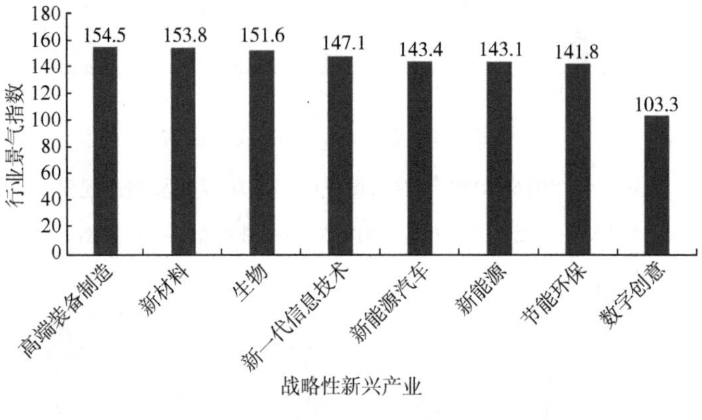

图 1-6　2020 年中国战略性新兴产业行业景气指数

①《央地多举措力促战略性新兴产业投资》，http://www.gov.cn/xinwen/2020-10/27/content_5554942.htm[2020-10-27]。

② PE 表示 private equity，私募股权；VC 表示 venture capital，风险投资；在国内的一般机构调研报告中，一般都将这两个概念统一为风险投资的通用表述，简称为 PE/VC。

③《2020 年四季度战略性新兴产业加速上扬》，https://www.ndrc.gov.cn/xxgk/jd/wsdwhfz/202103/t20210308_1269119.html[2021-03-08]。

二、新兴产业重点领域分析

（一）新一代信息技术产业发展强劲

“十三五”期间我国新一代信息技术产业发展呈现出高产出、高增长、高营收的特点，平台经济异军突起，产业竞争力不断提升。

在产品产量上，2019 年彩电、微型电子计算机、手机等主要产品产量分别达 1.9 亿台、3.4 亿台和 17 亿部，稳居全球第一。在产业增加值上，2015~2019 年规模以上电子信息制造业增加值年均增速均超过 9%。在业务收入方面，2019 年我国软件业务实现收入 7.2 万亿元，较“十二五”末增长近 7 成。

在平台经济发展上，网络视听、共享经济、电子商务等平台不断发力。从用户规模来看，网络视听平台中全国视频预付费会员用户约 2.5 亿人，共享经济参与者约 8 亿人（含 7800 万名提供服务者）。从市场交易规模来看，2017 年至 2020 年共享经济市场交易额分别为 20 772 亿元、29 420 亿元、32 828 亿元、33 773 亿元（图 1-7）[①]。共享经济的市场结构以生活服务和生产能力为主（图 1-8）[①]。

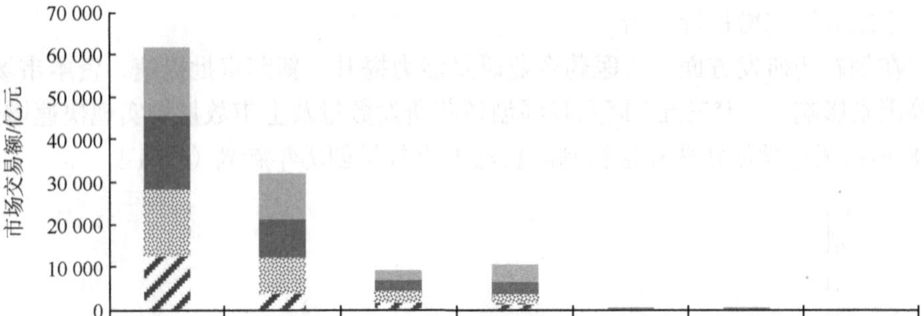

	生活服务	生产能力	交通出行	知识技能	共享办公	共享住宿	共享医疗
2020年	16 175	10 848	2 276	4 010	168	158	138
2019年	17 300	9 205	2 700	3 063	227	225	108
2018年	15 894	8 236	2 478	2 353	206	165	88
2017年	12 924	4 170	2 010	1 382	110	120	56

图 1-7　2017~2020 年我国共享经济市场交易额

（二）生物产业加速创新

“十三五”期间我国生物医药产业发展呈现出高增速、高营收的特点，创新

① 《〈中国共享经济发展报告（2021）〉正式发布（附报告全文）》，https://www.ndrc.gov.cn/xxgk/jd/wsdwhfz/202102/t20210222_1267536.html[2021-02-22]。

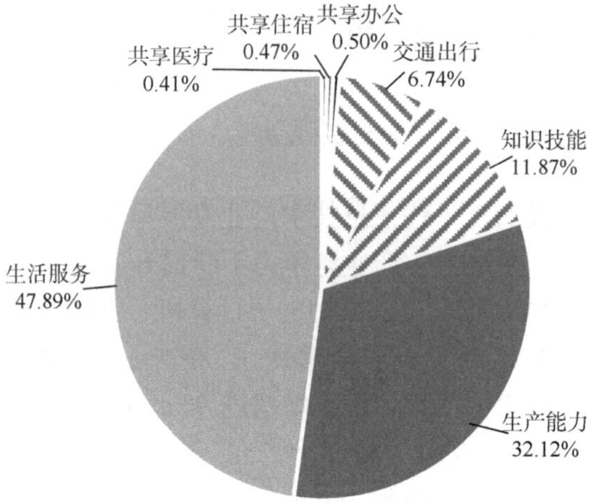

图 1-8　2020 年我国共享经济市场交易额占比

药研发规模不断提升，资本市场表现活跃。

在发展速度上，2016~2019 年医药制造业营业收入年均增速 10.7%，高于同期工业企业整体营收 3.0 个百分点。其中，2019 年医疗器械市场规模超 6000 亿元，较“十二五”末增长近一倍。

在创新药研发方面，受医药企业研发能力提升、新药审批提速、资本市场支持等因素影响，“十三五”期间我国创新药研发数量及上市数量均实现快速增长。2018 年我国化学创新药和生物制品新药上市数量创历年新高（图 1-9）。

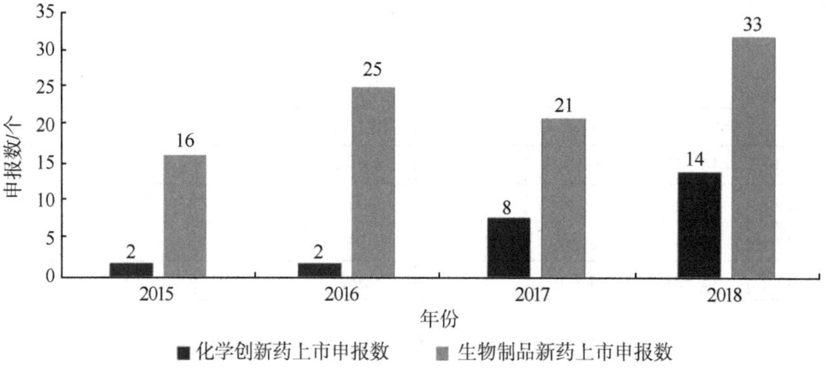

图 1-9　2015~2018 年我国创新药上市申报数量

资料来源：中国产业信息网

在资本市场上，“十三五”期间我国创新药企受到资本市场的青睐，创新药行业融资水平较高。其中，2018 年一级市场创新药企业融资数量达 84 个，融资金额达 374.4 亿元。

（三）高端装备制造产业世界领先

“十三五”期间我国高端装备制造产业在多个领域达到世界领先水平。

智能制造装备初步形成自动化生产线、智能检测与装备配备、智能监控系统、工业机器人等产业体系。2016~2020 年市场规模持续扩大，在 2020 年突破 20 000 亿元大关达到 20 900 亿元（图 1-10）①。

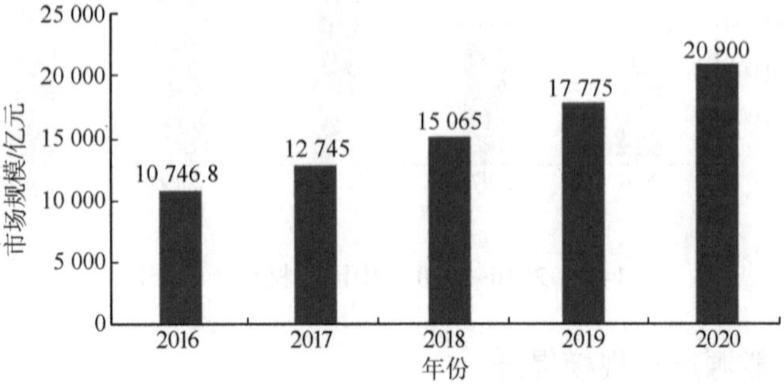

图 1-10 2016~2020 年中国智能制造装备市场规模

轨道交通装备研发能力和主导产品达到全球领先水平，高铁装备出口引领中国制造逐步走向国际化高端，高铁装备制造能力和运营能力世界领先。

2016 年以来，受益于“一带一路”和“供给侧结构性改革”持续推进以及基建等回暖，中国工程机械行业重新进入上升轨道。2019 年中国工程机械销售收入达 6600 亿元，创历史新高②。

卫星导航与位置服务总体产值在 2019 年达 3450 亿元，较上年增长 14.4%。与卫星导航技术研发和应用直接相关的产业核心产值为 1166 亿元，在总产值中占比 33.8%。

（四）新材料产业特色明显

“十三五”期间我国新材料产业以需求为导向，实现产业化和规模化发展，在多个基础性原材料重点产业上实现了突破，发展特色明显。

在产值方面，2016~2020 年中国新材料产值稳步提升，2020 年产值 6 万亿元（图 1-11）①。围绕信息、能源、节能环保、生物、航空航天以及产业革新等方面的战略需求，新材料产业实现了一批关键新材料产业化和规模应用。在基础材料技术提

①《2021 中国智能装备制造行业市场规模及发展前景分析》，http://wap.seccw.com/Index/detail/id/3526.html [2021-06-19]。

②《高端装备制造业 2019 年及 2020 年一季度跟踪报告》，https://wap.seccw.com/Index/detail/id/243.html[2020-05-24]。

升与产业升级方面，钢铁、有色、石化、轻工、纺织、建材等基础性原材料重点产业实现了新材料和技术上的突破。部分信息材料产品质量进入国际先进行列①。

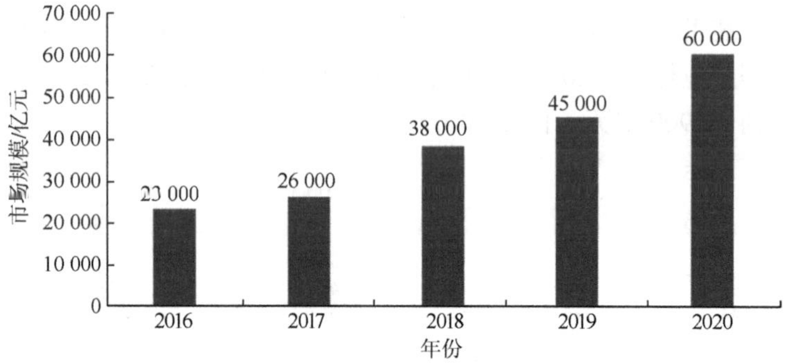

图 1-11　2016~2020 年中国新材料产业产值

（五）新能源产业规模提升

“十三五”期间我国新能源产业应用规模不断提升。从细分行业来看，2016~2020 年我国核电、风电、太阳能发电量不断提升。从结构上来看，风电规模位居首位，核电紧随其后，太阳能发电提速明显（图 1-12）②。

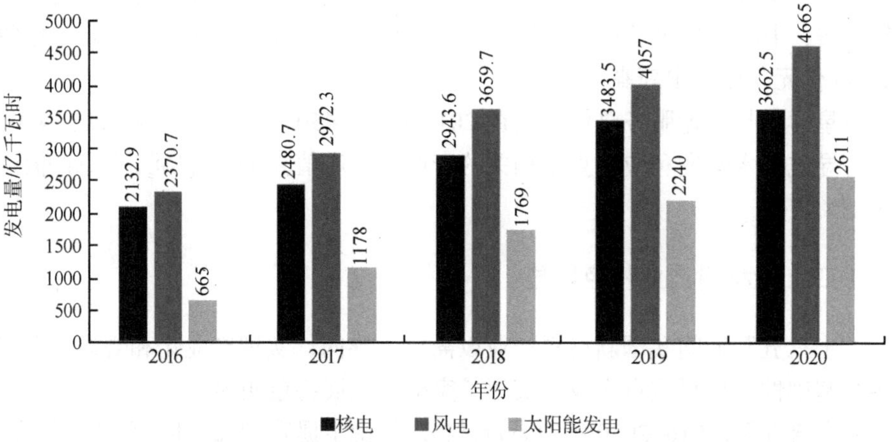

图 1-12　2016~2020 年中国核电、风电、太阳能发电量

① 《2020 年中国新材料行业发展情况回顾及 2021 年前景预测》，https://www.askci.com/news/chanye/20210112/1733171332502.shtml[2021-01-12]。

② 《中国能源大数据报告（2021 年）——电力篇》，https://news.bjx.com.cn/html/20210617/1158638.shtml[2021-06-17]。

（六）节能环保产业成效显著

“十三五”期间我国节能环保产业发展增速较快，GDP 贡献率稳步提升。在发展速度上，2010~2020 年中国节能环保产业产值不断扩大，占 GDP 比重也稳步提升。其中，2020 年中国节能环保产业产值达 7.5 万亿元，占 GDP 比重为 7.38%（图 1-13）[①]。

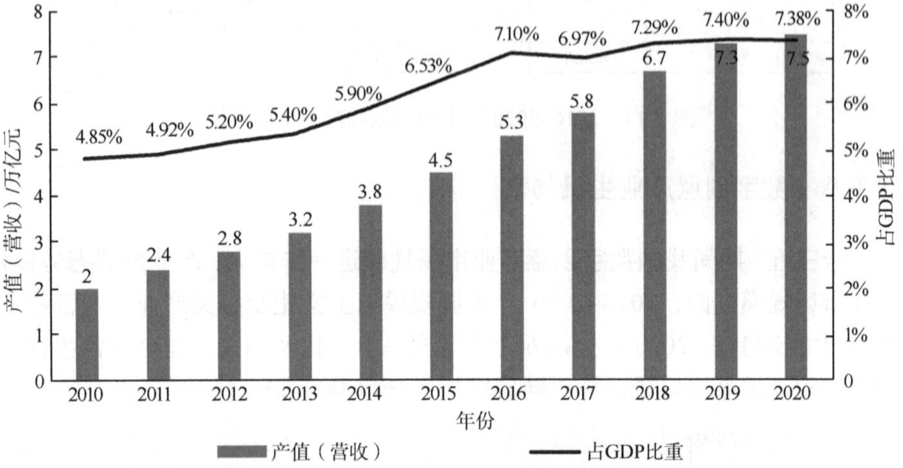

图 1-13 2010~2020 年中国节能环保产业产值与占 GDP 比重

（七）新能源汽车初露锋芒

“十三五”期间我国新能源汽车产业链基本完备，龙头骨干企业加速形成，燃料电池汽车开启规模化示范运营，商业模式创新、产业规模扩大、产业链不断完善。

在商业模式上，基于共享经济理念的分时租赁等商业模式涌现。在产业规模上，2016~2020 年中国电动车产业市场规模整体呈现增长趋势，纯电动车市场规模占据绝对优势（图 1-14）[②]。其中，2020 年中国电动车产业市场规模达 2231.9 亿元。在产业链方面，动力电池、电力驱动、电子控制、自动驾驶、车联网和电池回收利用等产业链不断完备，电池、电机、控制器等关键零部件完全实现国产化。

① 《2021 年中国节能环保产业发展分析报告》，https://www.sohu.com/a/558191702_121323794 [2022-06-17]。

② 《2021 年中国新能源汽车产业链投资价值分析报告：新能源车迎来戴维斯双击》，https://max.book118.com/html/2021/1101/6034022100004040.shtm[2021-11-02]。

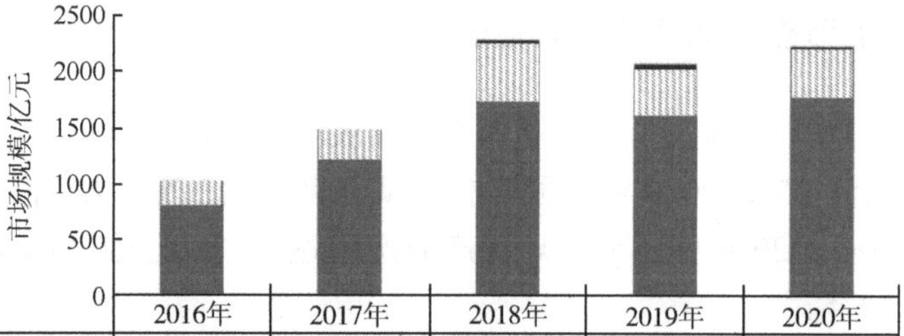

	2016年	2017年	2018年	2019年	2020年
■燃料电池车	0	0	27	40.5	15
▨插电式混合动力车	213.1	256.5	524.5	423.6	440
■纯电动车	808.6	1216.1	1731.4	1613.5	1776.9

图 1-14　2016~2020 年中国新能源汽车市场规模

（八）数字创意产业生机勃勃

“十三五”期间我国数字创意产业市场规模进一步扩大，产业发展态势良好。

在市场规模方面，2016~2020 年中国规模以上文化及相关产业企业营业收入整体呈现增长趋势，2020 年全国 6 万家规模以上文化及相关产业企业营业收入达 98 514 亿元，按可比口径计算，同比增长 2.2%（图 1-15）[①]。

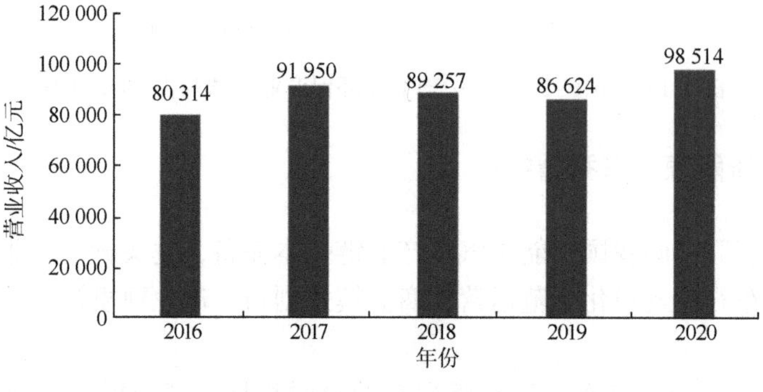

图 1-15　2016~2020 年中国规模以上文化及相关产业企业营业收入

在细分行业方面，2020 年内容创作生产（23 275 亿元）、文化消费终端生产（18 808 亿元）、创意设计服务（15 645 亿元）位居文化及相关产业细分行业营业收入前三位。在增长率上，新闻信息服务增长率（18.0%）位居细分行业首位（图 1-16）[①]。

①《2020 年全国规模以上文化及相关产业企业营业收入增长 2.2%》，http://www.gov.cn/xinwen/2021-02/01/content_5584025.htm[2021-02-01]。

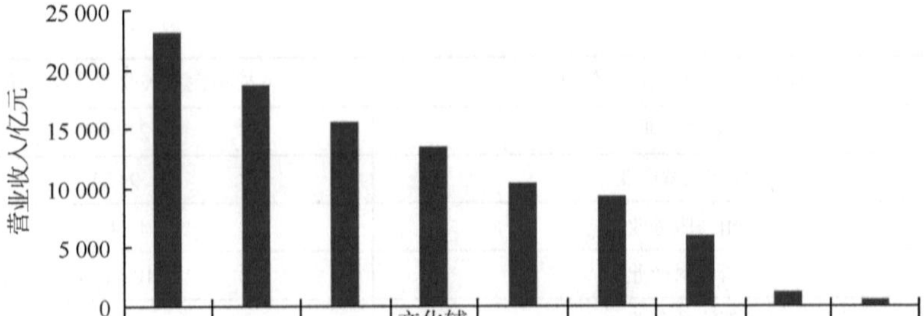

行业	内容创作生产	文化消费终端生产	创意设计服务	文化辅助生产和中介服务	文化传播渠道	新闻信息服务	文化装备生产	文化娱乐休闲服务	文化投资运营
增长率	4.7%	5.10%	11.1%	-6.9%	-11.8%	18.0%	1.1%	-30.2%	2.8%
营业收入/亿元	23 275	18 808	15 645	13 519	10 428	9 382	5 893	1115	451

图 1-16 2020 年中国规模以上文化及相关产业细分行业营业收入

第二节 战略性新兴产业 100 强企业发展情况

一、整体情况

2021 年我国战略性新兴产业整体发展势头良好。2021 年中国战略性新兴产业 100 强企业入围门槛为 206.5 亿元，入围企业共实现战略性新兴业务收入 7.6 万亿元，较上年增长 24.6%（本报告增长率计算均剔除了未能提供往年相应财务数据的企业）；入围企业中共有 87 家实现战略性新兴业务收入正增长。入围企业战略性新兴资产总额达到 11.8 万亿元，较上年增长了 49.4%。

（一）业务收入分析

2021 年中国战略性新兴产业 100 强企业共实现营业收入 23.6 万亿元，其中战略性新兴业务收入 7.6 万亿元（表 1-1），占营业收入的比重为 32.2%，较上年 100 强上升了 3 个百分点。平均来看，入围企业平均实现战略性新兴业务收入 248 万元，较上年增长 39.6 个百分点。图 1-17 为 2021 年中国战略性新兴产业 100 强企业八大战略性新兴产业领域业务收入占比情况。

表 1-1 2021 年中国战略性新兴产业 100 强企业八大战略性新兴产业领域业务总收入

所属战略性新兴产业领域	战略性新兴业务总收入/亿元
高端装备制造产业	11 178.2
节能环保产业	2 922.2

续表

所属战略性新兴产业领域	战略性新兴业务总收入/亿元
生物产业	2 899.5
数字创意产业	967.1
相关服务业	4 744.5
新材料产业	10 445.1
新能源产业	8 496.4
新一代信息技术产业	34 524.8
总计	76 177.8

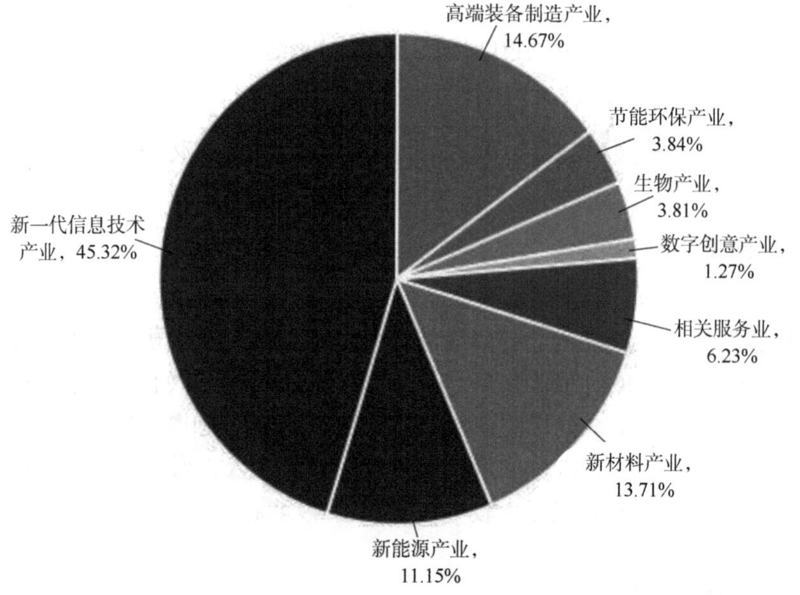

图 1-17　2021 年中国战略性新兴产业 100 强企业八大战略性新兴产业领域业务收入占比

资料来源：《2021 中国 500 强企业发展报告》

2021 年中国战略性新兴产业 100 强企业实现战略性新兴业务收入超千亿元的企业共 15 家（表 1-2），排名首位的是华为投资控股有限公司（简称华为），其战略性新兴业务收入达 8913.7 亿元，占百强企业战略性新兴业务总收入的 11.7%；中国移动通信集团有限公司位列第二，战略性新兴业务收入为 5901.6 亿元，占百强企业战略性新兴业务总收入的 7.7%；中国电信集团有限公司排在第三位，战略性新兴业务收入为 3115.0 亿元，占百强企业战略性新兴业务总收入的 4.1%。15 家入围千亿俱乐部企业战略性新兴业务收入总计达到 3.7 万亿元，占所有入围企业战略性新兴业务总收入的 49%，头部效应凸显（图 1-18）。

表 1-2 2021 年战略性新兴业务收入超千亿元的企业

名次	企业名称	所属战略性新兴产业领域	战略性新兴业务总收入/亿元	所属行业
1	华为投资控股有限公司	新一代信息技术产业	8913.7	通信设备制造
2	中国移动通信集团有限公司	新一代信息技术产业	5901.6	电信服务
3	中国电信集团有限公司	新一代信息技术产业	3115.0	电信服务
4	中国联合网络通信集团有限公司	新一代信息技术产业	2584.8	电信服务
5	苏宁控股集团有限公司	相关服务业	2523.0	综合服务业
6	正威国际集团有限公司	新材料产业	2028.5	一般有色
7	广州医药集团有限公司	生物产业	1798.8	药品制造
8	天能控股集团有限公司	新能源产业	1648.2	电力电气设备制造
9	中国电子信息产业集团有限公司	高端装备制造产业	1578.4	半导体、集成电路及面板制造
10	北京电子控股有限责任公司	新一代信息技术产业	1510.8	半导体、集成电路及面板制造
11	浙江吉利控股集团有限公司	高端装备制造产业	1363.9	汽车及零配件制造
12	中国宝武钢铁集团有限公司	新一代信息技术产业	1191.3	黑色冶金
13	中国广核集团有限公司	新能源产业	1090.0	电力生产
14	中国五矿集团有限公司	节能环保产业	1061.5	综合制造业
15	三一集团有限公司	高端装备制造产业	1000.5	工业机械及设备制造

资料来源：《2021 中国 500 强企业发展报告》第 6 章“2021 中国战略性新兴产业领军企业 100 强分析报告”

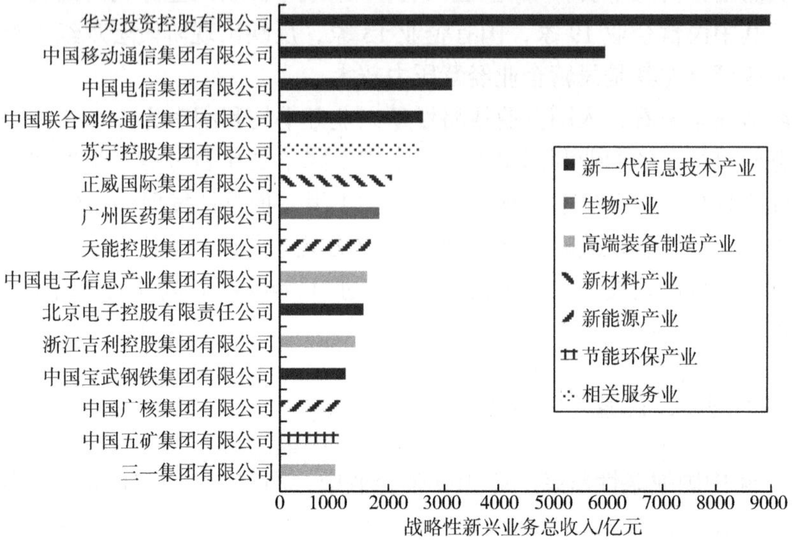

图 1-18 2021 年战略性新兴业务收入超千亿元的企业的战略性新兴业务总收入

（二）经营效益分析

2021年中国战略性新兴产业100强企业战略性新兴业务经营效益低速增长，经营效率有所下滑，共实现营业利润15 798.5亿元，其中战略性新兴业务利润7434.5亿元（指按战略性新兴业务归口统计的营业利润）。从企业战略性新兴业务亏损情况来看，亏损额合计126.5亿元，其中6家企业出现亏损，占比54.5%，1家企业实现扭亏为盈，占比9.1%，4家亏损企业由盈转亏，占比36.4%（图1-19）。

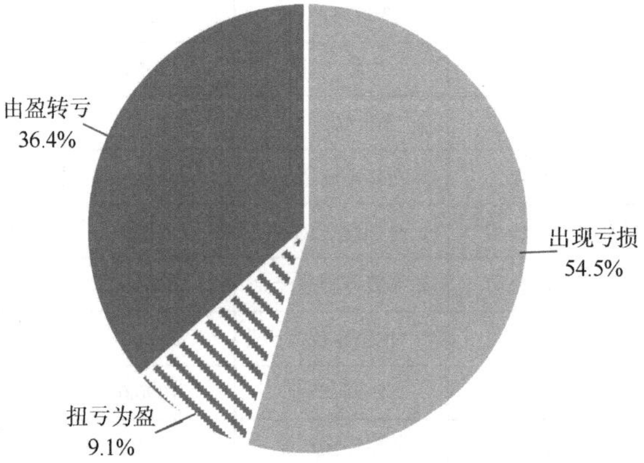

图1-19　2021年中国战略性新兴产业100强企业战略性新兴业务亏损企业数量占比

从利润增长情况来看，入围企业共有32家战略性新兴业务利润出现一定程度的下滑，其中民营企业19家，国有企业13家，反映出现阶段宏观经济尚未企稳情况下企业经营尤其是民营企业经营压力较大。

从经营效率来看，入围企业战略性新兴业务平均利润率为11%（指按战略性新兴业务归口统计的营业利润率），较上年下降了2个百分点。虽然部分入围企业战略性新兴相关业务效益出现一定程度的下滑，但整体发展势头依然强劲。

入围企业平均实现战略性新兴利润24.2万元，受到产业技术发展初期企业需要长期维持巨额研发投入和相关技术、产品进口持续受阻的影响，较上年下降5.6个百分点。

（三）国有、民营企业分布①

2021年中国战略性新兴产业100强企业中，国有企业为51家，入围的民营

① 本节资料来源于《2021中国500强企业发展报告》第6章“2021中国战略性新兴产业领军企业100强分析报告”。

企业为 49 家，国有企业数量相对略多。

从战略性新兴业务收入来看，51 家国有企业共实现战略性新兴业务收入 4.03 万亿元，占入围企业战略性新兴业务总收入的 52.9%，其中有 9 家企业入围千亿俱乐部。入围的 49 家民营企业共实现战略性新兴业务收入 3.59 万亿元，占入围企业战略性新兴业务总收入的 47.1%，其中有 6 家企业战略性新兴业务收入超千亿元（图 1-20）。

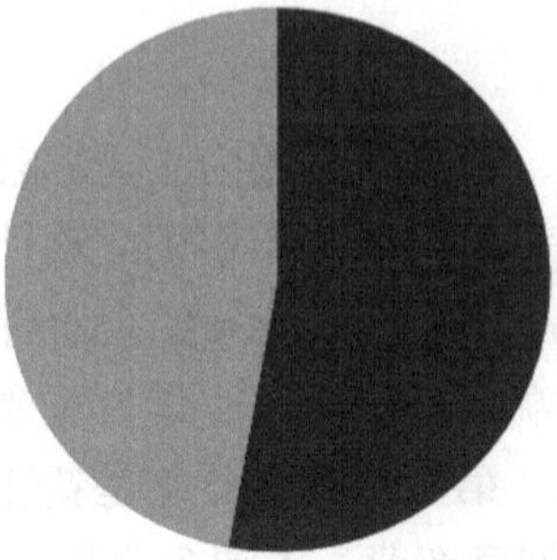

图 1-20 国有企业、民营企业战略性新兴业务收入占比

从企业经营效率来看，入围国有企业人均实现战略性新兴业务收入 180.7 万元，人均实现战略性新兴业务利润 15.3 万元。入围民营企业人均实现战略性新兴业务收入 339.7 万元，人均实现战略性新兴业务利润 42.3 万元。

从企业规模来看，入围国有企业战略性新兴业务资产总额占入围企业战略性新兴业务资产总额比重达 68.1%，员工总数占比达 67.2%，入围民营企业战略性新兴业务资产总额占入围企业战略性新兴业务资产总额比重为 31.9%，员工总数占比为 32.8%。

从企业盈利能力来看，入围国有企业战略性新兴业务利润总额达到 3155.9 亿元，占入围企业战略性新兴业务利润总额的比例达到 42.5%。入围民营企业战略性新兴业务利润总额达到 4261.5 亿元，占入围企业战略性新兴业务利润总额的比例为 57.5%（表 1-3）。

表 1-3 2021 年中国战略性新兴产业 100 强企业国有、民营企业主要指标对比

项目	入围数量/家	战略性新兴业务利润总额占比	战略性新兴业务资产总额占比	员工数占比	人均战略性新兴业务收入/万元	人均战略性新兴业务利润/万元
国有企业	51	42.5%	68.1%	67.2%	180.7	15.3
民营企业	49	57.5%	31.9%	32.8%	339.7	42.3

从规模来看，入围国有战略性新兴企业规模比入围的民营企业整体更大。

从效益来看，入围的国有企业平均利润率略低于入围的民营企业。整体来看，2021 年中国战略性新兴产业 100 强企业中入围的民营企业在经营状况上表现更佳。

二、产业特征①

（一）产业分布对比

以新一代信息技术产业、新材料产业为主要战略性新兴业务的企业是榜单主体。从战略性新兴产业分类来看，2021 年中国战略性新兴产业 100 强企业中以新一代信息技术产业作为主要战略性新兴业务的企业有 31 家入围，入围企业数量排名第一。以新材料产业、高端装备制造产业作为主要战略性新兴业务的企业分别为 20 家、19 家，排名第二、第三；其次分别是新能源产业、节能环保产业、相关服务业、生物产业、数字创意产业，入围企业数量分别为 15 家、5 家、5 家、4 家、1 家（图 1-21）。

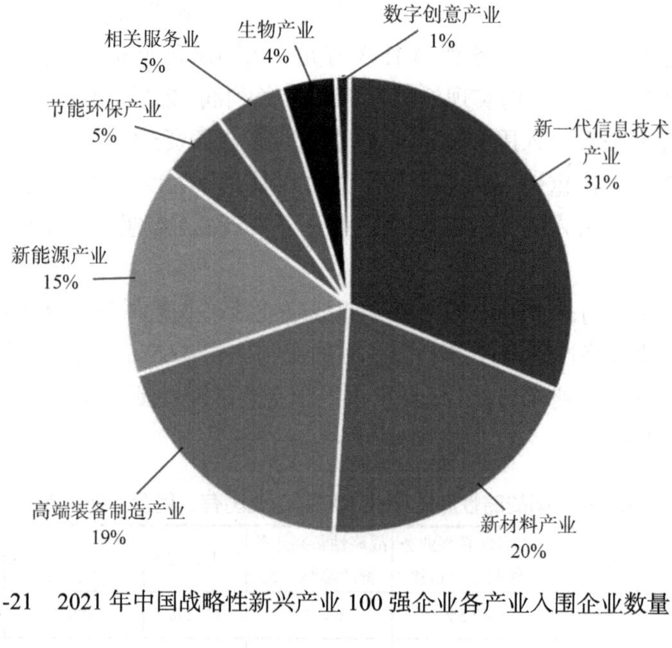

图 1-21　2021 年中国战略性新兴产业 100 强企业各产业入围企业数量占比

① 本节资料来源于《2021 中国 500 强企业发展报告》第 6 章“2021 中国战略性新兴产业领军企业 100 强分析报告”。

（二）产业收入占比

新一代信息技术产业引领战略性新兴产业发展。战略性新兴业务收入方面，收入最高的是新一代信息技术产业，入围企业共实现战略性新兴业务收入34 524.9亿元，占比达45.32%；高端装备制造产业、新材料产业分别实现战略性新兴业务收入11 178.2亿元、10 445.1亿元，占比达到14.67%、13.71%，战略性新兴业务收入排名分列第二、第三；新能源产业、相关服务业、节能环保产业、生物产业和数字创意产业战略性新兴业务收入相对较少，分别为8496.4亿元、4744.4亿元、2922.2亿元、2899.5亿元、967.1亿元，相关产业尚待培育壮大（图1-22）。

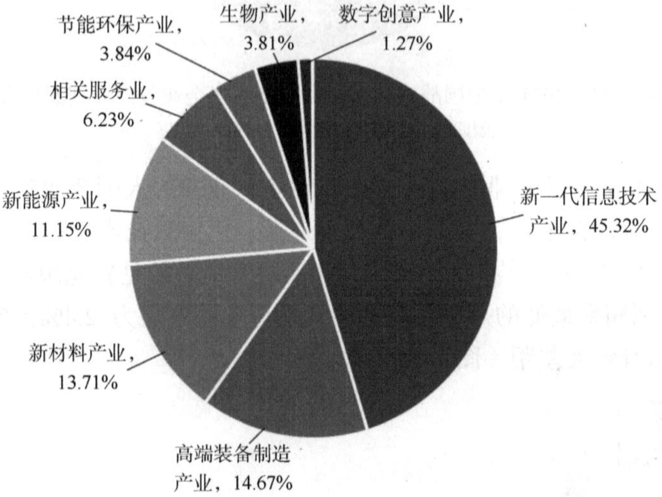

图1-22 2021年中国战略性新兴产业100强入围企业各产业战略性新兴业务收入占比

（三）产业利润情况

1. 产业平均利润率

从盈利能力来看，战略性新兴业务利润额最高的是新一代信息技术产业，入围企业共实现战略性新兴业务利润5207亿元，占2021年中国战略性新兴产业100强企业战略性新兴业务利润总额的70.20%。高端装备制造产业和新能源产业分别实现战略性新兴业务利润736.8亿元和569.3亿元，分列第二、第三。新材料产业、生物产业、节能环保产业、相关服务业和数字创意产业利润规模较小，分别实现战略性新兴业务利润444.5亿元、149.6亿元、135亿元、113亿元、61.7亿元（图1-23）。

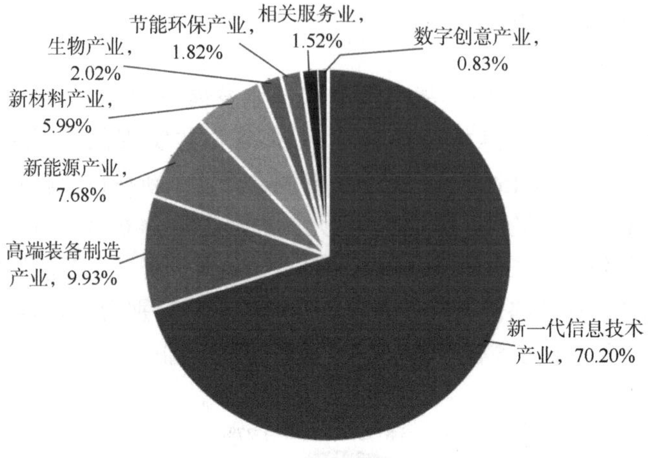

图 1-23　2021 年中国战略性新兴产业 100 强企业各产业利润情况

因四舍五入，存在相加不为 100%情况

以新一代信息技术产业作为主要战略性新兴业务的入围企业整体经营效益更佳。从企业经营效益来看，利润率最高的是新一代信息技术产业，平均利润率达到 19.5%，是入围企业平均利润率的 1.7 倍。紧随其后的是新能源产业，平均利润率为 7.2%。利润率最低的是相关服务业，平均利润率仅为 2.4%，各领域入围企业经营效益尚有较大差距（图 1-24）。

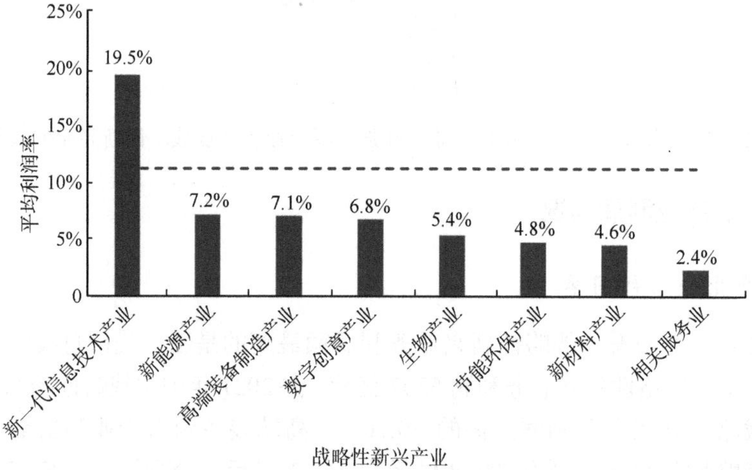

图 1-24　2021 年中国战略性新兴产业 100 强企业各产业平均利润率对比

2. 产业利润下滑情况

2021 年中国战略性新兴产业 100 强企业中有 32 家战略性新兴业务出现利

润下滑，利润下滑企业中占比最高的是相关服务业，其次是新材料产业、节能环保产业。数字创意产业仅一家企业入围百强企业，与上年相比利润没有下滑（图 1-25）。

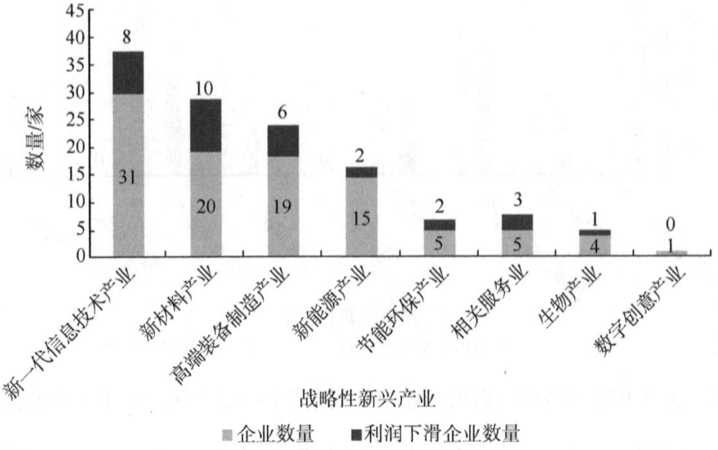

图 1-25 2021 年中国战略性新兴产业 100 强企业各产业利润下滑企业对比

三、研发投入[①]

对入围企业整体研发投入和专利、标准参与情况进行分析，2021 年入围企业投入研发费用总计 6154.37 亿元，同比增长 12.23%，平均每家企业研发费用投入达到 61.54 亿元，平均研发强度 2.6%。2021 年 99 家入围企业提供了专利获取情况，共获得 82.7 万项专利授权，其中发明专利 36.9 万项，占专利授权总数的 44.6%。87 家企业提供了标准参与情况，共参与制定标准 39 104 项。

（一）平均研发强度

各领域研发投入差异明显。从产业分布来看，研发强度最高的是新能源汽车产业，入围企业平均研发强度达到 6.72%；新一代信息技术产业、高端装备制造产业入围企业平均研发强度达到 3.66%和 3.41%，排名第二、第三。

从增速来看，入围企业分属的 8 个领域，有 5 个领域平均研发强度较上年有所提高，增速最快的是数字创意产业，该产业上年无入围企业，2020 年入围企业平均研发强度较上年提高了 2.97 个百分点；其次是新能源汽车产业、新能源产业、

① 本节资料来源于《2021 中国 500 强企业发展报告》第 6 章“2021 中国战略性新兴产业领军企业 100 强分析报告”。

生物产业和高端装备制造产业，入围企业平均研发强度分别较上年提高了 2.74 个百分点、1.20 个百分点、0.55 个百分点、0.50 个百分点（图 1-26）。

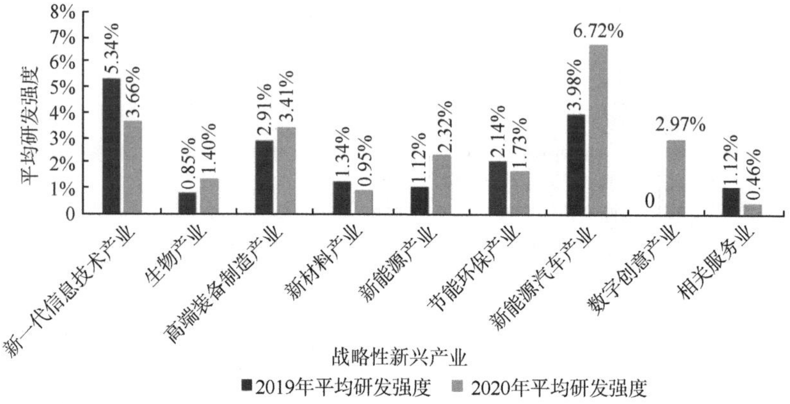

图 1-26　2021 年中国战略性新兴产业 100 强企业各领域入围企业平均研发强度对比

从所有制格局来看，入围民营企业研发强度普遍更高，国有企业知识产权积累更多。入围国有企业投入研发费用总计 3544.35 亿元，同比上升 32.94%。入围民营企业投入研发费用总计 2610 亿元，同比下降 7.37%。入围国有企业平均研发强度 2.06%，较上年提高了 0.20 个百分点；入围民营企业平均研发强度 4.05%，较上年下降了 0.81 个百分点。国有企业和民营企业在研发强度方面尚有较大差距，但差距有所缩小。

（二）专利授权情况

各领域知识产权积累差距较大。从专利授权情况来看，获得发明专利授权最多的是新一代信息技术产业，平均每家入围企业获得 8327 件发明专利授权；排名第二的是数字创意产业，平均每家入围企业获得 4239 件发明专利授权。

专利授权中，发明专利占比最高的是生物产业，入围企业获得的发明专利数占比达 87.5%，其次是新一代信息技术产业、相关服务业、高端装备制造产业，入围企业获得的发明专利数占比分别为 56.6%、37.2%、35.3%（图 1-27）。

51 家提供专利授权情况的国有企业，共获得 53.5 万项专利授权，其中发明专利 18.9 万项，占专利授权总数的 35.3%；48 家提供专利授权情况的民营企业，共获得 29.2 万项专利授权，其中发明专利 18.1 万项，占专利授权总数的 62.0 %。

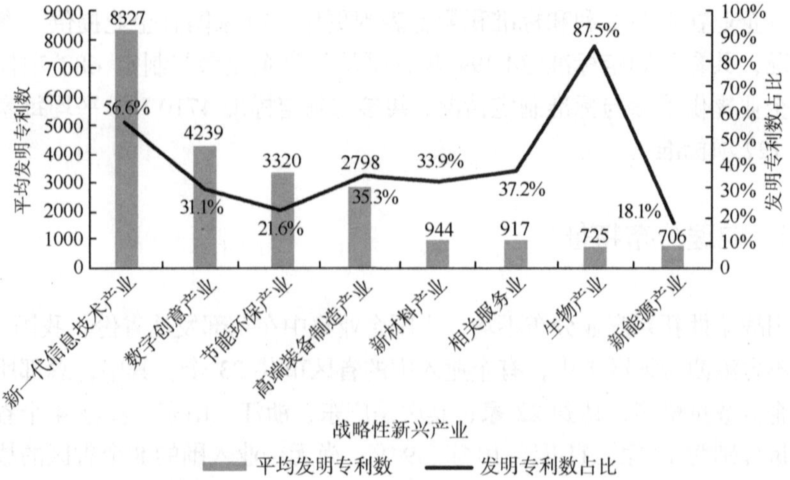

图 1-27　2021 年中国战略性新兴产业 100 强企业各领域入围企业专利授权情况

（三）标准制定参与情况

从参与标准制定的情况看，各领域在标准化参与方面存在较大差距。参与制定标准数量最多的是新材料产业，平均每家入围企业参与制定标准 905 项；其次是节能环保产业，平均每家入围企业参与制定标准 554.2 项；新能源产业、相关服务业入围企业参与标准制定情况相对较少，平均每家入围企业参与制定标准 244.7 项、66.6 项（图 1-28）。

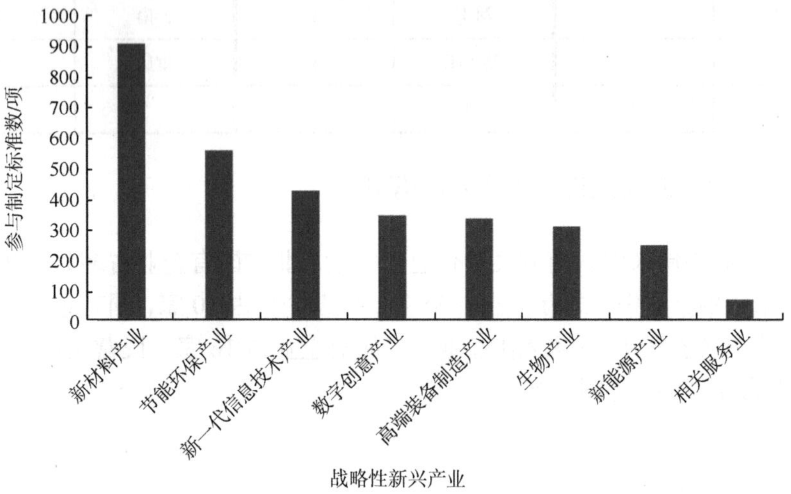

图 1-28　2021 年中国战略性新兴产业 100 强企业各领域入围企业标准制定参与情况

国有企业在发明专利和标准积累上表现更佳。50 家国有企业提供了参与标准制定情况，共参与制定标准 34 394 项，平均每家企业参与制定 688 项标准；37 家民营企业提供了参与标准制定情况，共参与制定标准 4710 项，平均每家企业参与制定 127 项标准。

四、地理分布特征①

我国战略性新兴产业分布不均，入围企业集中在东部发达省份。我国 31 个省区市（不含港澳台地区）中，有企业入围的省区市共 23 个。其中，总部所在地为北京的企业数量最多，达到 22 家；其次是广东、浙江、山东、江苏 4 个省，入围企业数量分别为 19 家、11 家、10 家、9 家；尚无企业入围的 8 个省区的战略性新兴产业发展尚未形成一定规模（表 1-4）。

表 1-4　各省区市入围 2021 年中国战略性新兴产业 100 强企业数量对比

省区市	入围企业数量/家	省区市	入围企业数量/家	省区市	入围企业数量/家
北京	22	广西	2	吉林	1
广东	19	河北	2	江西	1
浙江	11	湖南	2	辽宁	1
山东	10	陕西	2	内蒙古	1
江苏	9	上海	2	新疆	1
福建	3	河南	1	云南	1
四川	3	黑龙江	1	重庆	1
天津	3	湖北	1		

（一）南北方省区市入围企业所有制

从所有制格局来看，南方民营企业占多数，北方国有企业占多数。北方各省区市 45 家入围企业中，国有企业占 35 家，民营企业占 10 家，国有企业占比达到 77.8%。南方各省区市 55 家入围企业中，国有企业占 16 家，民营企业占 39 家，民营企业占比 70.9%（图 1-29）。

①本节资料来源于《2021 中国 500 强企业发展报告》第 6 章“2021 中国战略性新兴产业领军企业 100 强分析报告”。

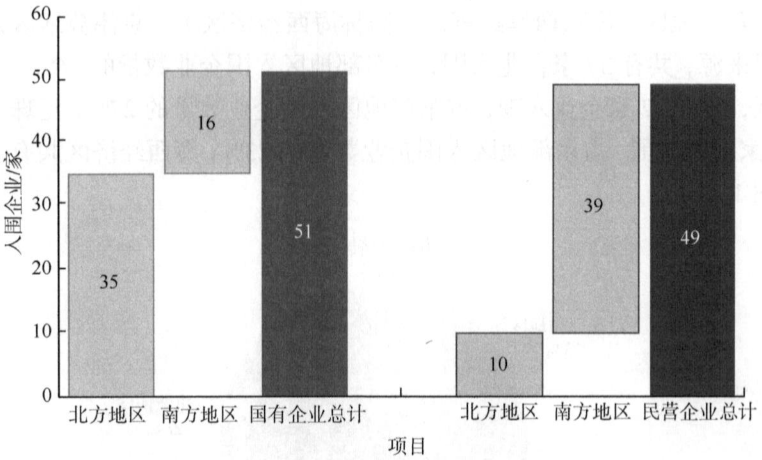

图 1-29 南北方地区入围企业所有制对比

（二）我国四大区域分布情况

东部地区是我国培育战略性新兴产业 100 强企业的重要摇篮。从四大区域分布来看，东部地区入围企业数量达到 81 家，占比超过入围企业的八成，排名第一。其中，北京战略性新兴产业发展最为突出，共有 22 家企业入围，占东部地区的 27.2%；西部地区共有 11 家企业入围，排名第二；中部地区共有 5 家企业入围，排名第三；东北地区仅有 3 家企业入围，战略性新兴产业发展较为薄弱（图 1-30）。

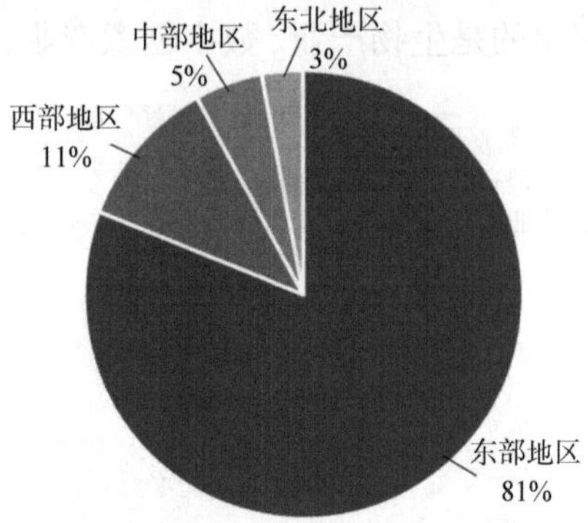

图 1-30 我国四大区域入围企业数量占比

资料来源：《2021 中国 500 强企业发展报告》第 6 章“2021 中国战略性新兴产业领军企业 100 强分析报告”

（三）我国东部地区战略性新兴产业分布情况

东部地区细分为京津冀地区、长江三角洲（简称长三角）地区、泛珠江三角洲（珠三角）地区、海峡西岸经济区（简称海西经济区）。京津冀地区是入围企业的重要来源，共有 37 家企业入围，占东部地区入围企业数量的 46%；其次是长三角地区，共有 22 家企业入围，占东部地区入围企业数量的 27%；泛珠三角地区共有 19 家企业入围，占东部地区入围企业数量的 23%；海西经济区共有 3 家企业入围（图 1-31）。

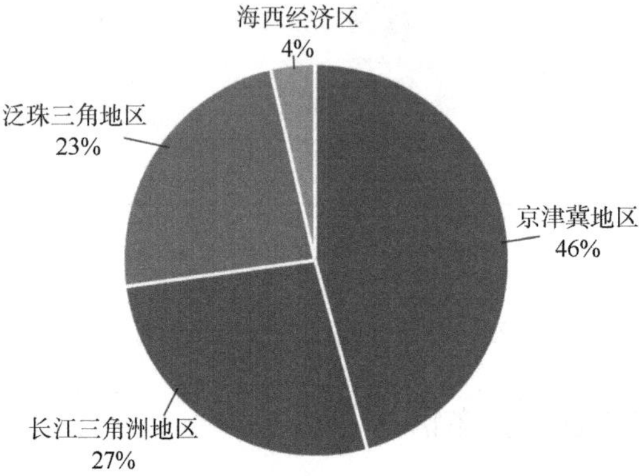

图 1-31　我国东部地区入围企业分布情况

东部地区 81 家入围企业涵盖战略性新兴产业 8 个领域，战略性新兴产业发展最为均衡。东部地区发展最好的是新一代信息技术产业，共有 27 家企业入围，占东部地区入围企业数量的 33%；其次是新材料产业，共有 18 家企业入围（图 1-32、图 1-33）。和其他区域相比，东部地区战略性新兴产业各领域入围企业数量均处于领先地位，优势最为突出的是生物产业、数字创意产业、新材料产业（图 1-33）。

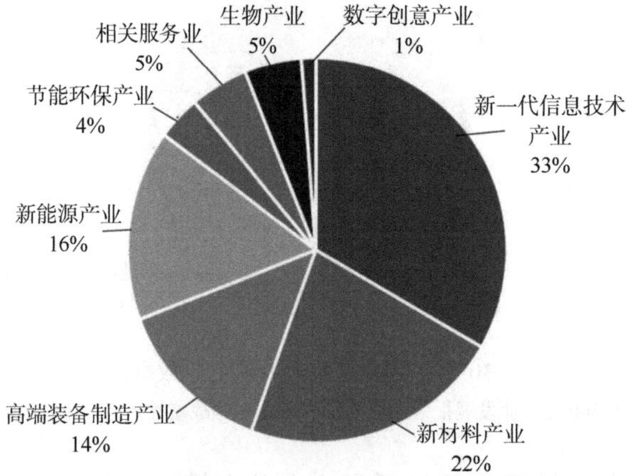

图 1-32　东部地区战略性新兴产业各领域入围企业数量占比

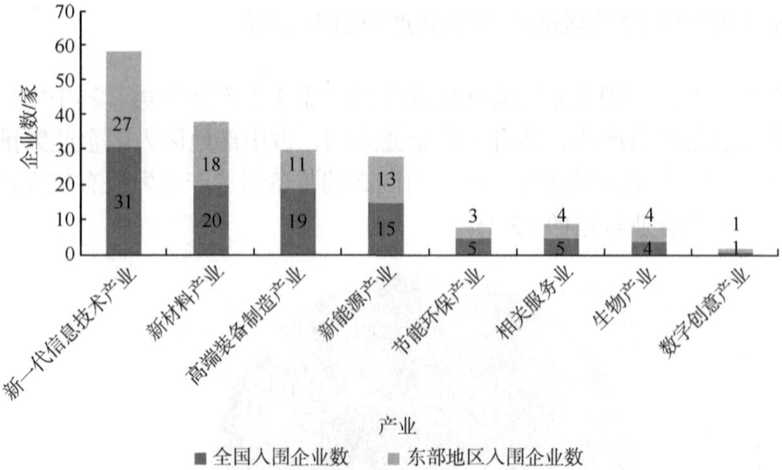

图 1-33 东部地区战略性新兴产业各领域入围企业数量和全国入围企业数量对比

（四）我国西部地区战略性新兴产业分布情况

西部地区 11 家入围企业涵盖战略性新兴产业 6 个产业分类，战略性新兴产业发展水平仅次于东部地区，其中发展相对较好的是高端装备制造产业、节能环保产业和新材料产业，分别有 4 家、2 家、2 家企业入围。和其他区域相比，西部地区节能环保产业发展相对较好，占全国同领域入围企业数量的 40%（图 1-34）。

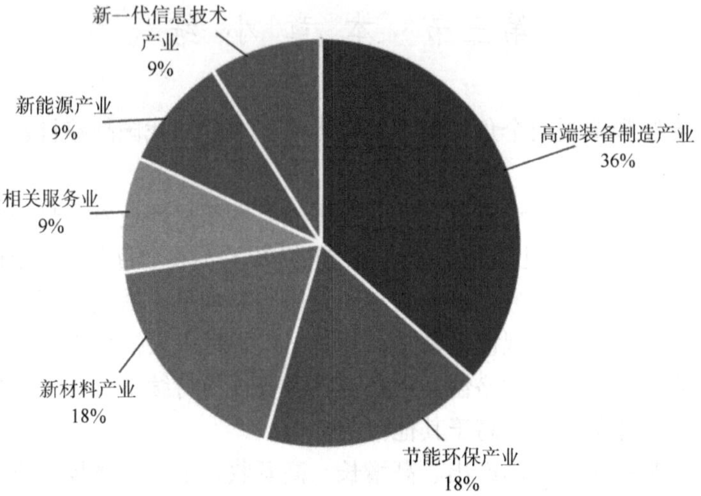

图 1-34 西部地区战略性新兴产业各领域入围企业数量占比

因四舍五入，存在相加不为 100%情况

（五）我国中部地区战略性新兴产业分布情况

中部地区 5 家入围企业涵盖战略性新兴产业 3 个产业分类，其中发展相对较好的是高端装备制造产业，共有 3 家企业入围，占中部地区入围企业数量的 60%（图 1-35），与其他区域相比，中部地区高端装备制造产业发展有较大进步，占该产业全国入围企业数量的 15.8%。

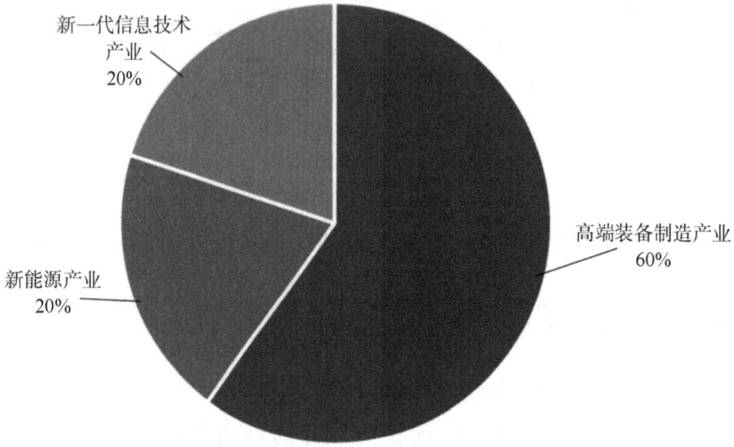

图 1-35　中部地区战略性新兴产业各领域入围企业数量占比

第三节　本 章 小 结

本章从宏观和微观两个角度梳理了“十三五”期间我国战略性新兴产业的发展概况。

从宏观角度来看，“十三五”期间我国战略性新兴产业发展规模稳健上升，战略性新兴产业占 GDP 比重较“十二五”末提升了 5~6 个百分点，全国规模以上工业增加值和规模以上服务营业收入高于全国同期水平。战略性新兴产业竞争力显著增强，在多个领域实现世界领先，外贸出口贡献率大幅增长，占世界 500 强企业的比例有明显提升。战略性新兴产业投融资规模持续增长，产业投资增速高于全国水平，产业融资额度高于其他行业。

新一代信息技术产业高产出、高增长、高营收，平台经济异军突起，产业竞争力逐渐增强。生物产业呈现高增速、高营收的特点，创新药研发规模不断提升，资本市场表现活跃。高端装备制造产业在多个领域达到世界领先水平，智能制造、轨道交通、工程机械、卫星导航领域发展迅猛。新材料产业实现产业化和规模化发展，在多个基础性原材料重点产业上实现了突破，发展特色明显。节能环保产业高增长、高营收，高于同期战略性新兴产业上市公司。新能源产业应用规模不断提升，核电、风电、太阳能发电量再创新高。新能源汽车产业链基本完备，龙头骨干企业加速形成。数字创意产业增速明显、市场规模突出。

2021年战略性新兴产业100强企业的战略性新兴业务实现了显著发展，多数入围企业实现战略性新兴业务收入正增长。在八大战略性新兴产业中，以新一代信息技术产业作为主要战略性新兴业务的入围企业数量较多，整体经营效益更佳。入围企业进一步加大了研发投入费，获得多项专利授权，积极参与标准制定。但我国战略性新兴产业分布不均，入围企业多集中在东部发达省份。

入围企业战略性新兴业务收入占营业收入的比重进一步增加，15家战略性新兴业务收入超千亿元的企业，战略性新兴业务收入占所有入围企业的49%，头部效应凸显。受新冠疫情影响，百强企业战略性新兴业务经营效益低速增长，经营效率有所下滑，但整体发展势头依然强劲，其中民营企业比国有企业做出了更大的贡献。

新一代信息技术产业在产业规模、业务收入、业务利润额、业务利润率方面均具有明显优势，对战略性新兴产业发展具有引领效应。在入围企业中，国有企业和民营企业在研发强度方面尚有较大差距，但差距有所缩小。各领域在知识产权积累、标准化参与方面均存在较大差距，获得发明专利授权最多的是新一代信息技术产业，而专利授权中，发明专利占比最高的是生物产业，参与标准制定数量最多的是新材料产业，国有企业在发明专利和标准积累上表现更佳。

我国战略性新兴产业分布不均，总部所在地为北京的企业数量最多，有8个省区尚无企业入围。南北方企业所有制差别明显，南方民营企业占多数，北方国有企业占多数。东部地区入围企业数量占比超过入围企业的八成，排名第一，新一代信息技术产业发展最好，而西部地区、中部地区发展相对较好的是高端装备制造产业。

总体来看，2021年战略性新兴产业100强企业通过发展战略性新兴业务，带动企业营业收入增长，为传统产业转型升级起到了较好的带头示范作用。

第二章　“十二五”及“十三五”期间新兴产业政策演化分析（2010~2020 年）

党中央和国务院高度重视战略性新兴产业在构建现代化产业体系中的重要作用，2010~2020 年，我国战略性新兴产业发展势头强劲、技术创新成果丰硕、产业发展质量明显提升。其间，我国政府出台的一系列培育发展战略性新兴产业的相关政策发挥了不容忽视的作用。本章回顾我国战略性新兴产业政策的发展脉络，解析政策演化进程，通过国务院及各部委的官方网站等途径，采用关键字检索等方法，收集了自 2010 年 1 月至 2020 年 6 月中央部委颁布的战略性新兴产业政策，以及新一代信息技术、节能环保、生物、高端装备制造、新能源、新材料、新能源汽车、数字创意、综合类等各产业领域的相关政策。

本章分别从三方面对新兴产业政策总体及各产业领域政策进行分析。首先，通过自然语言处理方法中的 LDA（latent Dirichlet allocation，隐含狄利克雷分布）主题模型分析各政策主题强度，对各类政策主题进行梳理。根据主题中的关键词信息，结合专家判断，把各主题划分为人才培养、节能环保、知识产权、产业金融、科技研发、产业标准等类别。其次，分析了总体及各个领域主要政策在 2010~2020 年的主题强度演化趋势。最后，基于 JS（Jensen-Shannon）散度分析 2010~2020 年政策主题导向的演化进程，识别政策主题导向演化路径拐点及关键政策。

本章主要使用主题强度和政策主题导向波动指数两个指标。主题强度是衡量主题相对重要性的指标，通过 LDA 主题模型计算得出。每年最重要的十大主题的主题强度总计为 100%，主题强度越高说明当年该主题重要性占比越大，即该主题越重要；政策主题导向波动指数是衡量政策主题导向演化的指标，使用 JS 散度测算，由当年和前一年的政策主题强度分布差异情况计算得到。政策主题导向波动指数取值在 0~100%，指数越小说明相邻两年的政策越相似，指数越大说明相邻两年的政策差异越明显。

第一节 战略性新兴产业集群政策总体分析

2022 年，党的二十大报告明确指出，要“推动战略性新兴产业融合集群发展，构建新一代信息技术、人工智能、生物技术、新能源、新材料、高端装备、绿色环保等一批新的增长引擎”①。2023 年，全国两会强调，要培育战略性新兴产业集群，探索建设一批创新和公共服务综合体，促进战略性新兴产业融合集群发展，加快发展先进制造业集群。因此，梳理和总结战略性新兴产业集群政策的演化规律，对促进地区政策高水平制定和推动区域产业高质量发展具有重要意义。

本章基于北大法宝数据库、全国省级政府及其他部门官方网站，以“集群”为关键词进行检索，收集了 2006 年 1 月到 2023 年 3 月期间的相关政策。立足于建设国家战略性新兴产业集群发展工程，本章对全国省级和京津冀、长三角、珠三角三大城市群省级及市级的战略性新兴产业集群政策的总体概况、产业分布、政策主题、政策主体进行系统描述，通过比较分析总结政策演化规律，研判战略性新兴产业集群政策的未来走向和推进方略，以期为三大城市群与其他地区深入推进国家战略性新兴产业集群发展提供政策参考。

一、全国省级战略性新兴产业集群政策演化分析

（一）全国省级战略性新兴产业集群政策数量及演化

本节研究梳理了我国战略性新兴产业集群省级相关政策的数量变化及地区分布情况，研究结果共涵盖 2006~2023 年我国 31 个省区市（不含港澳台地区）发布的 333 项相关政策。2006~2023 年战略性新兴产业集群相关省级政策数量情况如图 2-1 所示。我国省级战略性新兴产业集群政策数量总体保持增长态势，仅仅在“十三五”期间（2016~2020 年），政策数量有所减少。但是，在“十三五”后期以及进入“十四五”期间（2021 年至今），政策数量增长明显。这主要是因为，《中华人民共和国国民经济和社会发展第十四个五年规划和 2035 年远景目标纲要》明确提出要“推动战略性新兴产业融合化、集群化、生态化发展”后，区域政府更为重视战略性新兴产业集群培育和建设，将战略性新兴产业作为区域发展的“主线”之一。

① 《习近平：高举中国特色社会主义伟大旗帜 为全面建设社会主义现代化国家而团结奋斗——在中国共产党第二十次全国代表大会上的报告》，https://www.gov.cn/xinwen/2022-10/25/content_5721685.htm[2022-10-25]。

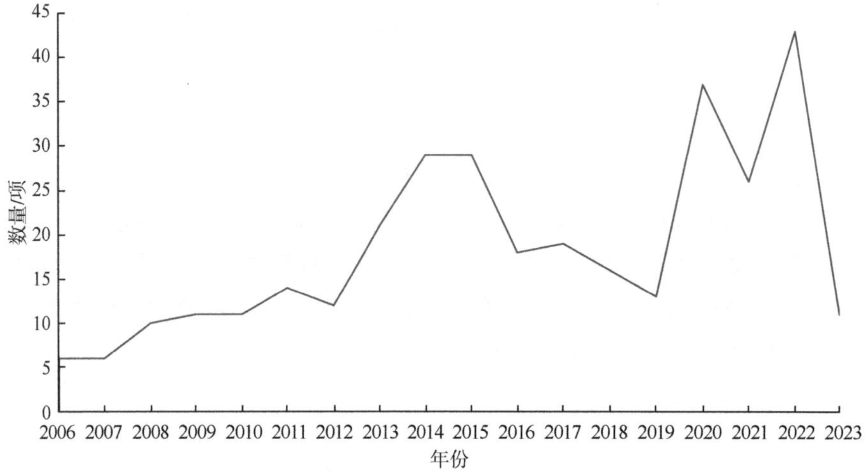

图 2-1　2006~2023 年战略性新兴产业集群相关省级政策数量

2023 年数据是截至 2023 年 3 月

2006~2023 年全国省级战略性新兴产业集群相关政策数量情况如图 2-2 所示。分年份各省区市发布的战略性新兴产业集群相关政策数量及演化情况如图 2-3 所示。2006~2023 年广东省和河北省的政策数量最多，均为 48 项，远远领先于其他省份；山东省次之，政策数量为 29 项；青海、西藏、新疆、天津的政策数量最少，均为 1 项。此外，广东省、河北省每年出台的相关政策数量普遍较其他地区更多。从城市群的角度看，京津冀城市群（北京市、天津市、河北省）、长三角城市群（上海市、浙江省、江苏省、安徽省）、珠三角城市群（广东省）所发布的战略性新兴产业集群的相关政策的数量较其他城市群多。

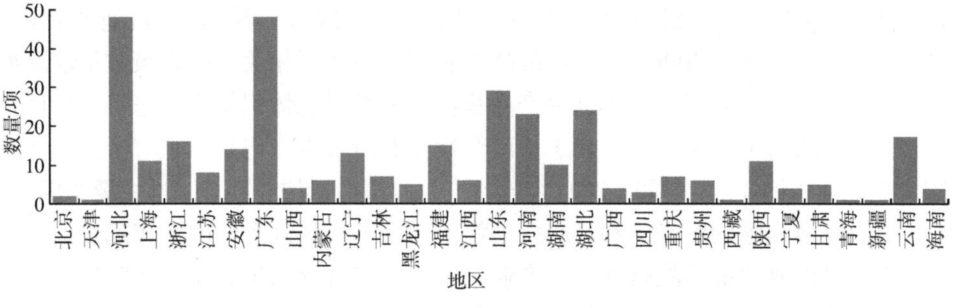

图 2-2　2006~2023 年全国省级战略性新兴产业集群相关政策数量

（二）全国省级战略性新兴产业集群政策的产业分布情况及演化

本节进一步对战略性新兴产业集群政策的产业分布情况进行分析，从新一代信息技术、高端装备制造、新材料、生物、新能源汽车、新能源、节能环保、数字创意八个产业以及综合类政策展开。

2006~2023 年各省区市发布的战略性新兴产业集群政策的产业分布情况如图2-3所示。其中，综合类政策最多，远远大于具体产业领域的相关政策。在具体产业领域中，新一代信息技术、高端装备制造、生物等方面的产业政策较多。

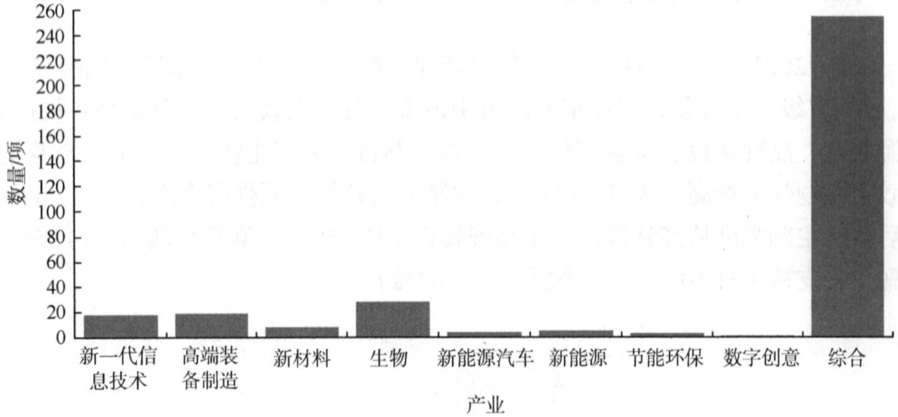

图 2-3 2006~2023 年各省区市发布的战略性新兴产业集群政策的产业分布情况

2006~2023 年全国省级战略性新兴产业集群政策的产业分布演化情况如图2-4所示。综合类政策呈现出先增后减再增的趋势。在具体政策领域，“十一五”期间（2006~2010年），具体产业政策主要集中在高端装备制造和生物产业领域。“十二五”期间（2011~2015年），具体产业政策主要集中在生物产业领域。“十

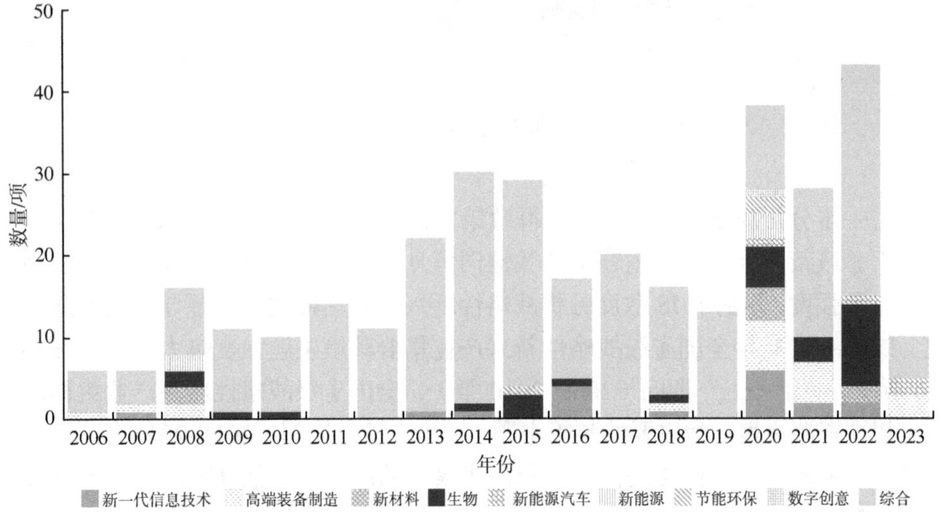

图 2-4 2006~2023 年全国省级战略性新兴产业集群政策的产业分布演化情况

三五”期间（2016~2020 年），具体产业政策主要集中在新一代信息技术产业领域，在后期具体产业政策开始丰富起来。“十四五”期间（2021 年至今），具体产业政策数量和丰富度都保持较高水平。

（三）全国省级战略性新兴产业集群政策主题导向及演化

2006~2023 年全国省级战略性新兴产业集群政策的主题分布情况如图 2-5 所示。全国省级战略性新兴产业集群政策中最重要的六大政策主题分别是乡村振兴、资源集聚、品牌建设、金融信贷支持、高端制造、数字化转型。其中，资源集聚的政策主题强度最高，为 29.59%。高端制造的政策主题强度次之，为 17.80%。之后政策主题强度从高到低依次是品牌建设（17.55%）、数字化转型（14.35%）、金融信贷支持（11.10%）、乡村振兴（9.62%）。

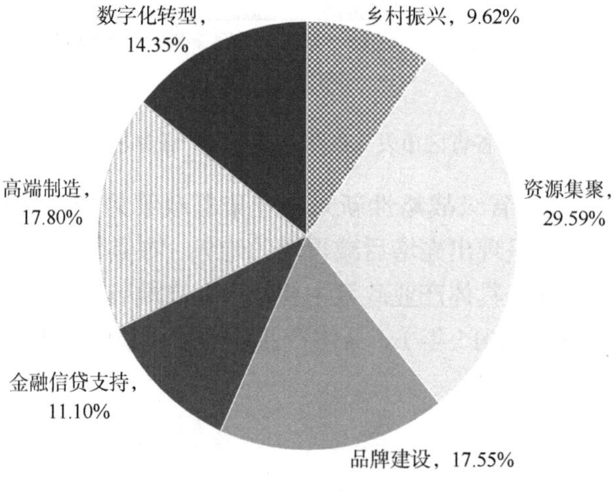

图 2-5　2006~2023 年全国省级战略性新兴产业集群政策的主题分布情况

因四舍五入，存在相加不为 100%情况

进一步分析战略性新兴产业集群政策主题导向的变迁与演化。通过 LDA 主题模型汇总政策主题，根据主题中的关键词信息及结合专家判断，划分主题类别，测算主题强度，并基于 JS 散度分析战略性新兴产业集群政策主题导向的变迁与演化。2006~2023 年全国省级战略性新兴产业集群政策主题强度热力变化情况如图 2-6 所示。“十一五”期间（2006~2010 年），全国省级战略性新兴产业集群政策制定以“资源集聚”为主要的政策主题。“十二五”期间（2011~2015 年），“品牌建设”的政策主题强度提高，“资源集聚”的政策主题强度减弱。“十三五”期间（2016~2020 年），“高端制造”和“数字化转型”的政策主题强度提高，逐步成为重要的政策主题。“十四五”期间（2021 年至今），“数字化转型”的

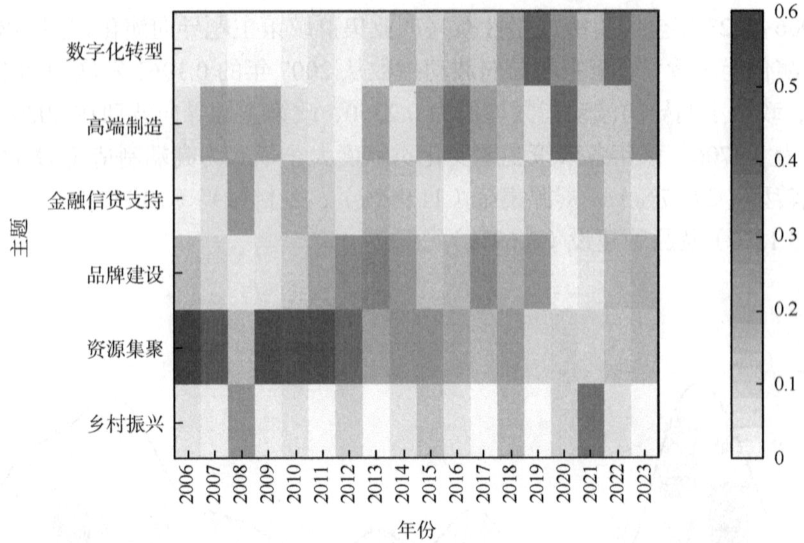

图 2-6　2006~2023 年全国省级战略性新兴产业集群政策主题强度热力变化

政策主题强度依然保持较高水平，“乡村振兴”的政策主题强度有明显提升。

2006~2023 年全国省级战略性新兴产业集群政策主题强度的总体演化趋势如图 2-7 所示。

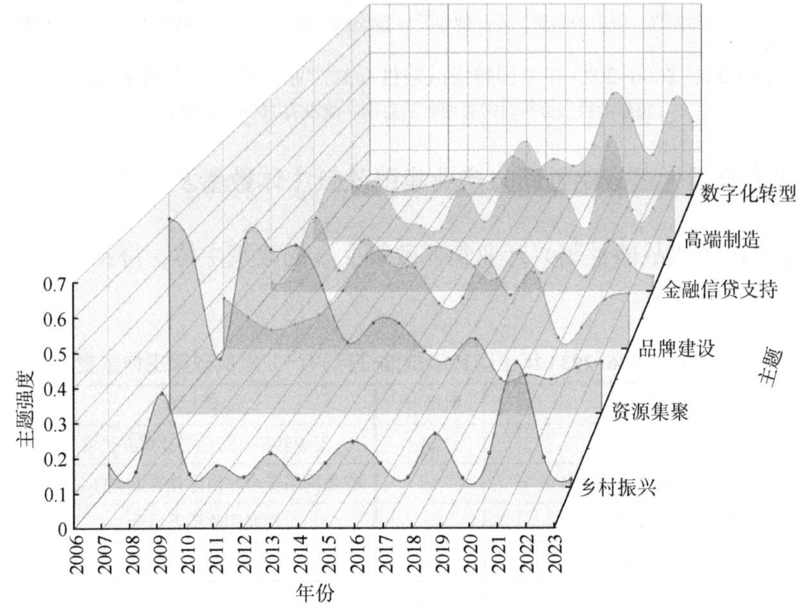

图 2-7　2006~2023 年全国省级战略性新兴产业集群政策主题强度的总体演化趋势

2006~2023 年全国省级战略性新兴产业集群政策主题导向演化如图 2-8 所示。从总体演化上来看，政策主题导向波动指数从 2007 年的 0.1962 发展到 2023 年的 0.1807，政策主题导向波动指数均值为 0.2350，政策主题导向波动在 2020 年达到峰值，为 0.3706，该年各政策主题变化贡献度大小依次为高端制造（39.53%）、数字化转型（29.57%）、资源集聚（11.99%）、乡村振兴（10.11%）、金融信贷支持（5.12%）及品牌建设（3.69%）①。

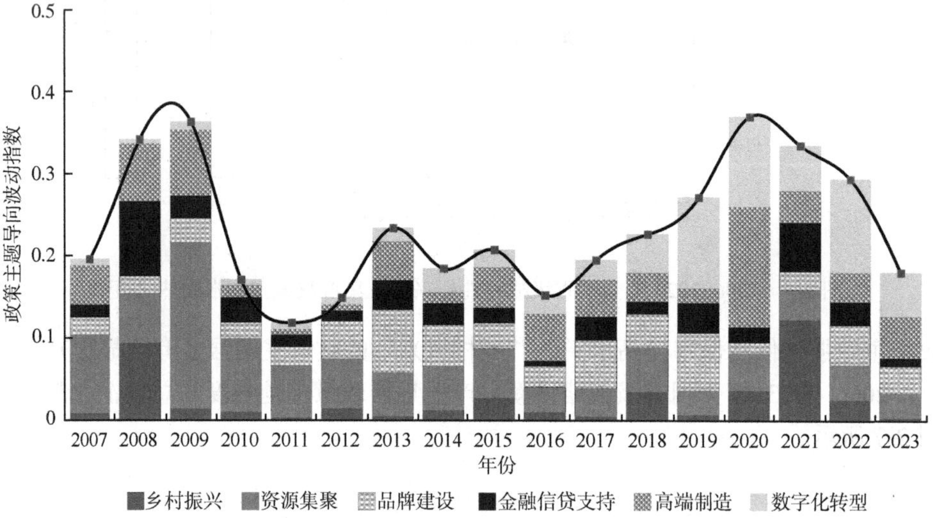

图 2-8　2006~2023 年全国省级战略性新兴产业集群政策主题导向演化

每年的数据分析时需要两年的数据，故没有 2006 年的数值

（四）全国省级战略性新兴产业集群政策主体数量及演化

汇总全国省级战略性新兴产业集群政策文本的政策主体，得到政策主体的数量情况如表 2-1 所示。

表 2-1　2006~2023 年全国省级战略性新兴产业集群政策主体数量

政策主体	数量/个	政策主体	数量/个
人民政府	60	工业转型升级领导小组办公室	4
促进产业集群发展联席会议办公室	2	省委网络安全和信息化委员会办公室	1
地方金融监督管理局	2	发展和改革委员会	33
科学技术厅（局）	50	政务服务数据管理局	2
工业和信息化厅（局、委员会）	111	科学技术委员会	4

① 因四舍五入，存在相加不为 100%情况。

续表

政策主体	数量/个	政策主体	数量/个
经济和信息化厅	3	应急管理厅	2
经济和信息化委员会	52	省委宣传部	1
经济贸易委员会	9	文化和旅游厅	2
教育厅	7	广播电视局	1
能源局	4	银行分行	6
农业农村厅	16	区人民政府	4
人力资源和社会保障厅	3	科技园管委会	1
自然资源厅	3	自由贸易试验区管理委员会	2
生态环境厅	5	卫生和计划生育委员会	2
财政厅（局）	32	农业农村委员会	3
商务厅	16	质量技术监督局	3
税务局	1	知识产权局	1
工商行政管理局	3	小企业发展促进局	1
市场监督管理局	17	国土资源厅	1
中小企业局	2	卫生健康委员会	1
体育局	1	自主创新体系建设领导小组	1
通信管理局	1	民营科技促进会	1

全国省级最主要的政策颁布主体为各省级人民政府、发展和改革委员会、工业和信息化部门、经济和信息化部门、科学技术部门以及财政部门。其中，工业和信息化厅（局、委员会）在战略性新兴产业集群政策发布过程中的参与较其他部门来看最为积极。除政府官方部门外，银行和社会团体也是战略性新兴产业集群政策重要的政策主体之一。

全国省级战略性新兴产业集群政策主体的数量演化情况如表2-2所示。

表2-2 2006~2023年全国省级战略性新兴产业集群政策主体数量演化情况

政策主体	数量/个			
	“十一五”期间（2006~2010年）	“十二五”期间（2011~2015年）	“十三五”期间（2016~2020年）	“十四五”期间（2021年至今）
人民政府	18	15	13	14
促进产业集群发展联席会议办公室	1	0	1	0
地方金融监督管理局	0	0	1	1
科学技术厅（局）	1	11	23	15

续表

政策主体	数量/个			
	“十一五”期间（2006~2010年）	“十二五”期间（2011~2015年）	“十三五”期间（2016~2020年）	“十四五”期间（2021年至今）
工业和信息化厅（局、委员会）	0	29	50	32
工业转型升级领导小组办公室	0	2	2	0
省委网络安全和信息化委员会办公室	0	0	1	0
发展和改革委员会	3	0	23	7
政务服务数据管理局	0	0	2	0
科学技术委员会	1	3	0	0
经济和信息化厅	1	1	1	0
经济和信息化委员会	3	29	18	2
经济贸易委员会	9	0	0	0
教育厅	0	6	0	1
能源局	0	0	1	3
农业农村厅	0	2	5	9
人力资源和社会保障厅	0	0	0	3
自然资源厅	0	0	1	2
生态环境厅	0	0	3	2
财政厅（局）	3	9	9	11
商务厅	0	2	11	3
税务局	0	0	0	1
工商行政管理局	0	1	2	0
市场监督管理局	0	0	14	3
中小企业局	0	2	0	0
体育局	0	0	1	0
通信管理局	0	0	1	0
应急管理厅	0	0	2	0
省委宣传部	0	0	1	0
文化和旅游厅	0	0	1	1
广播电视局	0	0	1	0
银行分行	0	0	0	6
区人民政府	1	0	3	0
科技园管委会	0	1	0	0
自由贸易试验区管理委员会	0	0	1	1

续表

政策主体	数量/个			
	“十一五”期间（2006~2010年）	“十二五”期间（2011~2015年）	“十三五”期间（2016~2020年）	“十四五”期间（2021年至今）
卫生和计划生育委员会	0	0	2	0
农业农村委员会	0	0	0	3
质量技术监督局	1	0	2	0
知识产权局	0	1	0	0
小企业发展促进局	0	0	0	1
国土资源厅	1	0	0	0
卫生健康委员会	0	0	0	1
自主创新体系建设领导小组	0	0	1	0
民营科技促进会	1	0	0	0

“十一五”期间（2006~2010 年），各省级人民政府是战略性新兴产业集群政策最主要的政策主体，经济贸易委员会等是重要的政策主体。“十二五”期间（2011~2015 年），各省级人民政府作为政策主体颁布政策的数量有所减少，工业和信息化厅（局、委员会）、经济和信息化委员会以及科学技术厅（局）作为政策主体颁布政策的数量增加，逐渐占据主导位置。“十三五”期间（2016~2020 年），政策主体逐渐丰富，工业和信息化厅（局、委员会）作为政策主体颁布政策的数量远远领先于其他主体，发展和改革委员会在颁布战略性新兴产业集群政策方面的积极性有所提升。“十四五”期间（2021 年至今），政策主体的丰富度增强，非政府部门的参与积极性逐步提升。

二、三大城市群战略性新兴产业集群政策比较

通过对比内容的相关程度和排除重复文件，对政策文本数据进行数据清洗和筛选，最终保留与战略性新兴产业集群密切相关的政策，其中，京津冀城市群省级及市级政策 73 条，长三角城市群省级及市级政策 136 条，珠三角城市群省级及市级政策 136 条，以进一步开展深入分析。

（一）三大城市群战略性新兴产业集群政策总体概况的比较

2006~2023 年京津冀、长三角、珠三角三大城市群的战略性新兴产业集群相关政策数量情况如图 2-9 所示。2006~2023 年，我国三大城市群的战略性新兴产

业集群政策共有 345 项，其中，2006~2014 年，战略性新兴产业集群政策数量整体呈现上升趋势，由 2006 年的 6 项政策发展至 2014 年的 21 项政策；自 2015 年起，相关政策数量有所减少，但在 2020 年，三大城市群的战略性新兴产业集群政策出现急剧增长，数量为 42 项。在 2022 年，三大城市群的战略性新兴产业集群

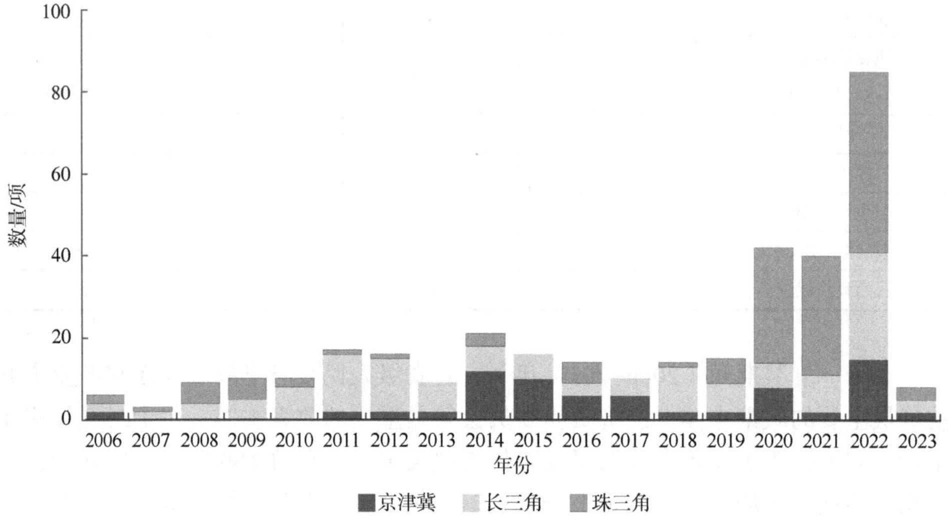

图 2-9　2006~2023 年战略性新兴产业集群京津冀、长三角、珠三角城市群政策数量

政策出现爆发式增长，数量达到峰值，为 85 项，且各城市群政策数量均在该年达到最高值。

2006~2023 年京津冀、长三角、珠三角三大城市群发布的战略性新兴产业集群相关政策数量情况如图 2-10 所示。珠三角城市群和长三角城市群政策数量最多，都为 136 项；京津冀城市群的政策数量最少，为 73 项。从京津冀、长三角、珠三角三大城市群战略性新兴产业集群政策发布数量来看，长三角城市群和珠三角城市群政策数量是明显多于京津冀城市群的。这种数量上的差异体现了长三角城市群和珠三角城市群对战略性新兴产业集群重视的同时，也印证了现阶段长三角城市群和珠三角城市群的战略性新兴产业集群形态更加成熟、区域集群水平更高。具体而言，长三角城市群地区每年出台的相关政策数量普遍较其他城市群更多，其战略性新兴产业集群发展较早，依托区域优势，在战略性新兴产业集群建设中处于全国领先地位，并保持持续稳定发展。珠三角城市群作为中国科技创新最活跃、城市发展有活力的地区之一，其战略性新兴产业集群政策数量在 2019 年之后整体呈现急剧增长趋势，彰显出建设成为世界级产业集群的聚集地的强劲动力。

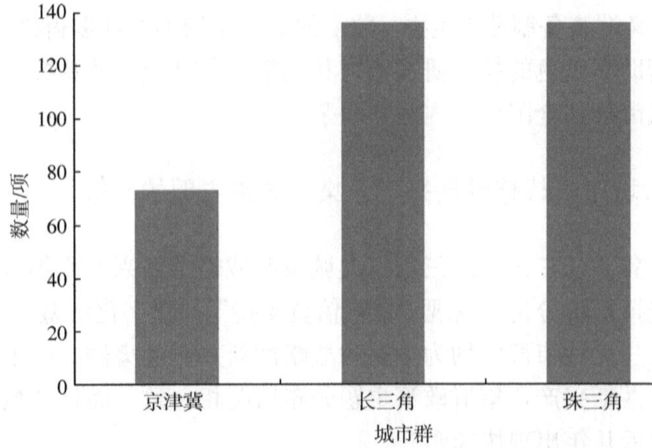

图 2-10 京津冀、长三角、珠三角三大城市群发布的战略性新兴产业集群相关政策数量

（二）三大城市群战略性新兴产业集群政策产业分布的比较

通过对京津冀、长三角、珠三角三大城市群战略性新兴产业集群政策产业分布的情况进行全面梳理和分析，发现我国重点培育的战略性新兴产业集群不断壮大，京津冀、长三角、珠三角三大城市群都打造出多个特色优势的产业集群。三大城市群中的绝大多数省份和城市都将新一代信息技术、高端装备制造、新材料、生物、新能源汽车、新能源、节能环保以及数字创意列为重点发展产业，如图 2-11 所示。

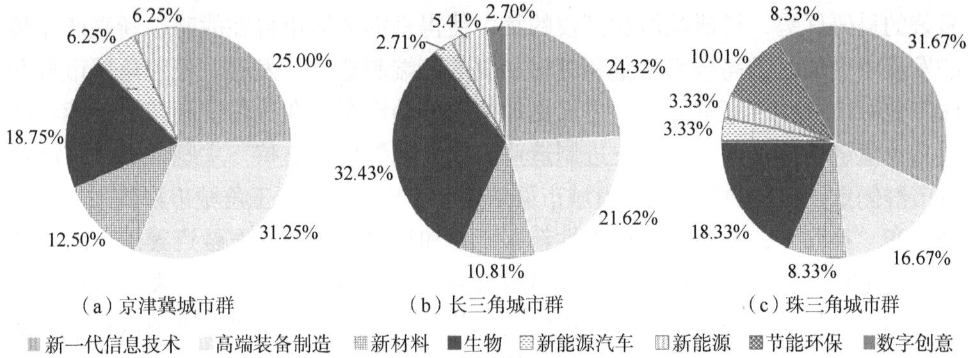

图 2-11 京津冀、长三角、珠三角三大城市群战略性新兴产业集群具体政策产业占比

在特定产业领域，京津冀城市群在互联网、航空航天、生物医药等领域培育了一批影响力较大的产业集群。长三角城市群在新一代信息技术、高端装备制造、新材料与新能源等领域成功打造出众多具有实力的龙头企业。珠三角城市群在新

一代信息技术、高端装备制造、生物、数字创意等领域的产业取得蓬勃快速发展。珠三角城市群借助其出色的技术研发能力和创新文化环境，使其数字创意产业集群发展在三大城市群和全国范围内名列前茅。

（三）三大城市群战略性新兴产业集群政策主题的比较

通过对京津冀、长三角、珠三角三大城市群战略性新兴产业集群政策主题分布和演化情况进行系统分析，发现“金融信贷支持”“数字化转型”“乡村振兴”“高端制造”在三大城市群中均为重要的战略性新兴产业集群政策主题，同全国范围内省级战略性新兴产业集群政策主题分布情况相一致，而且“数字化转型”的政策主题强度近几年出现快速攀升。

相同政策主题下，三大城市群的关键词也存在差异化。在“高端制造”的政策主题下，三大城市群仍然表现出不同的特点。京津冀、长三角、珠三角三大城市群战略性新兴产业集群政策主题关键词及词频的情况分别如表 2-3~表 2-5 所示。发展我国高端制造产业的路径轨迹主要包含两个方面：一是要瞄准世界生产体系的高端，大力发展具有较高附加值和较高技术含量的高端装备制造产业以及战略性新兴产业；二是要立足中国现有的制造业的基础，努力推动传统制造业由加工制造向价值链高端迈进。在三大城市群中，京津冀城市群相较长三角城市群和珠三角城市群更加注重发展具有较高附加值和技术含量的高端制造产业。京津冀城市群在“高端制造”主题词下的“航空”关键词的词频高达 143，远超于长三角城市群和珠三角城市群。这也从侧面反映出京津冀城市群拥有雄厚的科技力量和显著的科研优势，科研院所和高校的集中使得京津冀城市群在战略性新兴产业集群发展中更加注重高技术含量和高附加值的高端制造产业发展。长三角城市群和珠三角城市群在“高端制造”方面更加注重推动汽车工业等传统制造业持续不断地向价值链高端延伸，发展先进制造业。在“金融信贷支持”主题词下，京津冀城市群侧重于“奖励”、长三角城市群侧重于“贷款”、珠三角城市群侧重于“资助”和“补贴”，从而帮助战略性新兴产业和集群发展，拓宽融资渠道，减轻负担。这也在一定程度上印证：京津冀城市群在战略性新兴产业集群发展过程中，由于拥有大量高等院校、科研机构以及相关的企业和组织，更加重视以资金奖励的形式鼓励和培育高精尖产业集群；长三角城市群由于区域金融发展相对成熟，尤其上海市是全国重要的金融中心，在战略性新兴产业集群发展中不断寻求贷款等金融政策先行先试；珠三角城市群由于临近香港和澳门，且大部分城市居于粤港澳大湾区的独特地理优势，战略性新兴产业集群得到数量更多、力度更大的补贴和资助政策支持。“环境治理”政策主题是长三角城市群特有的政策主题，在

“环境治理”的主题词下，“环境”“整治”“治理”关键词的词频分别是67、61和19。这可能是由于长三角城市群制造业基础雄厚、工业化时间长久，生态环境资源遭受一定破坏，因此，在战略性新兴产业集群发展的过程中尤其重视环境的整治与保护，而且长三角城市群涉及三省一市，在战略性新兴产业集群发展的过程中面临着更加突出的系统性、区域性、跨界性的生态环境问题，需要更为完备的环境政策推动协同治理。

表2-3 京津冀城市群战略性新兴产业集群政策主题关键词及词频

京津冀城市群											
乡村振兴	词频	资源集聚	词频	高端制造	词频	金融信贷支持	词频	节能环保	词频	数字化转型	词频
品牌	257	集群	1754	信息化	520	集群	1754	集群	1754	集群	1754
市场	196	创新	482	数据	485	信息化	520	技术	409	信息化	520
龙头企业	161	技术	409	创新	482	特色产业	300	制造	316	创新	482
质量	118	品牌	257	技术	409	中小企业	248	产业链	278	技术	409
农业	92	中小企业	248	制造	316	专项资金	54	装备	210	制造	316
产业化	89	市场	196	研发	295	融资	54	龙头企业	161	特色产业	300
食品	71	转型	167	产业链	278	扶持	52	依托	155	研发	295
品种	69	龙头企业	161	装备	210	战略性	38	配套	153	产业链	278
蔬菜	65	配套	153	汽车	182	奖励	37	资源	144	中小企业	248
种植	58	带动	141	智能	171	产业政策	36	引进	132	数字化	206
安全	50	科技	132	高端	148	财政	30	设备	111	转型	167
标准化	44	公共服务	125	航空	143	担保	21	环保	101	互联网	158
布局	34	人才	104	基础	124	银行	14	节能	86	管委会	141
农产品	22	竞争力	66	融合	113	绩效	13	能源	45	上市	134
现代农业	10	集聚	60	人才	104	贷款	8	产业基地	36	协同	129
乡村	9	技术创新	58	新能源	62	额度	5	煤化工	35	绿色	116
出口	8	扶持	52	新兴产业	51	验收	5	化工	30	金融	92
巩固	8	突出	45	软件	50	市场主体	3	信息产业	27	供应链	74
农民	6	创新型	25	战略性	38	成长型	2	循环	21	链	46
脱贫	2	主导产业	18	人工智能	35	建设项目	2	电力	8	区块	21

表2-4 长三角城市群战略性新兴产业集群政策主题关键词及词频

长三角城市群											
金融信贷支持	词频	高端制造	词频	数字化转型	词频	环境治理	词频	乡村振兴	词频	品牌建设	词频
集群	2577	集群	2577	集群	2577	技术	472	集群	2577	集群	2577
贷款	286	技术	472	创新	884	智能	251	品牌	411	创新	884

续表

长三角城市群											
金融信贷支持	词频	高端制造	词频	数字化转型	词频	环境治理	词频	乡村振兴	词频	品牌建设	词频
中小企业	242	研发	388	技术	472	资源	163	市场	303	技术	472
信息化	237	产业链	291	研发	388	电网	99	全市	141	品牌	411
担保	211	智能	251	产业链	291	开发区	98	龙头企业	121	市场	303
特色产业	185	信息化	237	人才	255	设备	87	质量	106	转型	292
扶持	180	制造	222	科技	255	能源	70	布局	90	科技	255
专项资金	159	装备	204	智能	251	环境	67	产业化	76	现代	250
融资	104	集聚	170	信息化	237	整治	61	带动	72	块状	243
战略性	98	高端	168	制造	222	安全	56	农业	59	中小企业	242
宁波市	89	配套	145	特色产业	185	环保	55	农业产业	46	扶持	180
银行	76	引进	126	融合	177	链	49	标准化	39	集聚	170
创新型	60	新兴产业	112	知识产权	152	一体化	46	农产品	37	商标	146
主导产业	59	生物医药	100	协同	138	电力	39	食品	25	配套	145
验收	53	新能源	90	战略性	98	治理	19	出口	23	检测	129
绩效	45	设备	87	人工智能	89	发电	12	农民	10	奖励	125
科学技术	37	汽车	86	数据	84	区块	10	蔬菜	9	竞争力	125
建设项目	27	依托	85	金融	67	煤化工	0	品种	5	龙头企业	121
成长型	19	零部件	69	互联网	66	煤炭	0	种植	2	带动	72
市场主体	8	电子	44	数字化	40	煤矿	0	脱贫	0	公共服务	65

表 2-5　珠三角城市群战略性新兴产业集群政策主题关键词及词频

珠三角城市群											
乡村振兴	词频	高端制造	词频	节能环保	词频	金融信贷支持	词频	数字化转型	词频	资源集聚	词频
产业链	603	集群	2305	集群	2305	集群	2305	创新	1378	集群	2305
市场	437	创新	1378	信息化	1260	信息化	1260	信息化	1260	创新	1378
品牌	283	信息化	1260	技术	945	产业链	603	技术	945	信息化	1260
资源	235	技术	945	制造	716	战略性	541	制造	716	技术	945
质量	193	制造	716	研发	651	融资	429	研发	651	科技	499
布局	191	研发	651	产业链	603	协同	411	智能	544	中小企业	442
依托	180	产业链	603	装备	578	资助	382	协同	411	市场	437
农业	160	装备	578	市场	437	扶持	291	人才	398	集聚	293
产业化	126	智能	544	设备	418	特色产业	218	数字化	313	扶持	291
龙头企业	123	战略性	541	高端	397	贷款	195	软件	278	品牌	283
现代	94	设备	418	安全	350	补贴	161	数据	249	转型	237
食品	90	高端	397	配套	223	验收	141	转型	237	配套	223

续表

珠三角城市群											
乡村振兴	词频	高端制造	词频	节能环保	词频	金融信贷支持	词频	数字化转型	词频	资源集聚	词频
现代农业	43	汽车	249	环保	207	担保	132	生物医药	224	特色产业	218
品种	41	配套	223	绿色	192	信用	98	互联网	198	公共服务	179
标准化	36	引进	221	依托	180	财政	94	融合	195	技术创新	167
农产品	31	新兴产业	211	支柱产业	120	建设项目	76	供应链	135	竞争力	160
出口	17	新能源	207	生态环境	112	专项资金	68	智慧	116	带动	125
蔬菜	12	零部件	158	节能	112	银行	41	链	108	龙头企业	123
煤化工	0	电子	146	纺织	65	绩效	16	人工智能	93	创新型	30
脱贫	0	航空	19	化工	46	成长型	4	区块	47	主导产业	17

（四）三大城市群战略性新兴产业集群政策主体的比较

通过对京津冀、长三角、珠三角三大城市群战略性新兴产业集群政策主体数量和协同情况进行统计和分析后，发现京津冀、长三角、珠三角三大城市群的人民政府、发展和改革委员会、工业和信息化部门、科学技术部门以及财政部门为其战略性新兴产业政策的主要发布者和推动者。同时，各市（区）政府及相关部门也是重要的政策主体。其中，人民政府在建设战略性新兴产业集群的重大决策中发挥了主导作用；发展和改革委员会、工业和信息化部门主管战略性新兴产业集群政策的具体制定和实施；科学技术部门和财政部门为推进战略性新兴产业集群建设提供相应的支持。在政策主体的协同方面，京津冀、长三角和珠三角三大城市群较少有跨区域政策主体的协同。

从政策主体的数量来看，长三角城市群和珠三角城市群的政策主体的数量多，政策主体的覆盖面广、积极性高。京津冀城市群战略性新兴产业集群政策最主要的政策颁布主体为各省级工业和信息化部门。长三角城市群战略性新兴产业集群政策最主要的政策颁布主体为各省级人民政府以及经济和信息化委员会。珠三角城市群的政策颁布主体主要为省级发展和改革委员会、工业和信息化部门以及科学技术部门。在市级政策中，深圳、惠州、中山、广州、汕头的政策主体数量和政策主体的发文量较其他城市多。珠三角城市群相较京津冀城市群和长三角城市群，除政府及其他官方部门作为重要的政策颁布主体外，还存在银行等非政府机构的参与，而且在非政府部门参与积极性上整体表现更强，政策主体参与广度优于其他两大城市群。

三大城市群战略性新兴产业集群政策发布主体协同网络如图 2-12 所示。从政策主体的协同性来看，京津冀城市群的政策主体之间几乎不存在协同，主要以单一部门的独立发文为主。长三角城市群的联合发文数量虽然多于京津冀城市群，但协同性依然较弱。长三角城市群政策主体的协同主要存在于省级少量部门之间，市级层面的政策主体联合发文的数量不高。相较之下，珠三角城市群战略性新兴产业集群政策主体之间的协同性要远远优于京津冀城市群和长三角城市群，联合发文的数量远远高于京津冀城市群和长三角城市群。珠三角城市群除了形成以省发展和改革委员会、省工业和信息化厅和省科学技术厅为主的较为完备的省级政策主体协同网络外，深圳市、惠州市、汕头市也都有其市级的政策主体协同网络。

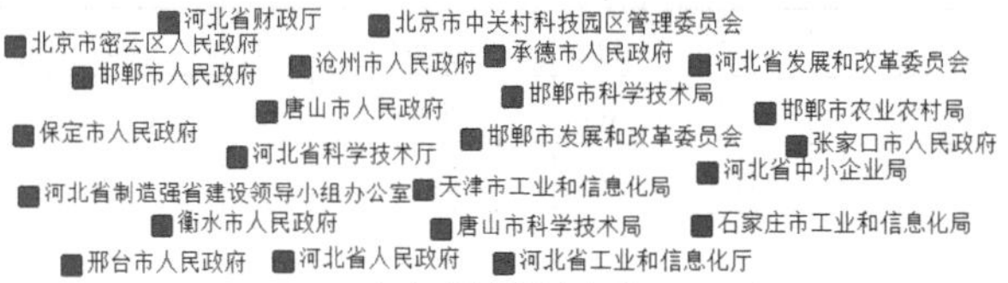

（a）京津冀城市群

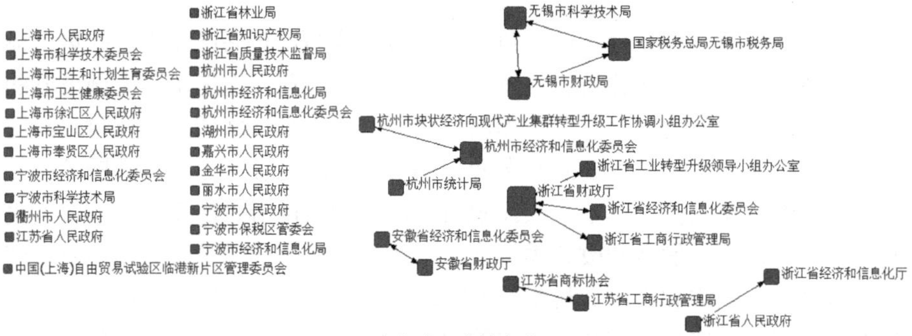

（b）长三角城市群

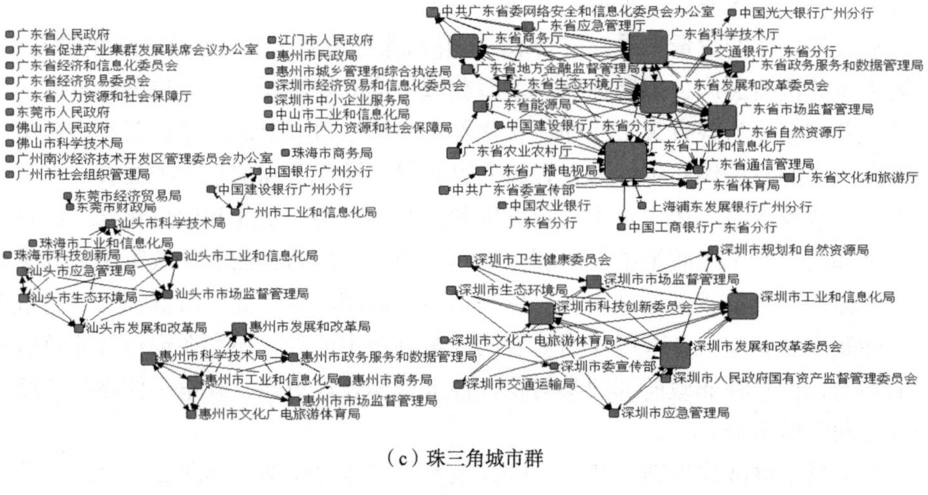

（c）珠三角城市群

图 2-12　三大城市群战略性新兴产业集群政策发布主体协同网络

三、总结

全球范围内新一轮科技革命和产业变革正步入加速推进的关键阶段，战略性新兴产业的发展将为中国提供创新追赶的重要机会。培育和发展战略性新兴产业集群，为增强产业链的完整性、提高创新链的自主性、促进产业升级和区域创新提供了难得的机遇，对增强发展中国家经济竞争的战略力量意义重大。本节梳理了战略性新兴产业集群政策的发展脉络演化规律，并进一步挖掘了战略性新兴产业集群政策的区域差异。

对2006~2023年我国省级战略性新兴产业集群政策进行系统全面的分析研究后，发现全国省级战略性新兴产业集群政策存在一定的演化规律。第一，全国省级战略性新兴产业集群政策数量整体呈现上升趋势，“十三五”期间，相关政策数量有明显减少。但是在《中华人民共和国国民经济和社会发展第十四个五年规划和2035年远景目标纲要》提出“推动战略性新兴产业融合化、集群化、生态化发展”后，地方政府更加重视战略性新兴产业集群发展，政策数量明显回升。第二，在产业分布的演变上，综合类政策呈现出先增后减再增的趋势，具体产业政策总体上同样呈现先增后减再增的趋势。战略性新兴产业集群在初具规模之后，于“十四五”前后政策逐渐向细分领域深耕，因此具体产业在该阶段政策数量最多且最为丰富。第三，在政策主题的演化上，政策主题在不同的发展规划期呈现不同的主题侧重。第四，在政策主体的演化上，政策主体的丰富度逐步增强，非政府部门的参与积极性逐步提升，逐渐形成以工业和信息化部门为主导政策颁布者，以人民政府、发展和改革委员会、经济和信息化部门、科学技术部门以及财政部门为重要政策主体的结构体系。

在对京津冀、长三角、珠三角三大城市群的战略性新兴产业集群政策进行系统全面的比较研究后，发现三大城市群在总体数量概况、重点产业领域、政策主题导向、政策主体协同等方面均存在明显差异。三大城市群战略性新兴产业集群政策中所体现的重点产业和产业领域均根据自身优势体现出明显的区域性。京津冀城市群的战略性新兴产业集群政策主要围绕着新一代信息技术产业、高端装备制造产业、生物产业展开；长三角城市群的战略性新兴产业集群政策主要围绕着新一代信息技术产业、高端装备制造产业、新材料产业、生物产业、新能源产业展开；珠三角城市群的战略性新兴产业集群政策主要围绕新一代信息技术产业、高端装备制造产业、新材料产业、生物产业、节能环保产业、数字创意产业展开。从政策主体来看，京津冀城市群主要以单一部门的独立发文为主；长三角城市群的政策主体协同性较弱且主要存在于省级少量部门之间；珠三角城市群政策主体协同性强且省级和市级形成较为完备的协同网络。相较长三角城市群和珠三角城市群，京津冀城市群的战略性新兴产业集群政策主体协同的全面性不足，协同性表现不够理想。京津冀城市群、长三角城市群战略性新兴产业集群政策的主体类型主要集中于政府机构，缺乏非官方部门的多元参与。珠三角城市群政策主体的协同程度以及参与积极性远远领先于京津冀城市群和长三角城市群，并且对非政府部门的参与十分重视，着力于发挥资源优势，不断推动政策制定和实施下沉性。三大城市群的地方政府依托自身优势产业和特色资源引导和培育了具有竞争力和影响力的战略性新兴产业集群。

第二节　各产业领域政策分析

一、新一代信息技术产业

新一代信息技术主要包括下一代通信网络、物联网、三网融合、新型平板显示、高性能集成电路和以云计算为代表的高端软件等。2010~2020 年，新一代信息技术产业得到迅猛发展。《“十二五”国家战略性新兴产业发展规划》发布之后，我国新一代信息技术产业持续快速发展，产业规模不断扩大，创新能力显著增强，产业集聚日益明显，国际化水平持续提高，人才队伍不断壮大，已具备再上新台阶的坚实基础。

随着《“十三五”国家战略性新兴产业发展规划》的发布，国务院、国家发展和改革委员会、工业和信息化部相继牵头制定了《“互联网+”人工智能三年行动实施方案》《信息化和工业化融合发展规划（2016—2020）》《大数据产业发展规划（2016—2020 年）》《信息通信行业发展规划（2016—2020 年）》《信息基础设施重大工程建设三年行动方案》《促进新一代人工智能产业发展三年行动计划（2018—2020 年）》《新一代人工智能发展规划》《工业互联网发展行动计划（2018—2020 年）》等产业规划。

（一）政策主题梳理

根据 2010~2020 年新一代信息技术产业政策主题分布情况（图 2-13），新一代信息技术产业主题强度最高的为科技研发，主题强度为 17.98%；生态环境次之，主题强度为 12.79%；接下来依次为行业应用（12.74%）、节能环保（10.25%）、知识产权（8.12%）、信息化（6.97%）、产业标准（6.93%）、人才培养（5.91%）、交通运输（5.28%）。

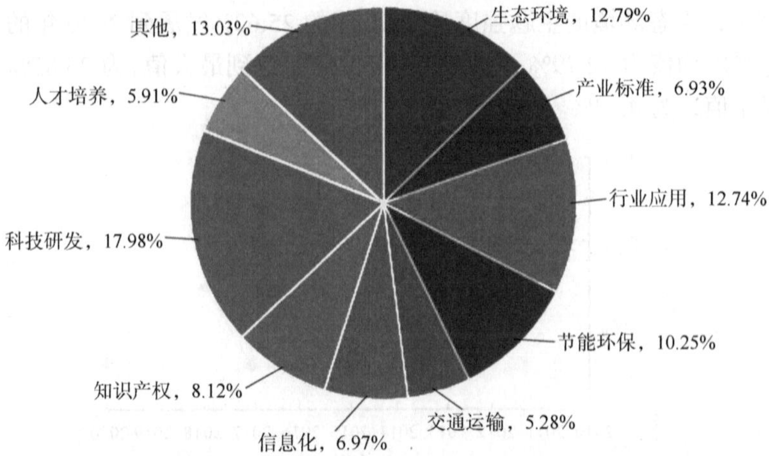

图 2-13　2010~2020 年新一代信息技术产业政策主题分布情况

（二）政策主题的演化分析

下面依次分析位列新一代信息技术产业政策主题强度前五的各个主题。

1. 科技研发

根据 2010~2020 年新一代信息技术产业政策科技研发的主题强度变化趋势（图 2-14），科技研发的主题强度从 2010 年的 34.51%发展到 2020 年的 11.61%，其间主题强度均值为 17.98%，主题强度在 2010 年达到最大值，为 34.51%，在 2019 年处于最小值，为 11.37%。

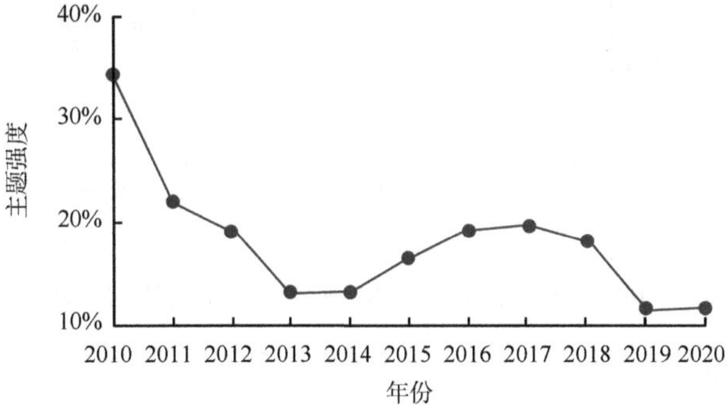

图 2-14　2010~2020 年新一代信息技术产业政策科技研发的主题强度变化趋势

2. 生态环境

根据 2010~2020 年新一代信息技术产业政策生态环境的主题强度变化趋势

（图 2-15），生态环境的主题强度从 2010 年的 25.62%发展到 2020 年的 5.79%，其间主题强度均值为 12.79%，主题强度在 2014 年达到最大值，为 25.82%，在 2015 年处于最小值，为 4.73%。

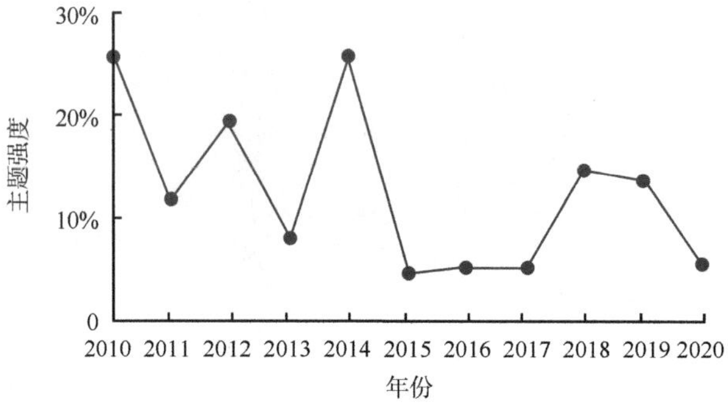

图 2-15　2010~2020 年新一代信息技术产业政策生态环境的主题强度变化趋势

3. 行业应用

根据 2010~2020 年新一代信息技术产业政策行业应用的主题强度变化趋势（图 2-16），行业应用的主题强度从 2010 年的 1.08%发展到 2020 年的 24.75%，其间主题强度均值为 12.74%，主题强度在 2020 年达到最大值，为 24.75%，在 2010 年处于最小值，为 1.08%。

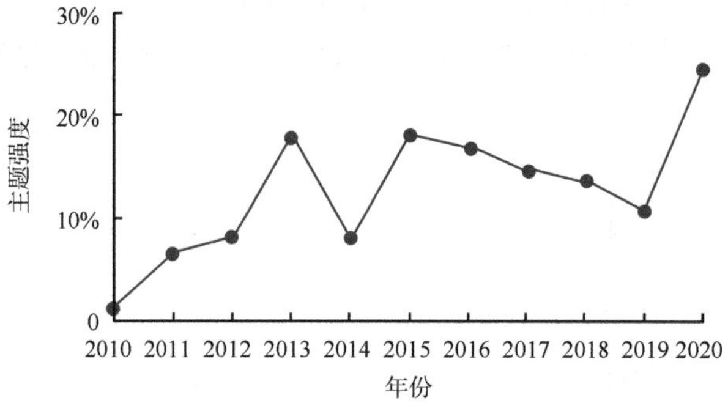

图 2-16　2010~2020 年新一代信息技术产业政策行业应用的主题强度变化趋势

4. 节能环保

根据 2010~2020 年新一代信息技术产业政策节能环保的主题强度变化趋势（图 2-17），节能环保的主题强度从 2010 年的 5.54%发展到 2020 年的 2.09%，其间主题强度均值为 10.25%，主题强度在 2011 年达到最大值，为 22.50%，在 2020 年处于最小值，为 2.09%。

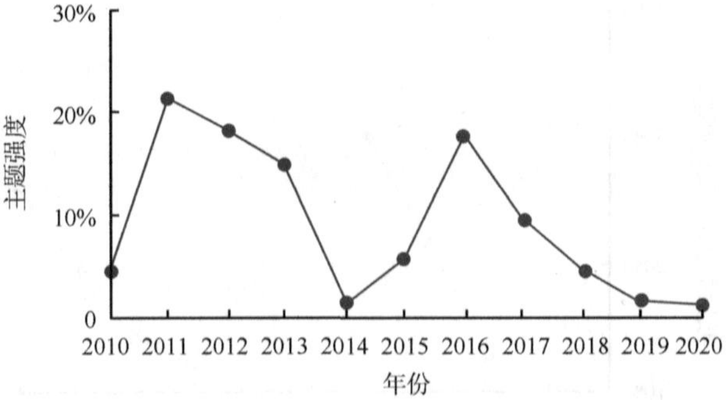

图2-17 2010~2020年新一代信息技术产业政策节能环保的主题强度变化趋势

5. 知识产权

根据2010~2020年新一代信息技术产业政策知识产权的主题强度变化趋势（图2-18），知识产权的主题强度从2010年的4.30%发展到2020年的13.23%，其间主题强度均值为8.12%，主题强度在2019年达到最大值，为14.65%，在2016年处于最小值，为3.84%。

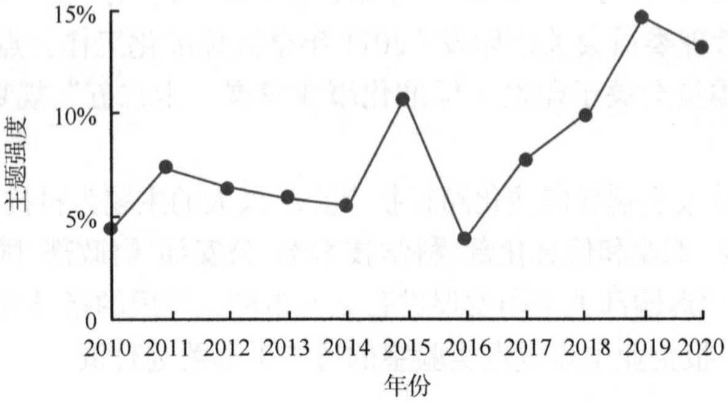

图2-18 2010~2020年新一代信息技术产业政策知识产权的主题强度变化趋势

（三）政策主题导向的演化分析

根据2010~2020年新一代信息技术产业政策主题导向演化路径（图2-19），政策主题导向波动指数从2011年的31.01%发展到2020年的26.13%，其间政策主题导向波动指数均值为21.36%，政策主题导向波动指数在2011年达到最大值，为31.01%，在2017年处于最小值，为12.17%。

根据2010~2020年新一代信息技术产业的政策主题导向演化路径，其间新一代信息技术产业政策主题导向演化路径拐点分别是2011年和2014年。具体来看，2011年拐点的各政策主题变化贡献度大小依次为产业标准、知识产权、科技研发、

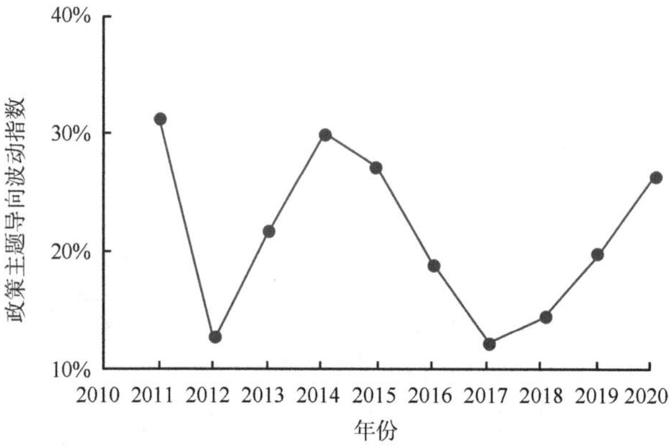

图 2-19　2010~2020 年新一代信息技术产业政策主题导向演化路径
该部分分析时需要两年的数据，故没有 2010 年数值

节能环保、信息化、人才培养、生态环境、交通运输、行业应用。2014 年拐点的各政策主题变化贡献度大小依次为科技研发、节能环保、生态环境、产业标准、知识产权、人才培养、交通运输、信息化、行业应用。

2011 年对政策导向演化路径拐点贡献最大的主题为产业标准，当年主要有《国家标准化管理委员会关于印发〈2011 年全国标准化工作要点〉的通知》《国家标准化管理委员会关于印发〈标准化事业发展“十二五”规划〉的通知》等关键政策。

2014 年对政策主题导向演化路径拐点贡献最大的主题为科技研发，当年主要有《发展改革委 工业和信息化部 科学技术部 公安部 财政部 国土资源部 住房城乡建设部 交通运输部关于印发促进智慧城市健康发展的指导意见的通知》《科技部关于组织申报企业国家重点实验室的通知》等关键政策。

二、节能环保产业

节能环保产业主要包括节能技术和装备、高效节能产品、节能服务产业、先进环保技术和装备、环保产品与环保服务六大领域。加快发展节能环保产业是缓解资源环境瓶颈制约、实现可持续发展的重要途径。2010~2020 年，在战略性新兴产业中，节能环保产业应用的政策工具较多。2013 年，《国务院关于加快发展节能环保产业的意见》印发，提出为节能环保产业发展“营造有利的市场和政策环境”，包括健全法规标准、强化目标责任等。节能环保产业与其他战略性新兴产业相比，运用法规、规范、政策工具较多。此外，《中华人民共和国节约能源法》（2018 年修正）的颁布，顺应了新时代节约能源的要求，客观上为节能环保产业的发展奠定了法律基础。《中华人民共和国环境保护法》《中华人民共和国环境保护税法》，以及一系列技术指南、排放标准、准入条件的颁布，促进了节能环保产业健康发展。

（一）政策主题梳理

根据 2010~2020 年节能环保产业政策主题分布情况（图 2-20），节能环保产业政策主题强度最高的为科技研发，主题强度为 16.64%；节能环保次之，主题强度为 12.77%；接下来依次为生态环境（11.53%）、环保装备（10.26%）、交通运输（9.79%）、行业应用（8.50%）、治污技术（6.97%）、农业技术（6.00%）、产学研（5.93%）。

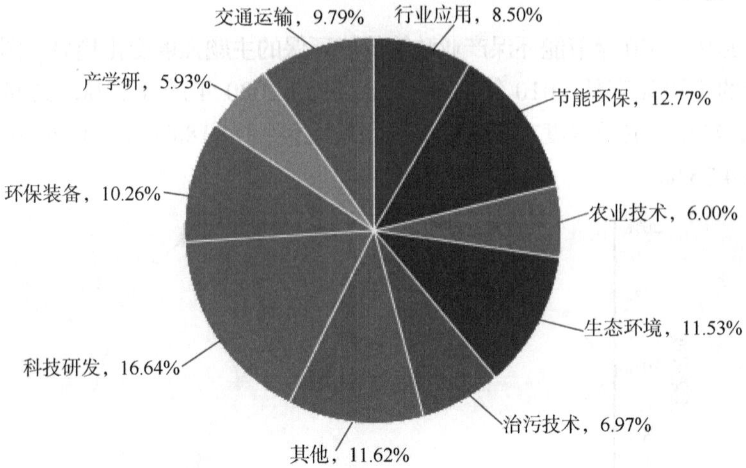

图 2-20　2010~2020 年节能环保产业政策主题分布情况

因四舍五入，存在相加不为 100%情况

（二）政策主题的演化分析

下面依次分析位列节能环保产业政策主题强度前五的各个主题。

1. 科技研发

根据 2010~2020 年节能环保产业政策科技研发的主题强度变化趋势（图 2-21），科技研发的主题强度从 2010 年的 14.13%发展到 2020 年的 15.60%，其间主题强度均值为 16.64%，主题强度在 2014 年达到最大值，为 21.98%，在 2019 年处于最小值，为 11.25%。

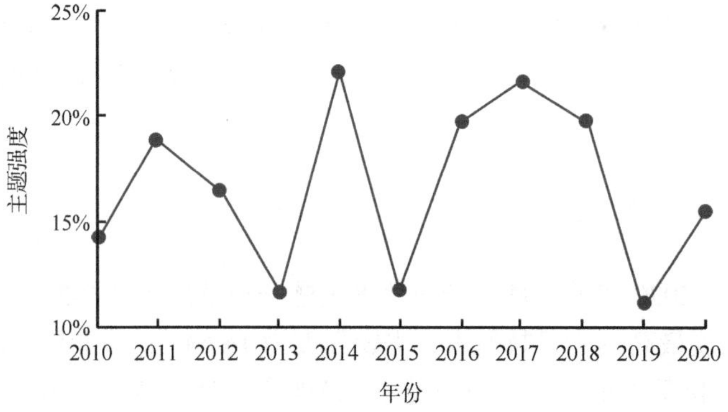

图 2-21　2010~2020 年节能环保产业政策科技研发的主题强度变化趋势

2. 节能环保

根据 2010~2020 年节能环保产业政策节能环保的主题强度变化趋势（图 2-22），节能环保的主题强度从 2010 年的 9.31%发展到 2020 年的 4.25%，其间主题强度均值为 12.77%，主题强度在 2018 年达到最大值，为 18.61%，在 2020 年处于最小值，为 4.25%。

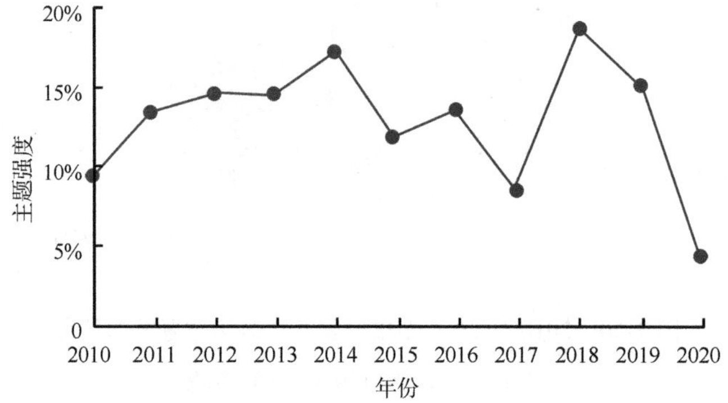

图 2-22　2010~2020 年节能环保产业政策节能环保的主题强度变化趋势

3. 生态环境

根据 2010~2020 年节能环保产业政策生态环境的主题强度变化趋势（图 2-23），生态环境的主题强度从 2010 年的 23.99%发展到 2020 年的 17.59%，其间主题强度均值为 11.53%，主题强度在 2010 年达到最大值，为 23.99%，在 2013 年处于最小值，为 4.45%。

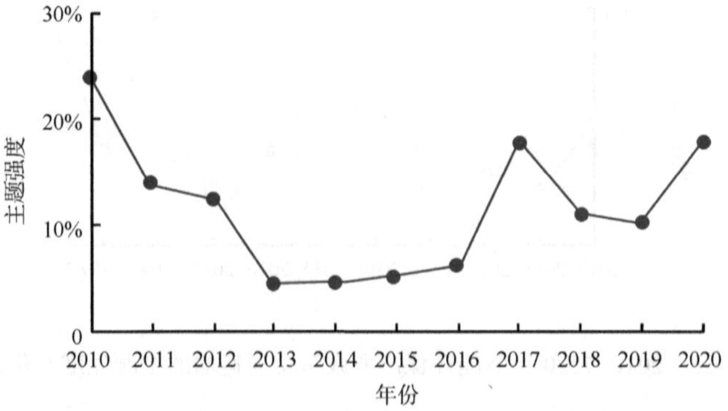

图 2-23 2010~2020 年节能环保产业政策生态环境的主题强度变化趋势

4. 环保装备

根据2010~2020年节能环保产业政策环保装备的主题强度变化趋势（图2-24），环保装备的主题强度从2010年的3.27%发展到2020年的7.28%，其间主题强度均值为10.26%，主题强度在2016年达到最大值，为18.36%，在2010年处于最小值，为3.27%。

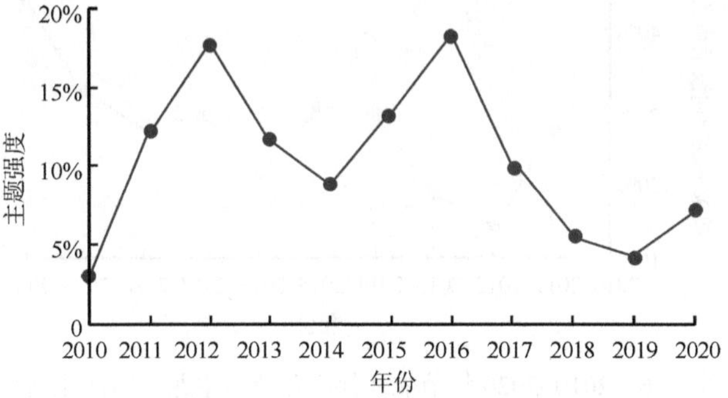

图 2-24 2010~2020 年节能环保产业政策环保装备的主题强度变化趋势

5. 交通运输

根据2010~2020年节能环保产业政策交通运输的主题强度变化趋势（图2-25），交通运输的主题强度从2010年的10.21%发展到2020年的19.12%，其间主题强度均值为9.79%，主题强度在2018年达到最大值，为19.83%，在2017年处于最小值，为1.95%。

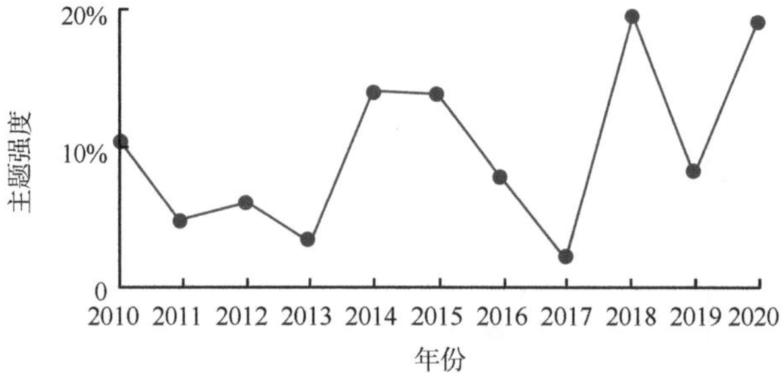

图 2-25 2010~2020 年节能环保产业政策交通运输的主题强度变化趋势

（三）政策主题导向的演化分析

根据 2010~2020 年节能环保产业政策主题导向演化路径（图 2-26），政策主题导向波动指数从 2011 年的 26.38%发展到 2020 年的 44.53%，其间政策主题导向波动指数均值为 26.97%，政策主题导向波动指数在 2020 年达到最大值，为 44.53%，在 2012 年处于最小值，为 13.60%。

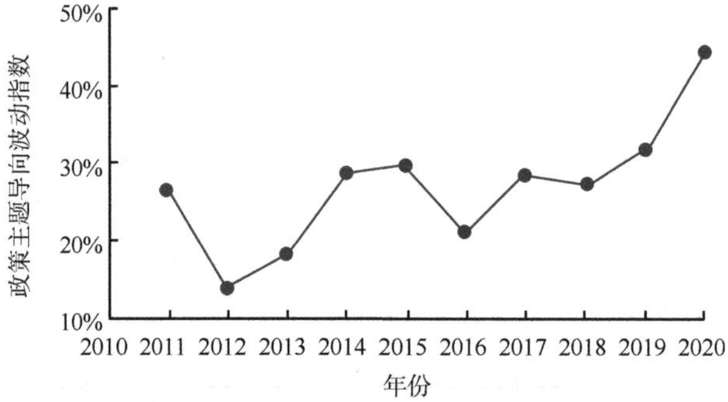

图 2-26 2010~2020 年节能环保产业政策主题导向演化路径

该部分分析时需要两年的数据，故没有 2010 年的数值

根据 2010~2020 年节能环保产业政策主题导向演化路径，其间节能环保产业政策主题导向演化路径拐点出现在 2019 年。具体来看，2019 年拐点的各政策主题变化贡献度大小依次为行业应用、交通运输、环保装备、农业技术、生态环境、产学研、治污技术、科技研发、节能环保。

2019 年对政策主题导向演化路径拐点贡献最大的主题为行业应用，当年主要有中共中央办公厅、国务院办公厅印发的《国家生态文明试验区（海南）实施方案》，以及《国家发展改革委 科技部关于构建市场导向的绿色技术创新体系的指导意见》等关键政策。

三、生物产业

生物产业主要包括生物医药产业、生物医学工程产业、生物农业产业、生物制造产业，是21世纪创新最为活跃、影响最为深远的新兴产业，是我国战略性新兴产业的主攻方向，对于我国抢占新一轮科技革命和产业革命制高点，加快壮大新产业、发展新经济、培育新动能，建设“健康中国”具有重要意义。2010~2020年，中央政府对于构建生物医药新体系、提升生物医学工程发展水平、加速生物农业产业化发展、推动生物制造规模化应用、培育生物服务新业态、创新生物能源发展模式等方面有明确规划。根据《中华人民共和国国民经济和社会发展第十三个五年规划纲要》和《“十三五”国家战略性新兴产业发展规划》，为加快推动生物产业成为国民经济的支柱产业，特编制《“十三五”生物产业发展规划》，规划期限为2016~2020年。

（一）政策主题梳理

根据2010~2020年生物产业政策主题分布情况（图2-27），生物产业主题强度最高的为产学研，主题强度为14.87%；科技研发次之，主题强度为14.42%。接下来依次为设备装备（13.70%）、人才培养（10.03%）、行业应用（8.78%）、农业生态（8.18%）、产业标准（6.47%）、农业科技（6.45%）、医药科技（5.66%）。

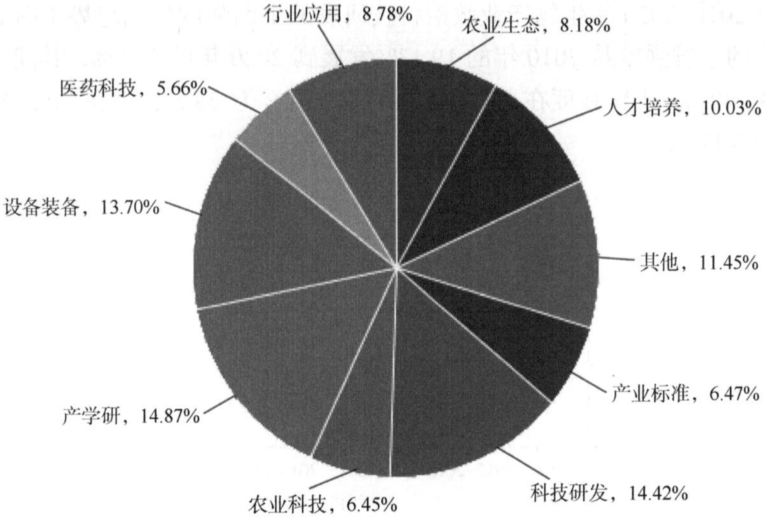

图2-27 2010~2020年生物产业政策主题分布情况

因四舍五入，存在相加不为100%情况

（二）政策主题的演化分析

下面依次分析位列生物产业政策主题强度前五的各个主题。

1. 产学研

根据 2010~2020 年生物产业政策产学研的主题强度变化趋势（图 2-28），产学研的主题强度从 2010 年的 1.15%发展到 2020 年的 31.81%，其间主题强度均值为 14.87%，主题强度在 2020 年达到最大值，为 31.81%，在 2010 年处于最小值，为 1.15%。

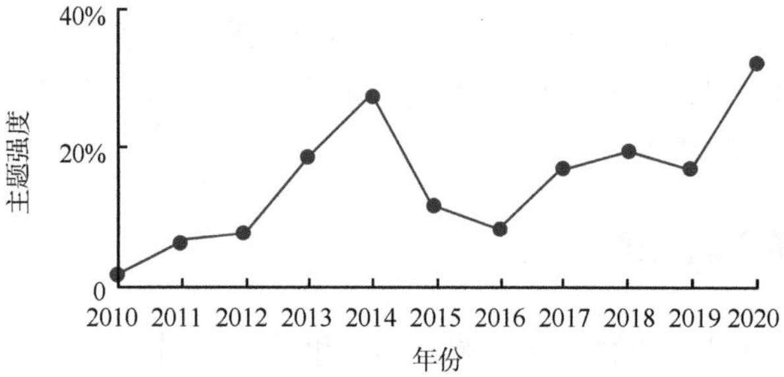

图 2-28　2010~2020 年生物产业政策产学研的主题强度变化趋势

2. 科技研发

根据 2010~2020 年生物产业政策科技研发的主题强度变化趋势（图 2-29），科技研发的主题强度从 2010 年的 19.13%发展到 2020 年的 3.11%，其间主题强度均值为 14.42%，主题强度在 2016 年达到最大值，为 25.81%，在 2020 年处于最小值，为 3.11%。

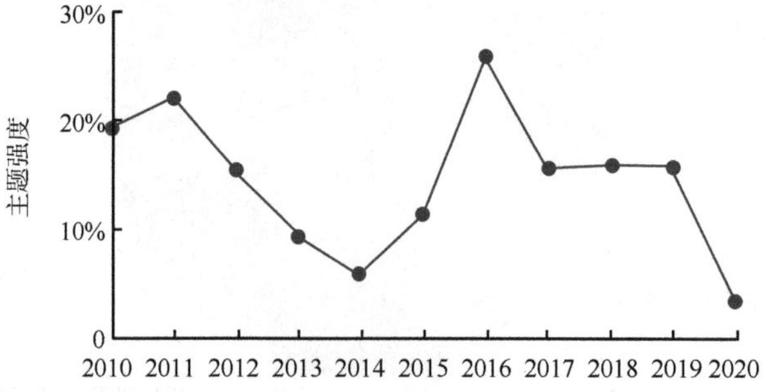

图 2-29　2010~2020 年生物产业政策科技研发的主题强度变化趋势

3. 设备装备

根据2010~2020年生物产业政策设备装备的主题强度变化趋势（图2-30），设备装备的主题强度从2010年的1.64%发展到2020年的27.99%，其间主题强度均值为13.70%，主题强度在2020年达到最大值，为27.99%，在2010年处于最小值，为1.64%。

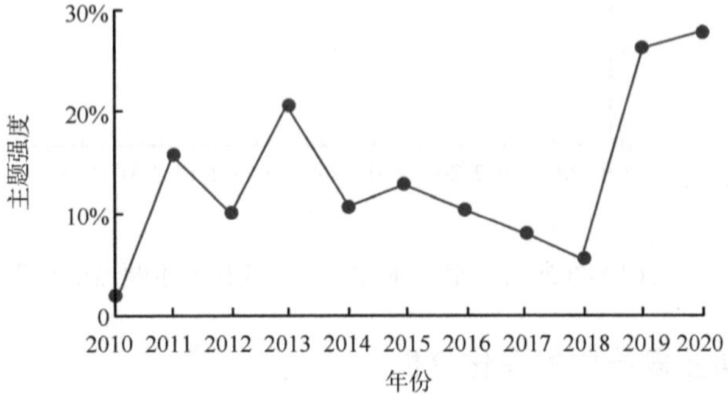

图2-30　2010~2020年生物产业政策设备装备的主题强度变化趋势

4. 人才培养

根据2010~2020年生物产业政策人才培养的主题强度变化趋势（图2-31），人才培养的主题强度从2010年的17.31%发展到2020年的30.69%，其间主题强度均值为10.03%，主题强度在2020年达到最大值，为30.69%，在2011年处于最小值，为3.15%。

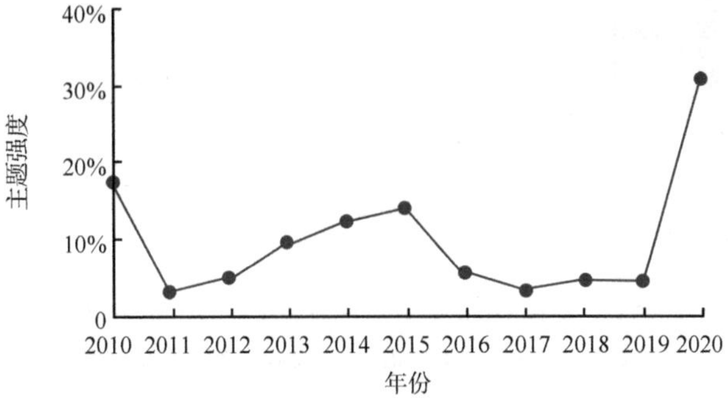

图2-31　2010~2020年生物产业政策人才培养的主题强度变化趋势

5. 行业应用

根据2010~2020年生物产业政策行业应用的主题强度变化趋势（图2-32），行业应用的主题强度从2010年的1.64%发展到2020年的0.73%，其间主题强度均值为 8.78%，主题强度在 2011 年达到最大值，为 14.43%，在 2020 年处于最小值，为 0.73%。

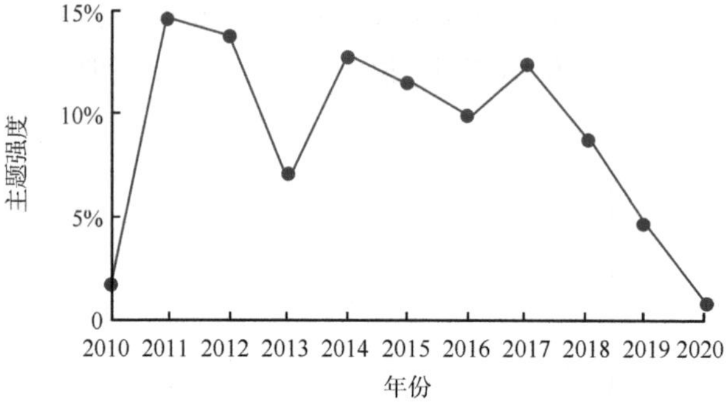

图 2-32　2010~2020 年生物产业政策行业应用的主题强度变化趋势

（三）政策主题导向的演化分析

根据 2010~2020 年生物产业政策主题导向演化路径（图 2-33），政策主题导向波动指数从 2011 年的 38.28%发展到 2020 年的 41.47%，其间政策主题导向波动指数均值为 24.85%，政策主题导向波动指数在 2020 年达到最大值，为 41.47%，在 2012 年处于最小值，为 14.08%。

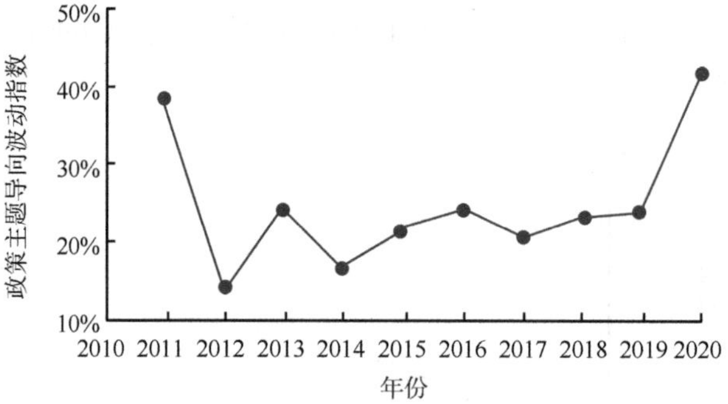

图 2-33　2010~2020 年生物产业政策主题导向演化路径

该部分分析时需要两年的数据，故没有 2010 年的数值

根据 2010~2020 年生物产业政策主题导向演化路径，其间生物产业政策主题导向演化路径拐点出现在 2011 年。具体来看，2011 年拐点的各政策主题变化贡献度大小依次为人才培养、设备装备、行业应用、产学研、产业标准、医药科技、农业生态、科技研发、农业科技。2011 年对政策主题导向演化路径拐点贡献最大的主题为人才培养，当年主要有《科技部、人力资源和社会保障部、

教育部等关于印发2010至2020年国家中长期生物技术人才发展规划的通知》《关于表彰十一五国家星火计划工作先进集体和先进个人的决定》《教育部 国家外国专家局关于高等学校学科创新引智计划2012年度建设项目立项通知》等关键政策。

四、高端装备制造产业

高端装备制造产业是生产制造高技术、高附加值的先进工业设施设备的行业。2010~2020年，高端装备制造产业政策在“十二五”“十三五”期间有不同的聚焦点。在《中华人民共和国国民经济和社会发展第十二个五年规划纲要》的指导下，科学技术部、工业和信息化部等部委制定了海洋工程装备、智能制造、高速列车、服务机器人、智能硬件产业等专项规划。“十三五”期间高端装备制造产业领域的政策主要聚焦智能制造、制造业升级改造、互联网+先进制造业。根据《中华人民共和国国民经济和社会发展第十三个五年规划纲要》，为实现制造强国战略，2016~2020年中国实施高端装备创新发展工程，包括航空航天装备、先进轨道交通装备等八大行业。除了政策长期利好外，随着制造业转型升级和国产化替代的推进，高端装备制造国内外市场需求巨大。

（一）政策主题梳理

根据2010~2020年高端装备制造产业政策主题分布情况（图2-34），高端装备制造产业主题强度最高的为科技研发，主题强度为17.22%，强度第二的主题为

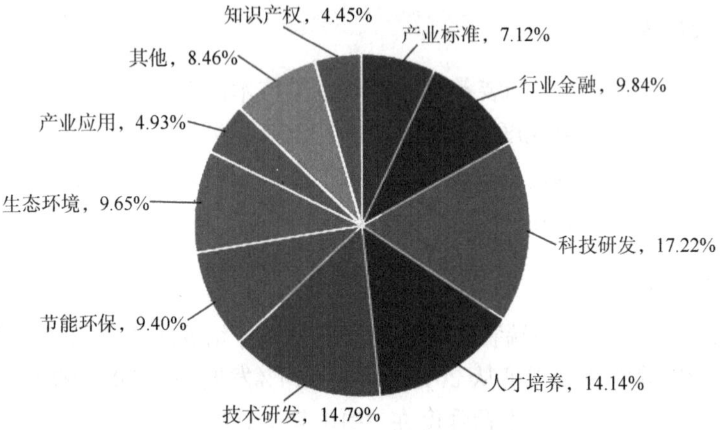

图2-34 2010~2020年高端装备制造产业政策主题分布情况

技术研发，主题强度为 14.79%。接下来依次为人才培养（14.14%）、行业金融（9.84%）、生态环境（9.65%）、节能环保（9.40%）、产业标准（7.12%）、产业应用（4.93%）、知识产权（4.45%）。

（二）政策主题的演化分析

下面依次分析位列高端装备制造产业政策主题强度前五的各个主题。

1. 科技研发

根据 2010~2020 年高端装备制造产业政策科技研发的主题强度变化趋势（图 2-35），科技研发的主题强度从 2010 年的 25.41%发展到 2020 年的 5.79%，其间主题强度均值为 17.22%，主题强度在 2010 年达到最大值，为 25.41%，在 2020 年处于最小值，为 5.79%。

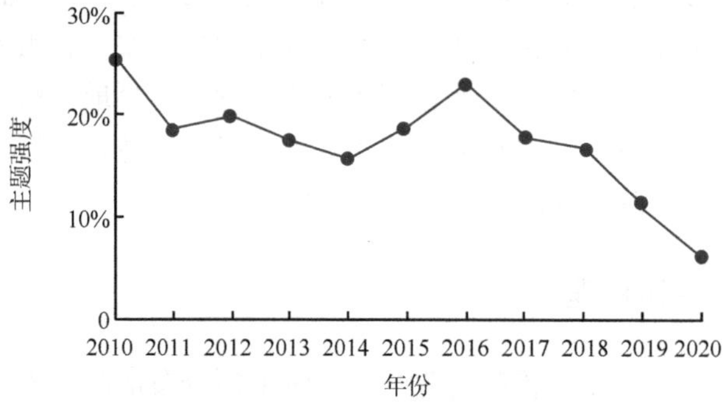

图 2-35　2010~2020 年高端装备制造产业政策科技研发的主题强度变化趋势

2. 技术研发

根据 2010~2020 年高端装备制造产业政策技术研发的主题强度变化趋势（图 2-36），技术研发的主题强度从 2010 年的 20.13%发展到 2020 年的 31.48%，其间主题强度均值为 14.79%，主题强度在 2020 年达到最大值，为 31.48%，在 2018 年处于最小值，为 3.62%。

3. 人才培养

根据 2010~2020 年高端装备制造产业政策人才培养的主题强度变化趋势（图 2-37），人才培养的主题强度从 2010 年的 24.14%发展到 2020 年的 19.48%，其间主题强度均值为 14.14%，主题强度在 2010 年达到最大值，为 24.14%，在 2018 年处于最小值，为 6.26%。

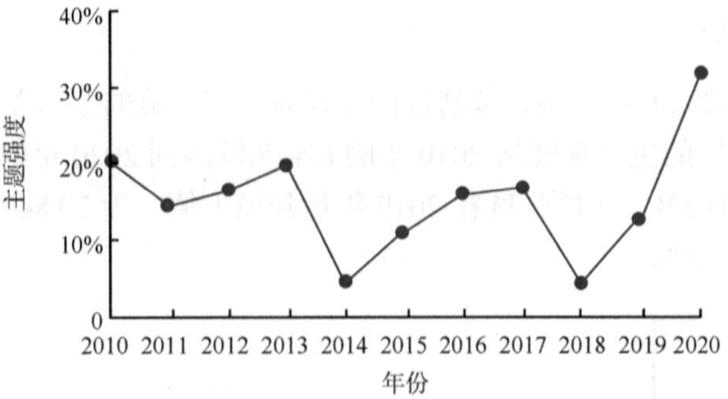

图 2-36　2010~2020 年高端装备制造产业政策技术研发的主题强度变化趋势

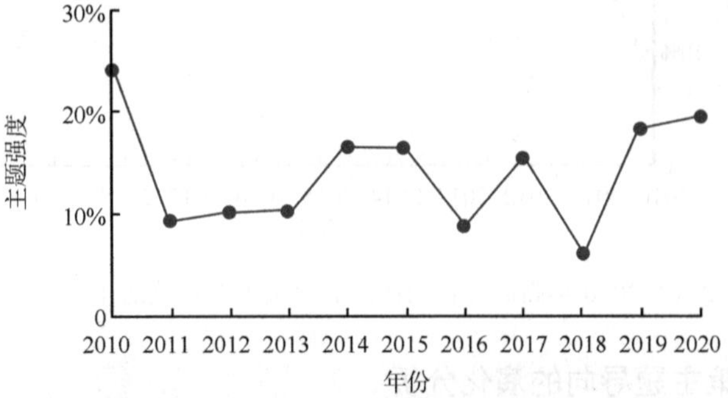

图 2-37　2010~2020 年高端装备制造产业政策人才培养的主题强度变化趋势

4. 行业金融

根据 2010~2020 年高端装备制造产业政策行业金融的主题强度变化趋势（图 2-38），行业金融的主题强度从 2010 年的 8.45%发展到 2020 年的 7.18%，其间主题强度均值为 9.84%，主题强度在 2019 年达到最大值，为 23.27%，在 2012 年处于最小值，为 4.95%。

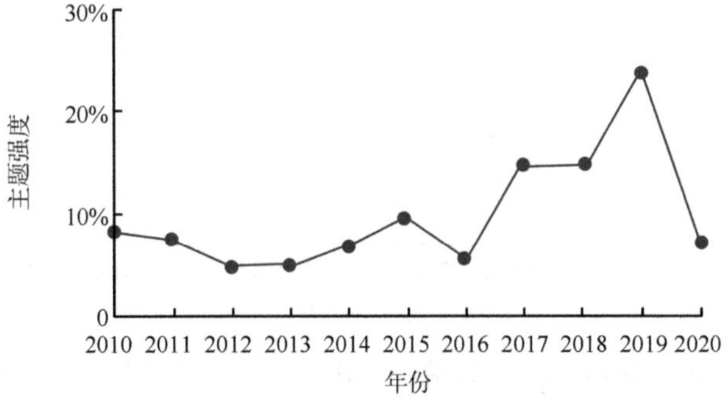

图 2-38　2010~2020 年高端装备制造产业政策行业金融的主题强度变化趋势

5. 生态环境

根据 2010~2020 年高端装备制造产业政策生态环境的主题强度变化趋势（图 2-39），生态环境的主题强度从 2010 年的 6.44%发展到 2020 年的 3.70%，其间主题强度均值为 9.65%，主题强度在 2019 年达到最大值，为 20.84%，在 2018 年处于最小值，为 3.28%。

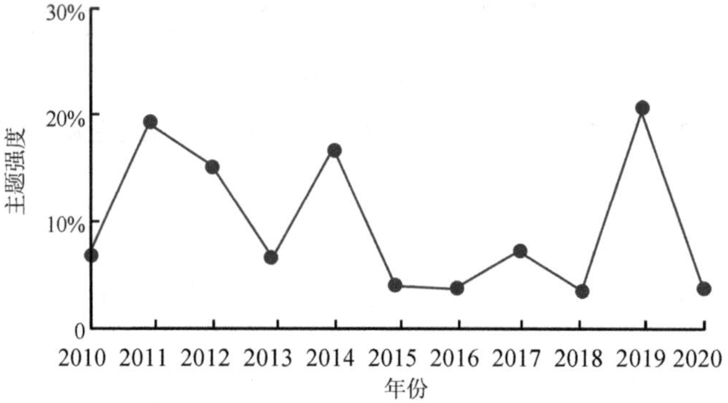

图 2-39　2010~2020 年高端装备制造产业政策生态环境的主题强度变化趋势

（三）政策主题导向的演化分析

根据 2010~2020 年高端装备制造产业政策主题导向演化路径（图 2-40），政策主题导向波动指数从 2011 年的 23.70%发展到 2020 年的 31.87%，其间政策主题导向波动指数均值为 24.09%，政策主题导向波动指数在 2019 年达到最大值，为 38.45%，在 2012 年处于最小值，为 8.64%。

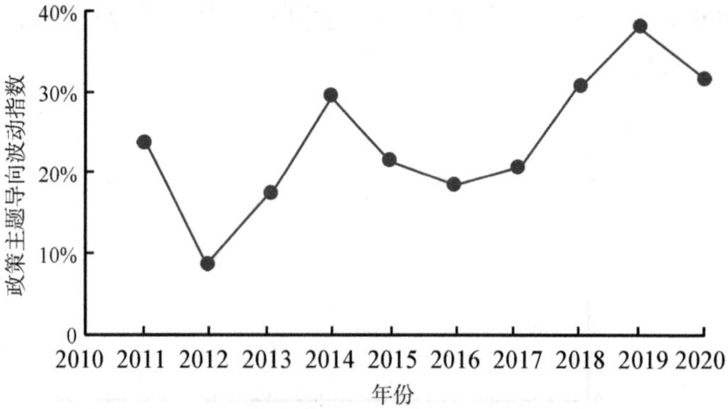

图 2-40　2010~2020 年高端装备制造产业政策主题导向演化路径

该部分分析时需要两年的数据，故没有 2010 年的数值

根据 2010~2020 年高端装备制造产业政策主题导向演化路径，其间高端装备制造产业政策主题导向演化路径拐点出现在 2019 年。具体来看，2019 年拐点的各政策主题变化贡献度大小依次为产业标准、生态环境、人才培养、节能环保、知识产权、技术研发、行业金融、科技研发、产业应用。

2019 年对政策主题导向演化路径拐点贡献最大的主题为产业标准，当年主要有《工业和信息化部 国家发展和改革委员会 教育部 财政部 人力资源和社会保障部 商务部 国家税务总局 国家市场监督管理总局 国家统计局 中国工程院 中国银行保险监督管理委员会 中国证券监督管理委员会 国家知识产权局关于印发制造业设计能力提升专项行动计划（2019—2022 年）的通知》等关键政策。

五、新能源产业

新能源产业主要包括核电、风电、太阳能、热利用、页岩气、生物质发电、地热和地温能、沼气、海洋能等产业。“十二五”时期，我国新能源在能源结构中的比重显著上升，新能源发挥着调整能源结构、减排温室气体、推进战略性新兴产业发展的重要作用。“十三五”期间，我国逐步进入新能源发展的高峰阶段。新能源呈现规模替代能源、生产侧和消费侧可再生能源全面转型的特征。2010~2020 年，根据《“十二五”国家战略性新兴产业发展规划》《“十三五”国家战略性新兴产业发展规划》的关于新能源产业发展的定位，国家发展和改革委员会及国家能源局等机构针对太阳能、页岩气、风电、生物质能等细分行业陆续出台相应规划。新能源产业出台关于产业升级和技术推广的举措，积极推进示范项目建设，减轻企业负担、促进企业兼并重组，营造良好的市场环境。

（一）政策主题梳理

根据 2010~2020 年新能源产业政策主题分布情况（图 2-41），新能源产业主题强度最高的主题为设备装备，主题强度为 15.75%，主题强度第二的主题为人才培养，主题强度为 15.43%。接下来依次为节能绿色（12.89%）、产业金融（8.76%）、科技创新（8.27%）、节能技术（7.90%）、生态资源（6.55%）、研究院所（6.35%）、生物能技术（4.66%）。

（二）政策主题的演化分析

下面依次分析位列新能源产业政策主题强度前五的各个主题。

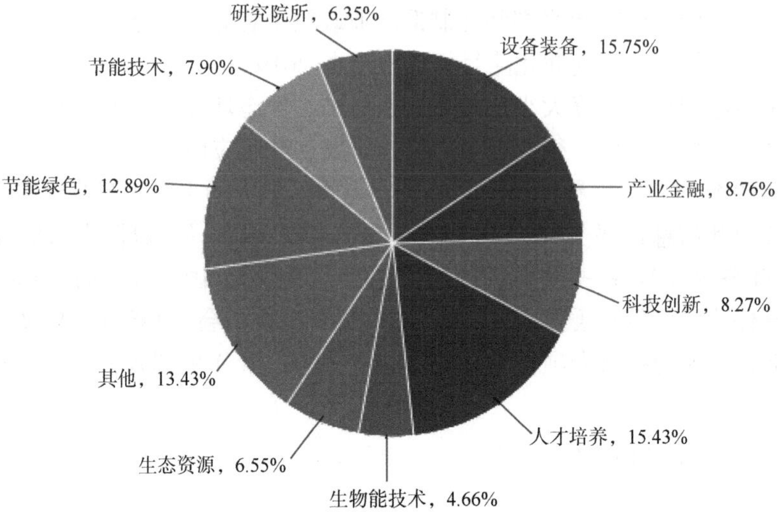

图 2-41　2010~2020 年新能源产业政策主题分布情况

因四舍五入，存在相加不为 100%情况

1. 设备装备

根据 2010~2020 年新能源产业政策设备装备的主题强度变化趋势（图 2-42），设备装备的主题强度从 2010 年的 1.03%发展到 2020 年的 80.38%，其间主题强度均值为 15.75%，主题强度在 2020 年达到最大值，为 80.38%，在 2010 年处于最小值，为 1.03%。

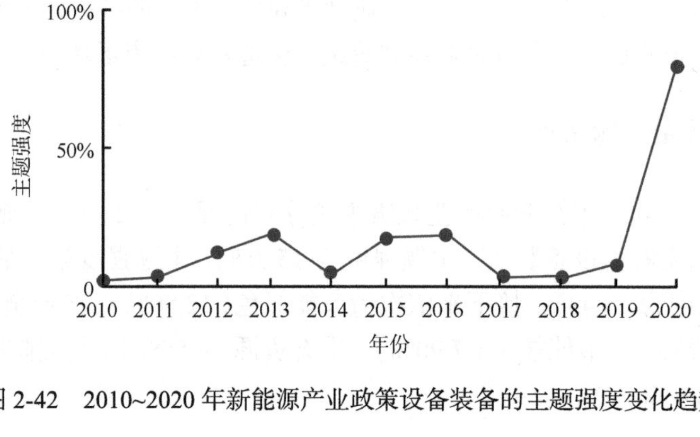

图 2-42　2010~2020 年新能源产业政策设备装备的主题强度变化趋势

2. 人才培养

根据 2010~2020 年新能源产业政策人才培养的主题强度变化趋势（图 2-43），人才培养的主题强度从 2010 年的 14.31%发展到 2020 年的 0.57%，其间主题强度均值为 15.43%，主题强度在 2017 年达到最大值，为 33.21%，在 2020 年处于最小值，为 0.57%。

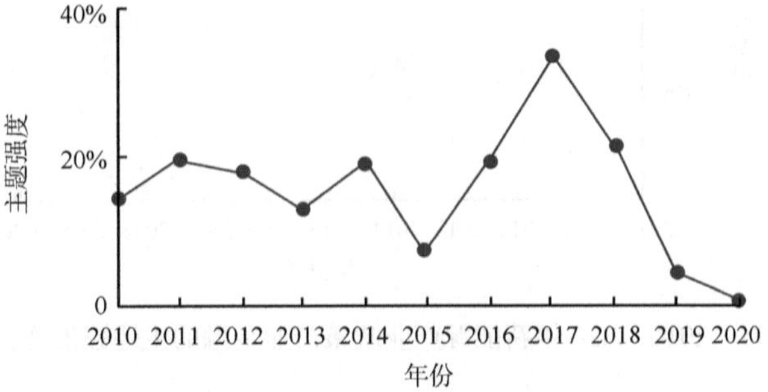

图 2-43 2010~2020 年新能源产业政策人才培养的主题强度变化趋势

3. 节能绿色

根据 2010~2020 年新能源产业政策节能绿色的主题强度变化趋势（图 2-44），节能绿色的主题强度从 2010 年的 8.80%发展到 2020 年的 0.52%，其间主题强度均值为 12.89%，主题强度在 2016 年达到最大值，为 23.73%，在 2020 年处于最小值，为 0.52%。

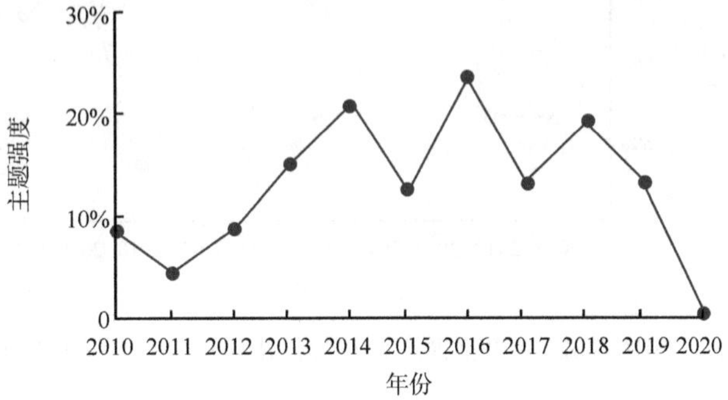

图 2-44 2010~2020 年新能源产业政策节能绿色的主题强度变化趋势

4. 产业金融

根据 2010~2020 年新能源产业政策产业金融的主题强度变化趋势（图 2-45），产业金融的主题强度从 2010 年的 27.16%发展到 2020 年的 0.22%，其间主题强度均值为 8.76%，主题强度在 2010 年达到最大值，为 27.16%，在 2020 年处于最小值，为 0.22%。

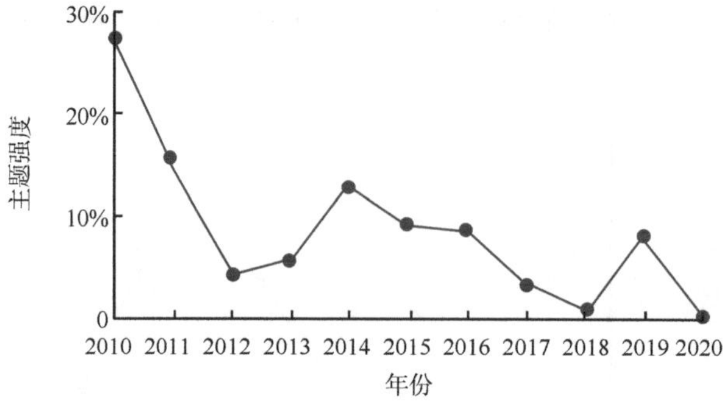

图 2-45　2010~2020 年新能源产业政策产业金融的主题强度变化趋势

5. 科技创新

根据 2010~2020 年新能源产业政策科技创新的主题强度变化趋势（图 2-46），科技创新的主题强度从 2010 年的 5.35%发展到 2020 年的 13.16%，其间主题强度均值为 8.27%，主题强度在 2019 年达到最大值，为 16.35%，在 2016 年处于最小值，为 2.54%。

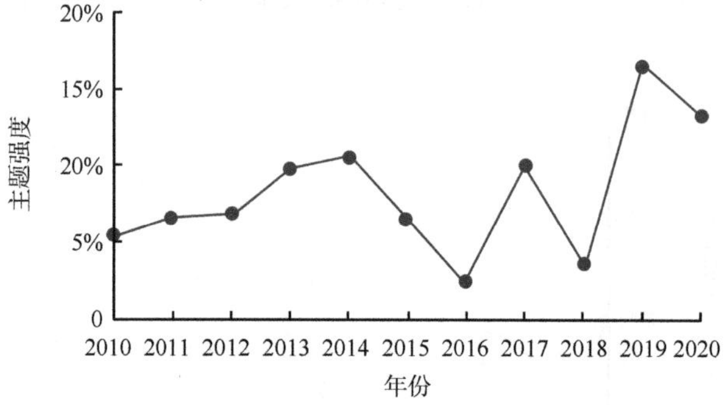

图 2-46　2010~2020 年新能源产业政策科技创新的主题强度变化趋势

（三）政策主题导向的演化分析

根据 2010~2020 年新能源产业政策主题导向演化路径（图 2-47），政策主题导向波动指数从 2011 年的 24.31%发展到 2020 年的 61.95%，其间政策主题导向波动指数均值为 31.89%，政策主题导向波动指数在 2020 年达到最大值，为 61.95%，在 2013 年处于最小值，为 16.19%。

根据 2010~2020 年新能源产业的政策主题导向演化路径，其间新能源产业的政策主题导向演化路径拐点是 2018 年。具体来看，2018 年拐点的各政策主题变化贡献度大小依次为生物能技术、研究院所、产业金融、生态资源、节能技术、

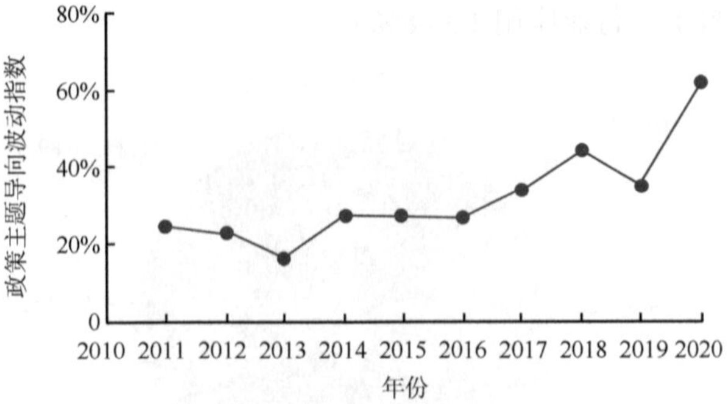

图 2-47 2010~2020 年新能源产业政策主题导向演化路径

该部分分析时需要两年的数据，故没有 2010 年的数值

设备装备、节能绿色、科技创新、人才培养。

2018 年对政策主题导向演化路径拐点贡献最大的主题为生物能技术，当年主要有《农业部关于实施农产品加工业提升行动的通知》等关键政策。

六、新材料产业

2010~2020 年是新材料产业转型升级的重要时期。2012 年，工业和信息化部编制了《新材料产业“十二五”发展规划》。该规划提出，到 2020 年，建立起具备较强自主创新能力和可持续发展能力、产学研用紧密结合的新材料产业体系，新材料产业成为国民经济的先导产业，主要品种能够满足国民经济和国防建设的需要，部分新材料达到世界领先水平，材料工业升级换代取得显著成效，初步实现材料大国向材料强国的战略转变。《“十三五”国家战略性新兴产业发展规划》关于新材料产业的部署有了新的时代特征，提出“以战略性新兴产业和重大工程建设需求为导向，优化新材料产业化及应用环境，加强新材料标准体系建设，提高新材料应用水平，推进新材料融入高端制造供应链”。就新材料产业领域的政策而言，众多新材料产业细分行业的行业规范和准入条件陆续建立，并且对于符合条件的企业定期公示，整治违法、违规行为。

（一）政策主题梳理

根据 2010~2020 年新材料产业政策主题分布情况（图 2-48），2010~2020 年，新材料产业主题强度最高的主题为产学研，主题强度为 16.23%，主题强度第二的主题为设备装备，主题强度为 15.78%。接下来依次为节能环保（15.07%）、产业标准（11.07%）、监督检验（10.21%）、科技研发（7.33%）、原材料（6.89%）、人才教育（6.51%）、行业应用（3.88%）。

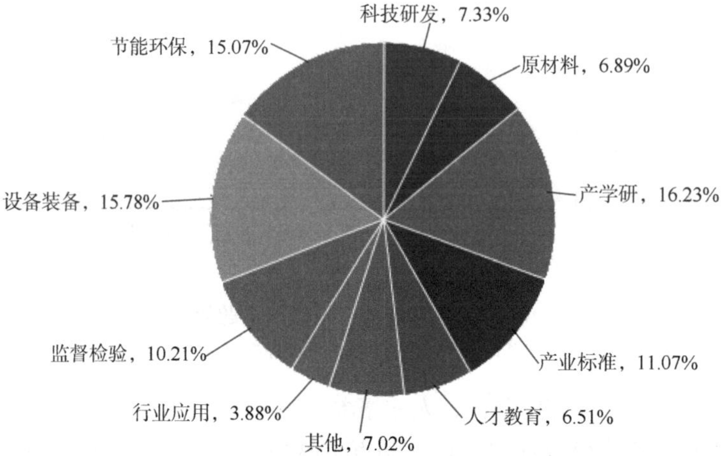

图 2-48　2010~2020 年新材料产业政策主题分布情况

因四舍五入，存在相加不为 100%情况

（二）政策主题的演化分析

下面依次分析位列新材料产业政策主题强度前五的各个主题。

1. 产学研

根据 2010~2020 年新材料产业政策产学研的主题强度变化趋势（图 2-49），产学研的主题强度从 2010 年的 9.30%发展到 2020 年的 31.00%，其间主题强度均值为 16.23%，主题强度在 2020 年达到最大值，为 31.00%，在 2014 年处于最小值，为 5.88%。

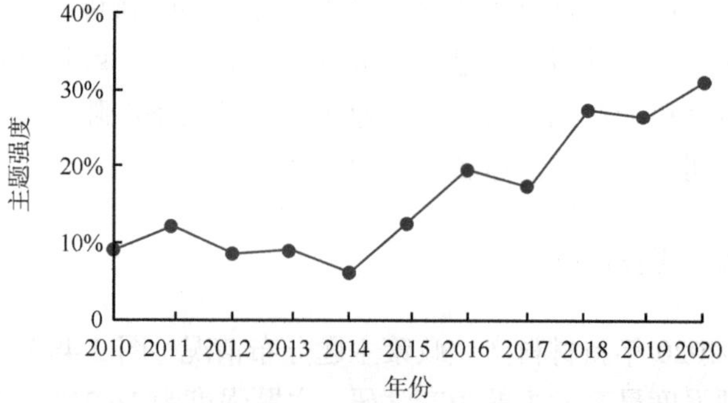

图 2-49　2010~2020 年新材料产业政策产学研的主题强度变化趋势

2. 设备装备

根据2010~2020年新材料产业政策设备装备的主题强度变化趋势（图2-50），设备装备的主题强度从2010年的6.09%发展到2020年的5.50%，其间主题强度均值为15.78%，主题强度在2016年达到最大值，为24.11%，在2020年处于最小值，为5.50%。

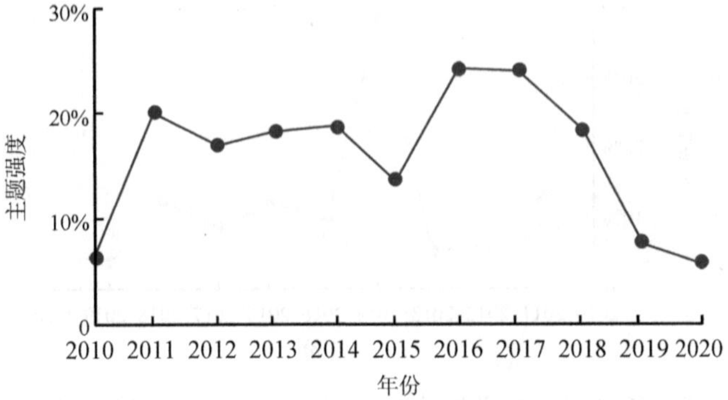

图2-50 2010~2020年新材料产业政策设备装备的主题强度变化趋势

3. 节能环保

根据2010~2020年新材料产业政策节能环保的主题强度变化趋势（图2-51），节能环保的主题强度从2010年的23.75%发展到2020年的42.14%，其间主题强度均值为15.07%，主题强度在2020年达到最大值，为42.14%，在2014年处于最小值，为2.58%。

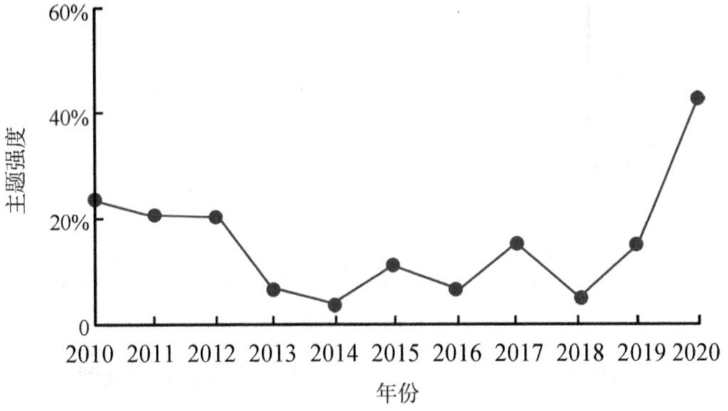

图2-51 2010~2020年新材料产业政策节能环保的主题强度变化趋势

4. 产业标准

根据 2010~2020 年新材料产业政策产业标准的主题强度变化趋势（图 2-52），产业标准的主题强度从 2010 年的 12.19%发展到 2020 年的 4.31%，其间主题强度均值为 11.07%，主题强度在 2014 年达到最大值，为 37.92%，在 2019 年处于最小值，为 3.37%。

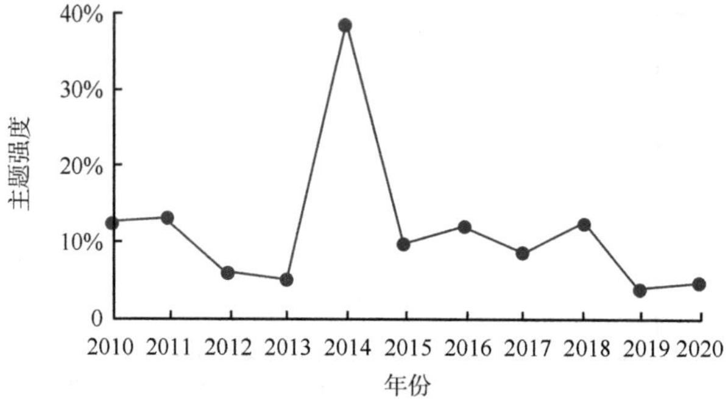

图 2-52　2010~2020 年新材料产业政策产业标准的主题强度变化趋势

5. 监督检验

根据 2010~2020 年新材料产业政策监督检验的主题强度变化趋势（图 2-53），监督检验的主题强度从 2010 年的 26.26%发展到 2020 年的 0.27%，其间主题强度均值为 10.21%，主题强度在 2010 年达到最大值，为 26.26%，在 2020 年处于最小值，为 0.27%。

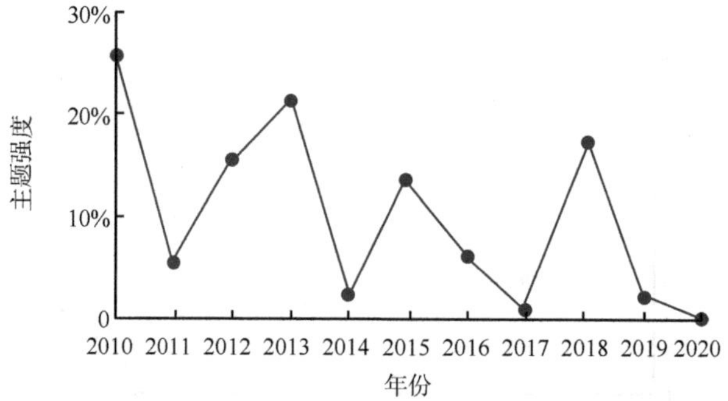

图 2-53　2010~2020 年新材料产业政策监督检验的主题强度变化趋势

（三）政策主题导向的演化分析

根据 2010~2020 年新材料产业政策主题导向演化路径（图 2-54），政策主题导向波动指数从 2011 年的 30.94%发展到 2020 年的 39.56%，其间政策主题导向波动指数均值为 32.36%，政策主题导向波动指数在 2014 年达到最大值，为 46.96%，在 2012 年处于最小值，为 20.71%。

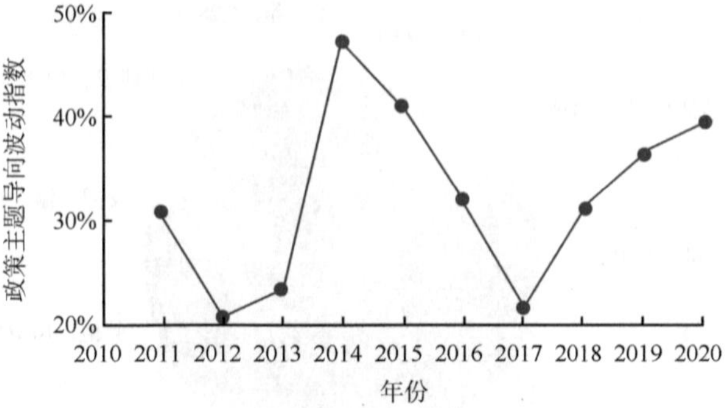

图 2-54　2010~2020 年新材料产业政策主题导向演化路径

该部分分析时需要两年的数据，故没有 2010 年的数值

根据 2010~2020 年新材料产业的政策主题导向演化路径，其间新材料产业的政策主题导向演化路径拐点是 2014 年。具体来看，2014 年拐点的各政策主题变化贡献度大小依次为人才教育、产业标准、原材料、产学研、节能环保、监督检验、科技研发、设备装备、行业应用。

七、新能源汽车产业

新能源汽车是国家实施能源战略调整和汽车产业转型升级的重要抓手。2010~2020 年，新能源汽车产业已逐渐形成了种类、配套齐整的产业体系。《“十二五”国家战略性新兴产业发展规划》明确提出，建立完整的新能源汽车政策框架体系，强化财税、技术、管理、金融政策的引导和支持力度，促进新能源汽车产业快速发展。《“十三五”国家战略性新兴产业发展规划》对新能源汽车产业的发展提出经济规模目标，“推动新能源汽车、新能源和节能环保等绿色低碳产业成为支柱产业，到 2020 年，产值规模达到 10 万亿元以上”，并且进一步提出了建设具有全球竞争力的动力电池产业链，加速构建规范便捷的基础设施体系。

（一）政策主题梳理

根据 2010~2020 年新能源汽车产业政策主题分布情况（图 2-55），新能源汽车产业主题强度最高的为车辆类型，主题强度为 19.58%，主题强度第二的为产业标准，主题强度为 13.07%。接下来依次为技术研发（10.95%）、产业金融（9.84%）、交通运输（8.24%）、节能环保（8.04%）、汽车动力（7.82%）、汽车贸易（7.02%）、人才培养（5.28%）。

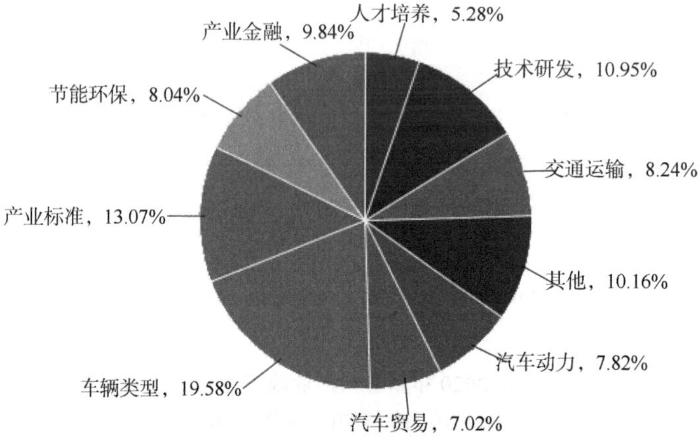

图 2-55　2010~2020 年新能源汽车产业政策主题分布情况

（二）政策主题的演化分析

下面依次分析位列新能源汽车产业政策主题强度前五的各个主题。

1. 车辆类型

根据 2010~2020 年新能源汽车产业政策车辆类型的主题强度变化趋势（图 2-56），车辆类型的主题强度从 2010 年的 12.40%发展到 2020 年的 37.71%，其间主题强度均值为 19.58%，主题强度在 2020 年达到最大值，为 37.71%，在 2014 年处于最小值，为 9.44%。

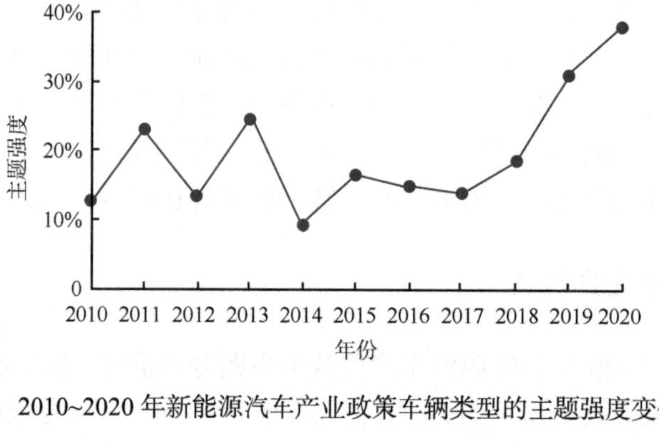

图 2-56　2010~2020 年新能源汽车产业政策车辆类型的主题强度变化趋势

2. 产业标准

根据 2010~2020 年新能源汽车产业政策产业标准的主题强度变化趋势（图 2-57），产业标准的主题强度从 2010 年的 21.14%发展到 2020 年的 13.42%，其间主题强度均值为 13.07%，主题强度在 2010 年达到最大值，为 21.14%，在 2012 年处于最小值，为 5.40%。

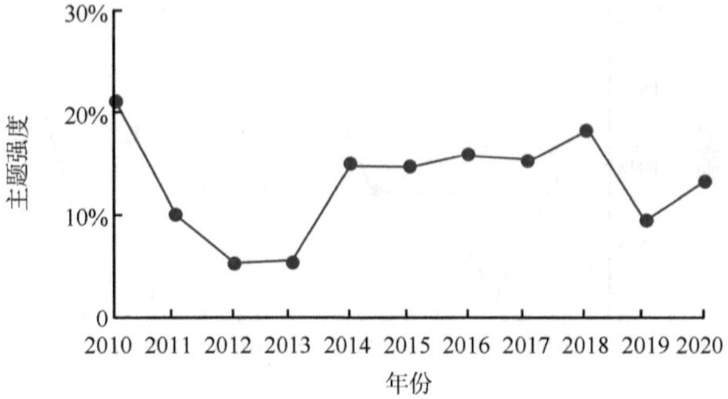

图 2-57 2010~2020 年新能源汽车产业政策产业标准的主题强度变化趋势

3. 技术研发

根据 2010~2020 年新能源汽车产业政策技术研发的主题强度变化趋势（图 2-58），技术研发的主题强度从 2010 年的 3.11%发展到 2020 年的 7.69%，其间主题强度均值为 10.95%，主题强度在 2012 年达到最大值，为 20.01%，在 2010 年处于最小值，为 3.11%。

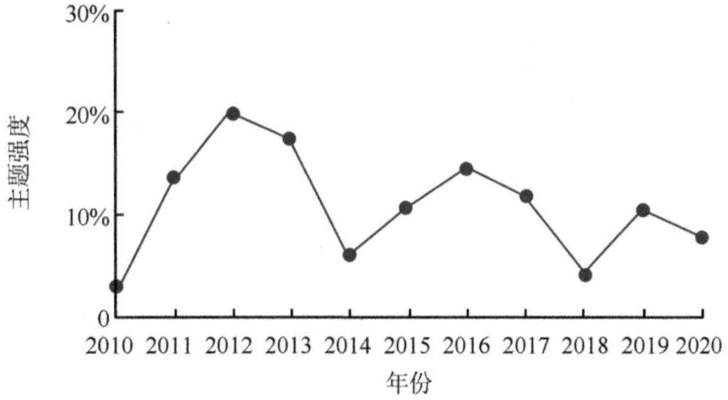

图 2-58 2010~2020 年新能源汽车产业政策技术研发的主题强度变化趋势

4. 产业金融

根据 2010~2020 年新能源汽车产业政策产业金融的主题强度变化趋势（图 2-59），产业金融的主题强度从 2010 年的 13.65%发展到 2020 年的 17.88%，其间主题强度均值为 9.84%，主题强度在 2020 年达到最大值，为 17.88%，在 2012 年处于最小值，为 1.28%。

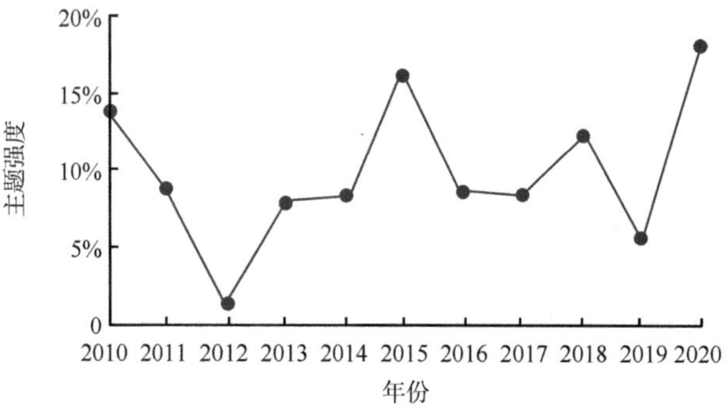

图 2-59　2010~2020 年新能源汽车产业政策产业金融的主题强度变化趋势

5. 交通运输

根据 2010~2020 年新能源汽车产业政策交通运输的主题强度变化趋势（图 2-60），交通运输的主题强度从 2010 年的 7.81%发展到 2020 年的 5.05%，其间主题强度均值为 8.24%，主题强度在 2011 年达到最大值，为 12.55%，在 2015 年处于最小值，为 3.41%。

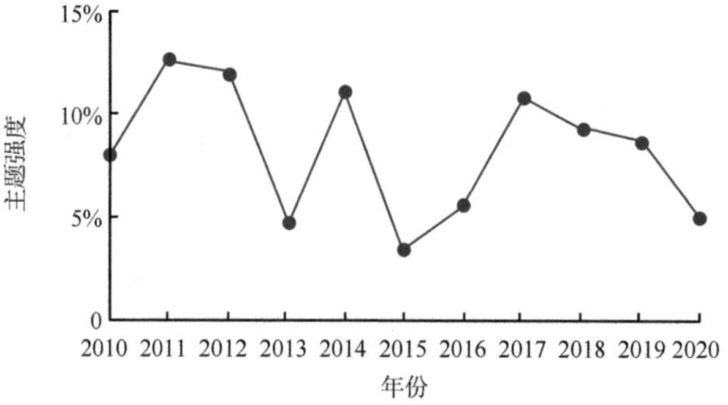

图 2-60　2010~2020 年新能源汽车产业政策交通运输的主题强度变化趋势

（三）政策主题导向的演化分析

根据2010~2020年新能源汽车产业政策主题导向演化路径（图2-61），政策主题导向波动指数从2011年的26.97%发展到2020年的20.14%，其间政策主题导向波动指数均值为20.96%，政策主题导向波动指数在2011年达到最大值，为26.97%，在2017年处于最小值，为9.77%。

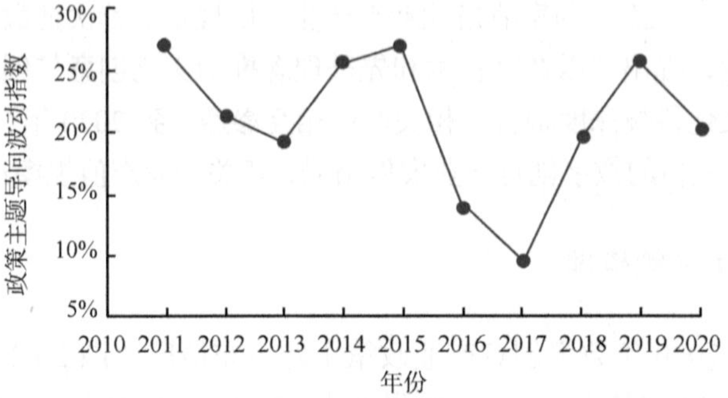

图2-61 2010~2020年新能源汽车产业政策主题导向演化路径

该部分分析时需要两年的数据，故没有2010年的数值

根据2010~2020年新能源汽车产业政策主题导向演化路径，其间新能源汽车产业政策主题导向演化路径拐点出现在2011年和2015年。具体来看，2011年拐点的各政策主题变化贡献度大小依次为汽车动力、技术研发、节能环保、产业金融、汽车贸易、车辆类型、产业标准、人才培养、交通运输。2015年拐点的各政策主题变化贡献度大小依次为汽车贸易、交通运输、产业标准、节能环保、产业金融、车辆类型、人才培养、汽车动力、技术研发。

2011年对政策主题导向演化路径拐点贡献最大的主题为汽车动力，当年主要有《关于发布达到国家机动车排放标准的新生产机动车型和发动机型的公告》（环境保护部公告2011年第68号）、《关于公布第15批道路运输车辆燃料消耗量达标车型的公告》（交通运输部公告2011年第44号）等关键政策。

2015年对政策主题导向演化路径拐点贡献最大的主题为汽车贸易，当年主要有《关于举办第十八届中国北京国际科技产业博览会的通知》（国科发创〔2015〕80号）、《国家税务总局关于车辆购置税征收管理有关问题的公告》（国家税务总局公告2015年第4号）、《外商投资产业指导目录（2015年修订）》和《关于2016—2020年新能源汽车推广应用财政支持政策的通知》等关键政策。

八、数字创意产业

数字创意产业是现代信息技术与文化创意产业逐渐融合产生的一种新经济形态，以现代数字技术为主要技术工具，强调依靠团队或个人通过技术、创意和产业化的方式进行数字内容开发、视觉设计、策划和创意服务等。数字创意产业是一个新概念，“十二五”时期还没有统一的认识，并未列入国家战略性新兴产业发展规划。《“十三五”国家战略性新兴产业发展规划》首次把数字创意产业列为战略性新兴产业，提出“以数字技术和先进理念推动文化创意与创新设计等产业加快发展，促进文化科技深度融合、相关产业相互渗透。到 2020 年，形成文化引领、技术先进、链条完整的数字创意产业发展格局，相关行业产值规模达到 8 万亿元”。

（一）政策主题梳理

根据 2010~2020 年数字创意产业政策主题分布情况（图 2-62），数字创意产业主题强度最高的为市场服务，主题强度为 20.94%；其次为技术研发，主题强度为 11.50%。接下来依次为公共文化（10.82%）、生态环境（10.49%）、科技教育（8.81%）、信息技术（8.72%）、人才教育（7.95%）、文化传媒（7.53%）、产业金融（6.73%）。

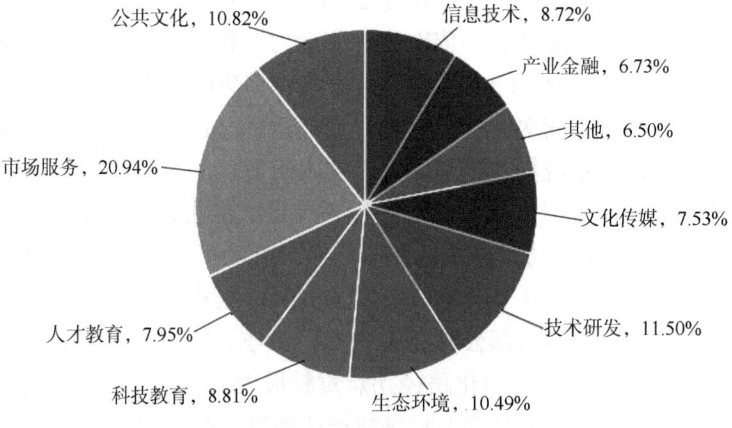

图 2-62　2010~2020 年数字创意产业政策主题分布情况

因四舍五入，存在相加不为 100%情况

（二）政策主题的演化分析

下面依次分析位列数字创意产业政策主题强度前五的各个主题。

1. 市场服务

根据 2010~2020 年数字创意产业政策市场服务的主题强度变化趋势（图 2-63），市场服务的主题强度从 2010 年的 25.88%发展到 2020 年的 14.35%，其间主题强度均值为 20.94%，主题强度在 2019 年达到最大值，为 31.99%，在 2013 年处于最小值，为 11.89%。

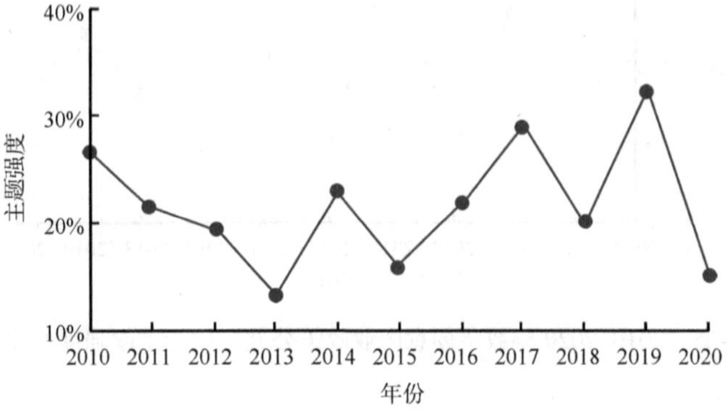

图 2-63　2010~2020 年数字创意产业政策市场服务的主题强度变化趋势

2. 技术研发

根据 2010~2020 年数字创意产业政策技术研发的主题强度变化趋势（图 2-64），技术研发的主题强度从 2010 年的 4.54%发展到 2020 年的 36.46%，其间主题强度均值为 11.50%，主题强度在 2020 年达到最大值，为 36.46%，在 2019 年处于最小值，为 2.18%。

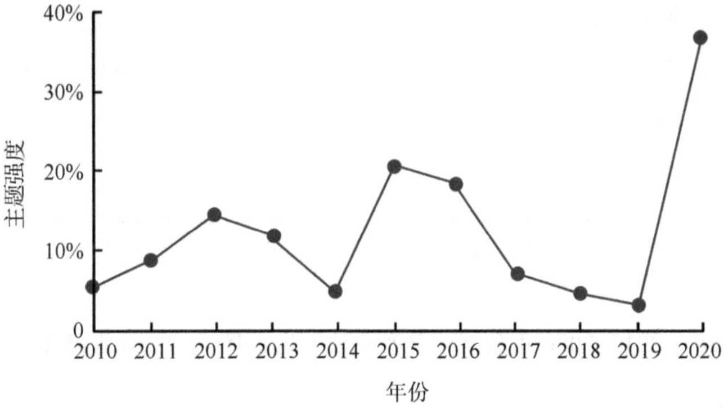

图 2-64　2010~2020 年数字创意产业政策技术研发的主题强度变化趋势

3. 公共文化

根据 2010~2020 年数字创意产业政策公共文化的主题强度变化趋势（图 2-65），

公共文化的主题强度从 2010 年的 10.99%发展到 2020 年的 7.24%，其间主题强度均值为 10.82%，主题强度在 2014 年达到最大值，为 16.69%，在 2013 年处于最小值，为 4.36%。

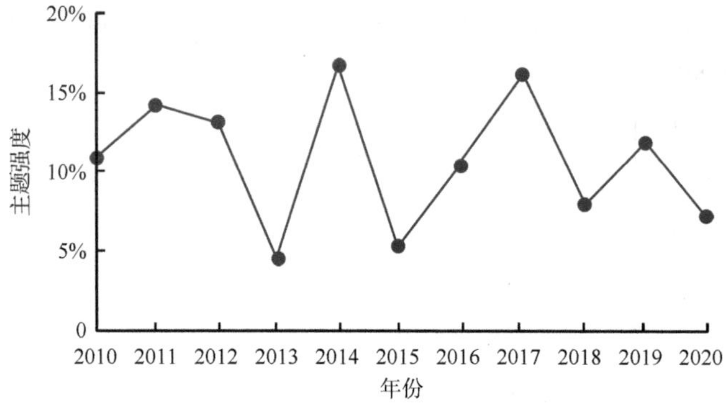

图 2-65　2010~2020 年数字创意产业政策公共文化的主题强度变化趋势

4. 生态环境

根据 2010~2020 年数字创意产业政策生态环境的主题强度变化趋势（图 2-66），生态环境的主题强度从 2010 年的 14.65%发展到 2020 年的 14.57%，其间主题强度均值为 10.49%，主题强度在 2011 年达到最大值，为 22.60%，在 2014 年处于最小值，为 2.23%。

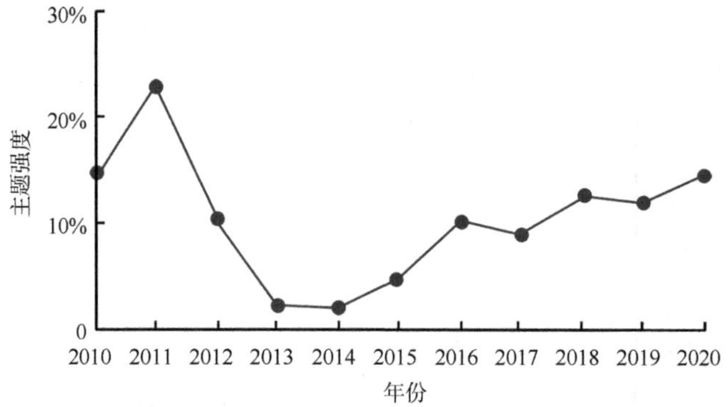

图 2-66　2010~2020 年数字创意产业政策生态环境的主题强度变化趋势

5. 科技教育

根据 2010~2020 年数字创意产业政策科技教育的主题强度变化趋势（图 2-67），科技教育的主题强度从 2010 年的 6.67%发展到 2020 年的 1.03%，其间主题强度均值为 8.81%，主题强度在 2011 年达到最大值，为 21.87%，在 2019 年处于最小值，为 0.51%。

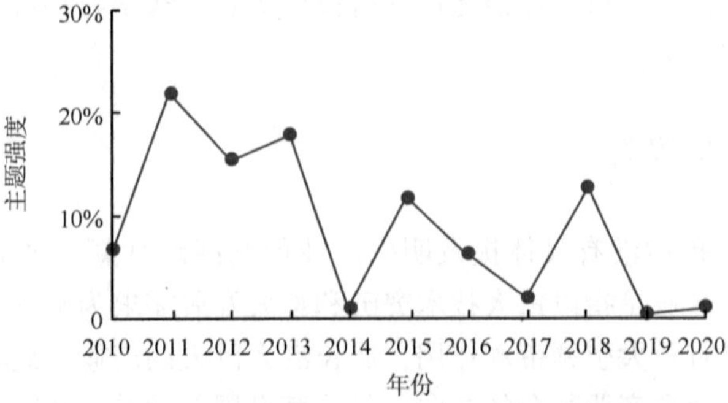

图 2-67 2010~2020 年数字创意产业政策科技教育的主题强度变化趋势

（三）政策主题导向的演化分析

根据 2010~2020 年数字创意产业政策主题导向演化路径（图 2-68），政策主题导向波动指数从 2011 年的 33.56%发展到 2020 年的 36.96%，其间政策主题导向波动指数均值为 28.41%，政策主题导向波动指数在 2014 年达到最大值，为 39.31%，在 2016 年处于最小值，为 16.99%。

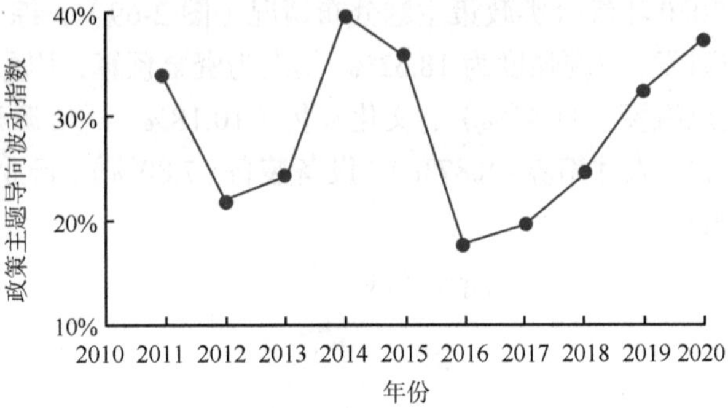

图 2-68 2010~2020 年数字创意产业政策主题导向演化路径

该部分分析时需要两年的数据，故没有 2010 年的数值

根据 2010~2020 年数字创意产业政策主题导向演化路径，其间数字创意产业政策主题导向演化路径拐点出现在 2014 年。具体来看，2014 年拐点的各政策主题变化贡献度大小依次为人才教育、产业金融、文化传媒、公共文化、信息技术、市场服务、技术研发、科技教育、生态环境。

2014 年对政策主题导向演化路径拐点贡献最大的主题为人才教育，当年主要有《全国人民代表大会教育科学文化卫生委员会关于第十二届全国人民代表大会第二次会议主席团交付审议的代表提出的议案审议结果的报告》《中国科学技术协会科普部关于公布“科普传播之道—科技传播者在线学习平台”课件评审结果的通知》等关键政策。

九、综合类政策

综合类政策是指没有具体提及明确产业但与战略性新兴产业有关的部分政策。战略性新兴产业是指以重大技术突破和重大发展需求为基础，对经济社会全局和长远发展具有重大引领带动作用，成长潜力巨大的产业。战略性新兴产业代表新一轮科技革命和产业革命的方向，是培育发展新动能、获取未来竞争新优势的关键领域。《“十二五”国家战略性新兴产业发展规划》发布之后，战略性新兴产业领域涌现了大批新技术、新产品、新业态、新模式，创造了大量就业岗位，成为稳增长、促改革、调结构、惠民生的有力支撑。《“十三五”国家战略性新兴产业发展规划》提出，要把战略性新兴产业摆在经济社会发展更加突出的位置，大力构建现代产业新体系，推动经济社会持续健康发展。

（一）政策主题梳理

根据 2010~2020 年综合类政策主题分布情况（图 2-69），综合类政策主题强度最高的为科技研发，主题强度为 18.62%；其次为资金预算，主题强度为 13.50%。接下来依次为金融融资（11.42%）、文化宣传（10.18%）、资源开发（9.65%）、知识产权（9.60%）、人才培养（8.87%）、设备装备（7.80%）、行业标准（6.12%）、农业技术（4.25%）。

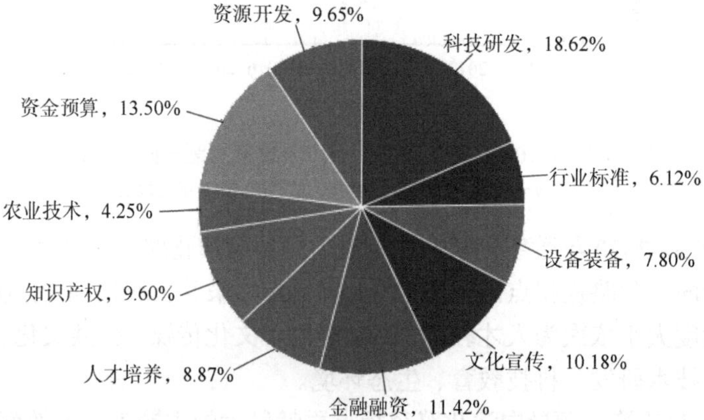

图 2-69　2010~2020 年综合类政策主题分布情况

因四舍五入，存在相加不为 100%情况

（二）政策主题的演化分析

下面依次分析位列战略性新兴产业综合类政策主题强度前五的各个主题。

1. 科技研发

根据2010~2020年综合类政策科技研发的主题强度变化趋势（图2-70），科技研发的主题强度从2010年的18.24%发展到2020年的13.06%，其间主题强度均值为18.62%，主题强度在2017年达到最大值，为24.21%，在2020年处于最小值，为13.06%。

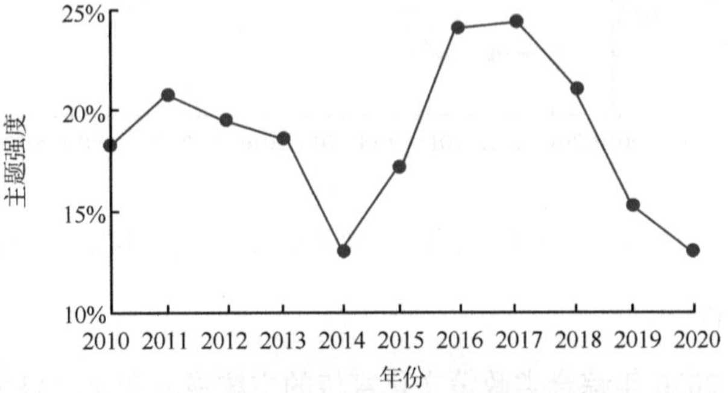

图2-70　2010~2020年综合类政策科技研发的主题强度变化趋势

2. 资金预算

根据2010~2020年综合类政策资金预算的主题强度变化趋势（图2-71），资金预算的主题强度从2010年的11.77%发展到2020年的32.07%，其间主题强度均值为13.50%，主题强度在2020年达到最大值，为32.07%，在2012年处于最小值，为7.88%。

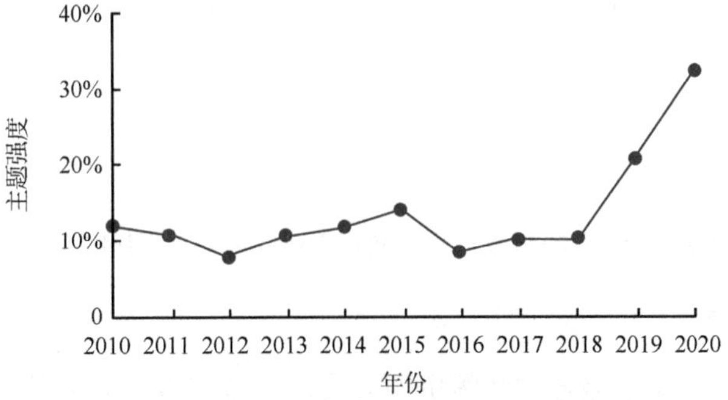

图2-71　2010~2020年综合类政策资金预算的主题强度变化趋势

3. 金融融资

根据 2010~2020 年综合类政策金融融资的主题强度变化趋势（图 2-72），金融融资的主题强度从 2010 年的 5.84%发展到 2020 年的 13.32%，其间主题强度均值为 11.42%，主题强度在 2019 年达到最大值，为 22.34%，在 2013 年处于最小值，为 5.34%。

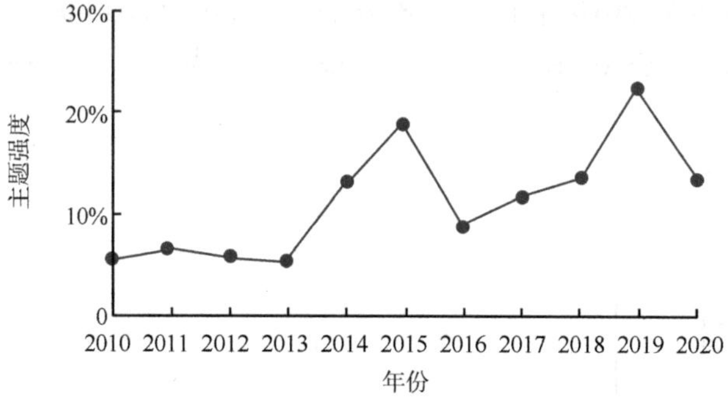

图 2-72　2010~2020 年综合类政策金融融资的主题强度变化趋势

4. 文化宣传

根据 2010~2020 年综合类政策文化宣传的主题强度变化趋势（图 2-73），文化宣传的主题强度从 2010 年的 22.07%发展到 2020 年的 6.61%，其间主题强度均值为 10.18%，主题强度在 2010 年达到最大值，为 22.07%，在 2013 年处于最小值，为 5.40%。

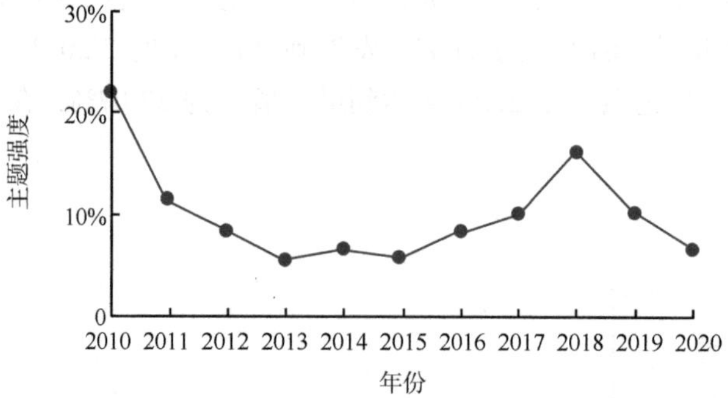

图 2-73　2010~2020 年综合类政策文化宣传的主题强度变化趋势

5. 资源开发

根据 2010~2020 年综合类政策资源开发的主题强度变化趋势（图 2-74），资源开发的主题强度从 2010 年的 9.71%发展到 2020 年的 4.86%，其间主题强度均值为9.65%，主题强度在2014年达到最大值，为16.31%，在2020年处于最小值，为4.86%。

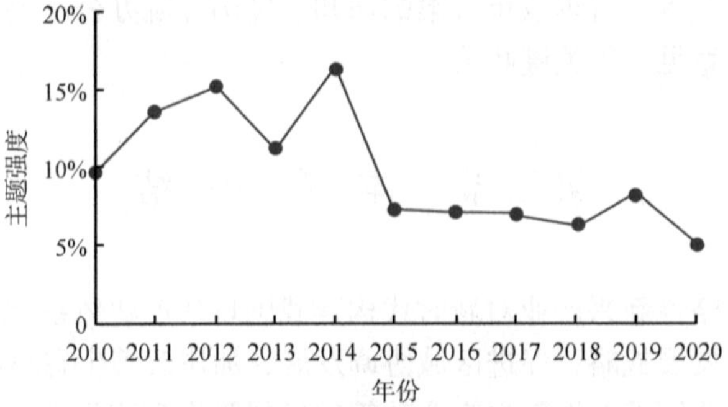

图2-74 2010~2020年综合类政策资源开发的主题强度变化趋势

（三）政策主题导向的演化分析

根据2010~2020年综合类政策主题导向演化路径（图2-75），政策主题导向波动指数从2011年的15.98%发展到2020年的18.40%，其间政策主题导向波动指数均值为15.36%，政策主题导向波动指数在2014年达到最大值，为20.13%，在2012年处于最小值，为8.24%。

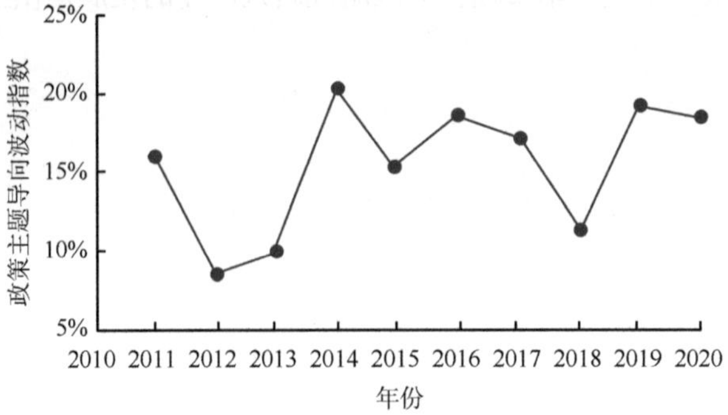

图2-75 2010~2020年综合类政策主题导向演化路径

该部分分析时需要两年的数据，故没有2010年的数值

根据2010~2020年综合类政策主题导向演化路径，其间综合类政策主题导向演化路径拐点出现在2014年。具体来看，2014年拐点的各政策主题变化贡献度大小依次为金融融资、资源开发、科技研发、设备装备、资金预算、农业技术、人才培养、知识产权、行业标准、文化宣传。

2014年对政策主题导向演化路径拐点贡献最大的主题为金融融资，当年主要有《国务院关于加强金融监管防范金融风险工作情况的报告》《中国人民银行办公厅关于做好 2014 年信贷政策工作的意见》《国务院印发关于深化中央财政科技计划（专项、基金等）管理改革方案的通知》《国务院办公厅关于加快发展商业健康保险的若干意见》等关键政策。

第三节　本 章 小 结

培育发展战略性新兴产业对新时代构建我国现代产业体系有重要作用，有助于实施创新驱动发展战略、促进区域协调发展、加快改善生态环境。

本章梳理了我国战略性新兴产业政策的发展脉络和演化进程，通过对 2010~2020 年战略性新兴产业政策演化分析，发现战略性新兴产业政策总体演化路径较为平稳，说明我国政府非常注重营造良好的产业发展环境，让市场竞争充分发挥作用，给予产业创新发展以更多空间。

其间，战略性新兴产业主题强度最高的为科技研发、运输装备和人才培养，说明我国十分重视科技研发和人才培养在战略性新兴产业发展中的作用，注重核心技术突破。此外，政策主题导向演化路径拐点出现在 2013 年，产业金融开始成为重要的政策主题，说明我国积极运用政策引导，完善战略性新兴产业融资方式，拓宽融资渠道，加快发展多层次资本市场，为战略性新兴产业的发展提供强有力的支持。

第三章　国际国内新兴产业政策演化对比分析

随着第四次工业革命的推进，产业变革速度加速演进，颠覆性技术不断涌现，催生了包括数字经济、节能环保、生物医药、新能源汽车、人工智能（artificial intelligence，AI）等新兴产业的发展。新兴产业是培育发展新动能、获取未来竞争新优势的关键领域，将改变人类生产和生活方式，在全球创造新的产业链及市场，成为推动世界经济发展的主导力量。

发展新兴产业已经成为许多国家谋求竞争优势的核心战略，世界各国纷纷把争夺经济科技制高点作为战略重点，把科技创新投资作为最重要的战略投资，把发展高技术及产业作为带动经济社会发展的战略突破口。美国、欧盟、英国、德国和日本等发达国家和组织根据自身产业与科技的比较优势，制定多项新兴产业发展促进政策；以俄罗斯、巴西、印度和南非为代表的新兴经济体也在加快新兴产业战略布局，提升国际竞争力，推动全球科技创新持续保持高度活跃。

第一节　国外新兴产业政策演化分析

美国、欧盟、英国、德国和日本等发达国家和组织以及俄罗斯、巴西、印度、南非等新兴经济体根据自身产业与科技的比较优势，将推动新兴产业发展作为重要战略，制定多项新兴产业发展促进政策，采取加大投入、鼓励创新等发展策略，以争夺经济科技制高点，保持科技领先地位，促进本国经济发展。

一、发达国家和组织典型新兴产业政策

（一）美国

2020 年 10 月 15 日，美国国务院发布《关键与新兴技术国家战略》，强调发

展“关键与新兴技术”，并提出两大战略支柱，明确了 20 项关键与新兴技术相关的清单。强调技术战略与国家战略相统一，掌握技术话语权并保持领导力，继续做关键技术和新兴技术的世界领导者[①]。

2021 年 4 月 8 日，美国参议员提出的《2021 年战略竞争法案》审议通过，要求拜登政府采取与中国全面“战略竞争”的政策，以保护和促进美国“重要利益和价值观”。该法案重点是与中国在全球供应链和科学技术上开展全面竞争，这代表着美国将动员所有战略、经济和外交工具抗衡中国[②]。该法案由五部分组成：增强未来竞争力、巩固盟友及伙伴关系、强化价值塑造、加强经济管制以及确保战略安全。其中针对中国的举措主要有，强化外交战略，包括重申对全世界尤其是印太地区美国盟友及伙伴的承诺，重塑美国在国际组织和其他国际论坛中的领导地位，在西半球、欧洲、亚洲、非洲、中东、北极以及大洋洲全线应对中国的挑战；增强美国竞争力，包括加大科研投入，参与全球基础设施建设，打造数字连接与网络安全伙伴关系，抵抗中国的影响力等；在军备控制领域强化与盟友协调合作，要求美国国务院定期报告中国在弹道导弹、高超声速飞行器、巡航导弹、常规力量、核力量、太空力量、网络力量以及其他战略领域的建设发展情况。

2021 年 5 月 12 日，美国国会通过《无尽前沿法案》，该法案旨在通过增强美国在高科技领域的领先地位，应对全球科技竞争，特别是与中国和其他技术大国的竞争。这项法案主要集中在推动创新、扩大科技投资、保护美国的技术优势，并通过战略合作确保美国在全球技术领域的主导地位。具体来说，该法案由五个主要部分组成：推动技术创新、加强研究与开发、保护技术安全、强化国际合作以及提升国家经济竞争力。其中，推动技术创新的具体措施包括大幅增加对人工智能、量子计算、半导体制造等前沿科技的研发投资，旨在确保美国在这些关键技术领域的持续领导力；加强研究与开发则侧重于通过政府资助和公私合作伙伴关系推动国家创新能力，特别是鼓励基础科学和应用研究的协同发展；保护技术安全包括加强对敏感技术的出口管制，防止技术外流，确保核心技术不会被竞争对手滥用；强化国际合作则通过与盟友和国际组织的密切协作，共同应对全球科技竞争，尤其是在数字技术、网络安全和清洁能源等领域的合作；提升国家经济竞争力则通过促进高科技产业发展，优化美国国内产业链，提升美国在全球供应链中的战略地位。

2022 年 8 月 9 日，美国总统拜登签署《2022 年芯片与科学法案》，使其正式

---

①《【智库声音】美国发布《关键与新兴技术国家战略》(附完整技术清单)》, https://www.sohu.com/a/425713030_635792[2020-10-19]。

②《国际观察丨美通过“2021 年战略竞争法案”试图全面对抗中国？》, https://news.rednet.cn/content/2021/04/22/9223595.html[2021-04-22]。

成为生效法律。该法案旨在为美国半导体的研究和生产提供约 520 亿美元的政府补贴，主要的目的是对抗中国及控制半导体产业链。一方面，美国围绕半导体、生物、新能源等中美战略必争的新兴产业，采取一系列政策措施，包括出台《2022 年芯片与科学法案》《国家生物技术和生物制造计划》《基础设施投资与就业法案》等，为产业发展提供巨额资金投入和补贴。另一方面，积极抢占未来产业发展制高点，拜登政府继承了特朗普政府发展未来产业的思想和战略，加大新兴技术研发投入，在《美国就业计划》中提出，投资 1800 亿美元以研发未来技术，并设立未来产业研究所，创建新的技术管理机构①。

2022 年 12 月 23 日，美国总统拜登将“2023 财年国防授权法案”（National Defense Authorization Act，NDAA）签署成法，重点强调了对新兴技术的投资和发展。根据法案内容，国防经费达到 8579 亿美元，其中很大一部分将用于支持颠覆性技术和装备的升级。特别是，该法案关注“中国及俄罗斯的战略竞争”和“发展颠覆性技术”。此外，美国国防部在其 2023 年的“国防科技战略”中明确了维护美国国家安全的三大技术领域，包括新兴技术领域、可利用商业力量的技术、国防专用技术。这些技术领域被视为美国国防和安全的关键组成部分，法案通过资金和政策支持，旨在保持美国在全球技术竞争中的领先地位。

美国“2023 财年国防授权法案”授权的国防经费达到 8579 亿美元，超出了拜登政府提出的预算申请 450 亿美元。其中，美国国防部将获得 8167 亿美元。该法案还包括了不属于两院军事委员会立法权限或者无须额外授权的可支配国防预算，数字大概为 110.35 亿美元。这样，2023 财年美国政府可支配国防预算合计高达约 8583.6 亿美元，比 2022 财年高出约 803 亿美元，增幅达到 10.3%，这是美国年度可支配国防预算首次突破 8000 亿美元大关。

（二）欧盟

2019 年 11 月 5 日，欧盟发布《加强面向未来欧盟产业战略价值链报告》，该报告由欧洲共同利益重大项目（Important Projects of Common Europe Interest，IPCEI）战略论坛专家组拟定，目标是提高欧洲六大战略性和面向未来产业的全球竞争力和领导力[1]。六大产业包括：互联、清洁的自动驾驶汽车，氢技术及其系统，智能健康，工业互联网，低碳产业和网络安全。该报告结合“欧盟 2020 战略”，确定了智能型、可持续、包容性增长的目标，对加强各产业战略价值链，从多渠道协同投资、加强政策扶植和提升研发支撑等方面提供了政策建议。其包括面向

① 《美国产业政策新动向及应对建议》，http://www.ciste.org.cn/gjkjwj/zkgd/art/2023/art_cba4f717efd24c4ab74e81cb29c6d846.html[2023-10-12]。

优先产业部署和新技术产业化，协调欧盟、成员国和区域公私资源；通过制定法规和新标准深化和整合单一市场；规划和提升产业价值链所需的新技能；聚焦区域创新和公私伙伴关系，提高欧洲创新系统的活力；制定监管流程，以监控技术和产业动态变化，及时把握新兴战略价值链等。

2020 年 2 月 19 日，欧盟委员会发布了《欧洲数据战略》和《欧洲人工智能白皮书》两份报告，目标是确保欧盟成为数字化和人工智能方面的全球领导者。《欧洲数据战略》概述了欧盟未来五年实现数据经济所需的政策措施和投资策略，该战略将在尊重欧洲"以人为本"的核心价值观基础上，提出建立跨部门治理框架、加强数据基础设施投资、提升个体数据权利和技能、打造公共欧洲数据空间等措施①。《欧洲人工智能白皮书》包含鼓励性的政策措施，包括强调大幅提高人工智能研究和创新领域的投资水平，目标是未来 10 年每年在欧盟吸引 200 亿欧元的人工智能技术研发和应用资金等②。

2020 年 3 月 10 日，欧盟委员会发布《欧洲新产业战略》，提出包括产业战略、中小企业战略和单一市场行动在内的一揽子举措，试图通过建立根植于欧洲价值观和社会市场传统的产业政策新方法，帮助欧洲产业走向气候中立和数字化，从而使欧洲在日益变化的地缘政治局势和逐步加剧的全球竞争中，提高竞争力并获得战略主动权。

2022 年，欧盟委员会通过"地平线欧洲"（Horizon Europe）计划，投入 400 亿欧元用于净零转型方面的研究和创新；通过"凝聚力政策"（Cohesion Policy）投资基金为绿色转型提供约 1000 亿欧元的资金，其中包括公正转型基金；此外，还将采取一系列措施帮助欧盟成员国灵活融资。

2023 年 7 月 10 日，欧盟通过《电池和废电池法规》，致力于实现欧盟市场内所有类型电池的制造商、生产商、进口商和分销商在电池标签、回购管理和供应链尽职调查等方面做出重大改变，旨在提高电池的质量和环保性，确保其在生产和使用阶段都符合严格的环保标准，加强了电池市场的监管，强调废弃电池的回收和再利用，确保电池制造商和销售商遵守法规要求，提供准确的信息并负起环保责任。同年 7 月 28 日，欧盟官方公报上公布了《电池和废电池法规》，其中载明法案将于同年 8 月 18 日正式生效，并于 2024 年 2 月 18 日开始强制执行一般条款。

2023 年 12 月 6 日，欧盟委员会通过了《2023—2024 年地平线欧洲工作方案》，该方案指出将投资 135 亿欧元用于支持欧洲的科学研究和创新，以应对环境、能源、数字化和地缘政治挑战。作为欧盟 955 亿欧元研究和创新计划的一部分，

---

① 《欧洲数据战略》，http://static.wulianzhikong.com/wp-content/uploads/2020/03/2020030911472933.pdf [2020-03-17]。

② 《欧盟〈人工智能白皮书—通往卓越和信任的欧洲路径〉(附全文)》，https://www.sohu.com/a/374721824_99895565[2020-02-21]。

"地平线欧洲"将致力于欧盟实现气候目标、提高能源弹性以及促进核心数字技术发展。

（三）英国

2017 年，英国实施能源创新计划（2016~2021 年），英国商业、能源与产业战略部（Department for Business，Energy & Industrial Strategy，BEIS）宣布投入 2800 万英镑来资助新一轮的能源创新项目，涉及智慧能源系统、工业能效和海上风能领域。2017 年 11 月 27 日，英国商业、能源与产业战略部发布英国工业发展战略白皮书《工业战略：建设适应未来的英国》，推出产业发展新战略，以促进经济发展，应对"脱欧"挑战。该 255 页的报告提出了一项长期规划，聚焦理念、民众、基础设施、营商环境以及地区发展五个基础。该白皮书阐明了英国发展建设路径，通过投资技能、工业和基础设施，帮助企业创造更优质、更高报酬的工作。在白皮书中，英国政府列出了影响未来的四大挑战，即人工智能、绿色增长、老龄化社会和移动运输技术。白皮书呼吁英国各方密切合作，促进新技术开发，以确保英国抓住未来的全球性机遇①。

2020 年以来，英国政府先后在能源和数字经济方面发布多项政策。在能源方面，英国政府先后发布了《绿色工业革命十点计划》《能源白皮书：赋能净零排放未来》《净零战略》《能源安全战略》等政策文件，以支持英国绿色低碳经济发展。重点发展领域包括低碳清洁、风电、氢能、碳储存、可再生能源、电动汽车等。据英方有关统计，2020 年英国发布支持《绿色工业革命十点计划》以来，由英国政府参与引进的外国对英国净零产业投资达 198 亿英镑，创造了 1.13 万个就业岗位。在数字经济方面，英国政府先后制定出台《数字贸易五点计划》《英国数字战略》等规划，着力推动数字经济和数字贸易发展。同时，英国在包括 WTO（World Trade Organization，世界贸易组织）在内的多边机构积极倡导建立全球数字贸易规则，先后与日本、澳大利亚和新加坡达成数字贸易协定。

专栏：能源创新计划（2016~2021 年）资助项目主要内容

（1）可再生能源创新。2017 年 1 月 25 日启动，资助 130 万英镑，由海上可再生能源技术创新中心和相关机构联合成立一个海上风能创新集群，应对海上风能产业面临的挑战和与其他部门的创新解决方案有效对接。

---

①《英国政府：工业战略：建设适应未来的英国（附链接及相关报告）》，https://www.sohu.com/a/208968807_810912[2017-12-07]。

（2）智慧能源系统创新。2017 年 1 月 25 日启动招标，分别资助 900 万英镑和 760 万英镑用于储能和需求侧响应技术。前者关注蓄电、储热和化学储能技术，其中包括 60 万英镑用于一种大规模未来储能技术首次示范的可行性研究；后者关注企业或公共机构示范需求侧响应技术，以降低高峰期用能，提高能源系统灵活性。

（3）低碳工业创新。2017 年 1 月 25 日启动，资助 920 万英镑设立“工业能效加速器”项目计划，调动私营部门投资开发特定工业低碳解决方案，强化英国供应链能力，降低能源成本。

（4）核能创新。2016 年 11 月 3 日启动招标，资助 2000 万英镑支持民用核能反应堆 5 个主要领域，包括先进高效核燃料，核能安全性工程和数字化核能反应堆设计，未来反应堆材料、先进制造与模块化建造，核燃料循环与废物管理，核能决策用工具包和基础数据。

（5）能源企业家。2016 年 10 月 30 日启动第 5 阶段开放式招标，针对包括创业者在内的中小企业家，资助 900 万英镑用于能效、发电、电力与热力储能等领域的尖端技术、产品与工艺开发和示范。

（四）德国

新一轮全球技术浪潮到来，国际科技竞争不断加剧，西方工业化强国之一德国敏锐地察觉到产业发展的新机遇、新挑战。为此，德国政府制定并推进了促进产业发展创新战略，即“工业 4.0”。

在“工业 4.0”战略基础上，德国陆续出台了一系列指导性规划框架。2014 年 8 月德国政府通过《数字化行动议程（2014—2017）》，2016 年德国联邦经济和能源部发布了“数字战略 2025”，2018 年 10 月德国政府发布“高技术战略 2025”（High-Tech Strategy 2025，HTS 2025），明确了德国未来 7 年研究和创新政策的跨部门任务、标志性目标以及微电子、材料研究与生物技术、人工智能等领域的技术发展方向。

2019 年 2 月 5 日，德国联邦经济和能源部发布《国家工业战略 2030：对于德国和欧洲产业政策的战略指导方针》的计划草案。该草案从产业政策角度首次提出了一项连贯的德国和欧洲的产业战略。这一草案被普遍看作德国为应对来自美国、中国的竞争压力而制定的产业政策①。

2020 年 1 月 15 日，德联邦政府内阁正式通过了由德国联邦教研部与联邦食

① 《人民智库：〈德国工业战略 2030〉全解析》，https://www.163.com/dy/article/EVDSMI0I0514AE01.html [2019-12-02]。

品和农业部两部委主导、联合其他部委提出的《国家生物经济战略》。该战略以让德国成为可持续发展、循环利用导向、充满创新力的经济体为核心目标，提出在环境和气候不受损害的前提下保持基本生活条件，同时确保经济强劲增长。两部委承诺在 2020 年至 2024 年期间，生物经济领域的预算将达到 36 亿欧元。

2023 年 7 月 26 日，德国政府通过新版《国家氢能战略》，提出到 2030 年德国在氢能技术的领先地位将进一步提升，产品供应将覆盖从生产（如电解槽）到各类应用（如燃料电池技术）的氢能技术全价值链。该战略除了强调“绿氢”的优先发展地位外，还预计到 2030 年，在船运、航空、重型货物运输、钢铁和化工行业等主要运用领域，德国的氢能需求量将达到 130 太瓦时。该战略提出将大幅提升国内电解氢能力，计划到 2030 年将国内电解氢能力的目标提高一倍，从目前的 5 吉瓦提高到至少 10 吉瓦。此外，德国还将建立高效的氢能基础设施，计划在 2027 年至 2028 年前改造和新建超过 1800 公里的氢气管道。

（五）日本

2016 年 1 月 22 日，日本内阁会议审议通过《第五期科学技术基本计划（2016—2020）》，即“社会 5.0”（Society 5.0）计划。该计划强调利用科学技术解决包括能源制约、少子高龄化等复杂问题，通过政府、学术界、产业界和国民等相关各方的共同努力，大力推进和实施科技创新政策，把日本建设成为“世界上最适宜创新的国家”①。

2021 年 3 月 26 日，日本内阁府公布《第六期科学技术创新基本计划》，该计划延续了《第五期科学技术基本计划（2016—2020）》的理念，又有了更加具体的调整与部署。

第一，调整计划的名称与内容。2020 年 6 月，日本将沿用 25 年之久的《科技基本法》修订为《科技创新基本法》，强调振兴人文社会科学领域，提升创新能力，运用“综合知识”解决社会面临的发展问题。

第二，提出“社会 5.0”的具体内涵。《第五期科学技术基本计划（2016—2020）》仅仅提出了“社会 5.0”的概念，在《第六期科学技术创新基本计划》中，“社会 5.0”的具体图景被阐述为“确保国民安全与安心的可持续发展的强韧社会”和“实现人人多元幸福的社会”。

第三，提出实现“社会 5.0”目标的三大支柱：实现数字化社会变革、强化研究能力和培养人才，同时特别提出要强化促进科技政策创新的体制。

---

①《日本发布〈第五期科学技术基本计划〉欲打造“超智能社会”》，https://www.sohu.com/a/74129822_115423[2016-05-08]。

此外，“安全”是日本实施科技创新计划的重要关注点。日本明确要采取有效防止技术外流的举措，并提出在充分利用日本优势的同时，在考虑为解决全球性问题做出贡献、加强信息国际传播以及综合性安全保障下，开展新的科技外交①。

二、新兴经济体新兴产业政策

近年来，以俄罗斯、巴西、印度和南非为代表的新兴经济体在加快新兴产业战略布局、促进新兴产业国际化进程等方面取得了不同程度的进展。各国都出台了相关政策以支持新兴产业发展，但各国在发展领域和侧重上有所不同。同时，各个国家在针对不同事情出台的相关政策中重点发展的新兴产业也存在一定的差异。

（一）俄罗斯

2012 年，俄罗斯发布《俄罗斯联邦至 2020 年生物技术发展综合计划》。该政策具体包括：论述制定计划的必要性、计划的目的和任务、支持生物技术发展的主要手段、发展生物技术的重点、计划实施管理等五大部分及附件。其目的之一是要让俄罗斯在生物技术领域成为世界佼佼者，建立起具有全球竞争力的生物经济板块，让生物技术跟纳米工业、信息技术一起成为俄罗斯经济现代化的基石。

2017 年，俄罗斯发布《俄罗斯联邦数字经济规划》，该规划提出的主要政策措施包括：规范数字经济领域的相关管理规定，培养数字经济所需的人才，保障相关领域的科研能力和技术储备，建设信息基础设施，保障信息安全，等等。在规划框架的支持下，未来俄罗斯将重点开发的数字技术包括：大数据技术、神经网络技术、人工智能、分布式存储系统、量子技术、先进制造技术、工业网络、机器人技术、无线通信技术、虚拟现实（virtual reality，VR）与增强现实（augment reality，AR）技术，这些数字技术将优先在保健医疗、智慧城市建设、政务管理等领域进行应用推广。

2019 年，俄罗斯联邦政府批准了《俄联邦国家科技发展纲要》，该政策包含五项子纲要《国家智能发展》《保障俄罗斯高等教育全球竞争力》《保障国家与

① 《背水一战：日本启动科技创新“六五计划”》，https://mp.weixin.qq.com/s?__biz=MjM5ODE3NzU2MQ==&mid=2654203904&idx=1&sn=53b0e972b16eebcec1460af734e93092&chksm=bd09ee768a7e6760b76e173e17d6927da67689f4947fe87fd61b79e3d024dc062cd65c2d2e05&scene=27[2021-03-30]。

社会竞争力及长远发展的基础科研》《优先于俄联邦科技发展及更广方向科技与创新发展战略的系统性纲要的制定与实施》《科学、科技和创新活动基础》。俄罗斯科技发展的主要目标是通过建立有效的稳固体系和充分利用全民智慧潜力，保障国家的自主性和竞争力。

2019年，俄罗斯发布了《国家科学技术发展计划》，该政策将科技视为应对诸多国家及全球经济社会挑战的关键工具，旨在通过发掘智力潜力，高效组织国内科学、技术与创新活动，进而保障国家经济结构转型和技术升级，实现知识型经济发展模式。2019~2030年，俄罗斯联邦政府将累计投入10万亿卢布（约1596亿美元）支持该计划实施，共涉及以下五大关键领域：①开发国家智力资本；②保证高等教育的国际竞争力；③发展基础研究；④制定并实施综合性科学技术方案，构建创新全周期支持机制；⑤构建科技创新基础设施。

2020年6月，俄罗斯政府发布了新版《2035年俄罗斯联邦能源战略》，俄罗斯正加速向“资源创新型发展”的经济结构转型，其中氢能经济将作为行业战略的重点部署方向之一，通过扩大氢气产能使俄罗斯到2035年成为全球重要氢能供应国。俄罗斯成熟的天然气管网将在国家氢能战略发展中发挥关键作用，通过现有天然气管网掺氢或进行改造将氢气出口至欧洲国家，使氢气成为继天然气之后出口欧洲的又一个重要能源资源，在日益增长的全球氢能市场中占据主动。

2022年2月28日，俄罗斯总理米哈伊尔·米舒斯京（Mikhail Mishustin）签署了一份决议。根据该决议，俄罗斯将会考虑为更多类型的技术创新项目提供税收优惠政策，以降低本国科研工作的成本。上述项目可以分为三个类型。第一类的项目主要涉及一些拥有较大应用前景的创新成果，如无人驾驶飞机和空间系统技术、电动汽车和无人驾驶车辆技术、无人驾驶导航技术以及个性化的医疗服务与药品。第二类的项目则包含一些可用于改善环境状况、促进能源节约和有效利用自然资源的技术，如利用废弃物来产生电能和热能、利用节能技术来打造智能交通系统以及利用可再生资源来产生能量的技术等。第三类的项目侧重于一部分可用来提升俄罗斯航空航天防御系统的技术。

（二）巴西

2007~2016年，巴西先后发布《科技和创新行动计划2007—2010》（Action Plan for Science，Technology and Innovation 2007—2010）、《科技和创新行动计划第二版2011—2014》（Action Plan for Science，Technology and Innovation Ⅱ 2011—2014）、《2012—2015年国家科技创新战略》［Brazil’s National Strategy in Science Technology and Innovation（2012—2015），ENCTI 2012—2015］、《2016

—2022 年国家科技创新战略》［Brazil's National Strategy in Science Technology and Innovation（2016—2022），ENCTI 2016—2022］。《2012—2015 年国家科技创新战略》第一次提出建立“巴西国家科技创新体系”，该体系由三个层次组成：一是政府机构、立法机构和社会团体组成的决策层；二是联邦和州两级科研创新人才资助机构组成的资助层；三是具体开展科研创新活动和从事技术转移的科研机构、科技园区、大学和企业等。

在《科技和创新行动计划 2007—2010》中巴西政府强调科技与创新作为国家发展核心的重要性，继续推进“国家科技创新战略”，对航空航天、水资源、农牧业、数字经济和数字社会、能源、可持续发展、生物多样性、气候变化等重点领域实施重大科技计划，以此作为提高自主创新能力的突破口，支持企业提高自主创新能力，加大科研投入，以优先发展项目带动整体科技进步。

2022 年 11 月 17 日，巴西科技与创新部（Ministério da Ciência, Tecnologia e Inovação，MCTI）发布了《巴西数字化转型战略 2022~2026》①。该战略对巴西数字化转型所面临的挑战进行了新的诊断。此外，它还公布了未来 4 年要实施的新行动，旨在协调联邦行政部门与数字环境相关的举措，并利用数字技术的潜力，通过创新，提高竞争力、生产力以及本国的就业和收入水平，促进可持续和包容性的经济和社会发展。

2023 年 3 月 28 日，巴西政府将《半导体行业技术发展支持计划》延长至 2026 年 12 月 31 日，并在该计划的投入清单中增加了新项目②。《半导体行业技术发展支持计划》于 2007 年出台，旨在通过税收减免刺激巴西的芯片制造。税收优惠适用于从工厂安装到产品商业化的整个过程。同时，公司必须将其收入的 5%投资于研发活动。本次《半导体行业技术发展支持计划》更新，将用于制造太阳能电池板的零件和设备也囊括进该计划。本次该计划的更新表明，巴西对本国半导体行业的支持及清洁能源研发体系的资助承诺在加强。

（三）印度

2017 年，印度科技部启动《国家创新发展和治理计划》，该计划以创新生态系统的全链条过程为目标，目前已经建立了从发现到指导以及创新升级的完整链条体系。同年，印度发布了《可再生能源发展三年规划》，该政策主要围绕

① “MCTI publica atualização da Estratégia Brasileira para a Transformação Digital 2022-2026”，https://www.gov.br/mcti/pt-br/acompanhe-o-mcti/noticias/2022/11/mcti-atualiza-estrategia-brasileira-para-a-transformacao-digital-para-o-periodo-2022-2026[2024-05-15]。

② “Decreto inclui insumos fotovoltaicos no Padis, que valerá até 2026”，https://www.gov.br/mcti/pt-br/acompanhe-o-mcti/noticias/2023/03/decreto-inclui-insumos-fotovoltaicos-no-padis-que-valera-ate-2026[2024-05-15]。

以下几个方面进行：加速建立以天然气为能源基础的经济，清洁使用化石能源，扩大可再生能源的建设，发展氢等新兴能源，数字化改造能源系统。印度科技部发布《信息物理系统跨学科研究计划》，该政策以培育和提升已经启动的新兴领域研发为目标。信息物理系统是基于一种计算机算法控制或监控的机制，与互联网和用户紧密结合。它是一个通过计算算法建立并且依赖于无缝整合的计算算法和物理构成的工程系统。

2019 年，印度科技部又发布《国家超级计算机计划》，该计划分为三个阶段。第一阶段包括在主板级集成和构建超级计算机，计划在第一阶段制造六台超级计算机。第二阶段于 2020 年展开，预计建设规模达到 10 台，其中大部分组装和集成都在印度完成。第三阶段，所有超级计算机项目的零部件，除处理器外都将由印度生产建造。

2021 年，印度政府启动了印度半导体使命计划，旨在促进印度半导体产业的发展，减少对进口半导体的依赖，并在数字时代推动印度经济跨越式发展。该计划的目标是在 2026 年之前生产价值 760 亿美元的半导体和芯片，并吸引 1000 亿美元的全球投资，并建立一个完整的半导体生态系统，包括芯片设计、制造、封装和测试等环节。其关键措施包括建立半导体制造设施、加大研发投入、吸引外资、支持电子产品制造等。

2023 年，印度政府批准国家绿色氢能计划（National Green Hydrogen Mission），旨在把印度打造成可再生氢气及其衍生物的全球生产、使用和出口中心。预计到 2030 年将部署约 125 吉瓦可再生能源发电装机，为生产 500 万吨绿色氢计划提供动力。到 2030 年，绿氢将使印度的碳排放量减少约 5000 万吨，并节省 1 万亿卢比的化石燃料进口费用。

（四）南非

南非国家计划委员会在 2011 年发布《2030 年国家发展规划》，该政策为南非新技术研发和新兴产业发展提供了一系列配套政策，“加大在公路、铁路、港口、电力等基础设施领域投资”，推动了南非战略性新兴相关产业的发展。

南非科技部在 2019 年发布《科技创新白皮书》。该白皮书以迎接第四次工业革命为核心重点，将科技创新置于南非发展议程的中心地位，以协调并推动实现国家发展规划目标。该政策主要包含五个目标：一是通过向南非社会宣扬提倡创新文化，并将科技创新工作纳入跨部门高级别政府规划；二是加强企业、政府、学术界和民间社会之间的伙伴关系，为科技创新创造更有利的环境；三是将创新重点放在服务于实现社会效益和经济转型；四是扩大和改变国家创新体系的人力资源基础；五是增加科技与创新工作的公共和私人投资。南非政府认为，新的科技政策将确保科技创新在建设一个更加繁荣和包容的社会中发挥更大的作用，并侧重于利用科技创新加速包容性经济增长，使经济更具竞争力。南非政府在白皮书中强调，要对人工智能和信息通信技术的进步会改变社会与经济运作方式做好准备，南非需要在生物技术、纳米技术、先进制造以及信息通信技术研究和创新等领域取得进展。

南非政府新闻和通讯部在 2020 年发布《南非国家数字及未来技术战略》白皮书。该白皮书主要内容是确定南非信息技术发展方向和强化人才培养机制，提出 10 个战略发展方向，包括加强数字技术基础教育和设施建设、培养数字技术高层次人才、实现数字技术与产业相融、打造“产业 4.0”模式、实现数字技术与社会相融、打造“社会 4.0”模式、加强数字技术学术研究、加强社会宣传、实现政府与各行业及劳工等多方协调、筹集数字技术发展资金等。

第二节　国外新兴产业政策对比分析

一、发达国家新兴产业政策对比分析

世界主要经济体将持续大力推动新兴产业发展作为国家或地区重要战略，同时采取加大科技投入、鼓励科技创新的主要发展策略。

美国注重未来产业布局，加强在人工智能、新一代信息技术、数字产业化、生物技术和大健康、新材料、新能源方向的研发，在强调发展关键与新兴技术的同时，更注重保持全球领导力，强调技术战略与国家战略相统一，掌握技术话语权并保持领导力，针对所谓“中国威胁”出台针对性法案。

英国需要在绿色能源、工业和基础设施等方向建立有韧性与可持续的产业链及产品开发体系，以应对人工智能、绿色增长、老龄化社会和地缘冲突等风险，增强“抗击打”能力。英国政府主要采取加大研发资金投入，加强全球市场融资的措施，促进新技术开发。

德国旨在确保或重夺相关领域在欧洲乃至全球的经济技术实力、竞争力和工业领先地位，在“工业 4.0”的产业发展创新战略基础上，推出多个产业发展指导细则，全面推进德国产业创新发展，在数字化、智能化时代实现工业全方位升级。

日本先后推出具有连贯性的发展战略，提出通过融合网络和现实空间，创造持续且具有韧性的“以人为本的社会”，强调人文社会科学领域的振兴，以科技创新攻克紧迫的社会课题。日本将物联网、人工智能和机器人作为第四次工业革

命的核心，在国家层面建立了完整的研发促进机制，同时加大对航空航天产业和氢燃料应用产业的扶持力度。

专栏：欧洲、美国、日本的新能源汽车发展

1. 欧洲：紧箍咒倒逼车企快速新能源化

随着全球气候变暖加剧，欧洲各国将控制碳排放提到了重要的议事日程。2019 年 12 月 11 日，欧盟委员会在布鲁塞尔公布了应对气候变化的“欧洲绿色协议”，提出到 2050 年欧洲在全球范围内率先实现“碳中和”。同年，欧盟发布了最新版碳排法案《2019/631 文件》，规定 2025 年、2030 年欧盟新登记乘用车二氧化碳排放量分别达到 81 克每千米和 59 克每千米。

在政策重压和政府一系列补贴下，欧盟旗下大众、宝马、奔驰等汽车制造商纷纷布局新能源车型，新能源汽车市场占有率不断迈上新台阶。

2. 美国：绝对巨头能否拉动全域发展

美国一直注重对新能源汽车的技术研究和产业投入，特斯拉、通用、福特等代表美国新能源车企征战海内外市场。美国计划在 2040 年前全面淘汰燃油车，并计划投入 623.92 亿美元（约人民币 4300 亿元）促进本国新能源汽车的生产和消费。目前，美国推广新能源汽车政策主要包括税收减免、CAFE（corporation average fuel economy，公司平均燃料经济性）标准、GHG（greenhouse gas，温室气体）标准、先进车辆贷款支持项目、ZEV（zero emission vehicle，零排汽车）法案等。

3. 日本：核心技术奠定全球地位

日本针对新能源车的政策主要集中在战略规划、财政补贴、税收减免三个方面。在战略规划方面，2030 年新能源汽车占比 20%~30%。在财政补贴方面，电动车 EV（electric vehicle）补贴与纯电续航里程挂钩。在税收减免方面，新能源汽车一律免征购置税和重量税。

二、新兴经济体新兴产业政策对比分析

通过对比上述国家出台的新兴产业相关政策，我们可以发现各个国家之间发展的重点领域存在一定的差异。俄罗斯发展的重点领域为生物技术、航空航天、智能制造等，巴西发展的重点领域为新能源、环保汽车、民用航空、现代生物农业等，印度发展的重点领域为新能源、信息服务、生物技术、材料产业等，南非

发展的重点领域为新能源、生物制药、航空航天等。具体见表 3-1。

表 3-1　新兴经济体新兴产业政策对比分析

国家	重点领域	相关战略、计划
俄罗斯	生物技术、航空航天、智能制造等	《国家科学技术发展计划》《俄罗斯联邦科技发展战略实施计划》《俄罗斯联邦信息社会发展战略（2017—2030）》《2016—2025 年联邦航天计划》《2025 年前国家航天集团公司发展战略》《俄罗斯联邦至 2020 年生物技术发展综合计划》《2018 年前信息技术产业发展规划》（又称《路线图》）
巴西	新能源、环保汽车、民用航空、现代生物农业等	《国家科技创新发展行动计划》《低碳战略计划》《国家创新政策》
印度	新能源、信息服务、生物技术、材料产业等	《国家创新发展和治理计划》《信息物理系统跨学科研究计划》《深海使命计划》《国家超级计算机计划》《可再生能源发展三年规划》《先进合作研究访问学者计划》
南非	新能源、生物制药、航空航天等	《国家战略规划绿皮书》《2030 年国家发展规划》《综合资源计划》

其中，俄罗斯和南非都重点发展航空航天领域，巴西、印度、南非等国都将新能源作为重点领域发展。相关国家重点发展的领域都升级到生物领域，但各国之间在发展方向上存在一定差异，俄罗斯和印度侧重生物技术，巴西侧重现代生物农业，南非侧重生物制药。

虽然相关国家在重点发展领域上存在一些差异，但各国都已经将新兴产业及相关技术作为其国家战略进行推进。这也说明了发展新兴产业成为国际共识，特别是对新兴经济体而言。

第三节　我国新兴产业具体领域发展回顾与展望——以智能制造为例

一、发展智能制造的战略性意义

制造业是国民经济的主要组成部分，与国家和民族的强盛息息相关。改革开放以来，中国制造业持续快速发展，中国已成为世界制造大国。随着新一轮科技革命展开，国际制造业分工格局正在重塑，中国必须牢牢抓住这一历史机遇，加快发展智能制造，实现制造业创新升级，这是中国打造具有国际竞争力的制造业，建设制造强国的必由之路。

“十三五”以来，在国家制造强国战略的引领下，中国新一代信息通信技术与制造业深度融合，推动了中国智能制造水平快速提升。在“十三五”期间，初步建立并逐步完善中国智能制造重点领域标准体系，加快质量安全标准与国际标准接轨，提高重点领域国际标准转化率，推动重点智能制造装备质量达到或接近国际先进水平，显著提升科技创新能力。尤其在航空航天、海洋工程装备、地质勘探等关键领域实现自力更生，突破技术封锁，不断攻克重大核心技术难题，取得了举世瞩目的成就。

在全球范围内，智能制造正在引领和推动新一轮工业革命，引发制造业发展理念、制造模式发生重大而深刻的变革，重塑制造业的技术体系、生产模式、发展要素及价值链，推动中国制造业获得竞争新优势，推动全球制造业发展步入新阶段，实现社会生产力的整体跃升[2]。

在国家制造强国战略的引领下，中国政产学研各个方面对智能制造的重要意义形成了统一的认识，将其作为建设制造强国的主攻方向、带动各行各业智能化升级的主要抓手和实现制造业创新升级的主要路径。加快发展智能制造，有利于培育我国经济增长新动能，有利于抢占经济和科技发展制高点，有利于推动中国经济高质量发展，对促进制造业转型升级，打造国际制造业竞争新优势，建设成为引领世界制造业发展的制造强国具有重要战略意义。

（一）智能制造是建设制造强国的主攻方向

推进智能制造，帮助企业缩短产品研发周期，提高生产效率和产品质量，提升管理和服务能力，是中国实现制造业升级的内在要求，同时是加速智能制造技术进步，提升集成应用水平，促进新技术、新产品、新装备快速发展的内生动力。智能制造的发展将有助于营造中国制造业良好发展环境，为经济增长培育新动能、打造中国制造业的国际竞争优势，带动中国制造业向高质量阶段迈进。

（二）智能制造是实现各行各业各种各类制造系统智能升级的主要抓手

改革开放以来，我国制造业持续发展，经过四十余年，我国已成为世界上的制造业大国。我国制造业体量庞大，但仍存在大而不强的问题，数字化网络化智能化水平仍需提升，当下正处于向高质量转型的关键阶段，同新一轮工业革命形成历史性交汇。新一轮工业革命由智能制造引领和推动，我国和发达国家拥有均等的机会来掌握核心技术，因此，在未来 30 年，我国应牢牢抓住这一契机，利用后发优势，集中力量完成战略性重点突破，实现“弯道超车”，实现我国制造业的跨越式发展[3]。

（三）智能制造是实现制造业全面创新升级的主要路径

智能制造是一种共性赋能技术，可帮助制造企业有效解决转型升级中所遇到的各类问题，促进离散型制造和流程型制造中的价值链全过程创新，包括产品创新、生产创新、服务创新等。主要包括以下两个方面。

一方面，应用数字化、网络化、智能化等先进信息技术对制造系统“赋能”，使制造系统创新升级。制造工程创新发展主要有两种途径：一是制造技术原始性创新，这种创新是根本性的，极为重要；二是应用共性赋能技术对制造技术“赋能”，二者结合形成创新的制造技术，对各行业各种类制造系统升级换代，是一种革命性的集成式的创新，具有通用性、普适性。前三次工业革命的共性赋能技术分别是蒸汽机技术、电机技术和数字化技术，第四次工业革命的共性赋能技术是人工智能技术，这些共性赋能技术与制造技术的深度融合，引领和推动制造业革命性的转型升级。因此，智能制造是制造业创新发展的主攻方向，是制造业转型升级的主要路径，是新一轮工业革命的核心驱动力[4]。

另一方面，新一代人工智能等先进信息技术需要与制造领域技术进行深度融合，产生与升华制造领域知识，成为新一代智能制造技术。制造是主体，赋能技术服务于制造升级，只有与领域技术深度融合，才能真正发挥作用。制造技术是本体技术，为主体；智能技术是赋能技术，为主导；辩证统一、融合发展，是两化融合的集中体现。因而，新一代智能制造工程对智能技术而言，是先进信息技术的推广应用工程；对各行业各种类制造系统而言，是应用共性赋能技术对制造系统进行革命性集成式的创新工程，使制造业实现全面创新升级[4]。

二、中国智能制造发展现状

在“十三五”期间，中国共建设了超过 300 个智能制造试点示范项目和 400 多个新模式应用项目。在项目实施过程中，企业重点加强了关键技术装备、核心工业软件和解决方案的创新应用，带动智能制造供给能力明显提升[5]。当下，中国制造业数字化、网络化、智能化水平不断提升，智能制造发展基础和支撑能力明显增强，生产工厂智能化水平显著提高。

近年来，我国高度重视智能制造产业发展，截止到 2020 年，中国智能工厂市场规模达到 8560 亿元。预计到 2025 年，智能工厂市场规模有望突破 1.4 亿元。工业软件市场规模作为智能制造技术核心组成部分之一，其规模已达 1974

亿元，同比增长 14.8%①，为制造业的发展提供了强大的技术支持。工业机器人的大量使用促进了人机协同发展，据中国机器人产业联盟与国际机器人联合会统计数据，2019 年，我国工业机器人累计销量为 14.4 万台。我国计算机系统集成市场规模不断扩张，2020 年约为 32 878.6 亿元，同比增长 16.82%②。随着智能制造技术应用不断深化，工业机器人将在各个行业发挥作用。

（一）以智能制造为核心的技术体系初步形成

在核心技术和装备层面，中国在智能制造装备领域实现了突破，在“十三五”期间已突破并应用了 8000 多台（套）智能制造关键技术装备，申请专利超过 3000 项。另外，在核心工业软件领域，截至 2022 年底，已开发并应用了超过 3000 套核心工业软件，申请软件著作权近 2000 项，涵盖研发设计、工业控制、信息管理等多个方面。

在智能制造标准体系、工业互联网、信息安全等基础支撑能力建设层面，中国也取得了长足的进步。

首先，国家标准体系逐步完善。中国先后发布了 2015 年、2018 年和 2021 年三个版本的《国家智能制造标准体系建设指南》，通过智能制造专项支持了 160 多个综合标准化项目，建设了近 200 个标准试验验证平台，发布了《智能制造 对象标识要求》（GB/T 37695—2019）等 200 多项国家标准，其中超过半数标准草案已获得国家标准立项，全面覆盖指南中涉及的基础共性标准和关键技术标准。同时，我国与其他国家开展多项智能制造标准合作，取得了丰硕成果，与德国在系统架构、信息安全、无线通信等方面达成 36 项标准互认；积极参加 ISO（International Organization for Standardization，国际标准化组织）、IEC（International Electrotechnical Commission，国际电工委员会）等国际标准化组织工作，牵头发布无线通信技术 WIA-FA（wireless networks for industrial automation-factory automation，工厂自动化工业无线网络）标准等 28 项国际标准。

其次，工业互联网建设步伐加快。截至 2022 年，中国建设了一批工业互联网平台和重点实验室，确定了 28 个国家工业互联网创新应用试点示范项目，建设了 50 多家工业互联网平台，在各行业和区域发挥积极影响力，为企业智能化转型升级提供了重要的基础设施。

最后，信息安全保障能力明显提升。截至 2022 年底，在智能工厂/数字化车间功能安全、信息安全等方面，建成 3 个试验验证平台；针对工业控制系统漏

① 资料来源：《中国工业软件产业白皮书（2020）》。

② 资料来源：《2022 年中国计算机系统集成行业全景图谱》。

洞检测、网络监测等，开发出了 4 款验证工具；已形成 5 个标准草案，并在装备、制药、化工等 8 个行业、166 家企业推广应用，全面提升了相关企业信息安全水平。

（二）以智能服务为核心的商业模式不断涌现

随着新一代工业革命的不断推进，智能制造技术应用程度的不断加深，企业之间的竞争越来越多地围绕客户需求展开，服务类要素在投入和产出中的比重逐步增加，社会经济模式由规模经济逐步向范围经济转变，生产模式从大规模流水线生产转变为小规模定制化生产，产品销售方式也从终端产品交付的一次性交易盈利模式转变为以产品服务为周期的阶段性盈利模式。智能制造技术有效解决了用户个性化、多样化的需求问题，使制造模式和市场能够有效匹配。制造企业不断创新优化生产组织模式、运营管理方式和商业发展模式，提高生产服务质量，提升企业竞争力。

为培育壮大智能制造系统解决方案供应商，带动智能制造装备安全可控发展，推动制造业转型升级，我国组建了智能制造系统解决方案供应商联盟，以需求为牵引，以产业链为纽带，依托试点示范和新模式应用项目建设，打造了一支了解行业需求、具有较强系统集成能力、行业推广经验丰富的智能制造服务队伍。初步统计，截至 2022 年底我国智能制造系统解决方案供应商已有 5000 余家，其中，符合规范条件的 140 家，主营收入 10 亿元以上的 43 家。

（三）智能制造在制造业的推广应用不断扩大

目前，智能制造技术已经在生产制造环节广泛应用，其中一个具有代表性的技术是机器视觉。机器视觉可用于产品识别、测量、校对、引导及产品外观质量检测等方面，能有效节约人工投入，提高产品质量，降低生产成本[6]。随着人工智能技术与生产制造技术不断深度融合，工厂生产线将继续发生革命性变革，企业将会向自学习、自适应、自控制的新一代智能工厂迈进[7]。

离散型制造通过柔性化生产、实时数据采集、人机协作、设备间信息交互等技术，实现企业生产运行系统的全面优化。生产线自动采集机器运转率、故障率、生产率、零部件合格率及工人状态等实时数据，展开多元分析，数控加工中心、工业机器人、测量仪及其他柔性化制造单元根据分析结果，进行自动化排产调度，自动化调整与安装不同零部件，从而提高生产线的运行效率，提高产品质量[8]。

通过宣传报告、出版案例集、召开现场交流会、组织专家诊断、推动供需对接等方式，大力推动智能制造成熟经验、模式和系统解决方案的复制推广，引导社会各界力量积极参与智能制造发展，形成了良好的社会氛围。许多制造企业在自身实践的基础上，努力向外推广成熟的经验和模式。截至 2022 年，已有近 300 家制造业企业向外复制推广他们的成功经验和商业模式，为相关行业的转型升级起到了很好的示范作用。

三、中国智能制造发展展望

发展智能制造是我国制造业必须长期坚持的战略任务，从现在到 2035 年是我国制造业实现“弯道超车”的关键时期，必须紧紧抓住新一轮科技革命与产业变革带来的战略机遇期，加快发展智能制造，坚持“并行推进、融合发展”的技术路线，构建新型制造体系，实现中国制造业转型升级、跨越发展[7]。

智能制造是一个大系统，主要由智能产品和装备、智能生产及智能服务三大功能系统以及工业互联网和智能制造云两大支撑系统集合而成。其中，智能产品和装备是主体，智能生产是主线，以智能服务为中心的产业模式变革是主题，智能制造云和工业互联网是支撑智能制造的基础[4]。

（一）智能产品和装备

智能产品和装备是智能制造系统的主体，智能产品是智能制造和服务的价值载体，智能制造装备是实现智能制造的前提。数字化、网络化、智能化技术与制造技术深度融合将极大地促进制造业创新升级，推动产品生产与制造装备的变革。

预计到 2035 年，我国大部分产品与制造装备都将从“数字一代”跃升为“智能一代”。一方面，我国将涌现一大批先进的智能产品，如智能终端、智能家电、智能服务机器人、智能玩具等，为用户提供更加便捷智能的服务；另一方面，我国将着重推进重点领域重大装备的智能升级，如信息制造装备、航天航空装备、船舶和海洋装备、汽车、火车、农业装备、医疗装备、能源装备等，特别要大力发展智能制造装备，如智能机器人、智能机床等，我国的“大国重器”将装备“工业大脑”，变得更加先进、更加强大[7]。

（二）智能生产

智能工厂是智能生产的主要载体，根据行业不同，智能制造可分为离散型制造和流程型制造，以此为基础建立的智能工厂即为离散型智能工厂和流程型智能工厂。这两者均以优化生产过程和提升生产系统的性能、功能、质量及效益为目标，其重点发展路径基本都是从建设智能生产线出发，逐步形成智能车间，最终演变成数字化、网络化、智能化技术广泛应用的智能工厂[7]。

新一代人工智能技术与先进制造技术的融合将使生产线、车间、工厂发生重大变革，企业将会向自学习、自适应、自控制的新一代智能工厂转变升级。企业通过“机器换人”，实现生产能力的技术改造与智能升级，能有效节约人力成本，更能提高产品质量、生产效率和企业竞争力。企业的生产能力升级——生产线、车间、工厂的智能升级将成为推进智能制造的一个主战场[7]。

离散型制造业是我国国民经济发展的重要支柱，需要对整个产业链、供应链进行智能化升级，避免出现瓶颈。因此，离散型智能工厂将利用新一代人工智能技术提高加工质量、优化加工工艺、维护生产装备、管理生产流程、协调产业链和供应链上下游，建成真正意义上的智能工厂[3]。

流程型制造业在国民经济中具有基础性的战略地位，其产业集聚效应显著，数字化、网络化基础较好，最有可能率先突破新一代智能制造[3]。流程型制造业数字化网络化制造系统融合工业人工智能、大数据等赋能技术，实现企业智能决策和集成优化，达到管理决策和生产制造的高效化与绿色化。

预计到 2035 年，流程工业将建成我国自主、完整的流程工业智能优化制造的创新体系，总体达到世界先进水平，部分领域处于世界领先水平。离散型智能工厂将具备自感知、自分析、自决策、自执行能力，运用智能制造装备，以智能技术驱动产品创新设计与优化设计，具有支持多品种混流生产的自适应柔性车间，虚拟物理融合的数字孪生车间（生产线），实现制造工厂的全方位互联互通与集成协同。

（三）智能服务

智能服务模式创新将成为新一代智能制造系统的主题。新一代信息技术和人工智能技术将成为智能制造新模式、新业态的推动力，通过技术、单元、系统、组织和生产方式等的创新，推进产业体系变革，催生新的产业模式和产业形态[3]。

新一代人工智能技术的应用将使制造业产业模式发生根本性转变，产业模式将从以产品为中心转向以用户为中心，完成深刻的供给侧结构性改革。改革主要体现在两方面：一是产业模式从大规模流水线生产转向规模定制化生产，生产企业充分利用数字化技术，从传统产品生产工厂转变为规模个性化定制智能工厂。企业通过网络化平台为用户提供产品定制解决方案，提升产品质量，提高企业效益。二是产业形态从生产型制造向服务型制造转变。服务型制造企业可以开展租赁服务模式，在产品全生命周期提供服务，大幅度提高从服务中获得利润的比例[3]。

预计到 2035 年，大数据智能、群体智能、人机融合智能的深度应用将进一步提高各种产品的个性化、柔性化和定制化，大量企业升级成为服务型制造企业，推进中国制造业真正实现以用户为中心的新模式、新业态。

（四）系统集成

智能制造价值创造的另一个重要方面是通过工业互联网和智能制造云两大支撑系统将智能产品、智能生产与智能服务三大功能系统集成起来，通过系统的集成优化实现新的价值创造。

1. 工业互联网

工业互联网是制造业从数字化向网络化、智能化发展的重要基石，是以低时延、高可靠、广覆盖为特点的关键网络基础设施，主要包括网络、数据和安全三个方面。其中，网络是基础，工业互联网是信息通信技术创新成果的集中体现，通过物联网、互联网等技术，实现工业全系统人、机、物等的全面连接。数据是核心，工业互联网作用于各类数据信息资源，包括采集、转化、接入、传输、接收等，通过对工业数据全周期集成应用，形成系统性智能，优化运营管理与生产协同模式，实现商业模式创新。安全是保障，构建涵盖工业全系统的安全防护体系，保障工业系统有序运行和工业智能化的实现。

在新一代智能制造中，智能化的网络基础设施能够实现高覆盖、高柔性、高自治，全面支撑智能制造业务的发展；工业智联网平台将成为工业资源泛在连接的核心枢纽、工业知识复用传承的重要载体、制造能力优化重构的关键支撑；工业智联网安全保障体系、技术和管理标准体系、工业智联网安全监测预警和应急响应机制成熟完善，基于安全平台体系，工业智联网安全技术逐步实现动态、主动、智能的安全防御能力，在国家、行业、企业之间形成联动，共同构成工业智联网安全工作格局。

预计到 2035 年，我国将全面建成国际领先的低时延、高可靠、广覆盖的网络基础设施，实现全网络、端到端的资源融合、智能协同；完成工业智联网全面深度应用，在部分优势行业形成创新引领能力和创新平台生态；实现安全核心技术创新突破，搭建起可自学习、自感知的工业智联网主动、智能安全防御体系，智能化应对、抵御和化解安全威胁。

2. 智能制造云

智能制造云平台是基于泛在网络，以用户为中心，人机物深度融合，边缘运用互联化、服务化、个性化、柔性化、社会化、智能化等新模式、新手段和新业态的智能制造支撑系统[9]。

随着新一代人工智能技术的发展以及与智能制造技术的深度融合，智能制造云平台迈入了新的发展阶段，通过云平台架构，可以在全行业或区域内进行数据汇聚、建模分析、知识复用和应用创新。当前，平台发展呈现出以下三个发展趋势：一是支撑智能制造全产业链、产品研制全生命周期活动；二是与新互联网技术、新信息通信技术、新人工智能技术、新应用领域技术等不断融合；三是基于云平台和边缘计算技术，推动边缘制造的发展[10]。

预计到 2035 年，我国将建成自主、完整的智能制造云平台创新体系；研发具有国际竞争力、自主可控使能的智能制造云平台和使能工具集，打造基于智能制造云平台的智能制造系统及智能制造云平台运营服务等产业；建立起泛在互联、数据驱动、共享服务、跨界融合、自主智慧、万众创新的智能制造云新生态系统[11]。

第四节　趋势观点

一、颠覆性技术成为各制造强国新一轮博弈的制高点

颠覆性技术是历次科技革命爆发力的体现。对一个国家而言，颠覆性技术是国家科技水平的风向标，也是衡量国家综合竞争力的重要指标。颠覆性技术在国家竞争力、军事安全、国家经济以及国际政治方面都会产生深刻影响。世界各国都将颠覆性技术上升到国家战略层面并出台相关政策，进而抢占颠覆性技术发展先机。

美国提出了 DARPA（Defense Advanced Research Projects Agency，美国国防部高级研究计划局）模式，涉及国防部、DARPA 本身、局长、项目经理和承包商等机构，该模式的重要特征表现为鼓励前瞻性创新、经理任期期限制度以及对失败的宽容。日本实施了 ImPACT（Impulsing PAradigm Change through Disruptive Technologies，颠覆性技术创新）计划，该计划终极目标是将日本建设成世界上最具创新力和创业精神的友好型的国家。俄罗斯设立先期研究基金会，重点支持的细分领域包括前沿医学、新型材料、人工智能、AR 技术、未来能源和仿生学、先进水下技术、下一代航电系统等。欧盟实施 JEDI（Joint Enterprise Defense Infrastructure，联合企业国防基础设施）项目，该项目的目标是通过在风险承担、项目资金和执行速度方面的程序与路径的彻底变革，来鼓励进取和突破性的观念。JEDI 项目的最终目标是重新获得技术领先地位，从而恢复欧洲的战略和经济独立性。

从世界各国出台的新兴产业相关政策来看，有效的颠覆性发展需要建立颠覆性技术跟踪研究的长效机制，需要强化基础领域的技术创新与突破，需要营造适

宜颠覆性技术发展的军产学研环境。

二、节能环保产业格局趋向全球百家争鸣、共同发展

绿色低碳循环经济和节能环保发展模式成为当前国际主流发展模式，节能环保产业也在此背景下成为世界各国重点发展的战略领域。目前，节能环保产业主要包括水处理、固废处理、环境服务等细分领域。

从区域发展情况来看，北美和欧洲基于自身在节能环保及相关产业上的先发优势和技术积累优势，实现节能环保产业的突破和创新，持续占据全球节能环保的领先地位。2019 年，美国和欧洲节能环保产业规模分别达到 4386.90 亿美元和 3710.00 亿美元，占比分别为 37.56%与 31.77%。日本则是亚太地区节能环保产业发展的龙头，2019 年节能环保产业规模达到 1893.30 亿美元，占据亚太地区总规模的 60%以上，位居全球第三位[12]。

从企业发展情况来看，国际节能环保巨头通过并购、重组等战略应对新兴国家的挑战。例如，威立雅环境集团通过不断并购将业务范围拓展至水、固废、运输、能源服务等领域，已成为全球名列前茅的节能环保巨头；苏伊士联合加拿大养老基金公司，以 323 亿欧元的价格收购 GE（通用电气公司）水处理业务，以弥补苏伊士环境缺乏膜组件生产能力[12]。

现阶段，世界各国相继出台节能环保相关政策，一些新兴节能环保企业也开始崭露头角。节能环保领域寡头引领、众多国家跟随的行业格局逐渐向全球范围内百家争鸣、共同发展的局面发展。

三、数字化、网络化、智能化是新一代信息技术的核心

数字化为社会信息化奠定基础，其发展趋势是社会的全面数据化。数据化强调对数据的收集、聚合、分析与应用。网络化为信息传播提供物理载体，其发展趋势是信息物理系统（cyber-physical systems，CPS）的广泛采用。信息物理系统不仅会催生出新的工业，甚至会重塑现有产业布局。智能化体现信息应用的层次与水平，其发展趋势是新一代人工智能。

数字化的核心是对大数据的深度利用，进而挖掘和释放大数据的价值。大数据及其价值开发深刻改变了人类的思维方式和生产生活方式，给管理创新、产业发展、科学发现等多个领域带来前所未有的机遇。大数据也成为世界各国重点布局的方向。

互联网实现了人与人、服务与服务之间的互联，而物联网实现了人、物、服

务之间的交叉互联。物联网主要解决人对物理世界的感知问题，而要解决对物理对象的操控问题则必须进一步发展信息物理系统。通过人机交互接口，信息物理系统实现计算进程与物理进程的交互，利用网络化空间以远程、可靠、实时、安全、协作的方式操控一个物理实体。

新一代人工智能的热潮已经来临，包括大数据智能、群体智能、跨媒体智能、人机混合增强智能和类脑智能等细分领域。人工智能可以预见的发展趋势是以大数据为基础、以模型与算法创新为核心、以强大的计算能力为支撑。元学习有望成为人工智能发展的下一个突破口。

四、生物医药产业将深刻改变世界经济发展模式和人类社会生活方式

新冠疫情暴发以来，各国都在加速疫苗、药物、防护装备、检测手段的研发，新一轮国际生物技术竞争日趋激烈。在生物产业中，生物医药产业占据了主导地位与核心地位，是保障国家安全、国民健康、生物安全的基石[13]。生物医药产业蕴含着巨大的经济效益和社会效益，是全球公认的最具有发展前景的高技术龙头产业之一[14]。生物医药产业将深刻改变世界经济发展模式和人类社会生活方式，并引发世界经济格局的重大调整和国家综合国力的重大变化。

近年来，生物医药产业呈现出药品市场持续增长、并购重组频繁、新药品种不断诞生、生物技术药品发展势头强劲、疫苗与诊断试剂产业发展迅速、分工与协作体系正在加速形成等特点。2019 年，全球制药市场规模（不含中药）由 2015 年的约 11 050 亿美元增加至 13 245 亿美元，生物医药市场规模为 2864 亿美元，复合增长率 8.7%[15]。

当前全球生物产业集群向着高度聚集化发展，目前美国已形成了旧金山、波士顿、华盛顿、北卡罗来纳、圣地亚哥五大生物技术产业集聚区；英国剑桥科技园、法国里昂生物科技竞争园、新加坡启奥生命科学园、日本神户医疗产业园等生物技术产业园区都聚集了众多生物技术公司。美国、欧洲、日本等在全球生物医药产业中处于主导地位。根据 2019 年美国《制药经理人》杂志公布的全球生物制药企业榜单，美国、欧洲、日本的企业数量占到 90%以上。在全球药品市场中，美国、欧洲、日本三大区域药品市场份额超过了 80%。

生物医药产业是技术密集型的高端科技产业，传统生命科学领域与新技术的交叉融合，进一步开拓了再生医疗、数字医疗、智慧医疗等产业，拥有广阔的发展前景[16]。生物医药产业已经成为影响全球经济发展和社会进步的重要产业，世

界各国积极发展生物医药产业，并作为战略产业给予扶持。

五、新能源汽车产业正推动能源消费结构、汽车产品形态、社会运行方式的变化

随着能源危机和环境问题的日益突出，循环经济、低碳经济已经成为发展主流，新能源汽车产业已成为汽车产业未来发展的导向与目标，全球各国已将其作为核心发展战略，在全球范围进行积极布局与投入[17]。

早在 19 世纪，新能源汽车就曾大获成功。可由于后来大油田的发现以及内燃机的技术进展，汽油车成为新的宠儿。直到 20 世纪末期，石油资源枯竭、全球气候变暖，市场再一次将目光投向了新能源汽车。全球各国纷纷加快推动新能源汽车产业发展，势必要在新一轮的汽车革命中抢占先机。

世界新能源汽车产业已进入全面升级时期，产量开始高速上升，欧洲市场成为主要推动力。欧洲出台最严格碳排放政策，政策倒逼大车企转向电动化。根据 EVSales 数据，2020 年全球新能源汽车销量约为 324 万辆，同比增长 47%，欧洲新能源汽车市场占全球市场的 43.06%，中国大约占 41.27%，美国占比 10.12%，日本占比 0.96%。欧洲取代中国，成为全球新能源汽车增长的主要推动力。

六、人工智能已成为新一轮科技革命和产业变革的核心驱动力

自 1956 年被正式提出至今，人工智能已经取得了长足的发展。近年来，随着硬件、算法的进步以及互联网巨量信息数据的产生，人工智能技术在使能社会各行各业的过程中表现出巨大的技术互补性和溢出效应，短短几年内便成为推动产业优化升级、生产力整体跃升的重要战略资源[18]。

《华尔街日报》《福布斯》《财富》等世界知名媒体纷纷将 2017 年称为人工智能的元年，人工智能正在深刻影响着人们的生活和全球经济形态[19]。全球人工智能创新的热点方向主要有机器学习、类脑科学、机器人、自动驾驶、智能化基础设施、公共数据集、可解释人工智能等。人工智能应用技术正加速普及，特别是在医疗健康、教育、金融、安全防务等专业服务领域都有广泛应用。

全球人工智能企业主要集中在美国、中国及其他发达国家。截至 2019 年 3 月，全球范围内共有 5386 家人工智能企业。其中，美国拥有 2169 家，占比 40.3%；中国其次，拥有 1189 家，占比 22.1%；其余企业分布在英国、加拿大、印度、以色列、德国、法国等国家。创新生态优、经济发展好、政策支持强的城市是当前

人工智能企业较为集聚的区域。

当前，世界主要经济体纷纷从国家战略高度推动人工智能技术及产业发展，推出人工智能专项计划或扶持政策，助推人工智能产业加速发展。在各国人工智能政策的制定过程中，呈现出两种不同的理念：一是加强监管，预防风险；二是放松限制，激发创新潜力。全球各国的人工智能政策呈现出显著的差异化特征和方向的分野，同时呈现出在一定程度上相互借鉴、彼此融合的趋势。

第五节　本章小结

本章从国际角度出发，梳理了发达国家和组织及新兴经济体在新兴产业方面的相关政策，总结了新兴产业及相关技术的发展趋势。

美国、欧盟、英国、日本等发达国家和组织根据自身产业与科技的比较优势，将推动新兴产业发展作为重要战略，制定各具特色的多项新兴产业发展促进政策。美国在强调发展关键与新兴技术的同时，更注重保持全球领导力，针对所谓“中国威胁”出台针对性法案；英国在绿色能源、工业和基础设施等方向加大研发资金投入，促进新技术开发，增强国家抗风险能力；德国意在确保或重夺相关领域在全球的竞争力和领先地位，以“工业4.0”创新战略为基础，推出多个产业发展指导细则；日本先后推出具有连贯性的发展战略，强调人文社会科学领域的振兴，以科技创新攻克紧迫的社会课题。新兴经济体也争相布局新兴产业，但在侧重的领域方面有所差异。其中，俄罗斯发展的重点领域为生物技术、航空航天、智能制造等，巴西发展的重点领域为新能源，环保汽车、民用航空、现代生物农业等，印度发展的重点领域为新能源、信息服务、生物技术、材料产业等，南非发展的重点领域为新能源、生物制药、航空航天等。

此外，本章在分析国际新兴产业政策的基础上，总结了新兴产业发展的六大趋势。颠覆性技术成为各制造强国新一轮博弈的制高点，世界各国都将颠覆性技术上升到国家战略层面并出台相关政策，进而抢占颠覆性技术发展先机。节能环保领域寡头引领、众多国家跟随的行业格局逐渐向全球范围内百家争鸣、共同发展的局面发展。数字化、网络化、智能化是新一代信息技术的核心。生物医药产业将深刻改变世界经济发展模式和人类社会生活方式，并引发世界经济格局的重大调整和国家综合国力的重大变化。新能源汽车产业已成为汽车产业未来发展的导向与目标，正推动能源消费结构、汽车产品形态、社会运行方式的变化。人工智能已成为新一轮科技革命和产业变革的核心驱动力，是推动产业优化升级、生产力整体跃升的重要战略资源。

参考文献

[1] 沈华，王晓明，潘教峰. 我国发展未来产业的机遇、挑战与对策建议[J]. 中国科学院院刊，2021，36（5）：565-572.

[2] 周济. 全力推动传统制造业优化升级坚定不移建设制造强国[J]. 中国工业和信息化，2020，（S1）：30-33.

[3] 周济. 以创新为第一动力 以智能制造为主攻方向扎实推进制造强国战略[J]. 中国工业和信息化，2018，（9）：16-25.

[4] 周济，周艳红，王柏村，等. 面向新一代智能制造的人–信息–物理系统（HCPS）[J]. Engineering，2019，（4）：71-97.

[5] 钟志华，臧冀原，延建林，等. 智能制造推动我国制造业全面创新升级[J]. 中国工程科学，2020，22（6）：136-142.

[6] “新一代人工智能引领下的智能制造研究”课题组. 中国智能制造发展研究[J]. 中国工程科学，2018，20（4）：1-8.

[7] 周济. 智能制造——“中国制造 2025”的主攻方向[J]. 中国机械工程，2015，26（17）：2273-2284.

[8] 中国电子信息产业发展研究院. 2018—2019 年中国智能制造发展蓝皮书[M]. 北京：电子工业出版社，2019.

[9] 中国信息与电子工程科技发展战略研究中心. 中国电子信息工程科技发展研究（综合篇 2018—2019）[M]. 北京：科学出版社，2019.

[10] 李伯虎，柴旭东，侯宝存，等. “互联网+智能制造”新兴产业发展行动计划研究[M]. 北京：科学出版社，2019.

[11] 制造强国战略研究项目组. 制造强国战略研究（三期）·综合卷[M]. 北京：电子工业出版社，2020.

[12] 李朕. 节能环保产业发展现状及趋势解析[N]. 中国高新技术产业导报，2021-05-24.

[13] 刘仲敏. 国内外生物医药产业发展现状[J]. 河南科技，2021，40（24）：155-158.

[14] 董莉，郇志坚，刘遵乐. 全球生物医药产业发展现状、趋势及经验借鉴——兼论金融支持中国生物医药发展[J]. 金融发展评论，2020，（11）：12-23.

[15] 黄扬，孙嘉，张磊. 生物医药产业发展现状与趋势探析[J]. 现代金融，2021，（7）：33-37，32.

[16] 白京羽，林晓锋，尹政清. 全球生物产业发展现状及政策启示[J].生物工程学报，2020，36（8）：1528-1535.

[17] 申胜飞. 全球新能源汽车产业发展新趋势[N]. 中国计算机报，2021-08-23（014）.

[18] 陈婧嫣，姜李丹，薛澜. 跨国比较视阈下的人工智能政策：目标、理念与路径[J].科学学与科学技术管理，2021，42（3）：87-100.

[19] 张琳，贾敬敦，李享，等. 人工智能创新发展态势及建议[J]. 中国科技资源导刊，2021，53（4）：47-53，89.

[13] 中国高新技术产业导报，2021-05-24.
[13] 2022，40(2)：15-158.
[16] (8)：152-155.
[17] 2021-08-13(01).
[18] 科学技术管理，2021，42(7)：87-100.
[19] 张琳，贾德娥，李平，等. 人工智能创新发展态势及建议[J]. 中国科学院院刊，2021，36(4)：

第二篇　创新生态体系建设篇

第四章　构建新兴产业生态体系——以智能制造为例

中国是全球制造大国，中国制造业正处在创新升级的重要历史关头，加快构建智能制造生态体系，抓住全球制造业变革带来的历史机遇，主动融入新一轮科技革命和产业变革，是中国制造业实现由大到强升级创新的必由之路。

本章通过集成国家创新体系、产业创新体系、创新生态体系、创新型政府等相关理论，构建了“供需主体层+赋能体系层+治理体系层”三层智能制造生态体系理论框架。本章从智能制造技术供给企业、应用企业、供需主体集聚三个方面梳理了供需主体层的现状与成就；从系统解决方案供应商、公共服务平台、其他支撑要素三个方面梳理了赋能体系层的现状与成就；从政府如何把握产业升级机会、政策工具选择模式等五个方面梳理了治理体系层的现状与成就。基于三层理论框架对我国目前初步形成的区域型智能制造生态体系进行了梳理和分析。同时将理论前沿和实地调研相结合，分析得出供需主体层、赋能体系层、治理体系层未来发展的着力点。

综合考虑国家要求与理论实践，建议在“十四五”期间，继续制定智能制造发展规划和实施智能制造工程，坚持以智能制造为建设制造强国的主攻方向，坚持培育智能制造示范企业，发展知识赋能体系，完善治理体系，构建“较为完善”的智能制造生态体系，推进我国制造业高质量发展。

第一节　研究背景与概念界定

一、研究背景

（一）国际关系背景下的智能制造

2018 年开始的中美贸易摩擦，特朗普政府先以对工业机器人等智能制造相关产品征收惩罚性关税形式打压我国智能制造产业。虽然特朗普政府后续将科技战重点聚焦在华为、中兴通讯股份有限公司（简称中兴通讯）等信息通信企业，但也给我国智能制造产业敲响了警钟。我国智能制造产业只有将核心部件、核心软件的“卡脖子”技术掌握在自己手中，才能做到制造业高质量发展。

（二）双循环背景下的智能制造

双循环新发展格局的本质内涵是独立自主、高水平开放。从内循环看，作为全球制造业门类最齐全的国家，我国智能制造产业需要核心环节做到国产替代，打通产业链中的断点、堵点，着力打造智能制造产业的国内大循环。从外循环看，虽然全球范围内的全球化趋势在 2008 年金融危机后进入稳定期，全球贸易开放度不再有显著提高，但区域经济合作正成为新的趋势。我国智能制造产业需要把握当前全球供应链、产业链重新布局的趋势，积极探索不同形式的区域合作。

（三）新冠疫情背景下的智能制造

在新冠疫情影响下，智能制造无人化、高效化的优点保证了产业链、供应链稳定，增强了相应产业的产业链韧性，在抗疫阶段和产业链层面复工复产中起到了中流砥柱的作用。受新冠疫情影响，多数制造业企业已充分认识到了传统人力对产能和效率的束缚，只有逐步降低对人力的依赖，才能确保企业的生产和运作不会轻易受到新冠疫情等事故影响，从而避免断供产业链下游企业。因此制造业企业对机器人及自动化程度的重视程度进一步提升，相关产业的产业链对外部冲击的韧性逐步提高。

新冠疫情背景下，具备柔性化生产特质的智能制造让企业具备较强的生产韧性，加快了企业层面的复工复产。传统制造业企业普遍青睐单一种类产品的大规模生产，其产线“牵一发而动全身”，不能适应定制化、个性化、智能化需求。智能制造的一大特点是柔性化，具备柔性化生产特质的智能制造让企业可以在短期内重建一条个性化生产线，推动产品快速更新迭代。具有柔性生产能力的智能制造企业的生产计划重新安排、原材料库存调度、物流计划调整等应变能力远远高于传统制造业企业，面对外部冲击时具备较强的生产韧性。

（四）国内外智能制造生态进展

面对智慧化环境，企业的发展需要共生共荣的智能制造生态体系。智能制造生态体系的建立需软硬兼施，虚实并进。硬件技术包括感测装置、网络装置；软件方面则包括云端平台、大数据分析、人工智能等技术。因此，制造业导入云端平台，利用人工智能及大数据分析，结合工业互联网等技术，通过平台连接产业上中下游，以形成可快速定制化的制造生态体系，在下游端让用户参与产品设计研发、智能制造、物流配送等，在上游端则汇集多家企业提供制造资源，如此形成一个环环相扣，共生共荣的智能制造生态体系。为了实现智能制造生态体系，美国、日本、德国等进行了有益的探索，例如，美国为推动智能制造发起由政府主导的 AMP（Advanced Manufacturing Partnership，先进制造业合作伙伴）计划、先进制造技术联盟，同时民间企业也发起了工业物联网联盟。此外，一个称为智能型制造领导联盟的个体非营利机构组织，也发起倡议致力于制造业的未来。智能型制造领导联盟是一个非营利性组织，由制造业公司、供货商、技术公司、制造商集团、大学、政府机构和实验室组成。此联盟的目标是让这些制造业的利益相关者形成协同研发、协作和推广的团体，可以发展出相关的方法、标准、平台和共享的基础架构，促进智能化制造。德国 RAMI 4.0（reference architecture model industrie 4.0，工业 4.0 参考架构模型）以三维立方体呈现制造业的工序，引入 PDCA 循环①，包含品质、成本、交付、环境等制造现场改善活动中的要素。基本特征是智能制造单元（smart manufacturing unit，SMU），通过 SMU 组合，整体优化把握制造业的多样业务。日本工业价值链促进会（Industrial Value Chain Initiative，IVI）通过打造 IVI 平台，将基础设施、应用程序、设备、工具等多类组件链接，使这些组件的硬件及软件相互协同创造价值。工业价值链参考架构（Industrial Value Chain Reference Architecture，IVRA）自诩为具体、可实施的框架，是有潜力、可期待的标准，这与 IVI 平台体系密不可分，IVI 平台是 IVRA 的实现手段。IVI 平台首要目的是将产品制造企业的价值最大化。

二、概念的内涵及外延

（一）智能制造的内涵及外延

智能制造是一个广义的大概念，涉及制造业的数字化、网络化、智能化技术，贯穿制造业设计、生产、服务全价值链的每一个环节，以及相应系统的优化与集成[1]。智能制造主要包含数字化制造、“互联网+”制造和新一代智能制造三种主要技术范式[2]。

① PDCA 循环的含义是将质量管理分为四个阶段，即 plan（计划）、do（执行）、check（检查）和 act（处理）。

数字化制造的主要特征表现为：第一，数字技术在产品中得到普遍应用，形成“数字一代”创新产品。第二，大量采用 CAD/CAE/CAPP/CAM①等数字化设计、建模和仿真方法；大量采用数控机床等数字化装备；建立了信息化管理系统，采用 MRPⅡ/ERP/PDM②等，对制造过程各种信息与生产现场实时信息进行管理，提升各生产环节的效率和质量。第三，实现生产全部过程各环节的集成和优化运行，产生了以计算机集成制造系统为标志的解决方案。

“互联网+”制造主要特征表现为：第一，在产品方面，数字技术、网络技术得到普遍应用，产品实现网络连接。第二，在制造方面，实现横向集成、纵向集成和端到端集成，打通整个制造系统的数据流、信息流。企业能够通过设计和制造平台实现制造资源的全社会优化配置，开展与其他企业之间的业务流程协同、数据协同、模型协同，实现协同设计和协同制造。第三，在服务方面，企业与用户通过网络平台实现连接和交互，掌握用户的个性化需求，将产业链延伸到为用户提供产品健康保障等服务，企业生产开始从以产品为中心向以用户为中心转型，企业形态也逐步从生产型企业向生产服务型企业转型。

新一代智能制造主要是通过新一代人工智能技术赋予信息系统强大的智能，从而带来三个重大技术进步：一是从根本上提高制造系统建模的能力，极大提高处理制造系统复杂性、不确定性问题的能力，有效实现制造系统的优化；二是使信息系统拥有了学习认知能力，使制造知识的产生、利用、传承和积累效率均发生革命性变化，显著提升知识作为核心要素的边际生产力；三是形成人机混合增强智能，使人的智慧与机器智能的各自优势得以充分发挥并相互启发地增长，极大释放人类智慧的创新潜能，极大提升制造业的创新能力。

（二）生态体系的内涵及外延

创新生态系统将多个创新主体（如大学、研究机构、商业公司等）联系起来，为创新者协同追求价值创造有利环境[3]。目前，针对创新生态体系的研究主要聚焦其两大子体系，一是针对以市场供需主体为核心的商业生态体系，二是关注知识赋能的科研和支撑性机构与要素的知识生态体系[4]。

基于商业生态系统的供需主体层是创新生态体系的核心层。其主要目的在于实现商业价值，往往以大企业为核心，形成一个包含市场中供需双方主体的企业

---

① CAD（computer aided design）表示计算机辅助设计，CAE（computer aided engineering）表示计算机辅助工程，CAPP（computer aided process planning）表示计算机辅助工艺过程设计，CAM（computer aided manufacturing）表示计算机辅助制造。

② MRPⅡ（manufacturing resource planning）表示制造企业资源计划，ERP（enterprise resource planning）表示企业资源计划，PDM（product data management）表示产品数据管理。

共生系统[5]。

基于知识生态系统的赋能体系层，是以高校、科研机构[6]，以及其他支撑性机构（如专业人才培训机构、各类公共服务平台等）和要素（如技术标准体系等）为核心的知识赋能体系[7]。一方面，高校和科研机构对基础前沿性技术攻关，以技术创新为市场中的供需主体赋能；另一方面，各类辅助性机构和要素共同构成有利市场环境，赋能供需主体快速发展。

创新生态系统特别需要制度与治理，因为在创新生态系统运作中，需要供需主体层与赋能体系层协同发展[8]，亟须建立相应制度对创新生态体系进行治理[9]。本章引入制度主义的国家创新体系理论视角，在创新生态体系中加入治理体系层，突出政府在促进技术创新、解决市场失灵问题、建立有利于产业发展的制度环境等方面的重要作用。

（三）智能制造生态体系内涵

智能制造生态体系的构建需要集成国家创新体系、产业创新体系、创新生态系统和创新型政府等相关理论，构建一个基于"供需主体层+赋能体系层+治理体系层"的三层动态理论框架，既有机整合各层主体间的功能定位，也强调各类主体间的协同共生[10]。

智能制造生态体系（图 4-1），首先，从产业创新系统理论视角出发[11]，阐释智能制造装备和工业软件需求方和供给方之间的交易和合作等互动关系是推动智能制造技术发展与扩散的核心。其次，从创新生态系统理论视角出发[12]，将赋能供需主体快速发展的各类支撑性主体和要素作为智能制造生态体系的重要组成部分，旨在突出生态体系多元主体协同共生的特点。最后，从国家创新体系和创新型政府理论视角出发[13]，阐释产业政策在缓解新兴产业发展"市场失灵"问题中起到的重要作用，强调激励性和规制性政策组合为智能制造高质量发展创造了有利的制度环境，通过战略牵引、激励创新、监管治理等措施保障了智能制造生态体系的韧性。例如，以中国电子为核心的智能制造生态体系，旗下拥有 400 多家电子制造类企业，同时具备智能制造的供给能力和应用需求。中国电子坚持平台支撑、数据驱动、软件定义、智能提升的发展策略，整合内部智能制造资源，构建了以重大智能装备、数字车间/工厂、工业软件（MES①）、控制装备（PLC②）、核心零部件（MEMS③传感器）等为核心的供需主体层；打造了基于"PK"（飞

① MES 表示 manufacturing execution system，制造执行系统。

② PLC 表示 programmable logic controller，可编程逻辑控制器。

③ MEMS 表示 microelectro mechanical systems，微机电系统。

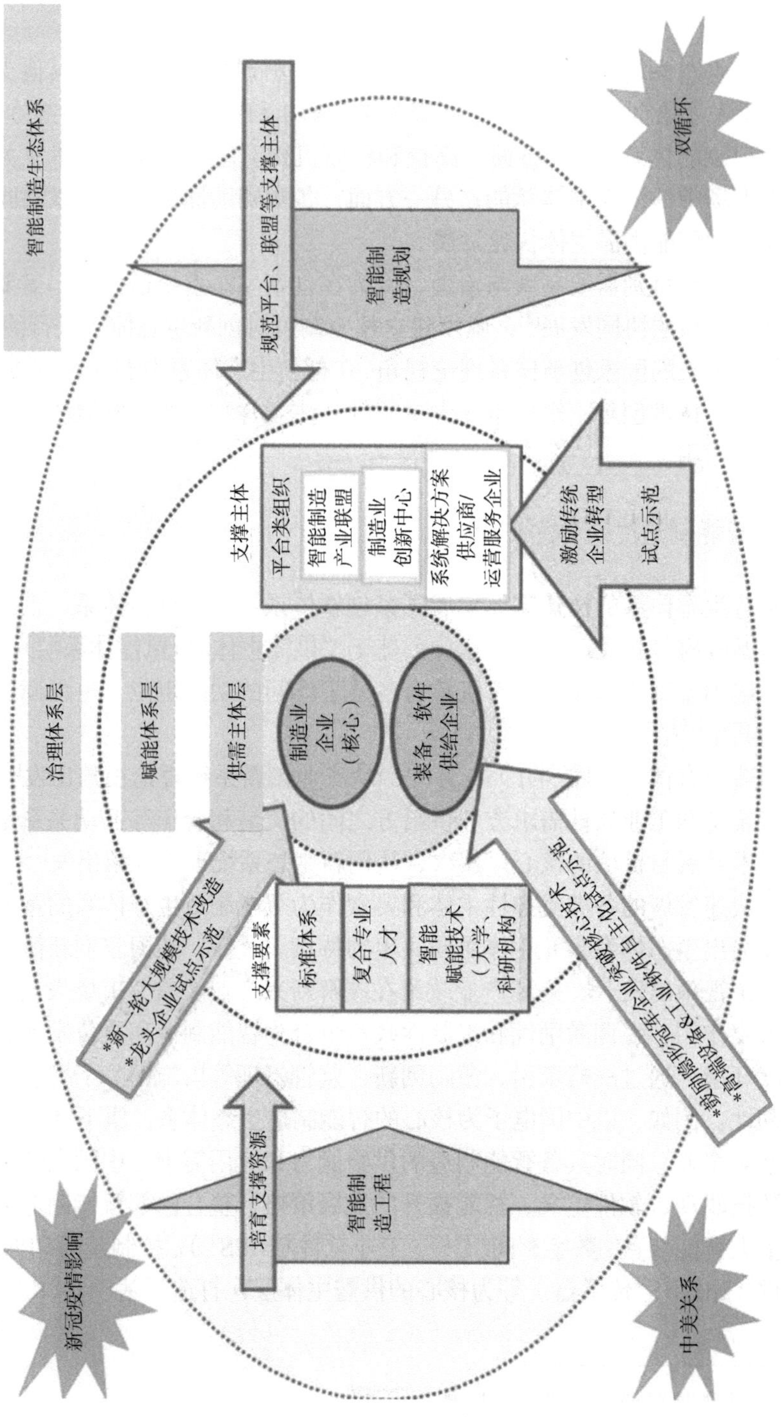

图4-1　智能制造生态体系概念框架

腾 CPU+麒麟 OS 操作系统①）架构的安全解决方案、工业网络与安全平台、智能工业云平台为主体的赋能层，实现输出中国电子智能制造整体解决方案，增加面向产业园区和中小企业的智能制造服务，构建智能制造生态体系[14]。

为进一步了解智能制造生态体系框架的内在逻辑与作用机理，本章分别对其供需主体层、赋能体系层以及治理体系层进行理论解析。

（四）智能制造生态体系的分层和要素

1. 供需主体层及要素

智能制造生态体系的核心是由智能制造技术应用企业和智能制造技术供给企业组成的供需主体层。智能制造技术应用企业可以分为两类：第一类是传统制造企业转型升级为智能制造企业；第二类是受益于智能制造装备和工业软件发展产生的一批专注于高精尖产品研制的新兴（产业）制造企业。满足应用需求是智能制造发展与扩散的核心动力源泉。智能制造技术供给企业包括装备制造企业、工业软件开发企业和其他相关供应链上游企业[15]。供给方直接参与技术创新与装备研发活动，是智能制造发展的重要支柱。

2. 赋能体系层及要素

智能制造生态体系的赋能体系层由支撑平台和支撑要素构成。随着技术复杂程度的增加，新兴产业的发展既需要外部环境的支持，也需要多主体之间的协调与配合[16]。支撑平台包括系统解决方案供应商为数字化基础较弱的制造企业提供转型升级解决方案，并为数字化网络化智能制造企业提供工业互联网运营服务；智能制造产业联盟及各类公共服务平台（如技术转化平台、知识产权交易平台、创新孵化平台、制造业创新中心等），促进智能制造技术转化和信息与资源共享。支撑要素包括与世界接轨的标准体系、复合型专业人才和以工业互联网为代表的智能赋能平台，它们是支持智能制造发展的基础要素。

3. 治理体系层及要素

新兴产业技术具有正外部性，但具有投入大、迭代快、风险高的特点，容易出现“市场失灵”导致新兴产业发展投资不足，对现代化的治理体系和能力提出了新的要求；我国作为后发追赶国家，难以单独依赖市场力量实现技术追赶，因此政府的引导和支持十分重要[17]。基于产业治理、创新型政府等相关理论并结合新兴产业特点，智能制造生态体系治理体系层主要包含五方面要素。

---

① CPU 表示 central processing unit，中央处理器；OS 表示 operating system，操作系统。

（1）政府把握产业升级机会的模式。面临颠覆式创新，大企业容易对现有技术轨迹产生依赖，忽视颠覆式创新带来的产业升级机会。小企业则更加灵活，且对新兴市场需求更为敏感，因此政府在关注大企业的同时，应加大对小企业的扶持，激发产业创新活力。

（2）政府组织架构体系。在产业治理体系中，如果政府缺乏专业性强的技术管理部门，那么将会导致其对技术方向缺乏前瞻判断能力。因此，政府应广泛招募专业领域人才，建立专业性强的技术管理部门，有效引导新兴产业技术发展。

（3）产业政策工具选择。选择性政策工具（如对成功企业进行补贴）容易形成“强者恒强，赢家通吃”的局面。政府应优先选择竞争性政策工具，加大市场竞争程度，提高企业运营效率，激发创新动力。

（4）新兴科技规划方法。科技计划和规划对企业引导力较弱，政府应与企业建立合作关系。基于世界知名科技企业的成功经验，政府可以通过投资引导产业技术发展。

（5）产业政策评估体系。以静态的价值创造和投资回报比为指标的政策评估体系，将极大地低估政策的带动作用。因此应建立以衡量溢出效应为主的政策评估体系，如关注政策在推动新兴技术扩散和吸引企业投资等方面的作用。

（五）智能制造生态体系的意义

我国智能制造高端装备部件和工业软件领域存在较严重的“卡脖子”问题。例如，工业机器人的头部厂商依然是库卡、发那科、ABB、安川等国外企业，占据全球大部分的市场份额，特别是高端市场。从机器人零部件看，上游的控制器、伺服电机、精密减速器等核心零配件的头部企业也来自国外。同时，我国智能制造工业软件领域“卡脖子”问题更为严重。

一方面，数学、物理等基础科学研究的“跟不上”问题是我国各产业领域的共性问题，当然智能制造也受“跟不上”问题困扰；另一方面，随着我国智能化不断发展，人工智能等部分新技术开始领跑世界，发展进入了“无人区”，前方没有发展经验可以借鉴。

智能制造生态体系建设是解决“卡脖子”“无人区”“跟不上”等智能制造领域核心问题的关键手段。解决以上问题不仅仅需要智能制造市场中的供给、需求主体企业的发展，还离不开智能制造产业联盟及各类公共服务平台、新型基础设施、复合型人才等赋能要素的支撑。同时，供需主体和赋能体系只有在完善的产业治理体系下，才能缓解新兴产业发展“市场失灵”问题。具体来看，解决“卡脖子”问题，主要依靠供需主体层中“专精特新”（专业化、精细化、特色化、新颖化）核心供给企业在专长领域的“精耕细作”，并通过赋能体系层转化给制造业应用企业，治理体系层则需要通过政策工具重点培育隐形冠军等核心技术供给企业。解决“无人区”问题，主要依靠供需主体层进行市场探索，并以赋能体系层来风险共担和提高创新试错，治理体系层则需要鼓励探索并完善无人区的治理体系。解决“跟不上”问题，需要三层协作探索发展基础科学研究。

综合来看，只有供需主体层、赋能体系层、治理体系层都发挥自己的作用，做到互联互动，才有可能解决“卡脖子”“无人区”“跟不上”问题，促进我国制造业高质量发展。

第二节　生态体系初步形成的现状与成就

一、供需主体现状和成就

（一）智能制造技术供给企业

智能装备制造企业发展迅速，企业集聚格局逐步显现。智能装备制造商主要包括：机器人与增材设备制造商、重大成套设备制造商、智能测控装备制造商、其他智能设备制造商、智能关键基础零部件制造商、智能制造相关服务提供商。截止到2018年，我国一批关键技术装备实现突破，包括高精密光纤激光切割机床等，工业机器人焊接自动化生产线整线应用打破国外长达30年的垄断并实现出口①，部分国产装备达到世界领先技术水平，有效支撑了我国智能制造企业装备的国产化。以国产机器人品牌艾利特为例，2018年9月，艾利特正式推出6轴3公斤、7轴3公斤的协作机器人，协作机器人产品线逐步得以完善。协作机器人的迅速发展极大程度地拓展了机器人的应用场景，移除了传统工业机器人工作时必要的防护措施，同时降低了机器人的使用技术门槛，对于机器人应用领域的拓展意义重大[18]。

工业软件开发企业种类较多，应用领域广泛。工业软件是指专用于或主要用于工业领域，为提高工业企业研发、制造、生产管理水平和工业管理性能而编写的软件。工业软件开发企业主要包括：产品研发企业、生产管理企业、生产控制企业、协同集成企业以及嵌入式工业企业。截止到2018年，我国实现多类工业软件技术突破，如推出全球首款增材制造开放式一体化控制软件，推动国内激光烧结设备自动控制技术达到国际先进水平①，缓解了我国在核心工业软件上的“卡脖

① 资料来源：中国工程院《中国智能制造发展战略研究》。

子”问题。以研发 CAD/CAM/CAE 等设计类工业软件的中望软件为例，中望软件凭借持续高研发投入，拥有国内领先的二维 CAD 平台技术和产品，逐步被中国宝武钢铁集团有限公司、国家电网有限公司等集团性大客户应用，打破了我国 2D CAD 软件领域由欧美主导的局面。同时，通过国际并购和研发创新，中望软件目前拥有 3D CAD 产品的几何建模引擎术，核心技术拥有自主知识产权，具备底层开发能力，产品核心模块不依赖于第三方供应商。2018 年，中望软件开始切入高端 CAE 仿真领域，并于 2019 年推出首款全波三维电磁仿真软件 ZWSim-EM，拟进一步研发逐步形成多物理场景进行仿真分析的自主 CAE 解决方案①。

智能制造技术供给企业工业基础较为薄弱，总体处于产业链低端，关键环节突破面临较多困难，如智能装备中部分关键零部件（减速机等）、工业设计软件（CAD/CAE 等）、MES 等均被国外垄断。造成这种现象的原因：一是，企业研发能力较弱，这类行业专业性特征显著，对企业管理、生产流程、工艺技术方面的要求较高，在关键技术被国外企业掌握、国内复合型专业人才不足的情况下，限制了企业的研发创新。二是，整体生态尚不健全，目前我国产业生态基础薄弱，工业操作系统、工业软件开发平台等重要工业基础软件严重缺失，导致运行于国产工业操作系统的工业控制应用软件几乎空白。此外，工业软件企业与制造企业对接融合不够紧密。三是，标准规范缺失，目前国内工业软件实时标准都由国外大型制造企业主导，我国在工业软件领域内标准规范缺失，且缺乏一定的话语权。

（二）智能制造技术应用企业

智能制造技术助力传统制造企业转型升级，大幅度提高产品质量和生产效率。智能制造可以显著缩短产品研制周期、降低运营成本、提高生产效率、改善产品质量并降低资源损耗。截止到 2018 年，我国建成一批国际先进的数字化车间和智能工厂，形成一批智能制造新模式。305 个试点示范项目生产效率平均提高近 30%，最高超过 3 倍，并复制推广 3200 多个项目，推动了企业生产方式转变、制造服务化转型②。如湖南梦洁家纺股份有限公司，在进行智能化改造后，通过电脑接单，根据生产工艺的要求，自动将剪裁好的半成品按照加工顺序输送到各个加工工序和每位工人最方便操作的位置上；产品制成后，机器将产品自动归类检测，随即将其送上自动传输带，最后进入智能仓库，根据订单发货。湖南梦洁家纺股份有限公司实施“互联网+CPSD”战略③，投资 3.5 亿元对生产基地进行智能化改造。

①《千亿市场的中国工业软件 本土企业潜力巨大》，http://www.chinanews.com/business/2020/06-30/9225417.shtml[2020-06-30]。

② 资料来源：中国工程院《中国智能制造发展战略研究》。

③ CPSD 中 C 是客户（customer）、P 是产品（product）、S 是服务（service）、D 是渠道（distribution）。

在家纺行业，湖南梦洁家纺股份有限公司建立第一个国家智能制造试点示范项目。根据生产工艺的要求，机器每 15 分钟就将一套完整的四件套成品制造出来，一天下来，日产量可达 1100 床，整个车间只有寥寥几名工人在简单操作和巡视，极大地提高了生产效率、节约了生产成本①。

智能制造技术催生出一批新兴产业制造企业，专注于高精尖产品创新。新兴（产业）制造企业是高端引领、创新驱动、绿色低碳产业发展模式的重要载体。在基础研究、关键核心技术领域取得突破进展的背景下，科技创新推动新兴（产业）制造企业发展贡献率不断提高。例如，2019 年 1 月，赫克航空装备智能制造生产线正式投产，首次在上海完成组装并交付了国产支线飞机重要部件，实现了上海航空大部件配套产业零的突破，标志着国内首条航空领域智能制造生产线的诞生，上海向高端制造业进军又迈出了坚实的一步。该生产线利用 MES 对所有设备进行管理和监控，通过自动识别、加工、检测和运输，实现 24 小时无人值守持续加工，并完美实现多品种、小批量、高精度的航空零件的柔性智能化生产，被工业和信息化部评为航空航天复杂零部件智能制造试点示范项目②。

智能制造技术应用企业改革意识不足，技术支撑不够。一方面，传统制造业企业虽然都支持智能制造改革，但多数不清楚企业本身具体需要改造的环节；由于改造的时间长和预算成本高等，大多数企业未能将智能制造提升至战略层面。另一方面，新兴（产业）制造企业的发展需要建立在大量数据累积和底层设施建设完全的基础上，网络化技术的普及、数据的采集和整合都需要较长时间，我国仍然需要经过长时间积累[19]。

（三）供需主体集聚

智能制造产业园区各具特色，成为中国智能制造产业的重要承载地和孵化器。为推动智能制造产业快速发展，各地打造了大量智能制造产业园区，孕育了一大批智能制造企业，主要涉及大数据、综合园区、新材料、机器人、人工智能、云计算、汽车智能制造、3D 打印、无人机、高端装备制造、高端数控机床等行业。例如，北京的金隅智造工场园区规划发展为集智能机器人、3D 打印、新一代信息技术、航空航天装备研发等综合性智能制造园区；湖南长沙经济开发区重点围绕先进装备制造、汽车及零部件两大主导产业建立产业园区；合肥市打造了合肥机器人产业园、南艳湖机器人小镇、肥东机器人小镇三个园区，在大数据、新材料

① 《【智能制造看长沙】“智造”让传统企业焕发新活力》，http://hunan.voc.com.cn/article/201802/201802260953056097.html[2018-02-26]。

② 《【动态】国内首条航空领域智能制造生产线落户浦东》，https://www.sohu.com/a/301159130_778042[2023-05-02]。

等智能制造领域也建立了专业的园区[20]。

二、赋能体系现状和成就

（一）系统解决方案供应商

系统集成企业数量较多，企业规模、资质等差别较大。系统集成企业采用功能集成、网络集成、软件界面集成等多种集成技术，根据用户需求，优化各种技术和产品，将各个分离的子系统连接成为一个完整、可靠、经济和有效的整体，并使之能彼此协调工作，发挥整体效益，以达到整体性能最优。截至 2017 年底，中国具有系统集成资质的企业超过 7136 家，其中，一级资质企业，占比为 4.35%；二级资质企业占比为 13.87%；拥有三、四级资质企业占比为 81.78%。行业内大型的企业主要有神州数码系统集成服务有限公司、华为技术服务有限公司等上市公司，均具有一级资质，规模大，项目经验丰富，处于行业主导地位；但系统集成行业内以资质较低的三级、四级系统集成商为主，以中小企业为主，行业竞争较为激烈[21]。

工业软件集成企业数量较少、规模较小，市场集中度较低。软件集成是指将完成某项工作的一组相关的应用程序组织起来在一个统一的操作环境下以综合一致和整体连贯的形态来进行工作。以 MES 为例，中国 MES 市场的集中度还非常低，专业从事 MES 实施服务的公司很少，一些国外主流 MES 厂商的实施服务合作伙伴也不多，规模不算很大。绝大多数 MES 厂商都或多或少有一些自己开发的 MES 软件功能，跟随客户的需求，摸石头过河，而不是站在巨人的肩膀上，从事咨询与实施服务，进行客户化开发。不同背景的 MES 厂商强项各不相同，大部分厂商的 MES 软件功能只是 MES 标准定义的子集①。

系统解决方案供应商仍面临信息不对称、资源不共享等问题。信息不对称不仅是指卖家和消费者间的不对称，更多的是生产环节和业务环节间的信息不对称，供给侧的信息不对称等。在很多企业内部，因为系统隔阂而出现数据不完整、运营不可视、价值有限的现状比比皆是，这将直接影响协同的效率和公司的发展。此外，传统的供应模式是先生产再销售，是“以产定销”，无法大规模生产个性化产品。因此，智能制造业的发展必须借助外部力量，最大化地发挥资源的统筹整合能力，实现资源共享、协同发展。

①《浅析 MES 中国市场发展现状》，https://www.sohu.com/a/126637829_417608[2017-02-19]。

（二）公共服务平台

地方公共信息平台蓬勃发展，促进区域制造业企业转型升级。

该类平台主要由地方政府建立，关注供需主体的信息共享服务。例如，苏州市已建立苏州市智能制造公共服务平台，该平台主要立足苏州，整合各方资源，面向制造业企业、智能制造软件、智能装备、金融、高校等各类别服务商及政府部门，为区域制造业企业转型升级提供全方位、一体化、定制化的综合服务平台。用户可以通过网页搜索、在线咨询等方式，获得在线搜索、消息推送和数据化分析等服务，用户能够精准、快捷地找到所需的企业和服务商信息、产品动态、案例情况，以及最新的政策和活动讯息。苏州市智能制造公共服务平台所提供的服务主要分为线上和线下两种：线上服务主要为服务商筛选、需求发布与对接、工业互联网服务、政策智能推送；线下服务主要为智能制造诊断服务、两化融合咨询服务、智能制造成熟度评级服务、专业解决方案对接服务、政策服务、专业活动。平台通过线上和线下服务相结合，帮助制造业企业更好地寻求转型升级之路，更精准获取智能制造服务，最终形成区域示范性，有效带动区域升级。

科技成果转化平台支撑智能制造企业成果转化，推动智能制造技术扩散。要实现创新发展，就需要科技成果源源不断地在本地转化。充分发挥科技成果转化平台的作用，加快破除制约科技成果转化的种种关隘，促进创新链、产业链和市场需求有机衔接，加速从无到有的技术突破，进而实现从有到优的产业化应用，打造出一条高效的科技成果转化之路。例如，沈阳市依托中国科学院沈阳国家技术转移中心科技成果转化基地，建设 N 个工程技术中心，实施 M 个产业化项目，打造“$1+N+M$”模式的新型研发机构。转化基地实行企业化运营，为引进项目提供研发条件，以实现科技成果转化为导向建设工程技术中心，以市场需求为导向衔接前端应用研究与后端规模化生产，解决科技成果产业化难题[22]。

知识产权交易平台促进知识转化为现实生产力，推进实施创新驱动发展。知识产权交易在经济发展的过程中已经起到了越来越重要的作用，知识产权交易平台为拥有知识产权的个人或企业与需要知识产权的个人或企业提供一个交易平台，实现知识产权的价值转化。例如，由国家知识产权局牵头，会同财政部共同发起建立了国家知识产权运营公共服务平台，为专利转移转化、收购托管、交易流转、质押融资、专利导航等提供平台支撑，提高专利运用效益。国家知识产权运营公共服务平台以充分实现知识产权的市场价值为指引，积极创新知识产权运营模式服务产品；以释放知识产权大数据为基础，依托互联网整合知识产权信息资源、创新资源和服务资源，建立以知识产权为重要内容的创新驱动评价体系，逐渐健全知识产权服务诚信信息管理及信用评价制度；充分发挥重点产业知识产权运营基金作用，支持骨干企业、高校、科研院所协同创新、联合研发，强化创新成果转化运用，加强高技术含量知识产权转移转化。

建立健全孵化体系，推动企业成长生态升级。孵化平台为科技型中小企业提供物理空间、基础设施以及一系列的服务支持，对于加快培育出具有引领和支撑能力的高成长科技企业有着积极意义。整体来看目前全国创业孵化载体依然在稳步发展，截至 2019 年，数量达到 13 209 家；其中，国家备案的创业孵化载体为 3065 家，国家备案的专业化众创空间为 73 家。从孵化器的区域分布情况上来看，2019 年，孵化器数量最多的前 5 个地区分别为广东、江苏、浙江、山东和河北，总数量占比超过 54%。其中，广东的孵化器数量 1013 家，位居全国第一；其次为江苏，孵化器数量也达 832 家。此外，2019 年创业孵化载体在运营收入、服务人员以及知识产权发明方面都取得了长足的进步。其中，1.3 万多家创业孵化载体在运营数据方面收入达 653.6 亿元，服务人员包括 16.8 万人。投融资方面也取得了成绩，通过创业孵化载体企业和团队获得的投融资金额为 1418 亿元。在知识产权方面，拥有有效知识产权为 90.6 万件，发明专利达 16 万件。创业孵化载体也在持续孕育初创企业。2019 年累计毕业企业 16.1 万个，其中上市挂牌企业为 4481 家，创业板上市企业达 118 家[23]。

聚集产业创新资源，打造以创新中心为核心节点的制造业创新网络。创新中心在破除技术、组织、商业、资本之间的分割与壁垒，推动机制创新、模式创新和管理创新，解决制造业创新链和供应链的薄弱环节及共性难题，促进技术成果转移扩散和首次商业化起到重要作用。以北京市为例，北京市聚焦新一代信息技术、智能制造、新能源+智能网联汽车等 10 个高精尖产业布局，遴选具有较大影响力和号召力的龙头型、平台型企业发起组建市级制造业创新中心，梯度培育升级为国家制造业创新中心。通过持续加强政策引导、完善创新体系、优化创新环境，推进创新链、产业链、资金链、政策链深度融合，北京市制造业创新中心建设进展明显。截至 2020 年 5 月，北京市建成了 3 家国家制造业创新中心，认定北京石墨烯产业创新中心、北京医疗机器人产业创新中心等 15 家省级制造业创新中心。再以江苏为例，江苏按照行业推进、自主自愿、滚动培育、允许纠错、成熟一家试点一家的原则，布局建设了三批共 9 家省级制造业创新中心，其中 2 家升级成为国家制造业创新中心。江苏省制造业创新中心均采用了“公司+联盟”的模式运行，明晰了市场化运作机制，均建有理事会和专家技术委员会，建设和完善了公司运行的内部管理机制，保障了创新中心市场化运作[24]。

公共服务平台资源分散、政策扶持不够，市场化程度不足。公共服务平台在一定程度上改善了企业的发展环境，促进了社会资源优化配置和专业化分工协作，推动关键技术的转移与应用。但是，公共服务平台的建设也存在问题：一是，各类公共服务平台建设涉及多个部门，受体制隶属、条块分割制约，存在职能交叉、重复投资、各自为政、资源分散问题，资源利用率较低；二是，各级政府对公共平台政策扶持不够，公共财政资金引导激励作用不大；三是，现有公共服务平台多是政府部门或政企合作建立，完全市场化运作的服务平台刚刚起步，尚未发展完善。

（三）其他支撑要素

基础设施建设不断完善，智能化配套设施逐渐健全。5G 技术定义的三大场景不但覆盖了高带宽、低延时等传统应用场景，而且能满足工业环境下的设备互联和远程交互应用需求，这种广域网全覆盖的特点为企业构建统一的无线网络提供了可能。5G 技术已成为新一代智能制造系统的关键使能技术，它对智能制造的赋能，能够帮助制造企业摆脱以往无线网络技术较为混乱的应用状态，对推动工业互联网实施以及智能制造转型的实现有积极意义[25]。

专业性人才数量逐年提升。截至 2018 年底，中国智能制造中高端人才占整个制造业中高端人才的 35.89%，与 2016 年的 31.41%、2017 年的 33.34%相比，智能制造人才在制造业人才中的占比呈逐年增长态势。智能制造工程技术人员分布在机械与自动化、国防与交通运输设备制造、信息技术、新材料制造、新兴医疗制造和能源与环保这六大类行业。专业性人才对智能制造业的发展起着重要作用[26]。

标准化工作力度进一步加强。工业和信息化部加大标准化工作力度，先后建设了 191 个标准试验验证平台，发布了 267 项国家标准，船舶、纺织等细分行业智能制造标准体系相继建立，积极参加 ISO、IEC 等国际标准化组织的工作，牵头发布无线通信技术 WIA-FA 标准等 28 项国际标准，智能制造标准体系逐步完善①。

三、治理体系现状和成就

一是在推进智能制造过程中，政府建立治理体系在积极引导智能产业发展，规范市场行为维护产业环境等方面都发挥了关键的作用，也带动相关产业增长提速。2015 年之后，为了配合高质量发展的要求，政府开始推出智能制造产业的一

①《辛国斌出席国家智能制造标准化总体组、专家咨询组全体会议暨〈国家智能制造标准体系建设指南（2021 版）〉发布会》，https://www.miit.gov.cn/jgsj/zbys/znzz/art/2021/art_5211f5a03e364ad2aa23cb2858124cd7.html[2021-12-03]。

系列政策。为了透视政府在智能产业领域的治理体系，我们梳理了过去十年（2012~2022 年）的制造业政策，发现政府制定智能产业发展规划，为市场趋势和企业提供研究和投资方向，引领技术发展。例如，在人工智能领域，2017 年国务院发布《新一代人工智能发展规划》；随后，工业和信息化部印发《促进新一代人工智能产业发展三年行动计划（2018—2020 年）》的通知，安徽出台了《安徽省新一代人工智能产业发展规划（2018—2030 年）》等政策文件；科学的产业发展规划为各级政府提供施政的总体要求和参考范本，也为投资者和企业提供指引和信心。我们通过对国内高端制造行业政策的梳理发现，技术研发在政策中始终处于核心地位。

二是以选择性政策为主导助推智能制造，补贴企业鼓励智造升级并创立试点多个国家智能制造示范区。我们通过对国内高端制造行业的产业政策梳理发现，行业金融的重要性逐年提升，选择性的政府补贴占据主流。例如，浙江对购买机器人的企业进行补贴，江苏则是给予示范企业补贴等。另外，《世界智能制造中心发展趋势报告（2019）》中指出截至 2019 年 6 月中国为了推动智能制造发展，国家层面批准国家级智能制造类试点项目共 816 个，地方层面则兴建了一批智能制造类产业园区共 537 家，这些项目和园区承载了中国智能制造产业的发展，也成为城市智能制造产业发展的晴雨表。在政府的一系列积极举措下，中国智能制造产业带初步形成。

三是以促进新技术、新兴市场的出现为目标评价政策实际的作用。以往的政策评估体系简单地把静态价值或经济产出等作为衡量目标，然而充满不确定性的世界市场环境中，我国政府科学规划并敢于抓住机遇，从长远出发，把基础核心技术研发，促进创新和新兴市场出现等作为目标。为提高总体知识水平，着眼智能产业未来释放巨大潜力创造基础。

四是以服务为导向，打造公共服务平台等加速市场信息流动，创造合作共赢的产业生态环境。为了保障智能制造行业良性发展，政府建立以协会促交流，以联盟促合作，以平台促交易的市场信息治理体系。以此三大抓手打破信息壁垒，加快知识交流、共享及合作，切实促进创新和智能产业市场繁荣发展。例如，中国人工智能产业发展联盟、广东人工智能产业协会等不仅明确了行业内部技术使用规范和门槛，而且为今后中国制造走出国门设立标准。

我国智能制造业发展速度快，市场潜力大，但中国智能制造行业还处于孕育阶段。

四、区域生态体系现状和成就

以区域性产业集群为特点的四大区域型智能制造生态体系初步形成。我国智能制造产业市场潜力大，各地争相抢占智能制造高地，截至2019年，我国智能制造形成了四大区域型生态体系，分别位于：环渤海经济区、长三角地区、珠三角地区、中西部地区，四大区域型智能制造生态体系各具特色。环渤海经济区依托地区资源与人力资源优势，以北京地区为核心在工业互联网及智能制造服务等软件领域优势突出；长三角地区以江苏、上海、浙江为代表培育一批优势突出、特色鲜明的智能制造装备产业集群；珠三角地区以广州、深圳为核心围绕机器人及智能制造装备产业建设核心区；中西部地区落后于东部地区，依托高校及科研院所优势，以先进激光产业为智能制造发展的“新亮点”，发展出了技术领先、特色突出的先进激光产业[27]。

选取珠三角地区的核心城市广州为例，广州智能制造装备产业持续发展壮大，形成了具有竞争优势和带动作用的产业集群，智能制造生态体系初步建立。

在供需主体层，全市智能制造装备规模以上企业超过1600家，并培育出广州数控设备有限公司、广州禾信仪器股份有限公司、广州市昊志机电股份有限公司、广州达意隆包装机械股份有限公司、广州中望龙腾软件股份有限公司、广州广电研究院有限公司等一批智能制造装备和软件行业领军企业。

在赋能体系层，一是建立孵化平台，截至2019年已建成智能制造装备领域孵化器13个、面积近23.48万平方米，在孵化企业585家，累计毕业328家，其中国家级孵化器6家。二是建设技术服务平台，建设了国家机器人检测与评定中心（广州），组建人工智能与数字经济省实验室，拥有广东省自动化研究所、清华大学珠三角研究院、巨轮研究院、中以机器人研究院等一批重点创新平台。三是搭建投融资平台，设立广州工业互联网基金、物联网5G基金、25亿元规模创新工场智能投资基金，安排2.4亿元补贴企业融资，1000余家企业与金融机构实现精准对接，全市累计新增再担保业务规模17.57亿元。

在治理体系层，广州陆续出台了一系列政策文件，如《广州市人民政府办公厅关于推动工业机器人及智能装备产业发展的实施意见》《广州市协同构建粤港澳大湾区具有国际竞争力的现代产业体系行动计划》，以及加快IAB［新一代信息技术（information technology）、人工智能（artificial intelligence）、生物制药（biopharmaceutical）］产业发展、价值创新园区建设、降低制造业成本等重大产业政策和规划方案，从企业发展、园区建设、创新生态、成果应用、项目投资、用地保障等方面谋划智能制造装备产业集群主要发展目标、发展任务和支持措施等，打造全过程、全链条的产业创新生态系统。

第三节　智能制造生态体系的着力点分析

一、供需主体着力点分析

（一）智能制造技术供给企业

优化稳定产业链供应链。强化和培育更多具有全球优势的产业链、供应链。对目前已具备优势的产业链，包括 5G、高铁、电力、冶金、建材、机械、造船、家电、轻纺等，应实施产业基础再造和技术提升工程，以加强和巩固国际领先地位。对于其中的堵点和断点，如芯片、光刻机、系统操作软件、特种材料、关键元器件等，应由政府部门或行业协会牵头，组织相关企业、大学和科研机构，形成一批紧密合作的产业联盟，集中力量协同攻关，力求尽快突破，以巩固我国在全球市场不可撼动的地位。对于目前尚未形成优势的高技术产业链，如战略性新兴产业方面的产业链，需抓紧布局。人工智能、云计算、工业互联网、物联网、生物技术、航空航天、新能源、新材料、先进制造等方面的技术，需要进一步加大研发投入力度，特别是对有可能引发第四次工业革命的科学技术，如核聚变、量子技术、生命科学、智能制造等，要加大基础研究和应用研究投入经费与强度，力求突破创新，抢占全球制高点，争取引领新一轮科技革命和工业革命。

发展“专精特新”中小企业。培育扶持“专精特新”中小企业发展，要“以专为基”，突出专业专长的优势，在某一行业或细分领域内精耕细作，不断提升企业的核心竞争力。通过“专而精”的方式，楔入到大企业产业链条中，成为大企业不可或缺的重要环节，成为大企业产品配套的长久客户或弥补大企业产品的空白；通过“专而特”的方式，进入到大企业不愿进入或没有进入的市场领域，以独特的差异化产品占领特定的细分市场，占有特定的消费群体；通过“专而新”的方式，运用适应时代发展要求的新材料、新技术、新工艺、新模式、新产品和新服务手段巩固拓展客户群体，不断开拓新的市场领域，引领消费提档升级。

推进核心技术的研发与应用。加快基础性核心技术的投入与研发，尽快在基础性、关键性核心技术上掌握话语权和主动权。中国互联网基础建设与商业市场的发展虽然已经领跑全球，电子信息行业的工业制造能力也在全球都处于领先的位置，但不能仅仅依靠商业模式的创新和工业规模化的制造能力建设网络信息强国。任何信息终端设备和应用软件都建立在信息领域硬件“核心技术”基础上，如果它们受制于人，那么由此构成的信息系统就像沙滩上的建筑，在遭到攻击时顷刻间便会土崩瓦解。因此，在一些基础的核心技术领域，应由国家主导，拉动市场化的各方力量参与，推动核心技术在研发上的突破。

加快建立国产操作系统应用生态。芯片和操作系统是信息技术领域最核心的两个方面，在过去几年里，国家投入大量的资源以支持自主芯片的发展，飞腾、龙芯、申威等高性能通用芯片的发展成果显著，计算性能达到国际一流水平。展讯、麒麟等基带芯片也逼近国际先进水平。但相比芯片，国产操作系统由于应用生态的缺陷，商业化进程比较缓慢。在自主研发的操作系统领域，生态体系建设是发展的主要瓶颈。除了专用信息设备外，服务器、桌面计算机、移动智能终端是操作系统比较广泛的适用领域，传统意义上的国产操作系统主要针对服务器与桌面计算机，基本上都是基于 Linux 进行二次开发。实际上，国产服务器操作系统已经完全具备替换能力，而且已经实现规模化应用，桌面计算机国产操作系统的技术性能也已经完全具备替换水平，如麒麟操作系统、深度操作系统在使用体验上都达到较高水准。虽然技术已达较高水平，但应用建设仍欠缺。究其原因，是在全球范围内桌面计算机 Linux 系统的用户基数少，应用软件厂商就不愿投入资源开发 Linux 版本，打印机和扫描仪等一系列外设厂商也不愿开发基于 Linux 操作系统的驱动程序。这就导致 Linux 系统的应用生态并未建立起来，没有应用生态用户就不会用，越不愿意用，用户就会越来越少，形成了恶性循环。因此，应加快利用技术性突破将安全自主可控的操作系统内核兼容成熟应用生态。只有实现该目标，才能形成操作系统层面的“弯道超车”，在技术上摆脱国外厂商的压制，走出一条符合中国国情的操作系统之路①。

（二）智能制造技术应用企业

推进制造业企业智能化试点示范，加快创新扩散。加快推进企业技术改造，开展智能制造试点示范及推广应用工作，建立政府主导、龙头企业带动的推进机制，加快企业数字化生产线、数字化车间、智能化工厂建设，推动新旧动能转化，形成行业龙头企业智能制造经验和模式，在节能与新能源汽车、高档数控机床与机器人、现代化工等重点产业领域进行推广复制；运用互联网、物联网、大数据、云计算、人工智能等新一代信息技术改造提升传统制造业。

以龙头企业智能化为引领，带动产业转型升级。越是小微企业占比高的区域，越要重视发挥龙头企业在创新驱动、经济转型中的示范引领和带动作用。要打破

① 《技德终端张耀斌：完善生态成国产操作系统“弯道超车”路径》，https://www.sohu.com/a/229448269_634549 [2018-04-25]。

传统路径依赖、加快实现新旧动能转换，必须抓住龙头企业这个“关键少数”。要支持龙头企业做大做强，切实发挥龙头企业引领作用，突出重大项目示范带动作用，推动产业集群发展，形成领军企业龙头带动、中小微企业“专精特尖”的生动局面，努力使民营经济迸发新活力。要把智能制造作为制造业转型升级的主攻方向，主动顺应产业变革的新趋势，注重用新技术、新业态、新模式改造提升传统产业，努力打造制造业竞争新优势。

依托智能化，为小微企业数字化转型注入“新动能”。不同企业间实力与技术基础设施等条件的差异，使有些企业在智能化道路上已经走了很远，而有些企业则只能望洋兴叹，甚至对于大多数小微企业而言，尚未享受到大数据、云计算带来的技术红利与时代红利。因此，应开发小微企业智能化助手，帮助小微企业通过对业务过程主要环节的控制与管理，提升管理水平，提高企业效益，为企业带来更多管理价值，为小微企业数字化转型提供更先进和优质的帮助。例如，畅捷通信息技术股份有限公司提供了多款云产品，加速助力小微企业向数字化转型，其中 T+Cloud（是畅捷通信息技术股份有限公司 ERP 系统 T+的云端升级版）实现了“人、财、货、客”一体化企业管理特性，帮助小微企业构建新型生意社交网络和营销关系，成为智能商业范式下的智公司。此外，T+Cloud 还提供营销服务、数据服务和金融服务，帮助企业做生意和管生意，提升企业业务经营能力。数据服务基于 T+Cloud 的数据中台，融入企业业务经营和管理的各个环节场景中，如营销类的批发管理等；金融服务更是全新的服务，将金融服务直接嵌入到 T+Cloud 中如畅捷贷，或直接在 T+Cloud 中对接包括银行在内的金融机构，以提供适合小微企业的金融服务。

加快产业链、创新链、资金链“三链”融合，助推制造业企业高质量发展。促进创新链、产业链、资金链“三链”融合，通过产业、技术和资金精准对接、联动发展，引导各类创新资源向产业、企业集聚，为企业科技创新搭桥助力，推进产业技术升级。推进“三链”融合工作，要牢牢把握产业“三链”融合的本质要求，围绕产业链布局创新链，大力组织产业关键技术攻关，持续加大研发投入，积极推进与大院大所合作，制定实施产业“创新链链长”制度，激发市场主体创新活力。要围绕创新链布局产业链，以科技创新带动产业创新，超前布局未来产业，大力发展新产业、新业态、新模式，积极推进科技成果转移转化，提升创新创业水平向更高层次发展。要围绕创新链建设资金链，发挥政府对科技金融引导作用，用好科技成果转化引导基金，扩大科技金融有效供给，积极推进建立多层次资本市场。要着力打造“三链”融合平台，鼓励以企业为主体建立研发平台，以园区为主体建设创新平台，以众创共建为主体建立创新创业平台，搭建创新人才公共服务平台，谋划建立金融服务平台。要不断增强“三链”融合工作合力，加强部门统筹和政策协调，积极先行先试，加大对推进“三链”融合的引导和支持力度，推动“三链”融合工作迈向新水平、新阶段。

二、赋能体系着力点分析

（一）系统解决方案供应商

1. 以知识重组为核心，加快系统解决方案供应商专业化发展

智能制造系统解决方案涉及咨询规划、方案设计、项目实施、交付、运维等各阶段。咨询规划是供应商通过对企业的总体战略以及业务和管理现状的了解分析，并结合先进的信息技术与制造技术，为企业规划和建设适合企业自身发展的智能制造体系的咨询服务；方案设计是供应商依据企业智能制造咨询规划或关键能力建设需求，进行智能制造系统整体架构设计、软硬件技术规格和功能以及具体实施计划定义，最终形成经过会签的功能和造价约束的过程，可以为项目实施提供依据；项目实施是在完成项目建设咨询规划和方案设计的基础上，依据设计规划方案拟定建设或改造范围、明确项目实施计划、严格把控项目实施节点和实施效果；交付是智能制造解决方案供应商在项目或系统成功上线后，按照严格规范流程将项目交付物移交给客户的过程，也是打通项目实施阶段和运维阶段数据隔阂的关键环节；运维是企业维护团队或供应商对交付后的项目或系统开展运行维护的过程，也是保障系统正常有效运行的重要手段。系统解决方案供应商将这些环节进行整合，为企业提供整体的、专业化的解决方案。

2. 发挥系统解决方案供应商内部化优势，促进默会知识外部化

系统解决方案供应商作为市场内赋能主体，能够将外部市场交易转变为内部市场交易，解决企业内部资源配置效率与外部市场的矛盾。内部化交易会使交易成本达到最小化，买卖双方对产品质量与定价都有准确的认识，信息、知识和技术也可得到充分的利用，从而减少贸易风险，实现利润最大化。此外，相比市场外部赋能主体，系统解决方案供应商对于市场内默会知识更为了解，将默会知识外部化，为企业提供更好的解决方案。

3. 形成以系统解决方案供应商为知识中介的产业格局

制造企业缺少了解从事本行业解决方案供应商的手段和渠道，解决方案供应商也需要及时、准确、动态地掌握行业发展的共性问题以及企业转型的实际需求。通过搭建对接供需双方的公共服务平台，有效解决信息不对称、需求差异化的问

题，最终实现 100%覆盖。

4. 加强系统解决方案供应商行业应用，提升细分行业覆盖度

未来解决方案向行业和专业领域纵深发展，需进一步加强产业研究。一方面，智能制造系统解决方案越来越呈现行业的特点，如汽车、石化等领域，已形成具有行业特色的差异化解决方案；另一方面是专业模块的细分，这就包括研发模块、生产模块、物流模块，尤其是智能服务模块，将会大放异彩。随着企业对于智能产品的巨大需求，类似车联网、智能家居的蓬勃发展，大量基于场景应用的功能模块会越来越丰富。未来，这些基于场景应用的模块都将大量解耦，以微服务的方式对外提供咨询。依据以上的需求属性和自身发展要求，供应商须进一步深耕市场，并且需要洞悉行业和专业领域特点，才能赢得市场认可。

5. 强化协同合作，打造共赢生态链

从生态建设上看，智能制造发展具有复杂性、系统性，涉及设计、生产、物流、销售、服务等全生命周期，需要实现横向集成、纵向集成和端到端集成。单个供应商很难充分满足细分行业的智能制造发展需要，未来，企业间、行业间将不断加强深度的协同合作：一是业内有越来越多的企业在聚焦主业，以内生增长为基石的同时，也通过资本并购等方式拓展业务范围，以强化智能制造系统解决方案的供给能力。二是当前在机械、医药、电子等领域形成了多个稳定合作的联合体，智能制造的供给体系已初步形成，未来随着各类主体逐步形成长效的跨界合作机制，协同创新、协同应用，将进一步促进制造业企业的智能化改革。三是“工业互联网平台+工业 APP”①正在成为一种全新的智能制造协同模式，构建基于平台化的解决方案服务体系，围绕场景应用，打造优势互补的共赢生态链。

（二）公共服务平台

1. 发挥公共服务平台外部性效益，降低企业间交易成本

不同制造业企业间存在较大差异，传统发展模式下无法进行直接的连通和交互，这使传统制造业信息化难度大、效率提升有限、交易成本较高。公共服务平台使信息传播速度大大加快、交易成本大大降低，有效促进了经济效益提升。

2. 突出公共服务平台对接功能，解决企业信息不对称问题

传统制造业的生产方式是由研发生产端到需求端，无法大规模生产个性化的产

① APP 是指 application，应用程序。

品，而公共服务平台使企业与客户间的低成本交流成为现实，制造业已实现由需求端到研发生产端的拉动式生产，通过大规模的定制化生产来满足不同顾客个性化需求。以青岛红领集团有限公司为例，这家服装制造厂商自主研发西装个性化定制系统，由客户自行选择面料、工艺、价位等，再通过获取客户的身体数据形成相应的客户专属版型。这些个性化信息被分解至各个生产工序，被流水线终端读取加以实现，七天之内便可交付成货。与其他成衣制造业相比，青岛红领集团有限公司以工业信息化的流程实现了个性化生产，同时省去了渠道、商场等中间流通环节，成功打造了 C2M（customer-to-manufacturer，顾客对工厂）商业模式。

3. 完善公共服务平台服务功能，实现精准供需对接

在这个层面，公共服务平台的主要作用将凸显：一是提供对接平台，进一步整合资源，打通线上与线下需求，实现供需双方的对接，如通过组织有行业和专业特色的展会、推介会、对接会，推动供方与相关区域和行业用户企业进行对接；二是深化产业对接，主动对接用户需求，组建供应商诊断专家库，围绕用户在推进智能制造过程中的瓶颈和难点，分工协作为企业提供全方位的现场指导、量身定制的实施建议；三是推广智能制造技术与案例，编制智能制造系统解决方案案例集，向社会推广优秀解决方案；四是积极推广网络平台，围绕区域、行业形成智能制造装备、工业软件、网络、集成、咨询规划等解决方案和服务的产业地图，并为用户提供需求与服务发布、产品案例分享等多种服务，全方位、精准化地实现供需双方对接。

4. 健全平台评价体系，探索平台运营模式

从评价方式角度，构建多样化评价指标，定性指标与定量指标相结合，提高评价指标针对性，将评价指标分类设计，按行业进行区分。从评价过程角度，制定统一的行业标准，规范评价全过程。从评价机构看，合理建设专家库，解决专家基数不够、地域分布不均、行业覆盖不全等“量”的问题，以及专家水平参差不齐等“质”的问题。

（三）其他支撑要素

1. 筛选专用资产，支撑企业智能化发展

智能制造虽然前景广阔，但门槛不低、投入不少，企业存在现实顾虑：一是实施智能制造一次性投入较大，企业既担心投入风险，又怕丧失市场机会；二是智能制造需要持续的定制和升级，而供需双方缺乏深度合作的信任基础；三是不同企业有着不同的金融需求，却没有与之匹配的多元化金融服务。为智能制造提

供全流程专用资金支持，已经成为金融机构有效服务实体经济的重要突破口。以浙商银行股份有限公司（简称浙商银行）为例，浙商银行针对金石机器人常州股份有限公司存在的融资难问题，实施单个订单封闭管理，打包解决预付款外的全部融资需求；针对大股东不愿大幅稀释股权，采用以债为主的投贷联动方案；针对企业缺乏可抵押的固定资产或股权，大胆采用信用方式审批；同时为了把控风险，根据企业回款情况，制定了分阶段放款、按订单进度回款的信用策略；最终形成了“订单融资+大债小股+信用方式+分批提款”的智能制造金融服务方案。通过这一方案，浙商银行为金石机器人常州股份有限公司成功授信 3000 万元，并陆续为企业的多笔订单放款，有效缓解了公司集中交货的压力。浙商银行找准融资痛点，在通过供应链金融助力企业融资、设备租赁助力企业融物的同时，还创造性地发展出履约见证等衍生服务职能，通过融资、融物、融服务的智能制造综合金融服务方案有效推动企业转型升级。

2. 培养复合型人才，支撑智能化发展

对智能制造发展而言，复合型人才的需求日益旺盛，人才培养有待进一步提升。能够胜任新一阶段企业发展目标的人才，需要对企业经营、生产现场、基础管理、信息系统操作、智能装备等多方面有综合的认知和了解。由于智能制造还处于不断发展的过程，需要具有创新意识和持续学习能力的人员持续补充。目前美国数字制造和设计创新机构（Digital Manufacturing and Design Innovation Institute，DMDII）已经围绕着数字企业的构架，规划了 100 多种数字技能人才的岗位描述，这意味着全新的数字复合型人才结构正在呼之欲出，也是未来决定智能制造能走多远的一个重要保障。各地开展人才培训和培养的参与机构逐年增多，其中包括大专院校、产业服务机构、供应商、联合体等，最新的方向就是围绕人才实训模式开展。因此，面对智能制造挑战的人才供给结构性矛盾，需要加快培养和选拔智能制造领域复合型高技术人才，探索设立智能制造人才实训基地，逐步建立高质量的智能制造优秀人才库。

3. 对接国际标准，提升国际化水平

推动智能制造国际标准化工作，进一步完善我国智能制造标准体系框架，整合国内标准化资源，加强参与国际标准化组织的核心力量，充分利用中德智能制造/工业 4.0 标准化工作组平台，开展标准化领域更深层次合作，在国际标准化组织提交智能制造/工业 4.0 提案，发出中国智能制造标准的声音。

三、治理体系着力点分析

政府需要分配更多的精力转换角色，从规制和引导逐渐转向合作参与，推行更多竞争性政策进一步释放市场活力，推动国家经济增长。现阶段，我国政府以管理者和服务者的身份刺激智能产业等新兴市场取得了不错的成效，但基于对目前产业发展现状与未来规划要求的分析，彻底释放智能产业对国家经济增长的红利，打造制造强国需要政府增加自身参与市场的“成分”，唯有如此政府才能在未来更好引领中国智能产业发展，帮助中国制造走出中国，走向世界。

一是在不确定性逐渐增强的市场环境下，政府对基础研发、关键技术攻关等投入更多，以投资引导技术发展；传统经济学观点认为政府投资对于私人投资有挤出效应，然而在现实情况下，政府投资可以与私人资本合作，扩大技术研发范围及深度，共享新兴产业红利。

二是勇于抓住发展机遇，从选择性政策转向竞争性政策。不仅要激励龙头企业，而且要兼顾对中小微企业的补贴帮助，打造完整的产业竞争环境。

三是在此基础上，政策评估体系也应更加动态。评估标准应更多关注对私人资本的挤入效应，政府投资的溢出效应等。

四是继续建设并推广更多产业联盟、行业协会等公共服务平台。平台建设和国家智能产业示范区在解决市场供需双方的信息不对称问题上举足轻重，进一步加强这种模式有助于释放未来智能产业的巨大潜力。

第四节　政策建议

加快发展智能制造，是培育我国经济增长新动能的必由之路，是抢占未来经济和科技发展制高点的战略选择，对于推动我国制造业供给侧结构性改革，打造我国制造业竞争新优势，实现制造强国具有重要战略意义。抓好智能制造生态体系建设是加快推进智能制造的根本途径。

我国智能制造发展的两大政策抓手《智能制造发展规划（2016—2020 年）》和《智能制造工程实施指南（2016—2020 年）》都于 2020 年截止。过去五年，在智能制造规划和智能制造工程以及工业和信息化部相关政策的支持下，我国智能制造生态体系已经初步形成。然而在制造强国和高质量发展的要求下，通过理论分析和案例分析发现，我国智能制造生态体系仍存在需要继续补足和进一步加强的环节。

综合考虑国家要求与理论实践，建议在“十四五”期间，继续制定智能制造发展规划和实施智能制造工程，坚持以智能制造为建设制造强国的主攻方向，坚持培育智能制造示范企业，发展知识赋能体系，完善治理体系，构建“较为完善”的智能制造生态体系，推进我国制造业高质量发展。

一、继续坚持基于供需主体的试点示范工作

（一）培育小巨人和隐形冠军企业，攻克关键装备和核心软件

在智能制造装备和软件供应商领域，以试点示范为主结合多种形式，培育一批“专精特新”“小巨人”企业和隐形冠军企业，攻克关键技术装备和核心支撑软件，以此打通产业供应链循环的断点和堵点，实现供应链自主可控。积极引导智能制造软件和装备供应企业专注创新和产品质量提升，引导企业树立“十年磨一剑”的精神，突破核心技术，提升企业核心竞争力，推动智能制造装备和软件迈向中高端。

（二）实施新一轮大规模技术改造工程，推广普及企业数字化、网络化，打好智能化基础

以企业为主体，以实现企业转型升级为中心任务，在全国大规模推进技术改造智能升级工程。考虑到我国制造业企业参差不齐，对不同阶段的制造业企业，并行推进数字化改造、网络化改造、智能化改造。特别对于广大中小微企业，结合企业发展实情，引导企业实事求是地探索适合自身转型升级的技术路径。建议各级财政每年投入数以百亿元的技术改造专项资金，争取撬动数以千亿元的金融投入，提振企业投资信心，实现全国制造业的智能升级，推动中国制造业迈向世界产业链的中高端。

二、进一步完善智能制造生态赋能体系

（一）以试点示范方式，助推企业向系统解决方案供应商转型

继续加大力度鼓励系统解决方案供应商转型。以试点示范为主结合多种形式，加大力度继续鼓励装备制造企业、规划设计院、自动化和信息技术企业、用户企业向系统解决方案供应商转型。规范系统解决方案供应商服务流程，保障服务质量，工业和信息化部继续发布智能制造系统解决方案供应商推荐目录，发挥好智

能制造系统解决方案供应商联盟的作用。

提高现有系统解决方案供应商的供应质量。加强系统解决方案供应商行业应用，加快培育一批有行业、专业特色的供应商，提升细分行业覆盖度。提升系统解决方案供应商服务水平，逐步向行业和专业领域纵深发展，打造高水准、高质量供应商。优化系统解决方案供应商服务层次，围绕中小企业所需，开发推广低成本、标准化、模块化解决方案。

（二）进一步规范平台建设，加强平台运营模式探索

明确智能制造领域的企业需求，打造能够解决企业“痛点”的平台，对低使用率平台进行资源整合，提高平台使用率。充分发挥智能制造相关行业协会、产业联盟等现存平台化组织的桥梁和纽带作用，精简现有的智能制造领域平台，鼓励对当前智能制造领域各类无效、低使用率平台进行资源整合。对使用率高、成功解决企业“痛点”的平台的建设经验进行学习推广。

以评价持续运营能力为主，健全智能制造领域平台的评价体系。运用科学严谨系统的评估指标、评估方法、操作程序对智能制造平台的运营管理进行评估。特别注重评估平台持续运营能力，而不是单一评估地方政府等主管部门设立的平台数量等短期指标。学习“河长制”解决治理碎片化问题的成功经验，完善智能制造平台治理模式，健全平台评价体系，制定合理的激励机制，使地方政府有动力建设真正能服务企业的平台。

积极探索平台运营模式，逐步推进平台市场化。遵循市场规律，未来逐步探索打造市场化运营、专业化管理的智能制造公共服务平台，以市场竞争机制进一步倒逼平台化组织提高运营效率。

（三）继续完善其他支撑要素，支撑智能制造发展

进一步推动智能制造国家和行业标准上升成为国际标准。整合国内标准化资源，加强参与国际标准化组织的核心力量。鼓励大中小企业参与国内标准制定，鼓励具有国际竞争力的智能制造龙头企业参与国际标准制定。

鼓励智能制造企业加入教育培训体系。促进企业和院校成为技术技能人才培养的“双主体”，鼓励有条件的高校、院所、企业建设智能制造实训基地。基于企业和院校“双主体”，培养复合型应用人才，支撑智能制造发展。

三、完善旨在新型竞合体系建设的智能制造治理体系

（一）进一步加强以竞争政策为基础性地位的智能制造治理体系

构建以竞争政策为基础性地位的智能制造治理体系，通过强化竞争倒逼供给企业进行纵向创新，提高产品和服务质量。充分发挥智能制造公共服务平台、系统解决方案供应商和行业普惠性治理工具的作用，大幅度降低行业进入门槛，扩大智能制造领域企业数量，降低市场集中度，提升智能制造产业规模，鼓励市场合理竞争，完善企业退出机制，通过强化竞争倒逼企业进行纵向创新，从而提高产品和服务质量。对部分智能制造领域优质企业适当进行多手段鼓励扶持，进一步鼓励市场竞争。

以竞争性为主，优化智能制造治理体系的政策工具评价体系。认识到选择性和功能性政策工具传统优劣二元判断的不足，结合使用选择性和功能性政策工具，尝试多政策组合，从"是否促进竞争"的竞争性角度重新审视政策工具效果。完善以市场集中度、中小企业数量、企业创新能力等多维度市场竞争性指标为主的政策工具评价体系。

（二）打造促进融通发展、合作共赢的智能制造治理体系

发挥好产业层面的交流合作机制，破除地域带来的市场分割，从供应链、创新链、数据链、价值链等多方位和多角度促进智能制造领域大中小企业融通发展、合作共赢。突破传统产业集群内的大中小企业融通发展的地域性限制，破除地域分割和市场保护，鼓励行业协会、政府主管部门组织智能制造行业全国层面的上下游企业周期性交流会晤，从而促进跨地域的供应链、创新链、数据链、价值链等多方位和多角度的融通发展的合作模式。

（三）构建动态竞合体系，提高产业的冲击抵御力和恢复力，赋予产业更强韧性

促进动态竞争，引导、倒逼智能制造企业发展对抗风险的新型动态能力，以小考模拟大考，面对冲击时做到"平时多流汗，战时少流血"，以此增强产业韧性。用不间断的市场竞争带来的动态、复杂、不确定环境，模拟未来可能的外部冲击情况，培养和提升企业识别机会威胁的感知能力、从机会中获取价值的捕获能力、持续更新转型的转型重构能力三个维度的动态能力。动态竞争带来的企业新型动态能力，是面对未来外部冲击时最好的"抗体"和"预防针"。

鼓励合作，建立大中小企业融通发展的产业合作网络，多方合作缓解分散冲击影响，合力加快产业恢复，面对冲击时做到“众人拾柴火焰高”，以此增强产业韧性。发挥龙头企业的作用，带动大中小企业融通发展。大企业是产业链的核心和龙头，围绕主导产品、核心业务、产业关联环节做优做强，牵引带动上下游中小企业共同固链、强链、延链、补链，形成创新链共享，供应链协同，数据链联动，产业链协作的融通发展模式，提高产业链、供应链的稳定性和竞争力。避免若干个企业独自应对冲击，引导企业以产业网络共同体的多方合作模式，合力应对外部冲击风险和冲击后产业恢复，大幅度增强产业韧性。

第五节 本章小结

本章以智能制造产业为例，深入探讨了构建新兴产业生态体系的关键问题。从国际关系、双循环和新冠疫情多个角度分析了智能制造产业的发展背景，归纳了国内外智能制造生态的发展进度。为进一步了解智能制造生态体系框架的内在逻辑与作用机理，本章在深入理解智能制造生态体系内涵的基础上，分别对其供需主体层、赋能体系层以及治理体系层进行理论解析，构建了“供需主体层+赋能体系层+治理体系层”三层智能制造生态体系理论框架，并明确了我国建设智能制造生态体系的重要意义。然后，分别从供需主体、赋能体系、治理体系与区域生态体系的角度对我国智能制造生态体系初步形成的现状与取得的成就进行了剖析，全面解析了我国智能制造产业的发展状况。

在系统地理解新兴产业生态体系的内涵与发展现状的基础上，本章详细探讨了供需主体、赋能体系和治理体系的发展着力点。综合考虑国家要求与理论实践，建议在“十四五”期间，构建完善的智能制造生态体系，推进我国制造业高质量发展。首先，继续坚持基于供需主体的试点示范工作，培育一批“专精特新”的标杆企业，实施新一轮技术改造工程，推广普及企业数字化、网络化。其次，进一步改善智能制造生态赋能体系，助推企业向系统解决方案供应商转型，进一步规范平台建设，完善其他支撑要素。最后，完善旨在新型竞合体系建设的智能制造治理体系，加强以竞争政策为基础性地位的治理体系，打造促进融通发展、合作共赢的智能制造治理体系，构建动态竞合体系，引导智能制造企业发展对抗风险的新型动态能力。

参 考 文 献

[1] Chen D F，Heyer S，Ibbotson S，et al. Direct digital manufacturing：definition，evolution，and sustainability implications[J]. Journal of Cleaner Production，2015，107：615-625.

[2] Zhou J, Li P G, Zhou Y H, et al. Toward new-generation intelligent manufacturing[J]. Engineering Journal，2018，4（1）：11-20.

[3] Frenkel A, Maital S. Mapping National Innovation Ecosystems: Foundations for Policy Consensus [M]. Cheltenham：Edward Elgar Publishing，2014.

[4] 许冠南, 周源, 吴晓波. 构筑多层联动的新兴产业创新生态系统: 理论框架与实证研究[J]. 科学学与科学技术管理，2020，（7）：98-115.

[5] Moore J F. Predators and prey: a new ecology of competition[J]. Harvard Business Review, 1993, 71（3）：75-86.

[6] Bergek A，Jacobsson S，Carlsson B，et al. Analyzing the functional dynamics of technological innovation systems：a scheme of analysis [J]. Research Policy，2008，37（3）：407-429.

[7] Foerderer J. Interfirm exchange and innovation in platform ecosystems：evidence from Apple's worldwide developers conference[J]. Management Science，2020，66（10）：4772-4787.

[8] Järvi K，Almpanopoulou A，Ritala P. Organization of knowledge ecosystems：prefigurative and partial forms[J]. Research Policy，2018，47（8）：1523-1537.

[9] 张运生，邹思明. 高科技企业创新生态系统治理机制研究[J]. 科学学研究，2010，28（5）：785-792.

[10] 薛澜，姜李丹，余振. 如何构筑多元创新生态系统推动科技创新促进动能转换？——以黑龙江省为例的实证分析[J]. 中国软科学，2020，（5）：28-36.

[11] Malerba F. Sectoral systems of innovation and production[J]. Research Policy，2002，31（2）：247-264.

[12] Adner R，Kapoor R. Value creation in innovation ecosystems：how the structure of technological interdependence affects firm performance in new technology generations[J]. Strategic Management Journal，2010，31（3）：306-333.

[13] Mazzucato M. The Entrepreneurial State：Debunking Private vs. Public Sector Myths[M]. Indianapolis：Anthem Press，2013.

[14] 佚名. 中国电子构建高水平智能制造生态体系[J]. 信息技术与网络安全，2018，37（1）：3.

[15] Iansiti M，Levien R，Iansiti M，et al. The Keystone Advantage：What the New Dynamics of Business Ecosystems Mean for Strategy，Innovation，and Sustainability[M]. Boston：Harvard Business School Press，2004.

[16] Adner R. Match your innovation strategy to your innovation ecosystem[J]. Harvard Business Review，2006，84（4）：98-107，148.

[17] Edler J，Fagerberg J. Innovation policy：what，why & how[J]. Oxford Review of Economic Policy，2017，33：2-23.
[18] 中国电子信息产业发展研究院. 2018—2019 年中国智能制造发展蓝皮书[R]. 北京：电子工业出版社，2019.
[19] 亿欧智库. 2019 中国智能制造研究报告[M]. 北京：亿欧智库，2019.
[20] 标准排名城市研究院.世界智能制造中心发展趋势报告（2019）[R]. 北京：标准排名城市研究院，2019.
[21] 伙伴产业研究院. 2017—2018 年中国智能制造产业发展研究报告[R]. 深圳：伙伴产业研究院，2018.
[22] 马越红，张炯，周生龙. 以科技成果转化平台为抓手 为辽宁经济社会发展增添科技引擎[J]. 辽宁经济，2020，（8）：54-55.
[23] 科学技术部火炬高技术产业开发中心. 2020 年中国创业孵化发展报告[M]. 北京：科学技术文献出版社，2020.
[24] 中国电子信息产业发展研究院. 2019—2020 年制造业创新中心白皮书[R]. 北京：中国电子信息产业发展研究院.
[25] 上海市经济和信息化委员会，中国信息通信研究院华东分院.5G+智能制造白皮书（2019）[R]. 上海：上海市经济和信息化委员会，中国信息通信研究院华东分院，2019.
[26] 猎聘大数据研究院. 中国制造业高质量发展人才白皮书[R]. 北京：猎聘大数据研究院，2019.
[27] 中商产业研究院. 2019—2024 年中国智能制造市场前景及投资机会研究报告[R].深圳：中商产业研究院，2019.
[28] Clarysse B，Bruneel J，Wright M，et al. Creating value in ecosystems：crossing the chasm between knowledge and business ecosystems[J]. Research Policy，2014，43（7）：1164-1176.
[29] Binz C，Truffer B，Coenen L. Why space matters in technological innovation systems—mapping global knowledge dynamics of membrane bioreactor technology[J]. Research Policy，2014，43（1）：138-155.
[30] de Vasconcelos Gomes L A，Facin A L F，Salerno M S，et al. Unpacking the innovation ecosystem construct：evolution，gaps and trends[J]. Technological Forecasting and Social Change，2018，136：30-48.
[31] Oh D S，Phillips F，Park S，et al. 2016. Innovation ecosystems：a critical examination[J]. Technovation，2016，54：1-6.
[32] Xu G N，Wu Y C，Minshall T，et al. Exploring innovation ecosystems across science，technology，and business：a case of 3D printing in China[J]. Technological Forecasting and Social Change，2018，136：208-221.
[33] OECD. 中国创新政策研究报告：OECD Reviews of Innovation Policy CHINA[M]. 薛澜，柳卸林，穆荣平，等译. 北京：科学出版社，2011.

第五章 构建新兴产业生态体系——以土地资源要素布局未来

第一节 引 言

中国是世界第一大工业国，也是全球唯一拥有联合国产业分类目录中所有工业门类的国家，包括 41 个大类，207 个中类和 666 个小类。根据世界银行数据，中国工业增加值从 1960 年的 289.29 亿元增加到 2020 年的 53.17 万亿元，按 2010 年不变价美元计算，增长约 183.81 倍，年均增长 9.08%[1]。2010 年中国制造业增加值超过美国跃居世界第一制造业大国，成为驱动全球工业增长的重要引擎。为了应对工业化的快速发展，持续、大量的工业用地供给成为保障工业化的必要途径[2]。2019 年，中国的工业用地规模达到 11 478.80 平方公里，占到建成区总面积的 19.69%。在一些发达地区，如上海，工业用地规模甚至达到建成区的 43.44%[3]。土地是产业发展的必备要素[4]，中国工业经济取得的巨大成就离不开土地资源的支撑。随着中国“世界工厂”地位不断稳固[5]，中国的工业化进程也在不断推进，因此，工业经济增长和工业用地规模扩张之间的互动更为重要。产业的扩张需要大量的工业用地作为支撑，中国政府为了支持产业的发展，在很多地区兴建了工业园区以及开发区，以实现产业集聚[6]。

工业的空间分布格局和集聚效应一直是学术界研究的热点之一[7]，尤其在各国越来越重视制造业回归的背景下，发达国家普遍实行将建立在海外的制造业工厂迁回本土的政策[8]。工业的发展需要大量的土地资源作为支撑条件，在合适的区域建立相对应的工厂成为众多企业的选择，如在高等教育资源丰富的地区发展战略性新兴产业，以此实现资源的有效配置[9]。一方面，在以市场为主导的工业土地出让体系中，土地资源的供给更多地受到市场需求的作用，因而土地供应的自由度会影响着地区的工业化进程[10]；另一方面，各地政府为了吸引高新技术企业，制定了一系列的土地、税收等优惠政策，兴建工业园区以加快技术转移落地，促进地区产业结构升级[11,12]。因此，不同地区的产业发展在空间上会形成有规律的分布，各国在城市产业规划和土地资源配置时会更多地考虑到集聚效应[13]。

工业化作为城市扩张的重要推动力，是土地利用类型转变的主要驱动因素[14,15]。在现有的相关研究中，一般从产业用地规模的变化以及空间变迁来进行产业时空演变研究，并探讨工业用地时空分布变迁的驱动因素[16]；也有学者以“一带一路”为例，分析了共建“一带一路”国家土地利用结构变化的动力机制[17]。工业用地规模的扩大促进了当地经济的发展，但是，土地资源是否得到了高效利用也是重要的研究问题之一。理论上，合适的产业发展政策会促进企业创新和提升创新效率[18]。同时，创新、产业结构优化也会提升土地的利用效率，并且会对周边区域产生溢出效应[19]，因此，工业化进程也会影响到工业园区聚集和制造业创新[20]。

第二节　研 究 方 法

一、数据来源

中国土地市场网（https://www.landchina.com）由自然资源部不动产登记中心主办，是专门记录中国土地交易信息的网站。土地交易字段包括：行政区名称、电子监管号、项目名称、项目位置、面积、土地用途、行业分类等供地信息，被广泛用于各项土地研究中。

本章利用 Python 程序抓取了 2010~2019 年中国工业用地出让交易数据 300 596 条记录，根据电子监管号的唯一性删除重复记录，筛选出工业用地出让信息共 300 002 条，并根据项目位置和项目名称在高德地图中获取样点的经纬度数据。基于中国《国民经济行业分类》（GB/T 4754—2017）和《高技术产业（制造业）分类（2017）》划分标准，将工业用地出让类型归结为十大类（表 5-1）。

表 5-1　行业分类表

合并后行业	合并前行业名称
采掘业	采矿业；非金属矿采选业；煤炭开采和洗选业；其他采矿业；石灰石、石膏开采；石油和天然气开采业；铁矿采选；黏土及其他土砂石开采；其他黑色金属矿采选；铜矿采选；有色金属矿采选业等
食品轻纺业	纺织服装、鞋、帽制造业；纺织业；家具制造业；棉、化纤纺织及印染精加工；农、林、牧、渔业；农副食品加工业；农业；皮革、皮毛、羽毛（绒）及其制造业；食品制造业；烟草制造业；饮料制造业；渔业；造纸及纸制品业；自行车制造等

续表

合并后行业	合并前行业名称
原材料加工	非金属矿物制品业；废弃资源和废旧材料回收加工业；钢压延加工；黑色金属冶炼及压延加工业；木材加工及木、竹、藤、棕、草制品业；化学纤维制造业；化学原料及化学制品制造业；炼钢；炼铁；林业；铝冶炼；石油加工、炼焦及核燃料加工业；水泥、石灰和石膏的制造；铁合金冶炼；铜冶炼；有色金属冶炼及压延工业等
能源工业	电力、燃气及水的生产和供应；电力、热力的生产和供应；火力发电；燃气生产和供应业；核力发电等
房地产建筑	房地产业；房屋和土木工程业；工程准备；建筑安装业；建筑装饰业；砖瓦、石材及其他建筑材料制造等
文体卫生	广播、电视、电影和音像业；教育业；体育；卫生；文化艺术业；新闻出版业；娱乐业；文教体育用品制造业；印刷业和记录媒体的复制等
现代制造业	船舶及浮动装置制造；家用空气调节器制造；家用制冷电器具制造；交通运输设备制造业；摩托车制造；汽车制造；铁路运输设备制造；通用设备制造；制造业；专用设备制造业等
高新技术工业	软件业；计算机、通信和其他电子设备制造业；信息传输、计算机服务和软件业；医药制造业；仪器仪表制造业；文化、办公用机械制造等
工业服务	餐饮业；仓储业；城市公共交通业；电信和其他信息传输服务业；公共管理和社会组织；公共设施管理业；管道运输业；国际组织；国家机构；航空运输业；环境管理业；交通运输、仓储和邮政业；金融业；居民服务和其他服务业；科技交流和推广服务业；零售业；批发和零售；其他服务业；其他金融服务；商业服务业；研究与试验发展；银行业；邮政业；专业技术服务业等
其他	其他

二、指标简介

（一）工业用地利用结构信息熵

工业用地利用结构信息熵可以反映省域工业用地的有序程度，熵值越高，有序程度越低，各工业用地类型差别越大，用地结构越趋于复杂；而熵值越低，则说明土地出让有序度越高，土地出让类型越少[21,22]，计算公式为

$$G_j^i = -\sum_{j=1}^{m} P_j^i \ln P_j^i \tag{5-1}$$

式中，G_j^i表示j省份i工业土地利用结构信息熵；P_j^i表示i类工业土地出让面积占j省工业土地出让总规模的比重；m表示土地用地类型。土地利用结构信息熵数值大小反映各省工业用地出让类型和各类型用地面积分布的均匀程度。根据熵值最大和最小原理，当区域没有土地出让时，熵最小，即G_j^i=0；当各省工业用地类型出让面积相等时，各类土地利用类型趋于稳定，即$G_j^i = \ln m$时，土地利用结构信息熵最大。由此可以看出，土地职能类型越多，土地利用系统的有序性越低，

熵值越大。

（二）工业用地利用结构均衡度

基于信息熵函数可以建立工业土地利用均衡度公式，该指标可反映工业用地利用均质情况，数值越高，工业用地利用结构的均质性越强[23]，计算公式为

$$D_j^i = \frac{G_j^i}{\ln m} \tag{5-2}$$

式中，G_j^i 表示工业用地利用结构均衡度；G_j^i 表示 j 省份 i 工业用地利用结构信息熵；m 表示各省份工业用地利用类型数量。式（5-2）中 D_j^i 表示均衡度，它是实际信息熵与最大信息熵之比。显然，由于 $G_j^i \leqslant \ln m$，D_j^i 取值范围介于 0~1，G_j^i 值越大，表明该省份工业用地利用结构的均质性越强。

（三）土地出让规模优势指数

区位熵指数反映了一个地区在该产业生产过程中的专业化水平，它是指一个地区特定部门的产值在该地区总产值中所占的比重与全国该部门产值在全国总产值中所占比重的比率。借鉴区位熵理论，定义中国 j 省份的 i 类型工业用地的区位熵指数为 Q_j^i。具体公式如下：

$$Q_j^i = \frac{E_j^i / E_j}{E^i / E} \tag{5-3}$$

式中，Q_j^i 表示 j 省 i 种工业土地的区位熵；E_j^i 表示 j 省 i 种工业土地出让规模；E_j 表示 j 省工业土地出让总规模；E^i 表示全国第 i 种工业土地出让规模；E 表示全国工业土地总出让面积。当 Q_j^i 大于、等于和小于 1 时，分别表示 j 省的第 i 种工业土地出让规模优势高于、等于和低于全国水平。

（四）空间分布重心

重心模型刻画了空间属性的偏移轨迹及集中、离散分布趋势，能够解决区域属性的空间变迁问题[24]。重心反映了各行业工业用地在空间上的分布中心，重心迁移说明区域间各行业用地不同步变化，能够较好地反映其区域差异。计算公式如下：

$$X = \left(\sum_{j=1}^{n} x_j E_j\right) \Bigg/ \left(\sum_{j=1}^{n} E_j\right);\ Y = \left(\sum_{j=1}^{n} y_j E_j\right) \Bigg/ \left(\sum_{j=1}^{n} E_j\right) \tag{5-4}$$

式中，E_j 表示 j 省工业土地出让总规模；x_j、y_j 表示省级行政单元的几何中心坐标；X、Y 表示各行业用地的空间分布重心坐标。

（五）冷热点分析

为观测各省之间不同职能工业用地供应规模的空间差异程度，采用 Getis-OrdG^*_i 指数划分冷点区和热点区[25]，分析省域尺度工业用地出让规模的冷热点分布规律，计算公式如下：

$$G_i^*(d)=\sum_{j=1}^{n}\omega_{ij}(d)x_{ij}\Big/\sum_{j=1}^{n}x_j \tag{5-5}$$

为方便解释与比较，对其进行标准化处理，将式（5-5）转化为

$$Z\left(G_i^*(d)\right)=\left(G_i^*(d)-E\left(G_i^*(d)\right)\right)\Big/\sqrt{\mathrm{Var}\left(G_i^*(d)\right)} \tag{5-6}$$

式中，$E\left(G_i^*(d)\right)$ 和 $\mathrm{Var}\left(G_i^*(d)\right)$ 表示 $G_i^*(d)$ 的数学期望和方差；ω_{ij} 表示空间权重矩阵；x_{ij} 表示省级行政单位的几何中心坐标。若 $G_i^*(d)$ 得分是正值且在统计上显著，代表存在高值的热点空间聚集；若 $G_i^*(d)$ 得分是负值且在统计上显著，则代表冷点集聚；若置信区间为 0 则表示无统计学意义。

第三节　中国土地资源要素布局分析

一、中国工业用地出让规模变化分析

2010~2019 年，中国工业用地平均出让价格为 219.67 万元每公顷（1 公顷=10 000 平方米），排名前三的省级行政区分别为上海（782.90 万元每公顷）、广东（472.54 万元每公顷）及北京（445.72 万元每公顷），与出让价格最低的青海（23.62 万元每公顷）相比，每公顷工业用地出让价格分别是青海的 33.15 倍、20.01 倍和 18.87 倍。10 年间，30 个省区市（未统计港澳台及西藏）共出让了 300 002 块工业用地，出让面积达 1 111 982.03 公顷。工业用地出让笔数最多的分别为江苏（40 543 笔）、浙江（28 733 笔）和山东（28 258 笔），出让面积排名前三的分别为江苏（102 908.60 公顷）、山东（96 772.57 公顷）和新疆（70 693.08 公顷）。

在各省区市出让规模排名前三的工业用地类型中，分别有 96.67%、70.00%、60.00%的省区市涉及原材料加工、现代制造业和食品轻纺业用地。其中，黑龙江的食品轻纺业用地出让规模达到总出让面积的 34.41%；宁夏的原材料加工用地出

让规模达到总出让面积的 46.60%；上海的现代制造业用地出让规模达到总出让面积的 32.41%。在其余工业用地类型出让规模中，内蒙古的采掘业出让用地面积达到总规模的 15.32%；青海的能源工业出让面积达到总规模的 18.80%；湖南房地产建筑出让面积占总规模的 11.86%；上海高新技术工业出让面积占总规模的 14.71%；北京工业服务出让面积占总规模的 32.79%；青海的其他工业出让面积达到总规模的 58.11%；而文体卫生出让用地规模中，只有福建占本省工业用地出让规模比重最高，但是仅有 3.78%（图 5-1）。

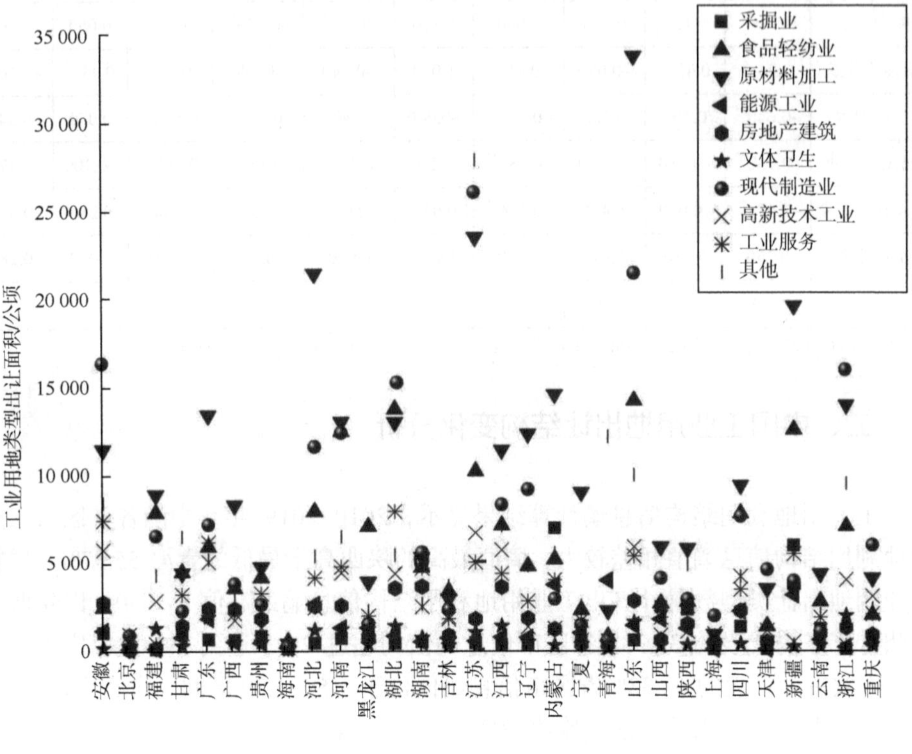

图 5-1　中国各省区市工业用地类型出让面积

产业之间会存在竞争或者合作的关系，这在各种工业用地类型出让规模中也会得到体现，即不同的用地类型会存在正向或者逆向关系。从表 5-2 中可以看出：以采掘业、能源工业、原材料加工为代表的传统产业与以现代制造业和高新技术工业为代表的现代产业用地规模呈明显的负相关；以采掘业和能源工业为代表的传统工业之间显著正相关；而以文体卫生、现代制造业、高新技术工业为代表的现代工业之间也呈现出显著的正向关系；食品轻纺业和工业服务则与房地产建筑具有显著的正向关系。

表 5-2　斯皮尔曼相关系数

项目	采掘业	食品轻纺业	原材料加工	能源工业	房地产建筑	文体卫生	现代制造业	高新技术工业	工业服务	其他
采掘业	1.000	0.100	–0.020	0.816**	0.240	–0.640**	–0.752**	–0.479**	0.350	–0.030
食品轻纺业	0.100	1.000	0.030	0.120	0.429*	0.190	–0.330	–0.020	0.010	–0.280
原材料加工	–0.020	0.030	1.000	0.100	–0.050	0.020	–0.140	–0.456*	–0.443*	–0.020
能源工业	0.816**	0.120	0.100	1.000	0.110	–0.651**	–0.780**	–0.546**	0.050	–0.060
房地产建筑	0.24 0	0.429*	–0.050	0.110	1.000	–0.040	–0.290	0.070	0.439*	–0.160
文体卫生	–0.640**	0.190	0.020	–0.651**	–0.040	1.000	0.427*	0.506**	0.070	–0.340
现代制造业	–0.752**	–0.330	–0.140	–0.780**	–0.290	0.427*	1.000	0.589**	–0.100	–0.170
高新技术工业	–0.479**	–0.020	–0.456*	–0.546**	0.070	0.506**	0.589**	1.000	0.280	–0.220
工业服务	0.350	0.010	–0.443*	0.050	0.439*	0.070	–0.100	0.280	1.000	–0.280
其他	–0.030	–0.280	–0.020	–0.060	–0.160	–0.340	–0.170	–0.220	–0.280	1.000

**表示在 0.01 级别（双尾），相关性显著；*表示在 0.05 级别（双尾），相关性显著

二、中国工业用地出让结构变化分析

工业用地利用结构信息熵计算结果显示，2010~2019 年，中国各省区市工业用地利用结构信息熵值相差较大，熵值最高的陕西高于最低的青海 55.97%。根据工业用地出让类型数量计算出工业用地利用结构信息熵最高值为 2.30，以陕西、贵州、广东为代表的 33.33%省区市信息熵值均超过 2.0，达到 2.05。以广西、河南、内蒙古为代表的 63.33%省区市信息熵值位于 1.50~1.99 区间，均值达到 1.85。青海的工业用地利用结构信息熵值最低，仅为 1.34。

从工业土地利用均衡度结果来看，工业用地利用结构的均质性越强，数值越高。2010~2019 年，中国各省区市之间的工业用地利用均衡度数值差异显著，均衡度较高的陕西、贵州两省均超过 0.9，而较低的青海仅有 0.58，各省区市均衡度平均为 0.83。均衡度最高的陕西超过青海 56.9%。有 19 个省区市均衡度位于 0.80~0.89 区间，代表性省区市有广东、湖南、吉林、四川、山西等。辽宁、浙江、山东、北京、江苏、宁夏、天津、福建等省区市的均衡度位于 0.70~0.79 区间，均值为 0.77，该区间省区市数量占总数的 26.67%（图 5-2）。

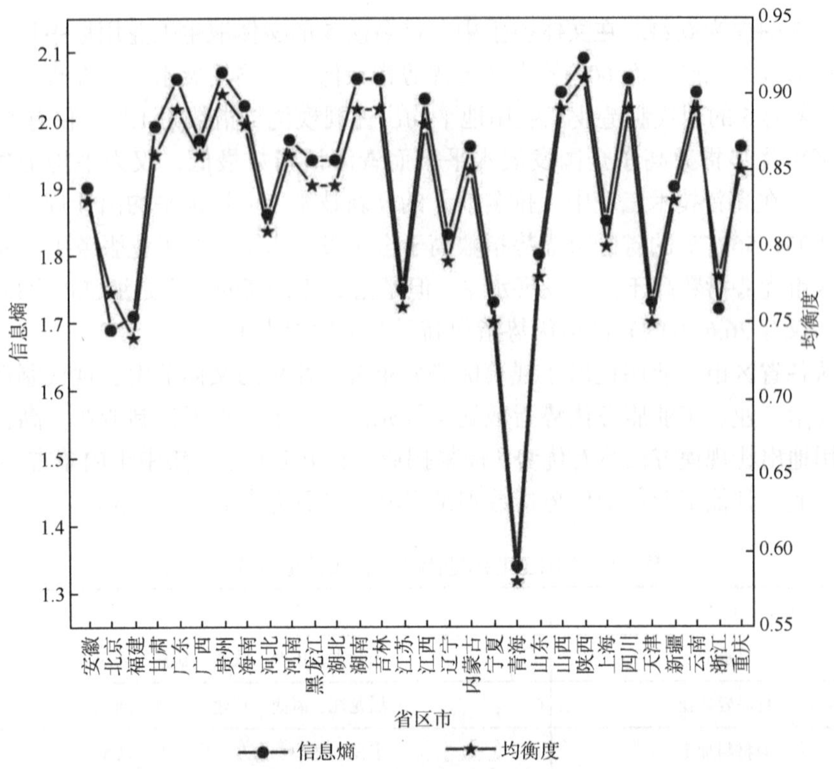

图 5-2　中国各省区市工业用地利用结构信息熵和均衡度

三、中国工业用地出让规模优势格局分析

2010~2019 年，中国各省区市不同工业用地出让规模差异较大，从而导致了工业用地出让规模优势指数数值相差明显。从总体上看，具有地域分布优势的采掘业、能源工业用地出让规模占本省总规模比重较高，因而优势指数数值也处于高值，如内蒙古、山西、陕西的采掘业和青海、内蒙古、山西的能源工业。具体来看：排名前 5 的采掘业工业用地平均出让规模优势指数达到 3.83，而后 5 的省区市仅有 0.14，66.67%的省区市优势指数低于全国发展水平。在食品轻纺业中，仅有 40%的省区市优势指数高于全国水平，排名前 5 的食品轻纺业工业用地平均出让规模优势指数为 1.74。在原材料加工工业中，63.33%的省区市优势指数低于全国发展水平，而排名前 5 的原材料加工工业用地平均出让规模优势指数为 1.4，北京为该指数最低的区域，仅为 0.15。在能源工业中，排名前 5 的能源工业用地平均出让规模优势指数为 3.53，46.67%的省区市优势指数高于全国发展水平。房地产建筑中，排名前 5 的房地产建筑工业用地平均出让规模优势指数为 1.86，而

排名后 5 的仅为 0.21。在文体卫生中，排名前 5 的文体卫生工业用地平均出让规模优势指数为 1.87，而 60%的省区市优势指数低于全国发展水平。在现代制造业中，排名前 5 的现代制造业工业用地平均出让规模优势指数为 1.73，仅有 53.33%的省区市优势指数高于全国发展水平，而青海该指数最低，仅为平均指数值的 13.46%。在高新技术工业中，排名前 5 的高新技术工业用地平均出让规模优势指数为 2.05，56.67%的省区市优势指数高于全国发展水平。在工业服务中，66.67%的省区市优势指数高于全国发展水平，但是指数值最高的北京是浙江的 83.62 倍。其他，仅有 26.67%的省区市优势指数高于全国发展水平。

从各省区市工业用地出让规模优势分布看，北京的文体卫生、现代制造业、高新技术工业、工业服务优势指数处于领先位置；上海在现代制造业、高新技术工业用地出让规模方面具有优势；而采掘业、能源工业主要集中于内蒙古、山西；能源工业、其他工业用地优势指数则是青海排名更为靠前（表 5-3）。

表 5-3　中国工业用地出让规模优势指数地区分布

工业用地出让类型	排名前 5 省区市
采掘业	内蒙古、山西、陕西、新疆、云南
食品轻纺业	黑龙江、海南、福建、河南、湖北
原材料加工	宁夏、河北、山东、内蒙古、辽宁
能源工业	青海、内蒙古、山西、海南、黑龙江
房地产建筑	湖南、广西、贵州、江西、海南
文体卫生	福建、广东、浙江、北京、江西
现代制造业	上海、天津、北京、浙江、安徽
高新技术工业	上海、北京、重庆、江西、吉林
工业服务	北京、湖南、贵州、安徽、甘肃
其他	青海、江苏、甘肃、新疆、吉林

四、中国工业用地出让空间格局的标准差椭圆分析

2010~2019 年，中国各产业工业用地出让空间的标准差椭圆重心分布于中部和西部，主要在中部的河南（50%）、安徽（10%）、湖北（20%）以及西部的陕西（20%）。具体来看，采掘业工业用地出让空间的标准差椭圆重心位于陕西省延安市安塞区（36.722048°N，109.291435°E）；食品轻纺业的重心位于河南省平顶山市叶县（33.659471°N，113.500543°E）；原材料加工的重心位于河南省驻马

店市正阳县（32.494174°N，114.242755°E）；能源工业的重心位于陕西省延安市黄陵县（35.601222°N，108.820461°E）；房地产建筑的重心位于湖北省襄阳市襄州区（32.346195°N，112.365024°E）；文体卫生的重心位于湖北省黄冈市麻城市（31.464455°N，114.836005°E）；现代制造业的重心位于安徽省阜阳市界首市（33.064719°N，115.385743°E）；高新技术工业的重心位于河南省信阳市新县（31.764286°N，114.879332°E）；工业服务的重心位于河南省南阳市南召县（33.2861°N，112.36808°E）；其他的重心位于河南省洛阳市嵩县（34.224829°N，112.040986°E）。

从转角 θ 的变化来看，中国各产业工业用地出让空间的标准差椭圆转角度数差异显著，范围介于 54.84°到 100.59°之间，转角度数体现了产业发展的走向。具体来看，采掘业出让用地转角接近 90°，空间分布近似于“正西—正东”走向；食品轻纺业、工业服务用地出让空间格局向“西南—东北”方向倾斜；能源工业和房地产建筑工业用地空间分布较接近于“西北—东南”走向；原材料加工（76.28°）、文体卫生（73.67°）和现代制造业（77.28°）转角为 75°左右，空间分布呈现出较为明显的“西南—东北”走向；高新技术工业用地出让位置呈明显的“西南—东北”走向，转角度数仅为 54.84°；而其他工业出让用地格局呈现出显著的“西北—东南”走向，转角达到 100.59°。

从各产业工业土地出让类型长短半轴之比结果看，扁率位于 1.17 至 1.95 区间，各类型间差异显著。具体看，以文体卫生、原材料加工、现代制造业为代表的工业用地出让类型扁率低于或等于 1.30，完全覆盖的省区市在 5~8 个，部分覆盖了 12~14 个省区市。扁率位于 1.31~1.48 的食品轻纺业、房地产建筑、高新技术工业、工业服务等，完全覆盖的省区市占到总数的 23.33%~46.67%，部分覆盖的省区市约为所有省区市的 40%。采掘业、能源工业、其他工业用地的扁率介于 1.56~1.95，完全覆盖和部分覆盖的省区市分别位于 33.33%~43.33% 和 33.33%~40%（表 5-4）。

表 5-4 中国各产业工业土地出让类型长短半轴之比

工业出让用地类型	扁率	完全覆盖的省区市	部分覆盖的省区市
采掘业	1.56	北京、天津、河北、山东、山西、河南、陕西、湖北、宁夏、重庆	辽宁、内蒙古、甘肃、青海、四川、贵州、湖南、江西、浙江、江苏
食品轻纺业	1.48	江苏、上海、浙江、山东、北京、天津、山西、陕西、宁夏、重庆、湖北、河南、安徽	辽宁、河北、内蒙古、甘肃、青海、四川、云南、贵州、湖南、云南、广东、江西、福建
原材料加工	1.22	江苏、上海、安徽、河南、湖北	北京、天津、河北、山西、陕西、甘肃、四川、重庆、贵州、湖南、广西、江西、福建、浙江

续表

工业出让用地类型	扁率	完全覆盖的省区市	部分覆盖的省区市
能源工业	1.60	北京、天津、江苏、山西、陕西、河南、安徽、湖北、重庆、宁夏	河北、山东、辽宁、上海、浙江、江西、湖南、贵州、四川、青海、内蒙古、甘肃
房地产建筑	1.44	江苏、浙江、上海、山西、河南、安徽、江西、陕西、宁夏、湖北、湖南、重庆	北京、天津、河北、山东、福建、广东、广西、贵州、云南、四川、青海、甘肃、内蒙古
文体卫生	1.17	江苏、浙江、上海、安徽、河南、江西、湖北、湖南	河北、天津、山东、山西、陕西、甘肃、重庆、四川、贵州、广西、广东、福建
现代制造业	1.30	江苏、上海、山东、安徽、河南、湖北	浙江、福建、江西、湖南、重庆、贵州、四川、甘肃、山西、河北、北京、天津
高新技术工业	1.39	江苏、上海、安徽、河南、湖北、湖南、江西	天津、河北、山东、山西、陕西、四川、重庆、贵州、广西、广东、福建、浙江
工业服务	1.37	江苏、上海、浙江、山东、北京、天津、山西、宁夏、重庆、湖北、湖南、河南、安徽	河北、辽宁、内蒙古、甘肃、青海、四川、云南、贵州、广西、广东、江西、福建
其他	1.95	江苏、上海、浙江、山东、天津、北京、山西、河南、安徽、湖北、陕西、宁夏、重庆	辽宁、河北、内蒙古、甘肃、青海、四川、贵州、湖南、江西、福建

五、中国工业用地出让空间格局的冷热点分析

2010~2019 年，中国省级行政区工业用地供应规模的 Getis-OrdG_i^*指数根据出让类型呈现出明显的空间分布特征，东部、中部和西部热点区域和冷点区域皆有涉及。但是并非所有的工业出让类型在空间分布上呈现显著特征。例如，食品轻纺业的土地出让在省域尺度上就没有显示出显著的分布特征。在部分工业土地出让类型中，中国东部地区和西部地区呈现出明显的对比，即热点区域和冷点区域空间分布差异显著。例如，采掘业和能源工业用地出让区域中，西部地区的新疆、青海是明显的热点区域，而东部沿海和中部地区则是冷点区域。从现代制造业和高新技术工业土地出让区域分布可以明显观察到，此两类工业土地出让类型热点区域全部集中于东部沿海和中部地区。例如，现代制造业热点区域包括以江苏、浙江、上海、福建、安徽为主的热点区域，以及北京、天津、河北、山东等 9 个省区市构成的次热点区域；而高新技术工业热点区域不仅包括长三角地区的江苏、浙江、上海等省市，还延伸至福建、江西、湖南。原材料加工和文体卫生在空间分布上也形成了东部与西部的显著对比，即热点区域位于东部地区，而冷点区域位于西北、西南方向；房地产建筑和工业服务用地分布只有次热点区域，包括陕西、重庆以及广西、福建；其他工业用地分布冷热区域对比明显，但是都位于中国的西部地区，包括新疆的热点区域以及以四川、云南为主的冷点区域。

第四节　研究结论及政策建议

一、研究结论

（一）中国工业用地出让结构差异驱动力

土地作为一种重要的生产要素，是各地区经济增长环节中不可缺少的组成部分。然而，中国各地区之间经济发展和资源禀赋差异较大，在长期的社会发展和城市产业规划中，经济结构会不断产生变化，因而会促使各地区调整用地结构。在各种用地职能中，工业用地出让直接体现了各地区的经济发展要求[26]。随着中国土地出让程序逐渐规范，产业规划流程也在科学完善，以市场为导向的工业用地出让原则更是资源配置理论的最佳体现，如 3D 打印和智能制造企业更加倾向于布局于东部发达地区[27, 28]。

工业用地出让频次与所在省份市场经济发展水平紧密相关。首先，外商投资较为集中的省份，工业用地交易更为活跃。以江苏、浙江、山东为代表的东部沿海地区，是中国较早吸引外资进行对外开放的地区，因而工业用地出让更为频繁。而内陆地区的青海、宁夏、甘肃等，由于远离经济活动较为活跃的东部地区，工业用地出让成交笔数远低于东部地区。其次，经济发展水平直接影响着工业用地出让单价。经济条件越发达的省区市，对工业用地的需求越旺盛，因而政府会对工业用地的出让规模和类型进行调控。此类地区工业生产的产品更加接近市场，也有便捷的交通运输条件，因而企业更加青睐经济发达地区。例如，工业用地出让规模受到管控的广东、浙江、江苏等地以及上海、北京、天津、重庆四个直辖市工业用地出让单价远高于青海、新疆、宁夏等内陆省区。

（二）中国工业用地出让空间分异特征

工业用地出让活跃程度代表一个地区的产业发展活跃情况，同时也综合地反映了一个地区被产业投资者看好的程度，最直接地反映一个地区的产业投资热度，也是反馈一个地区产业投资情况的晴雨表。由于中国各省区市自然环境和社会经济条件存在较大差异，人口分布也存在明显界线，工业土地出让类型空间分布也各有特点，工业土地利用驱动力也相应存在着较大差异。

首先，由于矿产资源分布空间固定，采掘业和能源工业土地出让具有显著的地域特征。内蒙古、山西、陕西等地的煤炭矿产、石油、天然气、金属矿等资源分布广泛，因而在本省的工业土地出让类型中，采掘业占据了重要位置。而且中国目前的能源结构仍然以煤炭为主，为了缓解东部地区能源压力，中央实施了“西电东送”工程，将煤炭主产区的山西、内蒙古坑口火电送往京津唐地区，也直接促进了相关省区市能源工业用地的规模扩张。

其次，以知识技术密集、资源消耗少、附加值高为特点的现代制造业和高新技术工业更加集中于中国的经济发达地区。北京、上海、天津、重庆、江苏、浙江等省市集中了中国大部分高等教育资源和研发人员，因而各类高新技术企业在此类地区设立研发中心和生产基地，形成了高新技术产业在空间上的集聚。但是，位于内陆地区的青海、新疆、内蒙古、宁夏以及东北地区的辽宁等省区，主要以能源工业为主要产业结构，这导致人口不断向经济发达的沿海省份流动，间接地导致了高新技术产业发展缓慢，因而相关产业的工业用地出让规模也较小。此外，沿海省份凭借财政优势，制定了一系列的土地出让优惠政策，通过税收返还、财政补助等措施激励企业购地，也在一定程度上促进了土地出让规模的扩大。

最后，以食品轻纺业、原材料加工为代表的产业，需要靠近原材料产地以及消费地，因此该类型的工业用地出让主要集中于农业大省以及人口大省。例如，河南省作为中国的农业大省、农村人口大省，全省人口将近 1 亿人，是中国重要的粮食、肉类、禽蛋产地，拥有十余家全国百强农业龙头企业。福建作为耐克、阿迪达斯等国际运动品牌的生产基地，已形成化纤、纺纱、织造、染整、服装、纺机等完整产业链和产业集群发展格局，因而轻纺工业出让用地在福建占据重要位置。

二、政策建议

《中共中央关于制定国民经济和社会发展第十四个五年规划和二〇三五年远景目标的建议》中明确了要“优化国土空间布局，推进区域协调发展和新型城镇化”“坚持实施区域重大战略、区域协调发展战略、主体功能区战略，健全区域协调发展体制机制，完善新型城镇化战略，构建高质量发展的国土空间布局和支撑体系”。从产业发展来看，为了实现国土空间布局优化的目标，要以土地资源为调节要素，引导各级政府加快发展现代产业体系，推动经济体系优化升级。坚持把发展经济着力点放在实体经济上，坚定不移建设制造强国、质量强国、网络强国、数字中国。以战略性新兴产业发展和赋能其他产业为抓手，推进产业基础高级化、产业链现代化，提高经济质量效益和核心竞争力。《节约集约利用土地规定》中也明确要求“探索土地管理新机制”“属于国家鼓励产业的用地，可以实行差别化的地价政策和建设用地管理政策”。实践中，各地逐步开始重视对符合国家产业规划、有利于转型升级的战略性新兴产业采用相应的制度保障措施，主要通过优先供地、地价优惠、简化用地手续等予以支持。

（一）以“三规合一”优化战略性新兴产业空间布局体系

由于中国各级行政区之间资源禀赋差异，产业结构也各有特点，产业规划的制定也需要因地制宜、因时制宜。从宏观、中观、微观层面建立多层次产业规划体系，科学论证，依规发展。首先，在中央政府相关规划文件指导下，科学编制各地区战略性新兴产业发展规划，正确把握产业未来发展方向。其次，优化产业布局体系。编制区域战略性新兴产业专项规划，为产业空间布局和结构优化做出指引。同时，统筹产业园区开发布局，制订产业集聚方案，优化产业发展空间分布。最后，以“三规合一”为抓手，鼓励公众参与，将产业布局规划与城市发展、更新规划相融合，并完善规划动态优化机制，满足产业发展和转型的动态需求。

（二）以创新土地供应模式提升战略性新兴产业用地效率

战略性新兴产业用地主要通过缴纳出让金以购买国有建设用地使用权的方式实现，部分产业享受政府激励政策，通过国有划拨的形式取得。为了实现产业集聚，各级政府在辖区内规划建设了各类工业园区、产业园区、产业集聚区等，这种方式在部分程度上有利于提升土地利用效率，但是，项目选址区位问题也成为产业发展的一大限制性因素。结合我国土地利用结构现状和产业发展需求，除征地外，还可以从以下几个方面保障战略性新兴产业用地：一是继续鼓励探索土地增减挂钩，采取建设用地置换、周转和土地整理折抵等办法，盘活城乡存量建设用地，将“增量”建设用地指标优先用于发展战略性新兴产业。另外，鼓励符合条件的集体建设用地直接通过出让、作价出资或入股等方式用于战略性新兴产业发展。二是鼓励盘活“存量”建设用地。对于可以满足战略性新兴产业发展的闲置建筑，可通过功能改造以配套产业发展。此外，要加快提升低效率用地，增加战略性新兴产业用地供应。例如，近郊区的工矿废弃地、闲置仓储用地在适当改造后，可以作为战略性新兴产业生产、研发或产品存储用地，市内的闲置办公用房可以作为研发办公楼等。三是通过产业转移，实现跨区域发展。对于特定时期部分用地指标较为紧张的区域，可由产业转移方提供技术、资金，承接方提供土地的合作方式，共同实现产业跨区域发展。

（三）以土地动态评价体系为抓手构建战略性新兴产业进入退出机制

战略性新兴产业具有区域性、动态性、周期性特点，通过建立战略性新兴产业用地动态评价体系，以实现土地高效集约利用目的。首先，在战略性新兴产业发展初期，通过土地出让金优惠、税收返还等方式对达到要求的产业进行扶持，对产业前瞻性、投资强度、地均纳税额、R&D（research and development，研究与开发）等符合战略性新兴产业发展指标的企业进行重点资助。其次，为了保证产业扶持方向和力度的科学性，建立同行专家审议制度，结合行业发展特殊性、成长性、发展周期等因素综合考量，将项目的科技含量、团队实力等统筹纳入评价体系，优胜劣汰，吸纳优质产业，淘汰不符合地区发展的产业。

三、不足和展望

工业用地出让数据为定量分析土地利用结构提供了新的数据源，借助信息熵可对复杂的城市工业用地结构进行深入的研究，由于信息熵是复杂性的量度，出让工业用地职能类型的划分标准对于土地利用结构信息熵结果起到了决定性的作用。但是，不同国家和地区对于工业用地类型的划分标准可能存在差异，本章在参照《国民经济行业分类》标准的基础上对工业用地出让类型进行归类，然而有部分土地出让类型可能与行业分类并非完全吻合，可能导致土地利用信息熵和土地利用结构均衡度计算结果与实际情况产生一些误差。

此外，本章数据集中仍有部分可以用作科学研究的字段值得挖掘。例如，通过测度中国各年度的工业用地利用结构信息熵、均衡度、空间冷热点、核密度等，进一步探索不同时间序列条件下，中国不同职能类型工业用地的分布规律、特点以及驱动因素。

第五节　本 章 小 结

产业集中度以及空间分布特征是学术界的研究热点之一。以中国工业用地出让数据为数据源，从工业行业分类视角，研究中国各省区市工业行业发展差异、均衡状况、产业集中度和空间分布特征。土地利用结构信息熵反映了十年来各省区市的工业发展类型，其结果揭示了土地出让职能类型的差异。借助区位熵思想，以各省区市不同职能工业土地出让规模衡量区域工业发展的专业化程度。再通过标准差椭圆计算分析各类工业用地出让重心，估算其分布走势和覆盖范围，并以

Getis-OrdG_i^*指数识别出冷点和热点区域，最后分析各省区市出让工业用地空间格局发展的驱动因素。

十多年来，中国各省区市的工业出让用地规模和职能类型有显著的特点：首先，工业用地出让规模呈现出从东南沿海向西北内陆递减的趋势；其次，各省区市工业用地出让职能类型差异明显，采掘业和能源工业出让用地主要集中于中国中西部地区，而现代制造业和高新技术工业主要集中于长三角、珠三角以及京津冀都市圈；最后，社会经济和自然资源禀赋差异是造成各省区市工业用地出让类型差异的重要因素，以采掘业、能源工业为代表的传统产业用地出让规模呈显著正相关；同样，以文体卫生、现代制造业和高新技术工业为代表的现代产业用地规模也呈明显的正向关系，但是传统产业与现代产业工业出让用地规模之间却是显著的负相关。因此，土地作为工业发展的重要资源，要发挥土地在产业结构优化升级中的调节作用，优先保障战略性新兴产业用地，采用动态评价体系，优化土地利用效率。

参 考 文 献

[1] World Bank Open Data[EB/OL]. https://data.worldbank.org/[2020-10-10].

[2] Zhang J X，Chang Y，Wang C B，et al. The green efficiency of industrial sectors in China：a comparative analysis based on sectoral and supply-chain quantifications[J]. Resources Conservation and Recycling，2018，132：269-277.

[3] MOHURD. China Urban Construction Statistical Yearbook[M]. Beijing：China Statistics Press ，2019.

[4] Wei Y，Li X，Gao F，et al. The United Nations sustainable development goals（sdg）and the response strategies of China[J]. Journal of Earth Science，2018，33：1084-1093.

[5] Li H，Wei Y D，Liao F H，et al. Administrative hierarchy and urban land expansion in transitional China[J]. Applied Geography，2015，56：177-186.

[6] Wu Y，Heerink N. Foreign direct investment，fiscal decentralization and land conflicts in China[J]. China Economic Review，2016，38：92-107.

[7] Chen W，Shen Y，Wang Y，et al. How do industrial land price variations affect industrial diffusion? Evidence from a spatial analysis of China[J]. Land Use Policy，2018，71：384-394.

[8] Stentoft J，Rajkumar C. The relevance of Industry 4.0 and its relationship with moving manufacturing out，back and staying at home[J]. International Journal of Production Research，2020，58：2953-2973.

[9] Bailey D，Glasmeier A，Tomlinson P R，et al. Industrial policy：new technologies and transformative innovation policies?[J]. Cambridge Journal of Regions，Economy and Society，2019，12：169-177.

[10] Vachadze G. Land market liberalization, transfer of agricultural technology, and the process of industrialization[J]. Land Use Policy, 2013, 35: 388-394.

[11] Krüger J J. Productivity and structural change: a review of the literature[J]. Journal of Economic Surveys, 2008, 22: 330-363.

[12] Ngai L R, Pissarides C A. Structural change in a multisector model of growth[J]. American Economic Review, 2007, 97: 429-443.

[13] Lai Y, Chen K, Zhang J, et al. Transformation of industrial land in urban renewal in Shenzhen, China[J]. Land, 2020, 9: 371.

[14] Li W, Wang D, Liu S, et al. Measuring urbanization-occupation and internal conversion of peri-urban cultivated land to determine changes in the peri-urban agriculture of the black soil region[J]. Ecological Indicators, 2019, 102: 328-337.

[15] Liu F, Zhang Z, Zhao X, et al. Chinese cropland losses due to urban expansion in the past four decades[J]. Science of the Total Environment, 2019, 650: 847-857.

[16] Li B C, Cao X S, Xu J B, et al. Spatial–temporal pattern and influence factors of land used for transportation at the county level since the implementation of the reform and opening-up policy in China[J]. Land, 2021, 10: 833.

[17] Zhao S D, Yan Y R, Han J. Industrial land change in Chinese Silk Road cities and its influence on environments[J]. Land, 2021, 10: 806.

[18] Peters M, Schneider M, Griesshaber T, et al. The impact of technology-push and demand-pull policies on technical change—does the locus of policies matter?[J]. Research Policy, 2012, 41: 1296-1308.

[19] Yao M C, Zhang Y H. Evaluation and optimization of urban land-use efficiency: a case study in Sichuan Province of China[J]. Sustainability, 2021, 13: 1771.

[20] Luo L, Zheng Z H, Luo J, et al.Spatial agglomeration of manufacturing in the Wuhan metropolitan area: an analysis of sectoral patterns and determinants[J]. Sustainability, 2020, 12: 8005.

[21] Fu Y H, Zhou T T, Yao Y Y, et al. Evaluating efficiency and order of urban land use structure: an empirical study of cities in Jiangsu, China[J]. Journal of Cleaner Production, 2021, 283: 124638.

[22] Meng F N, Liang X J, Xiao C L, et al. Integration of GIS, improved entropy and improved catastrophe methods for evaluating suitable locations for well drilling in arid and semi-arid plains[J]. Ecological Indicators, 2021, 131: 108124.

[23] Ma L B, Cui X J, Yao Y, et al. Gradient difference of structure of rural construction land in loess hilly region: a case study of Yuzhong County, Gansu Province, China[J]. Land, 2021, 10: 349.

[24] Zhang G, Zhang N, Liao W. How do population and land urbanization affect CO_2 emissions under gravity center change? A spatial econometric analysis[J]. Journal of Cleaner Production, 2018, 202: 510-523.

[25] Barrell J, Grant J. Detecting hot and cold spots in a seagrass landscape using local indicators of

spatial association[J]. Landscape Ecology，2013，28：2005-2018.

[26] Yang Y T，Jiang G H，Zheng Q Y，et al. Does the land use structure change conform to the evolution law of industrial structure？An empirical study of Anhui Province，China[J]. Land Use Policy，2019，81：657-667.

[27] Zhou Y，Lin H，Liu Y F，et al. A novel method to identify emerging technologies using a semi-supervised topic clustering model：a case of 3D printing industry[J]. Scientometrics，2019，120：167-185.

[28] Zhou Y，Zang J Y，Miao Z，et al. Upgrading pathways of intelligent manufacturing in China：transitioning across technological paradigms[J]. Engineering，2019，5：691-701.

第六章　构建新兴产业生态体系
——以知识产权保护为例

2016 年 11 月，国务院颁布《“十三五”国家战略性新兴产业发展规划》，我国多个省区市根据自身产业、科技和基础设施的比较优势，发布战略性新兴产业发展相关规划和促进政策，鼓励企业创新，将战略性新兴产业发展放在重要位置。伴随着全球新一轮科技革命浪潮，战略性新兴产业已进入由产业升级和技术创新主导的效率驱动模式①。知识能够促进技术进步，附加于新产品更大的价值，在“知识经济”时代，知识产权等无形资产在经济发展中发挥着越来越重要的作用[1]。

专利权是最能体现科技创新水平的工业知识产权，专利申请量的多少能够体现知识产权水平。本章基于战略性新兴产业上市企业数据，梳理了我国位于前十的省区市上市企业“十三五”期间战略性新兴产业专利申请总体情况及发明专利、实用新型专利、外观设计专利申请情况，对比分析了我国 31 个省区市（不含港澳台）及四大经济区战略性新兴产业的重点发展方向。

整体上看，“十三五”期间全国上市企业申请专利总数、发明专利总数、实用新型专利总数和外观设计专利总数较高的省区市均多集中在东部沿海地区和经济较发达地区，其中以广东省表现最为突出；西部地区、东北部地区上市企业申请专利数较少，不同省区市在专利申请数量上差距较大（表 6-1）。

表 6-1　“十三五”期间全国 31 个省区市上市企业申请专利数（单位：件）

省区市	专利总数	发明专利	实用新型专利	外观设计专利
北京市	68 444	45 136	19 131	4 177
天津市	7 028	4 084	2 424	520
河北省	3 318	1 381	1 599	338
山西省	1 644	646	750	248

①《中国战略性新兴产业集群的发展历程及特征》，https://www.ndrc.gov.cn/xxgk/jd/wsdwhfz/202103/t20210319_1269838.html?code=&state=123[2021-03-19]。

续表

省区市	专利总数	发明专利	实用新型专利	外观设计专利
内蒙古自治区	1 200	501	669	30
辽宁省	5 328	3 758	1 183	387
吉林省	1 761	798	829	134
黑龙江省	1 716	1 010	545	161
上海市	18 086	9 602	7 423	1 061
江苏省	39 022	17 447	19 062	2 513
浙江省	43 735	19 980	17 881	5 874
安徽省	15 866	8 363	5 954	1 549
福建省	14 227	6 917	5 926	1 384
江西省	5 200	1 672	3 219	309
山东省	50 210	33 650	14 923	1 637
河南省	10 243	4 337	5 152	754
湖北省	16 996	9 372	6 444	1 180
湖南省	10 818	5 304	4 933	581
广东省	147 276	87 979	48 181	11 116
广西壮族自治区	979	454	353	172
海南省	1 479	607	677	195
重庆市	1 934	940	919	75
四川省	11 122	5 322	4 906	894
贵州省	3 774	2 096	1 472	206
云南省	728	442	227	59
西藏自治区	388	287	84	17
陕西省	8 809	4 357	3 314	1 138
甘肃省	1 166	368	638	160
青海省	553	229	309	15
宁夏回族自治区	93	63	30	0
新疆维吾尔自治区	4 388	2 347	1 966	75

第一节 我国战略性新兴产业发展概况

战略性新兴产业是以重大技术突破和重大发展需求为基础，对经济社会全局和长远发展具有重大引领带动作用，知识技术密集、物质资源消耗少、成长潜力大、综合效益好的产业。发展战略性新兴产业是我国政府为应对全球经济危机并确立后危机时代国家竞争优势而提出的产业发展策略[1]。在诸多有利的政策支持下，近年来我国战略性新兴产业实现快速发展，充分发挥了经济高质量发展引擎作用。同时，产业发展呈现出重点领域发展壮大、新增长点涌现、创新能级跃升、竞争实力增强等诸多特点，形成了良好的发展局面①。

战略性新兴产业是新兴科技和新兴产业的深度融合，既代表着科技创新的方向，也代表着产业发展的方向，具有科技含量高、市场潜力大、带动能力强、综合效益好等特征。知识产权是科技发展的标志性成果，也是企业竞争力的核心体现。

知识产权是基于创造成果和工商标记依法产生的权利的统称，最主要的三种知识产权是著作权、专利权和商标权，其中专利权与商标权也被统称为工业产权。专利权是指国家根据发明人或设计人的申请，以向社会公开发明创造的内容，以及发明创造对社会具有符合法律规定的利益为前提，根据法定程序在一定期限内授予发明人或设计人的一种排他性权利。知识产权是战略性新兴产业实现创新驱动发展的主要支撑[2]。分析以专利为代表的知识产权有利于我们更好地了解我国战略性新兴产业发展脉络、发展特点和发展趋势。

本章对 1990~2020 年我国战略性新兴产业上市公司历年专利申请数量的变化进行梳理和分析，厘清我国战略性新兴产业领域知识产权的发展脉络。

一、发展历程

1990~2020 年我国战略性新兴产业领域上市公司的专利申请数量整体呈现增长趋势，其中 1990~2018 年逐年上升，2018~2020 年专利申请量出现下滑和负增长。2018~2020 年专利申请量下滑和负增长的原因主要是受国际环境变化、专利申请公开存在 6~18 个月滞后期等因素影响，并在一定程度上受到新冠疫情的影响。从专利的类型上来看，发明类专利的数量长期占据主导地位，实用新型类专利的数量其次，外观设计类专利的数量占比最小。

2016~2020 年我国战略性新兴产业领域上市公司专利申请量年均增长率逐年

① 资料来源：国家信息中心发布的《战略性新兴产业形势判断及“十四五”发展建议（上篇）》。

下降，但专利申请总量依然可观，即使在负增长的 2020 年专利申请量依然达到 57 867 件（图 6-1）。

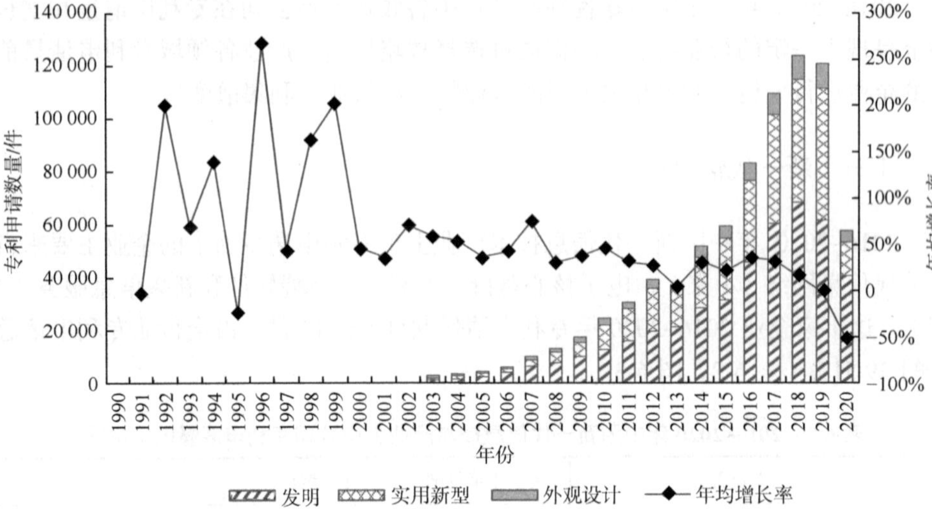

图 6-1 1990~2020 年中国战略性新兴产业上市公司专利申请数量及年均增长率

2016~2020 年中国战略性新兴产业各领域上市公司独立专利申请增长率整体呈下降趋势。从细分领域来看，2016~2018 年新能源汽车产业专利申请量增长率领跑战略性新兴产业。2018~2020 年受国际环境变化影响，加上专利统计公开存在一定的滞后期以及在一定程度上受到新冠疫情的影响，战略性新兴产业各领域专利申请量开始从低增长转为负增长（图 6-2）。

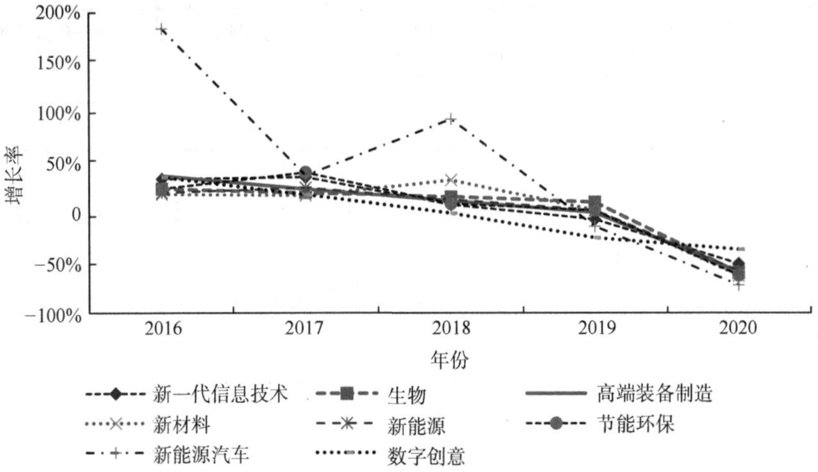

图 6-2 2016~2020 年中国战略性新兴产业各领域上市公司独立专利申请增长率

二、重点企业

2016~2020 年，中国战略性新兴产业中各领域上市公司在专利申请量和增长率上呈现出一定的行业特点。我们通过选择战略性新兴产业各领域专利申请量前十的企业进行分析，对比相关公司的行业特色和行业专利集散度[①]。

（一）新一代信息技术

2016~2020 年中国新一代信息技术产业上市专利申请量前十的企业主要来自下一代信息网络（4 家）、电子核心基础（4 家）、高端软件和新兴信息服务（2 家）。这十家企业 2016~2020 年专利申请量共计 96 815 件，占全行业专利申请总量的 39.51%（表 6-2、图 6-3）。

表 6-2　2016~2020 年中国新一代信息技术产业上市公司专利申请量前十企业

序号	企业名称	专利申请量/件	年均增长率	细分领域
1	浪潮电子信息产业股份有限公司	22 583	18.89%	下一代信息网络
2	中兴通讯股份有限公司	19 616	–45.45%	下一代信息网络
3	歌尔股份有限公司	12 976	–7.10%	电子核心基础
4	京东方科技集团股份有限公司	9 923	–5.66%	电子核心基础
5	比亚迪股份有限公司	8 185	–25.56%	电子核心基础
6	杭州海康威视数字技术股份有限公司	6 596	8.76%	下一代信息网络
7	天马微电子股份有限公司	4 696	129.62%	电子核心基础
8	浙江大华技术股份有限公司	4 471	45.44%	下一代信息网络
9	科大讯飞股份有限公司	4 095	85.93%	高端软件和新兴信息服务
10	紫光股份有限公司	3 674	8.64%	高端软件和新兴信息服务

专利申请量方面，有 3 家企业专利申请量在 10 000 件以上，分别是浪潮电子信息产业股份有限公司（22 583 件）、中兴通讯股份有限公司（19 616 件）、歌尔股份有限公司（12 976 件）。紫光股份有限公司（3674 件）专利申请量位居行业第 10 位。

① 资料来源：国泰安数据库、国家信息中心。

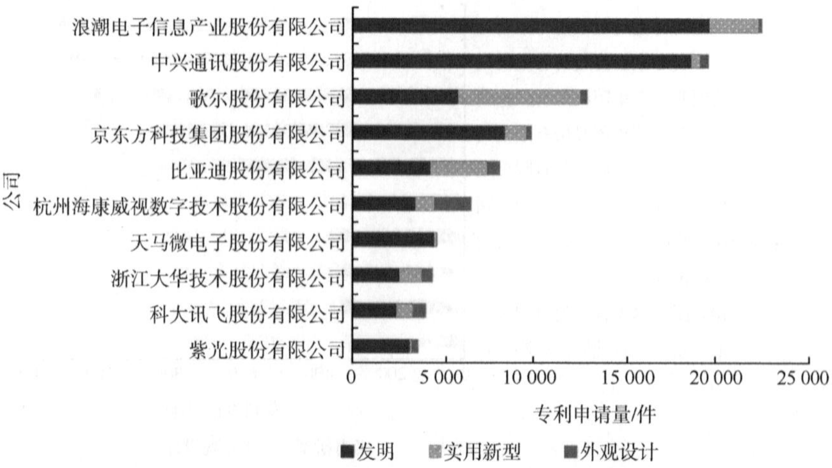

图 6-3　2016~2020 年中国新一代信息技术产业上市公司专利申请量前十企业

在年均增长率方面，天马微电子股份有限公司年均增长率达 129.62%，遥遥领先。排名第二、第三的是科大讯飞股份有限公司（85.93%）和浙江大华技术股份有限公司（45.44%）。中兴通讯股份有限公司（–45.45%）年均增长率低于其他 9 家企业。

（二）生物产业

2016~2020 年中国生物产业上市公司专利申请量前十的企业主要来自生物医药（6 家）和生物医学工程（4 家）领域。这 10 家企业 2016~2020 年专利申请量共计 8787 件，占全行业专利申请总量的 20.43%（表 6-3、图 6-4）。

表 6-3　2016~2020 年中国生物产业上市公司专利申请量前十企业

序号	企业名称	专利申请量/件	年均增长率	细分领域
1	四川科伦药业股份有限公司	1098	–23.88%	生物医药
2	延安必康制药股份有限公司	1074	–57.69%	生物医药
3	鲁信创业投资集团股份有限公司	1004	22.12%	生物医药
4	上海医药集团股份有限公司	836	–3.12%	生物医药
5	深圳传音控股股份有限公司	826	–45.03%	生物医药
6	广州金域医学检验集团股份有限公司	819	–7.90%	生物医学工程
7	深圳迈瑞生物医疗电子股份有限公司	814	–9.32%	生物医学工程
8	中国宝安集团股份有限公司	789	6.44%	生物医药
9	郑州安图生物工程股份有限公司	789	8.50%	生物医学工程
10	上海东富龙科技股份有限公司	738	–17.78%	生物医学工程

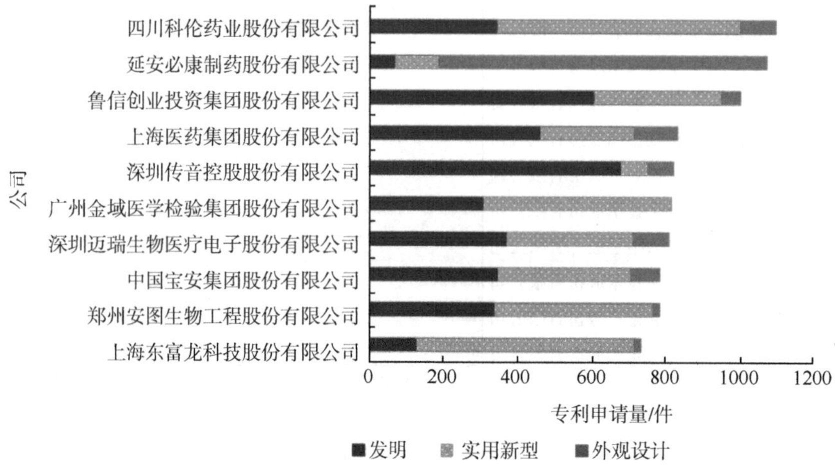

图 6-4　2016~2020 年中国生物产业上市公司专利申请量前 10 企业

在专利申请量方面，有三家企业申请量突破 1000 件，分别是四川科伦药业股份有限公司（1098 件）、延安必康制药股份有限公司（1074 件）、鲁信创业投资集团股份有限公司（1004 件）。上海东富龙科技股份有限公司（738 件）专利申请量位居行业第 10 位。

在年均增长率方面，鲁信创业投资集团股份有限公司年均增长率达 22.12%，有 7 家企业呈现负增长。延安必康制药股份有限公司（–57.69%）增长率低于其他 9 家企业。

（三）高端装备制造

2016~2020 年中国高端装备制造产业上市公司专利申请量前十的企业主要来自智能制造（3 家）、航空装备（3 家）、轨道交通装备（2 家）和海洋工程装备（2 家）等领域。这 10 家企业 2016~2020 年专利申请量共计 29 475 件，占全行业专利申请总量的 50.86%（表 6-4、图 6-5）。

表 6-4　2016~2020 年中国高端装备制造产业上市公司专利申请量前十企业

序号	企业名称	专利申请量/件	年均增长率	细分领域
1	中国中车股份有限公司	15 062	–14.53%	轨道交通装备
2	中国船舶重工股份有限公司	2 625	–2.66%	海洋工程装备
3	中国航发动力股份有限公司	2 491	23.42%	航空装备
4	中航航空电子系统股份有限公司	1 712	–11.20%	航空装备
5	无锡先导智能装备股份有限公司	1 694	43.37%	智能制造

续表

序号	企业名称	专利申请量/件	年均增长率	细分领域
6	中航工业机电系统股份有限公司	1 498	3.89%	航空装备
7	楚天科技股份有限公司	1 226	−11.77%	智能制造
8	沈阳新松机器人自动化股份有限公司	1 130	−3.27%	智能制造
9	中国国际海运集装箱（集团）股份有限公司	1 098	25.44%	海洋工程装备
10	青岛特锐德电气股份有限公司	939	−1.31%	轨道交通装备

在专利申请量方面，有一家企业突破 10 000 件，即中国中车股份有限公司（15 062 件），领先排名第二的中国船舶重工股份有限公司达 2625 件。青岛特锐德电气股份有限公司（939 件）专利申请量位居行业第 10 位。

在年均增长率方面，无锡先导智能装备股份有限公司以 43.37%的年均增长率位于行业首位，其他企业中有 6 家出现负增长。中国中车股份有限公司（−14.53%）增长率低于其他 9 家企业。

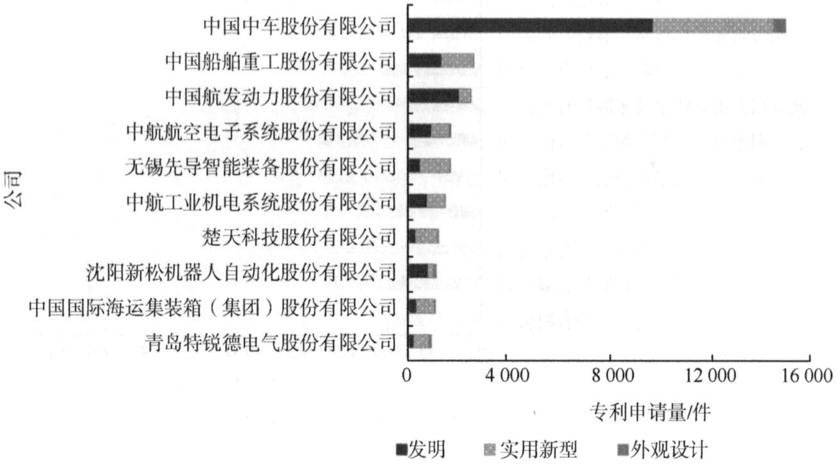

图 6-5　2016~2020 年中国高端装备制造产业上市公司专利申请量前十企业

（四）新材料

2016~2020 年中国新材料产业上市公司专利申请量前十的企业主要来自新型功能材料（7 家）、先进结构材料（2 家）、高性能复合材料（1 家）等领域。这 10 家企业 2016~2020 年专利申请量共计 7961 件，占全行业专利申请总量的 39.07%（表 6-5、图 6-6）。

表 6-5　2016~2020 年中国新材料产业上市公司专利申请量前十企业

序号	企业名称	专利申请量/件	年均增长率	细分领域
1	广东领益智造股份有限公司	1721	75.58%	新型功能材料
2	康得新复合材料集团股份有限公司	954	–9.01%	新型功能材料
3	中材科技股份有限公司	783	7.02%	高性能复合材料
4	北京东方雨虹防水技术股份有限公司	762	–22.10%	新型功能材料
5	湖南科力远新能源股份有限公司	692	18.83%	新型功能材料
6	英洛华科技股份有限公司	689	–11.74%	新型功能材料
7	金发科技股份有限公司	659	–11.61%	先进结构材料
8	厦门钨业股份有限公司	640	37.17%	新型功能材料
9	宁波杉杉股份有限公司	623	–10.72%	新型功能材料
10	东莞宜安科技股份有限公司	438	–19.14%	先进结构材料

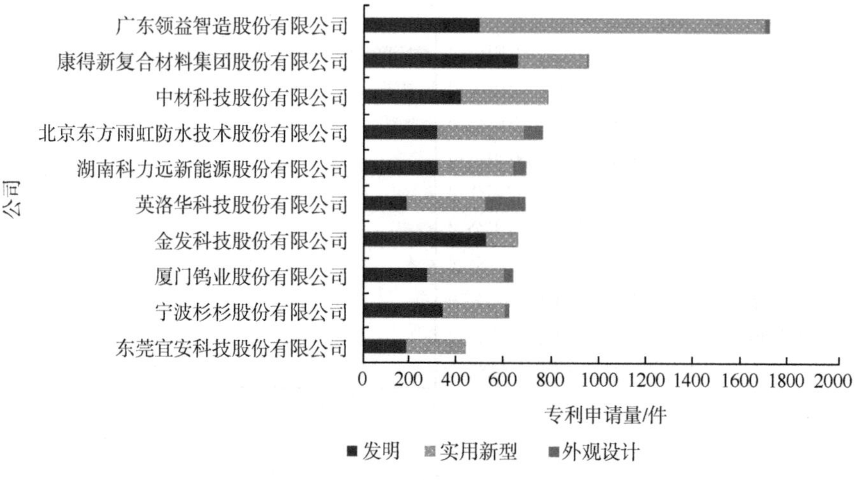

图 6-6　2016~2020 年中国新材料产业上市公司专利申请量前十企业

在专利申请量方面，有一家企业突破 1000 件，即广东领益智造股份有限公司（1721 件），领先排名第 2 的康得新复合材料集团股份有限公司达 954 件。东莞宜安科技股份有限公司（438 件）专利申请量位居行业第 10 位。在专利的类型方面，总体来看实用新型专利的占比超过了发明类专利。

在年均增长率方面，广东领益智造股份有限公司以 75.58%的年均增长率位居行业首位，其他企业中有 6 家出现了负增长。北京东方雨虹防水技术股份有限公司（–22.10%）增长率低于其他 9 家企业。

（五）新能源

2016~2020 年中国新能源产业上市公司专利申请量前十的企业主要来自智能电网（3 家）、太阳能（3 家）、核电技术（2 家）、风能（2 家）等领域。这 10 家企业 2016~2020 年专利申请量共计 18 519 件，占全行业专利申请总量的 46.48%（表 6-6、图 6-7）。

表 6-6　2016~2020 年中国新能源产业上市公司专利申请量前十企业

序号	企业名称	专利申请量/件	年均增长率	细分领域
1	上海电气集团股份有限公司	3382	7.23%	核电技术
2	新疆金风科技股份有限公司	3225	–25.27%	风能
3	长园科技集团股份有限公司	2214	–1.84%	智能电网
4	东方电气股份有限公司	1591	–20.35%	核电技术
5	泰豪科技股份有限公司	1520	16.66%	智能电网
6	河南森源电气股份有限公司	1478	26.48%	风能
7	宁波三星医疗电气股份有限公司	1353	22.99%	智能电网
8	隆基绿能科技股份有限公司	1349	44.39%	太阳能
9	深圳市汇川技术股份有限公司	1230	39.39%	太阳能
10	阳光电源股份有限公司	1177	5.35%	太阳能

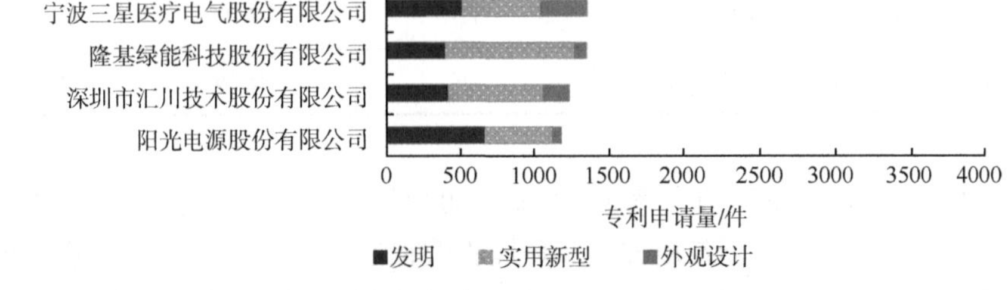

图 6-7　2016~2020 年中国新能源产业上市公司专利申请量前十企业

在专利申请量方面，有两家企业突破 3000 件，分别为上海电气集团股份有限公司（3382 件）、新疆金风科技股份有限公司（3225 件）。阳光电源股份有限公司（1177 件）申请量位居行业第 10 位。

在年均增长率方面，隆基绿能科技股份有限公司以 44.39%的年均增长率位居行业首位，行业整体呈正增长，但新疆金风科技股份有限公司（–25.27%）、长园科技集团股份有限公司（–1.84%）和东方电气股份有限公司（–20.35%）呈负增长。

（六）节能环保

2016~2020 年中国节能环保产业上市公司专利申请量前十的企业有 11 家，主要来自高效节能（6 家）、先进环保（3 家）、资源循环利用（2 家）等领域。这 11 家企业 2016~2020 年专利申请量共计 10 204 件，占全行业专利申请总量的 30.63%（表 6-7、图 6-8）。

表 6-7　2016~2020 年中国节能环保产业上市公司专利申请量前十企业

序号	企业名称	专利申请量/件	年均增长率	细分领域
1	山东新华医疗器械股份有限公司	1425	–13.61%	先进环保
2	浙江盾安人工环境股份有限公司	1274	14.97%	高效节能
3	深圳市洲明科技股份有限公司	1075	17.05%	高效节能
4	福建龙净环保股份有限公司	979	2.40%	先进环保
5	深圳拓邦股份有限公司	932	30.96%	高效节能
6	利亚德光电股份有限公司	846	3.15%	高效节能
7	启迪环境科技发展股份有限公司	814	15.96%	资源循环利用
8	格林美股份有限公司	721	3.96%	资源循环利用
9	鸿利智汇集团股份有限公司	716	–15.47%	高效节能
10	华灿光电股份有限公司	711	–7.11%	高效节能
11	北京碧水源科技股份有限公司	711	–18.39%	先进环保

在专利申请量方面，有三家企业突破 1000 件，分别为山东新华医疗器械股份有限公司（1425 件）、浙江盾安人工环境股份有限公司（1274 件）、深圳市洲明科技股份有限公司（1075 件）。华灿光电股份有限公司（711 件）和北京碧水源科技股份有限公司（711 件）专利申请量并列行业第 10 位。在专利申请类型上，区别于其他行业以发明专利为主，节能环保产业中实用新型类专利的占比超过了发明类专利。

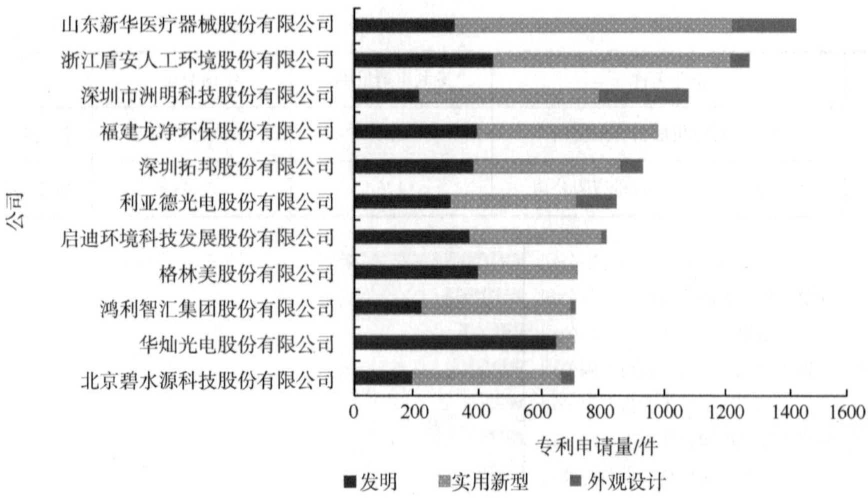

图 6-8　2016~2020 年中国节能环保产业上市公司专利申请量前十企业

在年均增长率方面，深圳拓邦股份有限公司以 30.96%的年均增长率位居行业首位，其他企业有 4 家企业呈现负增长。北京碧水源科技股份有限公司（–18.39%）增长率低于其他 10 家企业。

（七）新能源汽车

2016~2020 年中国新能源汽车产业上市公司专利申请量前十的企业专利申请量共计 7848 件，占全行业专利申请总量的 90.02%（表 6-8、图 6-9）。

表 6-8　2016~2020 年中国新能源汽车产业上市公司专利申请量前十企业

序号	企业名称	专利申请量/件	年均增长率	细分领域
1	国轩高科股份有限公司	3414	–38.26%	新能源汽车
2	宁德时代新能源科技股份有限公司	2001	–56.75%	新能源汽车
3	东旭光电科技股份有限公司	484	295.62%	新能源汽车
4	四川成飞集成科技股份有限公司	435	–39.68%	新能源汽车
5	绵阳富临精工股份有限公司	308	71.18%	新能源汽车
6	深圳市雄韬电源科技股份有限公司	280	560.35%	新能源汽车
7	深圳欣锐科技股份有限公司	265	–9.38%	新能源汽车
8	福建星云电子股份有限公司	248	86.05%	新能源汽车

续表

序号	企业名称	专利申请量/件	年均增长率	细分领域
9	江西特种电机股份有限公司	237	–62.32%	新能源汽车
10	南京越博动力系统股份有限公司	176	–71.43%	新能源汽车

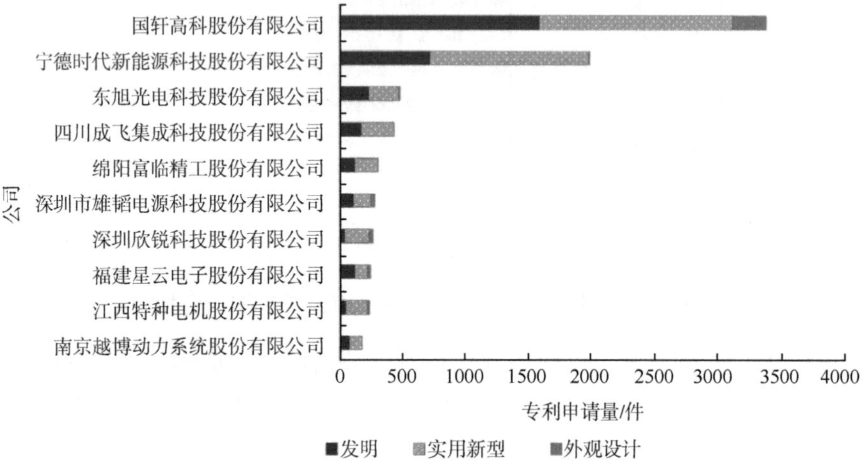

图 6-9 2016~2020 年中国新能源汽车产业上市公司专利申请量前十企业

在专利申请量方面，有两家企业突破 2000 件，分别为国轩高科股份有限公司（3414 件）和宁德时代新能源科技股份有限公司（2001 件）。南京越博动力系统股份有限公司（176 件）专利申请量位居行业第 10 位。

在年均增长率方面，深圳市雄韬电源科技股份有限公司（560.35%）和东旭光电科技股份有限公司（295.62%）遥遥领先于其他企业，同时其他企业中有 6 家呈现负增长。南京越博动力系统股份有限公司（–71.43%）增长率低于其他 9 家企业。

（八）数字创意

2016~2020 年中国数字创意产业上市公司专利申请量前十的企业来自数字内容（5 家）、数字创意装备（3 家）、设计服务（2 家）等领域。这 10 家企业 2016~2020 年专利申请量共计 31 354 件，占全行业专利申请总量的 80.78%（表 6-9、图 6-10）。

表 6-9　2016~2020 年中国数字创意产业上市公司专利申请量前十企业

序号	企业名称	专利申请量/件	年均增长率	细分领域
1	TCL 科技集团股份有限公司	23 161	−16.04%	数字创意装备
2	海信视像科技股份有限公司	3 474	−3.88%	数字创意装备
3	时代出版传媒股份有限公司	981	113.11%	数字内容
4	创维数字股份有限公司	957	−1.86%	数字创意装备
5	华东建筑集团股份有限公司	844	19.61%	设计服务
6	喜临门家具股份有限公司	561	−15.38%	数字内容
7	掌阅科技股份有限公司	434	−6.91%	数字内容
8	鸿合科技股份有限公司	359	−38.29%	数字内容
9	岭南生态文旅股份有限公司	313	31.88%	数字内容
10	河南省交通规划设计研究院股份有限公司	270	139.50%	设计服务

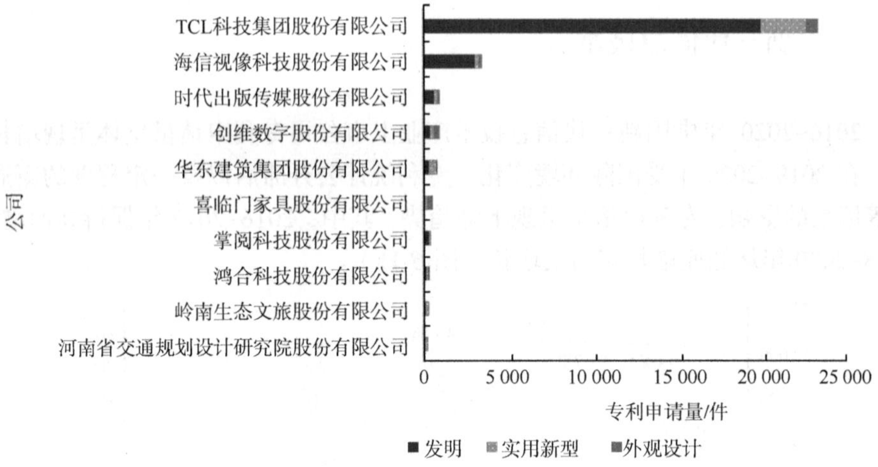

图 6-10　2016~2020 年中国数字创意产业上市公司专利申请量前十企业

在专利申请量方面，有两家企业突破 3000 件，分别是 TCL 科技集团股份有限公司（23 161 件）和海信视像科技股份有限公司（3474 件），具有绝对优势。河南省交通规划设计研究院股份有限公司（270 件）专利申请量位居行业第 10 位。

在年均增长率方面，河南省交通规划设计研究院股份有限公司（139.50%）和时代出版传媒股份有限公司（113.11%）位居行业前列，其他企业中有 6 家呈负增长。鸿合科技股份有限公司（−38.29%）增长率低于其他 9 家企业。

第二节　我国战略性新兴重点领域知识产权分析

“十三五”期间我国以区域发展总体战略为基础，以“一带一路”建设、京津冀协同发展、长江经济带发展为引领，形成沿海、沿江、沿线经济带为主的纵向横向经济轴带，塑造了要素有序自由流动、主体功能约束有效、基本公共服务均等、资源环境可承载的区域协调发展新格局①。“十三五”期间各区域基于国家的战略规划和自身特点发展区域经济，形成了差异化的产业结构和区域特色。分析以专利为代表的知识产权有利于从宏观层面深入了解我国战略性新兴产业的空间布局，解析各区域战略性新兴产业结构，预测区域经济和技术发展趋势。

本节重点分析“十三五”期间我国战略性新兴产业中新一代信息技术、生物、高端装备制造、新材料、新能源、节能环保、新能源汽车、数字创意等产业领域重点企业的知识产权发展情况②。

一、新一代信息技术

2016~2020 年中国新一代信息技术产业上市公司专利申请量整体呈现增长趋势，在 2019~2020 年受国际环境变化、专利统计公开滞后以及一定程度的新冠疫情等因素的影响，专利申请量呈现下降趋势。其中，2016~2017 年保持高速增长，2018~2020 年从低速增长转为负增长（图 6-11）。

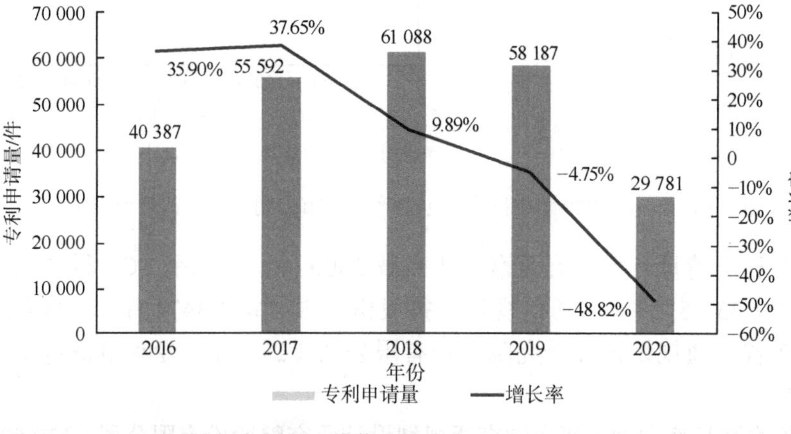

图 6-11　2016~2020 年中国新一代信息技术产业上市公司专利申请量与增长率

① 《“十三五”规划：推动区域协调发展》，http://www.gov.cn/xinwen/2016-03/05/content_5049482.htm [2016-03-05]。

② 资料来源：国泰安数据库。

2016~2020 年中国新一代信息技术产业上市公司专利申请量中前十企业专利申请量整体呈现低速增长，在 2016~2018 年逐年上升，2018~2020 年逐年下降，其中 2020 年出现大幅下降。非前十的企业专利申请量整体保持低速增长，2016~2018 年逐年上升，2019~2020 年开始下降（图 6-12）。

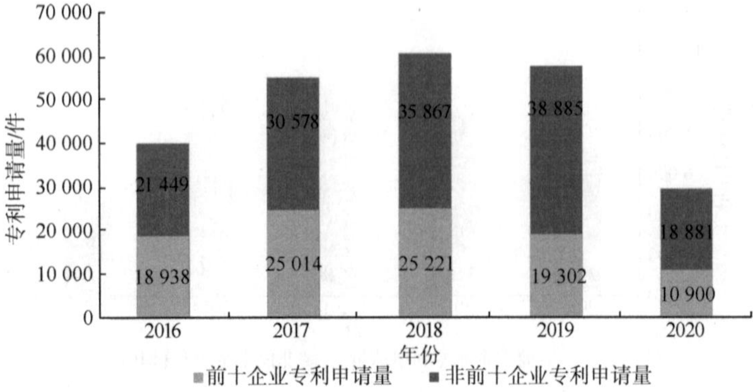

图 6-12　2016~2020 年中国新一代信息技术产业上市公司专利申请量对比

从行业贡献率来看，前十企业对行业的贡献率低于非前十企业，且前十企业的行业贡献率整体呈下降趋势。

二、生物

2016~2020 年中国生物产业上市公司专利申请量整体呈增长趋势，在 2019~2020 年受国际环境变化、专利统计公开滞后以及一定程度的新冠疫情等因素的影响，专利申请量呈现下降趋势。其中，2016 年为高速增长，2017~2019 年为中速增长，2020 年为负增长（图 6-13）。

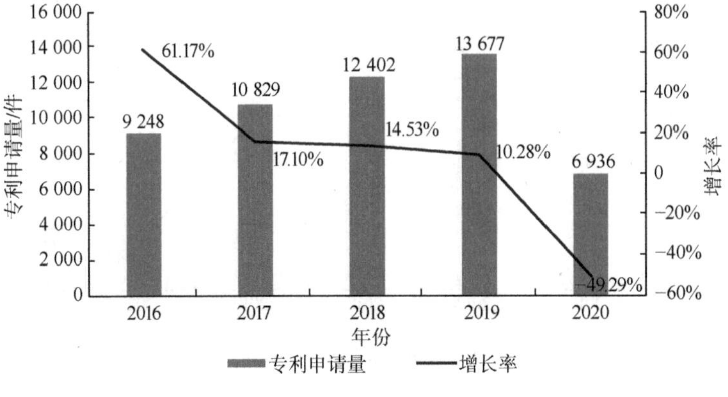

图 6-13　2016~2020 年中国生物产业上市公司专利申请量与增长率

2016~2020 年中国生物产业上市公司专利申请量中前十企业专利申请量整体呈现低速增长，在 2016~2019 年小幅上升，2019~2020 年开始下降，其中 2020 年出现大幅下降。非前十企业专利申请量整体为增长趋势，2016~2019 年逐年上升，2019~2020 年开始下降（图 6-14）。

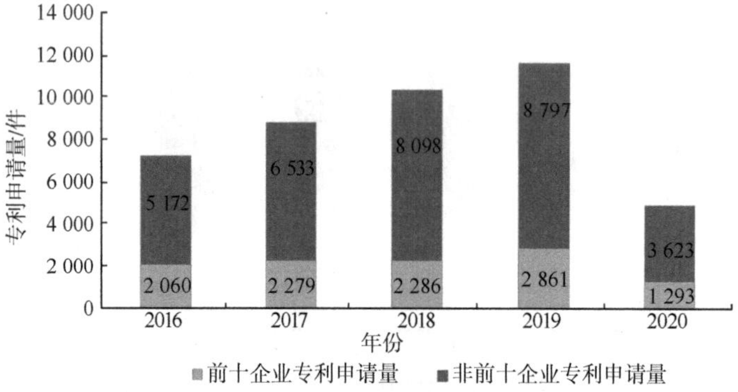

图 6-14　2016~2020 年中国生物产业上市公司专利申请量对比

从行业贡献率来看，前十企业对行业的贡献率低于非前十企业，且前十企业的行业贡献率呈下降趋势。

三、高端装备制造

2016~2020 年中国高端装备制造产业上市公司专利申请总量整体呈现增长趋势，在 2019~2020 年受国际环境变化、专利统计公开滞后以及一定程度的新冠疫情等因素的影响，专利申请量呈现下降趋势。其中，2016~2017 年保持高速增长，2018 年为中速增长，2019~2020 年从低速增长转为负增长（图 6-15）。

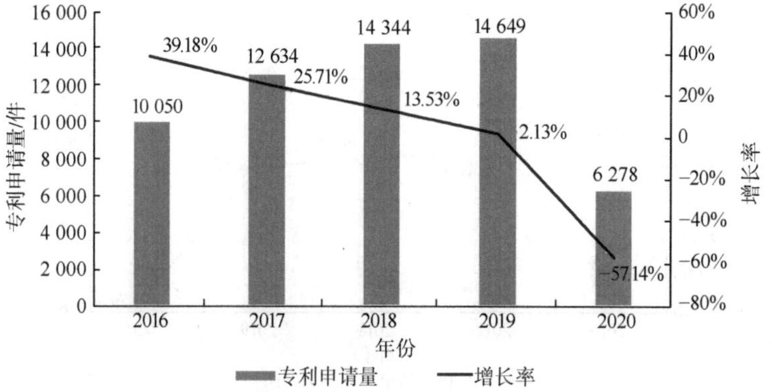

图 6-15　2016~2020 年中国高端装备制造产业上市公司专利申请量与增长率

2016~2020 年中国高端装备制造产业上市公司专利申请量中前十企业的专利申请量整体呈现低速增长，在 2016~2018 年小幅增长，2018~2020 年为呈下降趋势，其中 2020 年呈现大幅下降。非前十企业专利申请量整体保持低速增长，2016~2019 年逐年上升，2020 年开始下降（图 6-16）。

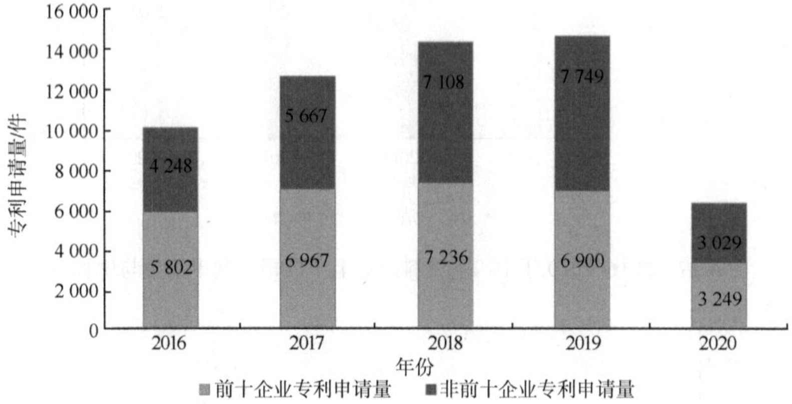

图 6-16　2016~2020 年中国高端装备制造产业上市公司专利申请量对比

从行业贡献率来看，前十企业对行业的贡献率在 2016~2018 年和 2020 年高于非前十企业，在 2019 年低于非前十企业。前十企业和非前十企业之间的差距逐渐缩小。

四、新材料

2016~2020 年中国新材料产业上市公司专利申请量整体呈现增长趋势，在 2019~2020 年受国际环境变化、专利统计公开滞后以及一定程度的新冠疫情等因素的影响，专利申请量呈现下降趋势。申请量在 2016~2019 年逐年上升，2020 年大幅下降。其中，2016 年和 2018 年保持高速增长，2017 年为中高速增长，2019~2020 年从低速增长转为负增长（图 6-17）。

2016~2020 年中国新材料产业上市公司专利申请量中前十企业的专利申请量整体呈现低速增长，在 2016~2019 年为逐年上升，2020 年为开始下降。非前十企业专利申请量整体呈现增长趋势在 2016~2018 年逐年上升，2019~2020 年开始有所下降，其中 2020 年出现大幅下降（图 6-18）。

从行业贡献率来看，前十企业的行业贡献率低于非前十企业，两者之间的差距逐渐扩大。

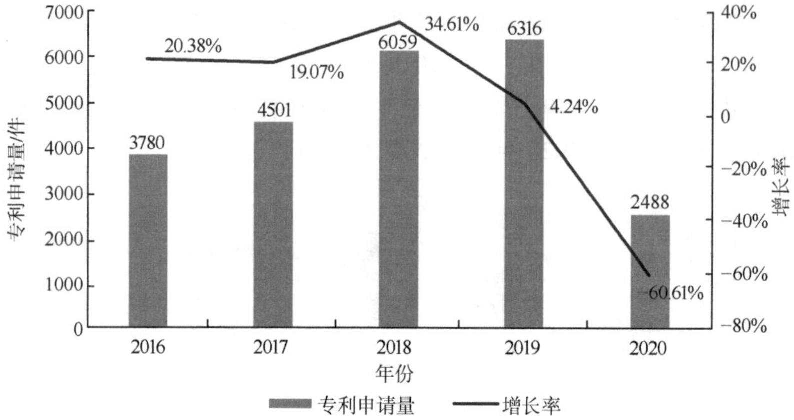

图 6-17　2016~2020 年中国新材料产业上市公司专利申请量与增长率

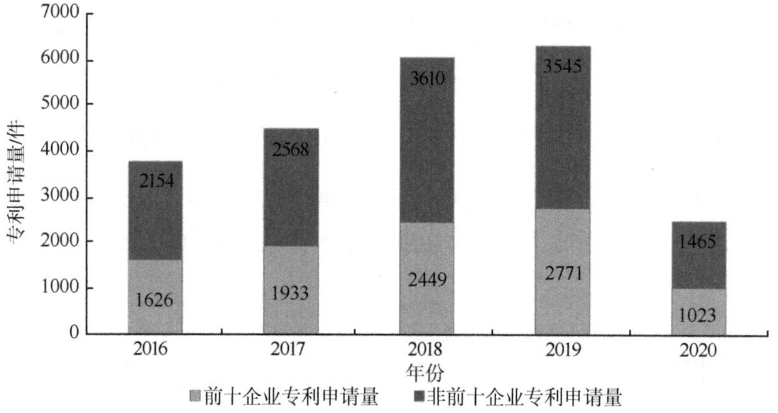

图 6-18　2016~2020 年中国新材料产业上市公司专利申请量对比

五、新能源

2016~2020 年中国新能源产业上市公司专利申请量整体呈现增长趋势，在 2019~2020 年受国际环境变化、专利统计公开滞后以及一定程度的新冠疫情等因素的影响，专利申请量呈现下降趋势。其中，2016 年为高速增长，2017 年为中高速增长，2018~2020 年从低速增长转为负增长（图 6-19）。

2016~2020 年中国新能源产业上市公司专利申请量中前十企业的专利申请量整体呈现低速增长，在 2016~2018 年逐年上升，2019~2020 年为开始下降。非前十企业的专利申请量整体呈现低速增长，在 2016~2017 年开始上升，2018~2020 年逐年下降，2020 年受疫情影响大幅下降（图 6-20）。

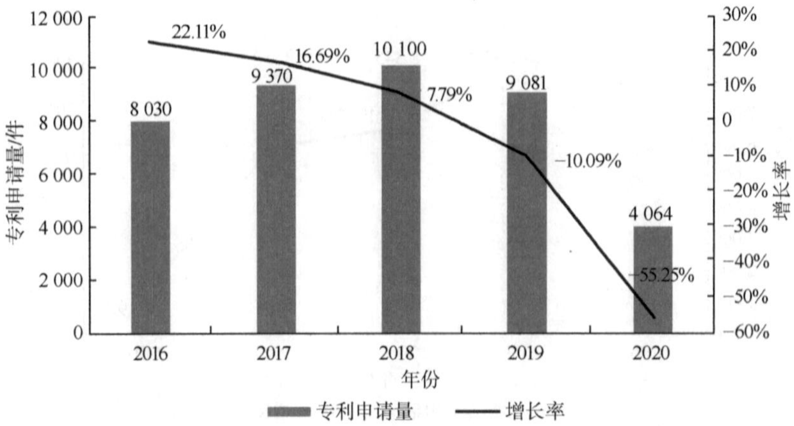

图 6-19　2016~2020 年中国新能源产业上市公司专利申请量与增长率

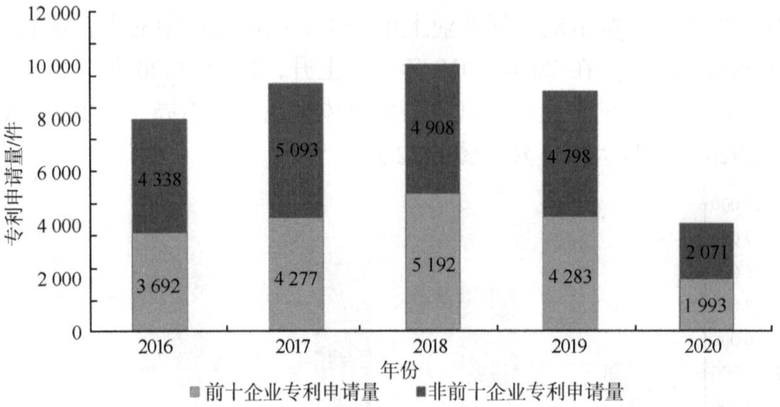

图 6-20　2016~2020 年中国新能源产业上市公司专利申请量对比

从行业贡献率来看，除 2018 年外，前十企业对行业的贡献率略低于非前十企业。

六、节能环保

2016~2020 年中国节能环保产业上市公司专利申请量整体呈现增长趋势，在 2019~2020 年受国际环境变化、专利统计公开滞后以及一定程度的新冠疫情等因素的影响，专利申请量呈现下降趋势。其中，2016~2017 年保持高速增长，2018~2020 年从低速增长转为负增长（图 6-21）。

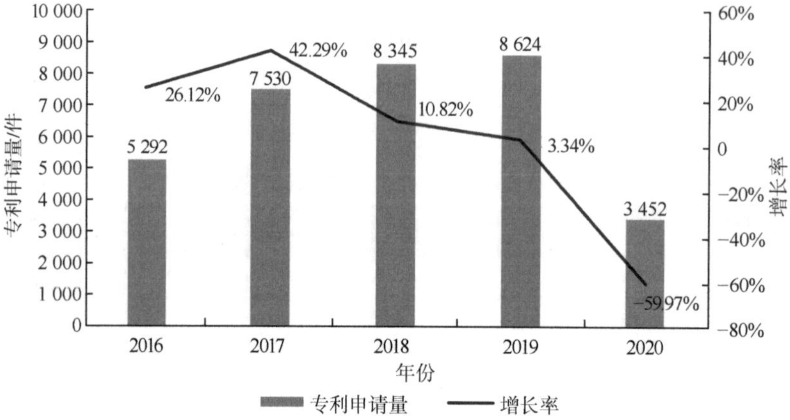

图 6-21　2016~2020 年中国节能环保产业上市公司专利申请量与增长率

2016~2020 年中国节能环保产业上市公司专利申请量中前十企业的专利申请量整体呈现增长趋势，在 2016~2018 年逐年上升，2019~2020 年开始下降，其中 2020 年大幅下降。非前十企业专利申请量整体呈现增长趋势，在 2016~2019 年逐年上升，2020 年出现大幅下降（图 6-22）。

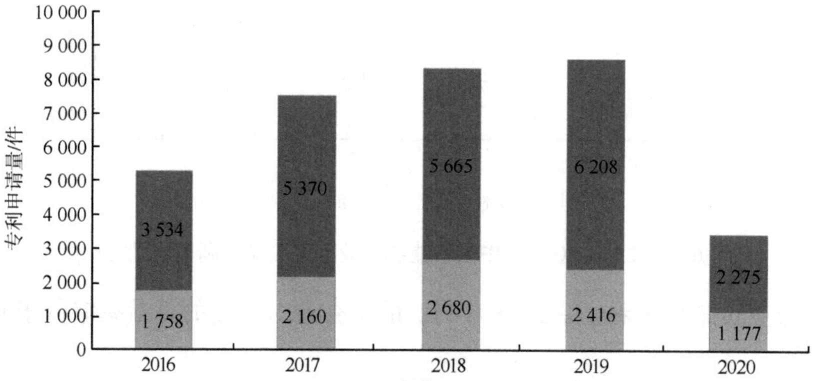

图 6-22　2016~2020 年中国节能环保产业上市公司专利申请量对比

从行业贡献率来看，前十企业的贡献率低于非前十企业，且两者之间的差距有扩大的趋势。

七、新能源汽车

2016~2020 年中国新能源汽车产业上市公司专利申请量整体呈现增长趋势，

2019~2020 年受国际环境变化、专利统计公开滞后以及一定程度的新冠疫情等因素的影响，专利申请量呈现下降趋势。其中，2016 年为超高速增长，2017~2018 年为高速增长，2019~2020 年转为负增长（图 6-23）。

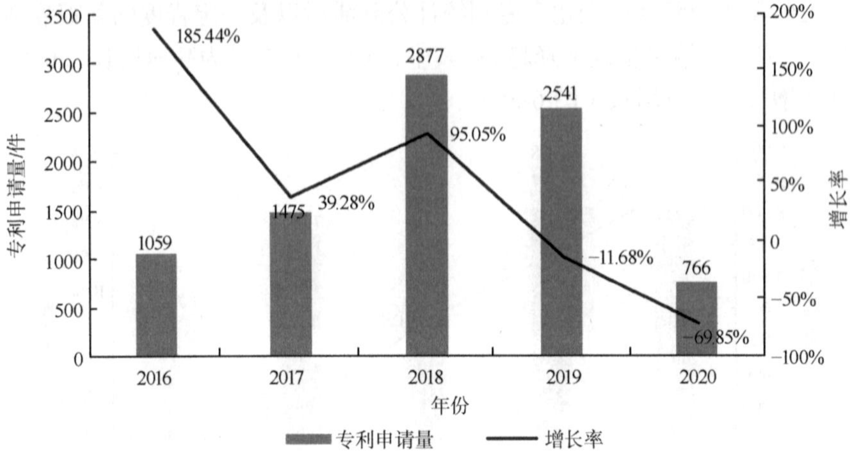

图 6-23　2016~2020 年中国新能源汽车产业上市公司专利申请量与增长率

2016~2020 年中国新能源汽车产业上市公司专利申请量中前十企业的专利申请量整体呈现增长趋势，2016~2018 年逐年上升，2019~2020 年开始下降，2020 年出现大幅下降。非前十企业的专利申请量整体呈现增长趋势，在 2016~2019 年逐年上升，2020 年出现大幅下降（图 6-24）。

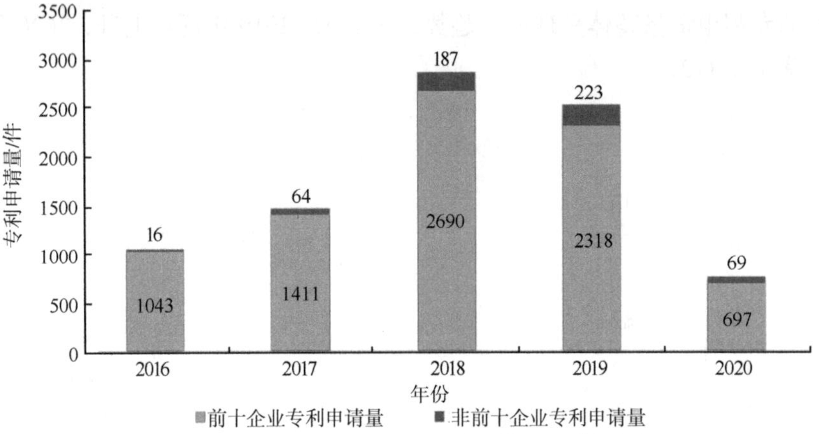

图 6-24　2016~2020 年中国新能源汽车产业上市公司专利申请量对比

从行业贡献率来看，前十企业在行业贡献率上占绝对优势。

八、数字创意

2016~2020 年中国数字创意产业上市公司专利申请量整体呈现增长趋势，在 2019~2020 年受国际环境变化、专利统计公开滞后以及一定程度的新冠疫情等因素的影响，专利申请量呈现下降趋势。其中，2016~2017 年为高速增长，2018~2020 年从低速增长转为负增长（图 6-25）。

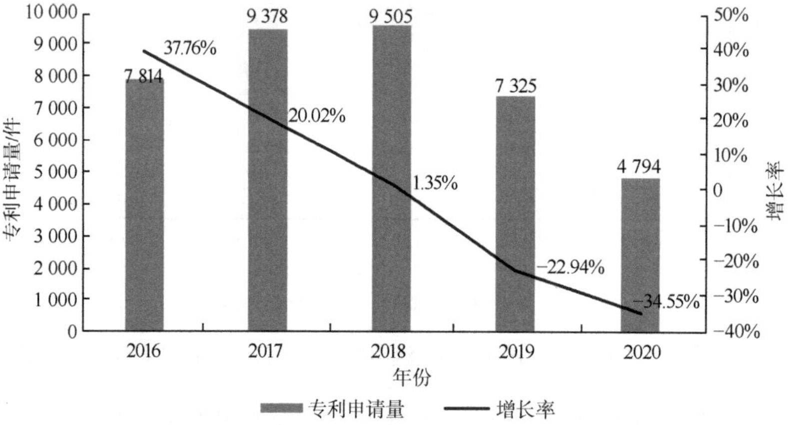

图 6-25　2016~2020 年中国数字创意产业上市公司专利申请量与增长率

2016~2020 年中国数字创意产业上市公司专利申请量中前十企业的专利申请量整体呈现低速增长，在 2016~2017 年开始上升，2018~2020 年逐年下降。非前十企业的专利申请量整体呈现增长趋势，在 2016~2019 年逐年上升，2020 年呈现大幅下降（图 6-26）。

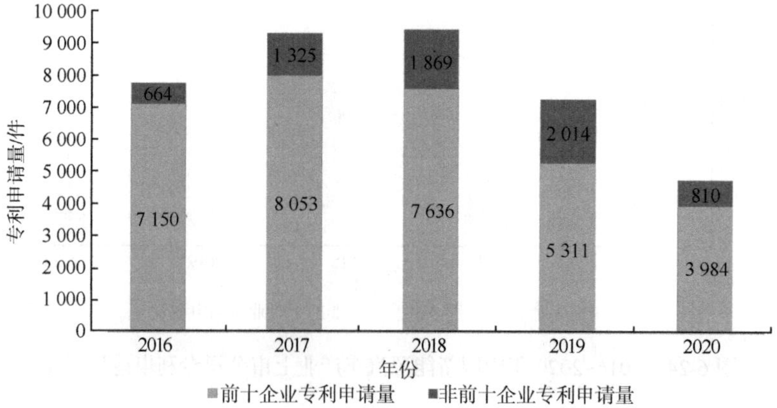

图 6-26　2016~2020 年中国数字创意产业上市公司专利申请量对比

从行业贡献率来看，前十企业在行业内的优势有所下降，但整体上保持绝对优势。

第三节　“十三五”期间战略性新兴产业专利申请前十省区市情况分析

一、情况分析

通过对2016年至2020年战略性新兴产业上市企业独立申请专利数据的分析，将全国各省区市“十三五”期间战略性新兴产业专利申请总数进行加总，将申请专利总数前十的省区市进行重点分析。“十三五”期间，全国上市企业战略性新兴产业申请专利总数位于前十的省区市分别为广东省、北京市、山东省、浙江省、江苏省、上海市、湖北省、安徽省、福建省和四川省。企业创新能力与当地经济活跃程度、经济总量等直接相关，因此申请专利总数较大的省区市多为东部经济发达地区。

“十三五”期间，全国上市企业战略性新兴产业申请专利总数共497 531件，比“十二五”期间的224 472件增加了121.65%（表6-10）。广东省上市企业申请专利总数始终位于全国首位，五年累计数达147 276件，占全国的29.60%。北京市位居第二，共68 444件，占比13.76%（图6-27）。山东省、浙江省、江苏省分别以50 210件、43 735件、39 022件位居第三至第五位，上海市、湖北省、安徽省、福建省和四川省申请专利总数均在20 000件以下，分别为第六至第十位。总体来说，经济活跃度高、经济总量大的省区市，往往更重视创新与研发投入，其上市企业申请专利总数也较高。

表6-10　“十三五”期间战略性新兴产业专利申请前十省区市总数（单位：件）

所在省区市	2016年	2017年	2018年	2019年	2020年	五年累计
广东省	26 974	35 002	35 890	33 665	15 745	147 276
北京市	13 061	14 817	15 792	16 066	8 708	68 444
山东省	7 422	12 602	12 203	11 226	6 757	50 210
浙江省	6 593	8 250	10 679	11 966	6 247	43 735
江苏省	5 872	8 133	10 134	10 387	4 496	39 022
上海市	2 596	3 765	4 226	5 149	2 350	18 086
湖北省	2 505	3 324	4 663	4 583	1 921	16 996

续表

所在省区市	2016 年	2017 年	2018 年	2019 年	2020 年	五年累计
安徽省	2 109	3 738	4 354	4 008	1 657	15 866
福建省	1 657	2 066	4 408	4 291	1 805	14 227
四川省	2 023	2 287	2 562	3 120	1 130	11 122
全国总计	83 644	110 122	124 315	121 583	57 867	497 531

资料来源：国泰安数据库

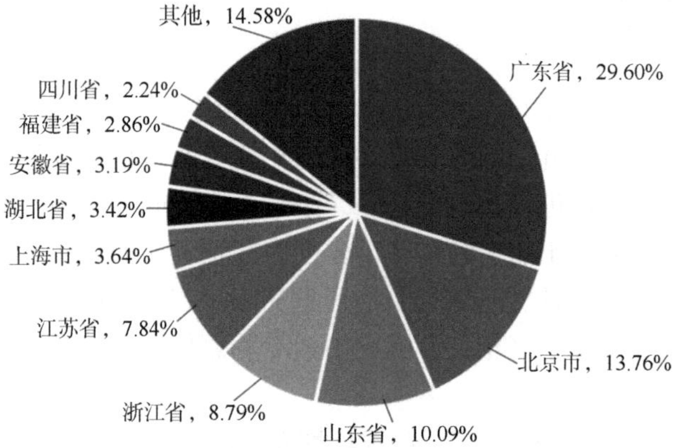

图 6-27 “十三五”期间战略性新兴产业专利申请前十省区市总数占比

因四舍五入，存在相加不为 100%情况

“十三五”期间，全国上市企业申请专利总数总体呈现先增后降趋势，在 2018 年达到最大值。2019 年，可能由于中美贸易摩擦影响，对外技术引进下降，部分战略性新兴产业产品关税提高，或由于专利数据库存在 18 个月左右的滞后期，因此近一年半的数据并不完整，会导致这一期间专利申请量被低估。除四川省、上海市外，其他前十省市的上市企业申请专利总数增长率均有下降，广东省、山东省、湖北省、安徽省、福建省这五个省的增长率均为负值。2020 年，新冠疫情暴发，经济环境恶化，企业运营资金受限，申请专利的能力和积极性下降，再加上专利申请年限存在滞后期，前十省区市上市企业申请专利总数及增长率均有较大程度下降（表 6-11）。

表 6-11 “十三五”期间战略性新兴产业专利申请前十省区市总数增长率

所在省区市	2016 年	2017 年	2018 年	2019 年	2020 年	五年平均
广东省	34.99%	29.76%	2.54%	–6.20%	–53.23%	–10.21%
北京市	54.49%	13.44%	6.58%	1.74%	–45.80%	–7.79%

续表

所在省区市	2016 年	2017 年	2018 年	2019 年	2020 年	五年平均
山东省	26.89%	69.79%	–3.17%	–8.01%	–39.81%	–1.86%
浙江省	37.04%	25.13%	29.44%	12.05%	–47.79%	–1.07%
江苏省	13.73%	38.50%	24.60%	2.50%	–56.72%	–5.20%
上海市	68.79%	45.03%	12.24%	21.84%	–54.36%	–1.97%
湖北省	34.68%	32.69%	40.28%	–1.72%	–58.08%	–5.17%
安徽省	42.11%	24.68%	113.36%	–2.65%	–57.94%	1.73%
福建省	57.86%	77.24%	16.48%	–7.95%	–58.66%	–4.71%
四川省	1.15%	13.05%	12.02%	21.78%	–63.78%	–10.99%
全国总计	33.55%	31.66%	12.89%	–2.20%	–52.41%	–7.10%

资料来源：国泰安数据库

二、“十三五”期间战略性新兴产业专利申请前十省区市发明专利、实用新型专利、外观设计专利情况分析

发明专利是指对产品、方法或者其改进所提出的新的技术方案的专利，具有新颖性、创造性和实用性，能够更加客观地度量企业创新能力。“十三五”期间，全国上市企业战略性新兴产业申请发明专利数较高的省区市，同样多集中在东部经济发达地区。其中，广东省始终位于全国首位，五年累计数达 87 979 件，北京市位居第二，共 45 136 件，山东省位居第三，共 33 650 件（表 6-12）。

表 6-12　“十三五”期间战略性新兴产业专利申请前十省区市申请发明专利数量

所在省区市	2016 年/件	2017 年/件	2018 年/件	2019 年/件	2020 年/件	五年累计/件	平均增长率
广东省	17 940	21 612	20 590	17 112	10 725	87 979	–9.78%
北京市	8 387	9 813	10 440	9 674	6 822	45 136	–4.05%
山东省	4 607	8 073	8 418	7 030	5 522	33 650	3.69%
浙江省	2 422	3 146	4 484	5 622	4 306	19 980	12.2%
江苏省	2 455	3 440	4 581	4 130	2 841	17 447	2.96%
上海市	1 241	1 804	2 140	2 746	1 671	9 602	6.13%
湖北省	1 324	1 808	2 566	2 388	1 286	9 372	–0.58%
安徽省	995	1 869	2 416	1 915	1 168	8 363	3.26%

续表

所在省区市	2016 年/件	2017 年/件	2018 年/件	2019 年/件	2020 年/件	五年累计/件	平均增长率
福建省	815	965	2 147	1 924	1 066	6 917	5.52%
四川省	875	1 040	1 281	1 382	744	5 322	–3.19%
全国总计	47 031	60 907	69 086	61 782	40 643	279 449	–2.88%

资料来源：国泰安数据库

“十三五”期间，全国上市企业战略性新兴产业申请发明专利数总体呈现先增后降趋势，在 2018 年达到最大值。中美贸易摩擦、专利申请年限滞后期和新冠疫情同样对发明专利申请数量造成了较大影响，导致 2019 年至 2020 年，前十省区市中多数增长率均为负值。这一影响也显著拉低了各省区市“十三五”期间的平均增长率，广东省、北京市、湖北省及四川省的五年平均增长率均为负值（图 6-28）。

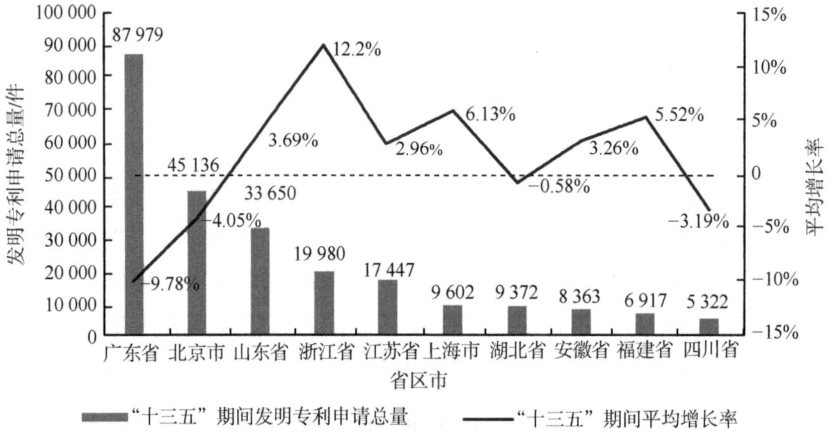

图 6-28 “十三五”期间战略性新兴产业专利申请前十省区市申请发明专利数量

“十三五”期间，全国上市企业申请的发明专利数量最多，为 279 449 件，实用新型专利数量次之，为 181 123 件，外观设计专利数量较少，仅有 36 959 件（表 6-13）。发明专利数量约为实用新型专利数量的 1.5 倍，外观设计专利数量的 7.6 倍（图 6-29）。表明企业更愿意在新的技术方案上进行研发和创新，从而形成自身的技术优势。

表 6-13 “十三五”期间战略性新兴产业专利申请前十省区市申请不同种类专利数量

所在省区市	发明专利五年累计量/件	实用新型专利五年累计量/件	外观设计专利五年累计量/件
广东省	87 979	48 181	11 116

续表

所在省区市	发明专利五年累计量/件	实用新型专利五年累计量/件	外观设计专利五年累计量/件
北京市	45 136	19 131	4 177
山东省	33 650	14 923	1 637
浙江省	19 980	17 881	5 874
江苏省	17 447	19 062	2 513
上海市	9 602	7 423	1 061
湖北省	9 372	6 444	1 180
安徽省	8 363	5 954	1 549
福建省	6 917	5 926	1 384
四川省	5 322	406	894
全国总计	279 449	181 123	36 959

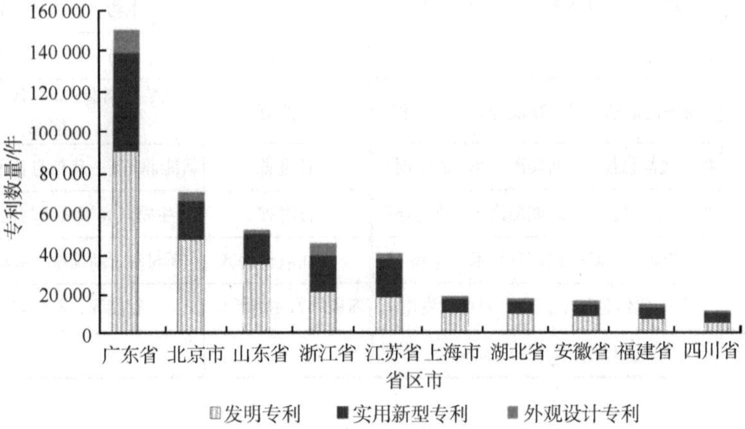

图 6-29　“十三五”期间战略性新兴产业专利申请前十省区市申请不同种类专利数量

第四节　产业聚集区战略性新兴知识产权结构特征

《“十三五”国家战略性新兴产业发展规划》提出，要坚持产业集聚，集约集聚是战略性新兴产业发展的基本模式。“十三五”期间，战略性新兴产业重点领域实现全面发展，并呈现集聚发展特征。通过比较我国 31 个省区市（不含港澳台）及京津冀城市群、长三角地区、珠三角地区、成渝经济区四大经济区上市企业（以企业注册地为准）在八大战略性新兴领域的申请专利总数，可以看出不同省区市和区域的发展重点与知识产权结构特征（表 6-14）。

表 6-14　“十三五”期间 31 个省区市（不含港澳台）优先发展领域

所在省区市	优先发展领域（前三）	所在省区市	优先发展领域（前三）
北京市	新一代信息技术，高端装备制造，节能环保	湖北省	新一代信息技术，高端装备制造，节能环保
天津市	新一代信息技术，生物，新能源	湖南省	新一代信息技术，高端装备制造，新材料
河北省	新能源，新一代信息技术，新能源汽车	广东省	新一代信息技术，数字创意，生物
山西省	新材料，新能源，生物	广西壮族自治区	节能环保，生物，新一代信息技术
内蒙古自治区	生物，新材料，节能环保	海南省	新材料，生物，数字创意
辽宁省	新一代信息技术，高端装备制造，新能源	重庆市	生物，高端装备制造，节能环保
吉林省	生物，新材料，新一代信息技术	四川省	新能源，生物，新一代信息技术
黑龙江省	高端装备制造，生物，新一代信息技术	贵州省	新一代信息技术，新能源，数字创意
上海市	新一代信息技术，新能源，生物	云南省	生物，新材料，新能源
江苏省	新一代信息技术，高端装备制造，新能源	西藏自治区	生物，新一代信息技术，新能源
浙江省	新一代信息技术，新能源，节能环保	陕西省	高端装备制造，新一代信息技术，新能源
安徽省	新一代信息技术，新能源汽车，数字创意	甘肃省	新能源，新一代信息技术，数字创意
福建省	新一代信息技术，新能源汽车，节能环保	青海省	生物，高端装备制造，新材料
江西省	新能源，新一代信息技术，生物	宁夏回族自治区	新材料，新能源，高端装备制造
山东省	新一代信息技术，数字创意，生物	新疆维吾尔自治区	新能源，新材料，生物
河南省	新一代信息技术，新能源，高端装备制造		

31 个省区市（不含港澳台）知识产权的重点发展领域差距较大，呈现较为明显的区域特征。新一代信息技术产业共有 23 个省区市将其作为优先发展领域，数量最多，以东部沿海省市及中部经济较发达地区为主。生物产业共有 17 个省区市将其作为优先发展领域，以西部地区为主。新能源产业共有 17 个省区市将其作为优先发展领域，以西部地区为主。高端装备制造产业共有 11 个省区市将其作为优先发展领域，以东北部地区及中部地区为主。新材料产业共有 9 个省区市将其作为优先发展领域，以西部地区为主。节能环保产业共有 7 个省区市将其作为优先发展领域，分布较为分散，包括东部、中部、西部部分省区市。数字创意产业共有 6 个省区市将其作为优先发展领域，分散分布在我国东部、西部地区。新能源汽车产业共有 3 个省区市将其作为优先发展领域，数量较少，均在东部地区。

一、京津冀城市群

京津冀城市群是中国北方经济的重要核心区，包括北京市、天津市两大直辖市，河北省的张家口市、承德市、秦皇岛市、唐山市、沧州市、衡水市、廊坊市、保定市、石家庄市、邢台市、邯郸市等 11 个地级市和定州市、辛集市 2 个省直管市以及河南省的安阳市。根据中共中央政治局 2015 年审议通过的《京津冀协同发展规划纲要》，京津冀城市群要形成以首都为核心的世界级城市群、区域整体协同发展改革引领区、全国创新驱动经济增长新引擎、生态修复环境改善示范区，核心是有序疏解北京非首都功能，在京津冀交通一体化、生态环境保护、产业升级转移等重点领域率先取得突破。

京津冀城市群战略性新兴产业上市企业申请专利涵盖八个战略性新兴领域，各领域间申请专利总数差别较大。京津冀城市群在新一代信息技术、高端装备制造、节能环保三个产业重点布局，其中新一代信息技术和高端装备制造产业申请专利数量较多，占比分别达 48.54%和 29.86%。其他产业也有布局，但数量相对较少，节能环保、新能源、生物、新材料、数字创意、新能源汽车产业申请专利总数共占比 21.60%（图 6-30）。

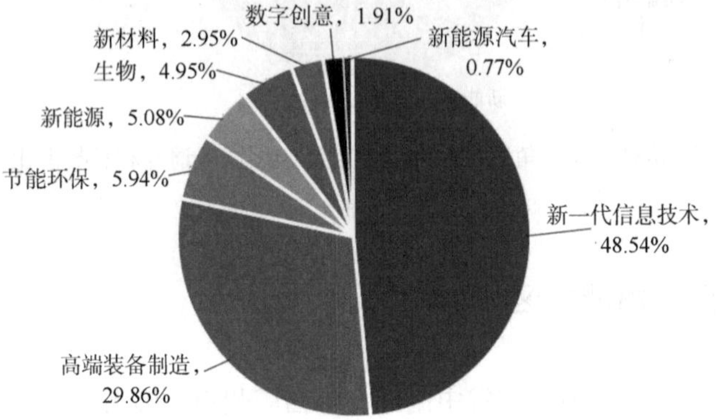

图 6-30　京津冀城市群八大战略性新兴领域申请专利总数占比

二、长江三角洲地区

长三角地区位于中国长江下游，包括上海市、江苏省、浙江省、安徽省等共 41 个城市，是中国经济发展最活跃、开放程度最高、创新能力最强的区域之一。2019 年 12 月 1 日，中共中央、国务院印发了《长江三角洲区域一体化发展规划纲要》，将长三角地区建设成为全国发展强劲活跃增长极、全国高质量发展样板区，率先基本实现现代化引领区，为全国其他区域一体化发展提供示范，打造新时代改革开放新高地。

长三角地区战略性新兴产业上市企业申请专利涵盖八个战略性新兴领域，各领域间申请专利总数整体较京津冀地区更为均衡。长三角地区在新一代信息技术、新能源、高端装备制造产业重点布局，其中新一代信息技术（45 325 件）申请专利数量最多，占比达 48.25%，新能源（11 737 件）、高端装备制造（10 928 件）产业位列第二、第三位，占比为 12.50%和 11.63%。其他领域数量较少，但发展较均衡，生物（7441 件）、节能环保（6043 件）、数字创意（4988 件）、新材料（3881 件）、新能源汽车（3590 件）产业申请专利总数共占比 27.62%（图 6-31）。

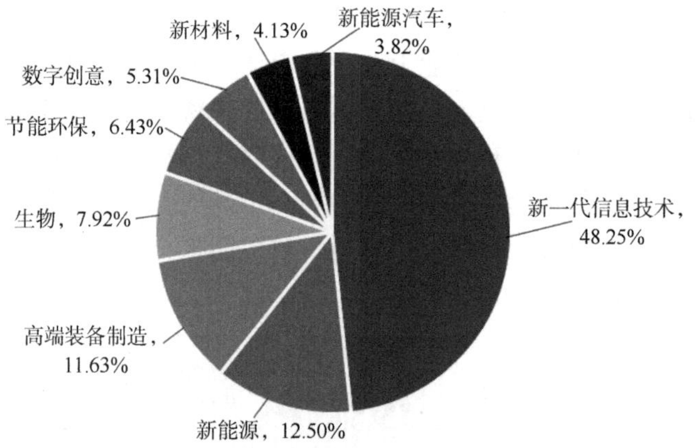

图 6-31　长三角地区八大战略性新兴领域申请专利总数占比

因四舍五入，存在相加不为 100%情况

三、珠江三角洲地区

珠三角地区位于中国广东省中南部，包括广州市、佛山市、肇庆市、深圳市、东莞市、惠州市、珠海市、中山市、江门市等九个城市，拥有全球影响力的先进制造业基地和现代服务业基地、全国科技创新与技术研发基地，是中国参与经济全球化的主体区域、全国经济发展的重要引擎。国务院批准的《珠江三角洲地区改革发展规划纲要（2008—2020 年）》，提出将珠三角地区建设成为探索科学发展模式试验区、深化改革先行区、扩大开放的重要国际门户，打造成为世界先进制造业和现代服务业基地与带动全国发展的重要经济中心。

珠三角地区战略性新兴产业上市企业申请专利涵盖八个战略性新兴领域，各领域间申请专利总数差别明显。珠三角地区在新一代信息技术、数字创意、节能环保产业重点布局，其中新一代信息技术（81 091 件）产业申请专利数量最多，占比达 56.27%，数字创意（24 751 件）产业申请专利数量位于第二，占比达 17.18%。其他领域数量较少，但发展相对均衡，节能环保（9377 件）、生物（8852 件）、新能源（8489 件）、高端装备制造（5680 件）、新材料（4647 件）和新能源汽车（1222 件）产业申请专利总数共占比 26.55%（图 6-32）。

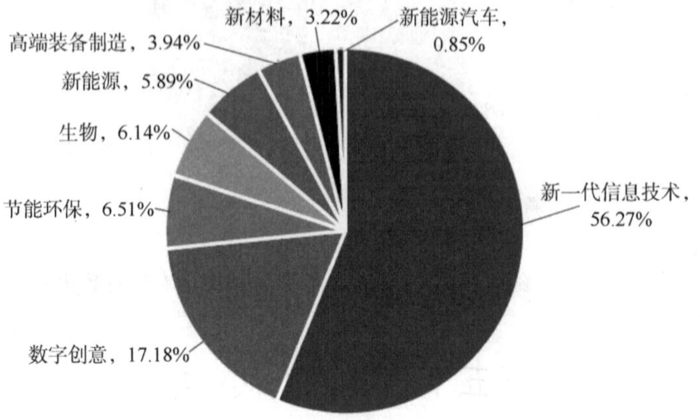

图 6-32　珠三角地区八大战略性新兴领域申请专利总数占比

四、成渝经济区

成渝经济区以成都市和重庆市为核心城市，包括四川省的 15 个市和重庆市主城等不同规模等级的城市，自然禀赋优良，产业基础较好，是西部地区重要的经济中心。成渝经济区正成为战略性新兴产业新增长极，有力支撑了中西部地区经济转型升级。2021 年 10 月，中共中央、国务院印发了《成渝地区双城经济圈建设规划纲要》，提出要把成渝地区建设成为具有全国影响力的重要经济中心、科技创新中心、改革开放新高地、高品质生活宜居地，打造带动全国高质量发展的重要增长极和新的动力源。

成渝经济区战略性新兴产业上市企业申请专利涵盖八个战略性新兴领域，总数在全国四大经济区中排第四，但区域内产业布局最为均衡。和其他经济区相比，在产业发展重心上呈现出较明显的区域特色。成渝经济区在生物、新能源、新一代信息技术产业重点布局，其中生物产业（2918 件）与新能源产业（2908 件）申请专利总数较高，占比为 22.98%和 22.90%，新一代信息技术产业（2304 件）申请专利数量位列第三，占比 18.15%。其他领域数量较少，但发展相对均衡，高端装备制造（1179 件）、节能环保（1256 件）、数字创意（1104 件）、新材料（593

件）和新能源汽车（435 件）产业申请专利总数共占比 35.97%（图 6-33）。

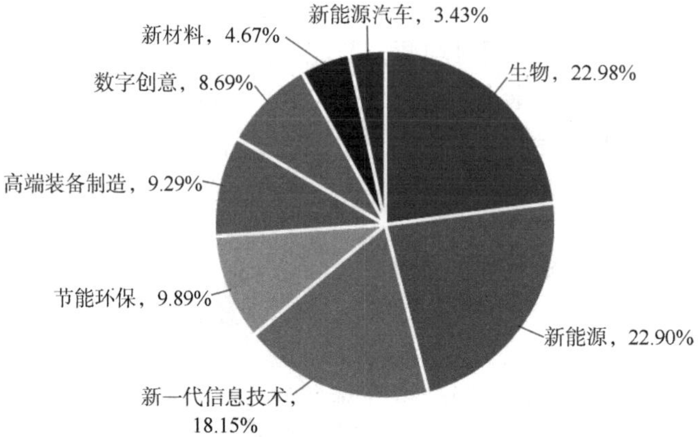

图 6-33　成渝经济区八大战略性新兴领域申请专利总数比例

第五节　本 章 小 结

本章从产业发展角度梳理了“十三五”期间我国战略性新兴产业在专利申请量方面的发展情况。

“十三五”期间我国战略性新兴产业专利申请量整体呈现增长趋势，2019~2020 年受国际环境变化、新冠疫情、专利申请公开滞后等因素的影响，专利申请量出现下滑和负增长。“十三五”期间，新一代信息技术产业的专利申请总量位居战略性新兴产业首位，新能源汽车产业专利申请量增长率领跑我国战略性新兴产业。

从细分产业来看，新能源汽车、数字创意等领域的前十企业专利申请量在行业占据绝对优势，新一代信息技术、高端装备制造、新能源等领域的前十企业专利申请量具有较大优势，生物、新材料、节能环保等领域的非前十企业专利申请量在行业占据绝对优势。

“十三五”期间，全国各省区市上市企业都在积极强化技术创新能力建设，加大研究开发的投入力度，推动战略性新兴产业发展。申请专利总数有明显的地区差异，总数较大的省区市多为东部经济发达地区。同时，受中美贸易摩擦及疫情影响，全国上市企业申请专利数总体呈现先增后降趋势。各省区市知识产权的重点发展领域区别较大，呈现较为明显的区域特征。东部沿海省市及中部经济较发达省区市多将新一代信息技术产业作为重点发展领域，西部地区则重点发展生物产业和新能源产业。

各省区市在发展战略性新兴产业的过程中，政府应明确地方比较优势，根据产业实际情况有选择地加以应用，建立相适应的政府协同治理体系，创新运行机制，营造有利市场环境，深入实施战略性新兴产业分区域、分领域专利导航，实现专利发展战略宏观与微观相结合，将专利信息与产业现状、发展趋势、政策环境、市场竞争等信息深度融合，明晰产业发展方向，找准区域产业定位，指出优化产业创新资源配置的具体路径。

总体而言，战略性新兴产业八大领域蓬勃发展，区域产业格局更趋优化，总体发展态势良好，已成为区域经济重要增长极，并持续驱动经济转型升级。《中华人民共和国国民经济和社会发展第十四个五年规划和2035年远景目标纲要》提出，要“发展壮大战略性新兴产业”，“构筑产业体系新支柱”，“前瞻谋划未来产业”，形成特色突出、优势互补、结构合理的产业发展格局，提升我国在全球产业链价值链中的地位和竞争力，促进经济行稳致远。

参考文献

[1] 霍国庆. 战略性新兴产业的研究现状与理论问题分析[J]. 山西大学学报（哲学社会科学版），2012，35（3）：229-239.

[2] 高敏. 知识产权能力发展对策研究——以战略性新兴产业为例[J]. 现代商贸工业，2021，42（30）：13-14.

[3] 邹强，王景. 提升专利运用水平 助力经济发展[J]. 中国集体经济，2021，（26）：29-31.

[4] 李晓燕. 专利对经济发展的贡献度分析[J]. 统计与决策，2019，35（20）：117-120.

第三篇　区域发展与治理篇

第七章　全国新兴产业发展经验及启示

当前战略性新兴产业呈现推进措施有力、发展势头强劲、创新体系强化、开放发展升级的局面，高质量发展特征突出，发展成绩优异。

第一节　重大措施有序出台

一、细分支撑全面有力

一是重点领域战略全面出台。“十三五”以来，国务院和相关部门先后出台近20个与战略性新兴产业细分领域密切相关的顶层政策文件，为战略性新兴产业重点行业的发展提供强有力的政策支撑。具体来看，新一代信息技术领域出台《“十三五”国家信息化规划》《新一代人工智能发展规划》等六个专项规划，高端制造领域出台《智能制造发展规划（2016—2020年）》《中国民用航空发展第十三个五年规划》《新材料产业发展指南》等六个细分领域规划，绿色低碳领域出台《“十三五”节能环保产业发展规划》等三个专项规划，生物领域出台《“十三五”生物产业发展规划》，数字创意领域出台《文化部关于推动数字文化产业创新发展的指导意见》等。

二是区域规划全面覆盖。截至2017年底，全国共有30个省区市和全国5个计划单列市发布了“十三五”战略性新兴产业发展相关政策。其中，24个省区市已正式颁布省域“十三五”战略性新兴产业发展规划或指导意见，6个省区市颁布了省域“十三五”战略性新兴产业发展规划的相近政策，如省域“十三五”科技发展规划、省域“十三五”现代产业发展规划等。在已出台的省区市“十三五”战略性新兴产业发展规划和政策文件中，有30个省区市提出发展信息技术产业和生物产业，29个省区市提出发展高端装备制造业和新材料产业，28个省区市提出发展节能环保产业，27个省区市提出发展新能源汽车产业，26个省区市提出发展能源新技术产业，15个省区市提出发展数字创意产业。此外，还有部分省区市将具有本省区市特点的相关产业划为重点发展的战略性新兴产业，如山东将发展现代海洋产业列入战略性新兴产业，山西将现代煤化工产业及煤层气产业作为战略性新兴产业。

二、改革优化监管制度

一是重大改革剑指突出问题。针对产业领域长期存在的瓶颈问题，出台了一批改革措施，有效改善了企业发展环境，破除了有碍创新的体制机制壁垒。根据《国务院办公厅关于进一步改革完善药品生产流通使用政策的若干意见》和国务院医改办（全称国务院深化医药卫生体制改革领导小组办公室）联合七部门印发的《关于在公立医疗机构药品采购中推行“两票制”的实施意见（试行）的通知》，通过推行“两票制”减少药品流通环节，推动中间加价透明化，整顿药品流通秩序，防止垄断和地方保护。针对当前药品医疗器械创新面临的突出问题，中共中央办公厅、国务院办公厅印发《关于深化审评审批制度改革鼓励药品医疗器械创新的意见》，通过改革临床试验管理、优化审评审批、实施上市许可持有人制度等激发医药研发活力，提高医药产业的创新发展水平，解决临床急需药品和医疗器械短缺难题。

二是包容审慎监管新兴领域。针对产业领域出现的新现象、新问题，坚守底线，积极探索，推动产业实现健康发展。在新一代信息技术领域，《国务院关于进一步扩大和升级信息消费持续释放内需潜力的指导意见》提出对信息消费坚持包容审慎监管，积极应用大数据、云计算等新技术创新行业服务和管理方式，放宽新业态新模式市场准入。在新能源汽车领域，国家能源局支持创新充电商业模式，支持发展众筹建桩，充分利用社会资源参与充电基础设施建设，探索特许经营模式，吸引专业充电运营商负责运行维护，推动充电基础设施专业化、规模化发展。

三、大力引导资源投向

一是试点示范推动重大工程。针对《中华人民共和国国民经济和社会发展第十三个五年规划纲要》提出的 21 个重大工程，相关部门按照分工方案抓紧推进。初步统计，国家发展和改革委员会、科学技术部、工业和信息化部、财政部等近 30 个相关部门相继发布了《新材料关键技术产业化实施方案》《“十三五”现代服务业科技创新专项规划》《增材制造产业发展行动计划（2017—2020 年）》《关于推进新能源微电网示范项目建设的指导意见》等 40 余项支持重大工程的政策性文件。同时，围绕重大工程，相关部门积极实施了“百兆乡村”示范工程、农村宽带覆盖新技术应用示范工程、人工智能创新发展工程、农业物联网区域试验试点工程、“十三五”

海洋经济创新发展示范、水泥窑协同处置固体废物试点示范、文化创意产品开发试点工作等一批相关（试点）工程与重点项目。

二是推动金融支持产业发展。《国务院办公厅转发证监会关于开展创新企业境内发行股票或存托凭证试点若干意见的通知》发布，开辟了互联网、大数据、云计算、人工智能、软件和集成电路、高端装备制造、生物医药等战略性新兴产业重点领域独角兽企业优先上市通道。国家发展和改革委员会分别与国家开发银行和中国进出口银行签署合作协议，两家银行将分别向战略性新兴产业提供不低于 1.5 万亿元和 8000 亿元的融资支持，国家发展和改革委员会还与中国建设银行共同发起设立目标规模约 3000 亿元的战略性新兴产业发展基金。同时，各地在设立专项资金扶持战略性新兴产业发展方面也做了大量工作。

四、精准把握产业动态

产业边界动态调整，统计制度初步建立。在新技术、新产品、新业态、新模式不断涌现的背景下，国家发展和改革委员会同科学技术部、工业和信息化部、财政部等有关部门制定并发布《战略性新兴产业重点产品和服务指导目录》（2016 年版），进一步明晰产业内涵边界，引导社会资源投向战略性新兴产业重点发展领域。该指导目录涉及战略性新兴产业 5 大领域 8 个产业（相关服务业单独列出）、40 个重点方向下的 174 个子方向，近 4000 项细分产品和服务。国家统计局开展了《战略性新兴产业分类（2012）》（试行）修订工作，进一步更新完善产业统计目录；通过开展 2016 年工业战略性新兴产业年度调查和服务业战略性新兴产业增加值核算工作，推动战略性新兴产业相关统计指标首次进入国家统计局统计公报，为社会各界了解战略性新兴产业发展情况提供数据支撑；组织开展季度战略性新兴产业统计监测工作，测算并发布的工业战略性新兴产业增加值增长速度成为反映战略性新兴产业发展的重要指标。

第二节　产业发展成绩亮眼

一、总体发展势头强劲

一是发展速度快。“十三五”以来，战略性新兴产业增速持续快于总体经济增速水平。2016 年及 2017 年，全国战略性新兴产业工业增加值同比分别增长 10.5% 和 11.0%，高于同期规模以上全国工业增加值增速 40%以上。2016 年及 2017 年，全国战略性新兴产业服务业营业收入同比分别增长 15.1%和 17.3%，比同期全国服务业整体增速高出一倍左右。2018 年上半年，战略性新兴产业延续快速增长态势，其工业增加值同比增长 8.7%，比同期规模以上工业快 2.0 个百分点。战略性新兴产业上市公司同样实现快速增长，2016~2017 年其营收年均增速高达 17.8%，高于上市公司总体增速 4.3 个百分点。2017 年战略性新兴产业上市公司营收占上市公司总体比重达 10%，较“十二五”末提升了 1 个百分点。

二是盈利状况好。2016~2017 年，战略性新兴产业上市公司利润年均增速达到 19.8%，比上市公司（剔除金融类）11.3%的整体增速高出近一倍。同期战略性新兴产业上市公司利润率达 10.6%，比上市公司总体高出 50%以上。2018 年上半年战略性新兴产业上市公司盈利表现依然良好，利润率为 9.3%，高于同期上市公司总体（剔除金融类）1.0 个百分点。

三是投资活力高。“十三五”以来，战略性新兴产业企业成为全社会资金关注及投入重点。2017 年，战略性新兴产业重点行业完成固定资产投资 4.34 万亿元，2016~2017 年，投资额年均增速为 8.9%，高于同期全社会完成固定资产投资年均增速 1.9 个百分点。此外，2016~2017 年共有 203 家战略性新兴产业企业在 A 股融资上市，共募资 1273 亿元，占同期 A 股 IPO 募资总额的 33.6%。同期，超过 4000 家战略性新兴产业企业获得风险资本投资，投资额超过 8000 亿元，约占风险资本总投资额的 90%。

四是企业信心足。根据国家信息中心战略性新兴产业千家企业景气调查，2017 年第三季度企业家信心指数达到 154.9，处于“十二五”末以来的最高值区间，而同期国家统计局调查的工业企业整体企业家信心指数仅为 123.9。2018 年上半年，在复杂严峻的国内外环境下，战略性新兴产业企业家信心指数保持高位运行，连续五个季度保持在 150 以上，处于较强景气区间（图 7-1）。

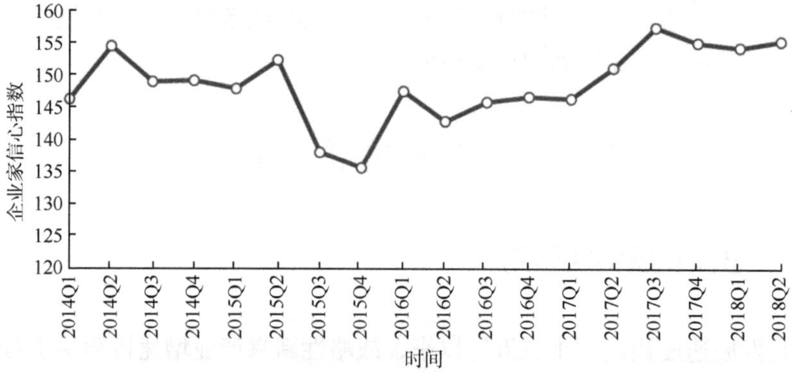

图 7-1　2014 年以来战略性新兴产业企业家信心指数（剔除季节因子）

Q 表示 quarter（季度），Q1 表示第一季度，Q2 表示第二季度，Q3 表示第三季度，Q4 表示第四季度

二、重点产业全面发展

（一）新一代信息技术和生物产业领头羊地位进一步巩固

“十三五”以来，作为战略性新兴产业中规模最大、创新最密集的两个产业领域，新一代信息技术和生物产业实现较快增长，持续发挥支柱作用。

一方面，信息消费带动电子信息产业延续快速发展态势。2016~2017 年，规模以上电子信息制造业增加值年均增长 11.9%，增速快于同期全部规模以上工业 5.6 个百分点，2017 年电子信息制造业增加值占规模以上工业增加值的比重达到 7.7%。2017 年，全国软件和信息技术服务业完成业务收入 5.5 万亿元，同比增长 13.9%，收入规模较“十二五”期末增长近 3 成。2017 年，网民及手机网民规模分别为 7.72 亿人和 7.53 亿人，手机网民占比为 97.5%，较“十二五”期末提升了 7.4 个百分点。此外，信息技术与经济社会各领域跨界融合不断加深，数字经济、平台经济和共享经济广泛渗透，移动支付、网络购物和共享单车的应用处于全球引领地位。信息消费从生活消费加速向产业消费渗透，成为创新最活跃、增长最迅猛、辐射最广泛的经济领域之一。

另一方面，随着我国经济的发展、生活环境的变化、人们健康观念的转变以及人口老龄化进程的加快，与居民生活质量密切相关的生物产业近年来保持了持续快速增长的态势。2017 年医药制造业主营业务收入达 2.8 万亿元，该指标 2016~2017 年年均增速达 11.1%，2018 年上半年增速继续升至 13.5%，分别高于同期工业企业整体 3.1 个百分点和 3.6 个百分点。2017 年，我国医疗器械市场规模达 4176 亿元，同比增长 13.0%，规模较“十二五”期末增长 35.6%；同时，在分级诊疗制度落地、鼓励国产器械发展以及设立特别审批通道等诸多政策红利带动下，我国医疗器械产业规模快速增长，一批优秀国产医疗器械企业也不断壮大，在国内市场的份额逐年提升。

（二）绿色低碳和数字创意产业增长新引擎作用突出

伴随着节能环保政策的加快推进落实，绿色低碳产业继续实现快速增长。2016~2017 年节能环保产业上市公司营收总额年均增速达 32.1%，高于同期战略性新兴产业上市公司整体营收增速 15.1 个百分点，增速连续两年领跑。2017 年，节能服务产业总产值达 4148 亿元，同比增长 16.3%，产值规模较“十二五”期末增长 32.7%。2017 年，合同能源管理项目形成年节能能力 3812.3 万吨标准煤，较 2016 年增长 6.5%，相应形成年减排二氧化碳能力超过一亿吨。2017 年废旧资源综合利用业主营业务收入达 4061.3 亿元，同比增长 16.9%，比 2016 年提升 10.4 个百分点。

“十三五”以来，我国新能源产业保持快速增长态势，在装机量不断攀升的同时，产业化技术水平逐渐提高，正从新能源大国向新能源强国快速转型。2017 年电力发电新增装机中新能源占比首次超过 50%，新能源发电替代成效显著。截至 2017 年底，风电、光伏发电以及生物质发电累计装机量分别为 1.64 亿千瓦、1.30 亿千瓦和 1476 万千瓦，装机量较“十二五”末分别提升了 27.1%、20.1%和 43.2%；2017 年三者发电总量占比达 7.8%，较“十二五”末提升了 2.9 个百分点。截至 2017 年底，我国投入商业运行的核电机组达 37 台，较“十二五”末增加 7 台，规模位列世界第四，在建核电机组规模位列世界第一。大规模新能源消纳是世界性难题，与国外相比，我国资源禀赋、能源结构、市场条件等有很大不同，新能源消纳问题更为突出。不过随着一系列促进新能源消纳政策的出台和支撑新能源大规模友好并网技术的攻克，新能源消纳难题得到明显缓解。2017 年，弃风电量 419 亿千瓦时，同比减少了 78 亿千瓦时，弃风率 12%，同比下降了 5.2 个百分点；弃光电量 73 亿千瓦时，弃光率 6%，同比下降了 4.3 个百分点。

新能源汽车由示范阶段进入快速普及阶段，行业景气度持续保持高位。2017 年我国新能源汽车全年总销量 77.7 万辆，同比增长 53.3%，销量较“十二五”末增长 134.7%，连续三年位居世界首位。2017 年，纯电动车和插电式混动车年销量分别达 65.2 万辆和 12.5 万辆，分别较“十二五”末增长 163.5%和 49.5%。虽然增速快，但目前我国新能源汽车渗透率仍不足 3%，未来渗透率提升空间仍然巨大，预计“十三五”末国内新能源汽车销量将超过 200 万辆，年均增速将超过 40%。

移动互联网与数字技术的快速发展驱动数字创意产业爆发式增长。一方面，以数字音乐、网络文学、动漫、影视、游戏、直播等为代表的一大批新兴数字文化行业快速崛起，出现了一批极具爆发力的产业发展热点，这些典型行业在过去五年间（2016~2020 年）的年均增长速度超过了 20%。2017 年我国数字音乐市场规模达到 180 亿元，2016~2017 年年均增长 32.3%；截至 2017 年底，中国网络文学用户规模已达到 3.68 亿人，占网民总体的 45.6%，规模较“十二五”末增长 23.9%；2017 年国内游戏市场规模达到 2036.1 亿元，2016~2017 年年均增长 20.3%；2017 年我国网络表演（直播）市场整体营收规模达到 304.5 亿元，2016~2017 年年均增长 83.9%。另一方面，消费需求升级和创新发展驱动数字创意装备与创意设计产业实现高速增长。智能手机、智能电视市场渗透率超过 80%，智能可穿戴设备、智能家居产品、VR 设备等新兴数字创意装备产品种类不断丰富。2017 年，中国智能可穿戴设备规模达 264.2 亿元，2016~2017 年年均增长 56.5%；2017 年我国 VR 产业市场规模达到 160 亿元，规模约为“十二五”期末的 10 倍。

（三）高端制造产业继续保持平稳较快增长

在产业升级需求和技术创新的引领下，高端制造业在“十三五”以来实现平稳较快增长。2017年高端制造（含高端装备制造及新材料产业）上市公司营收总额达6555.7亿元，2016~2017年年均增长6.8%。高端装备制造领域，航空装备、卫星及其应用、智能制造等重点子行业均表现良好，2016~2017年上述行业上市公司营收规模年均分别增长10.6%、18.6%和23.3%。新材料领域随着上游原材料需求的快速增长，产业实现较快发展，“十三五”以来新材料上市公司营收规模年均增长23.7%。

第三节　创新体系强化升级

一、激活创新发展源头

大力支持开展技术研发成果转化。以科技重大专项、重点研发计划和“科技创新2030—重大项目”为主体，推进与战略性新兴产业发展紧密相关的重大技术研发。中国科学院还部署实施了“高比能量锂硫电池”等41项科技服务网络计划项目，为战略性新兴产业发展提供新技术支撑。国务院印发《国家技术转移体系建设方案》《实施<中华人民共和国促进科技成果转化法>若干规定》，加强对技术转移和成果转化工作的系统设计，形成体系化推进格局，进一步推动科技成果加快转化，为战略性新兴产业发展提供现实动力。财政部、科学技术部制定关于研究开发机构和高等院校报送科技成果转化年度报告工作有关事项的通知，建立年度报告制度，加强对科技成果转化执行情况的监督检查。

二、完善创新平台布局

截至2017年底，已建成国家工程研究中心131家，国家工程实验室217家，国地联合工程研究中心（国地联合工程实验室）896家，国家级企业技术中心1276家，国家工程技术研究中心346家，为战略性新兴产业培育发展提供了有效的技术研发平台、工程化平台和公共服务平台，支撑战略性新兴产业开展技术创新与产业化的条件更加完善。

三、创新成果持续涌现

2017 年全国战略性新兴产业发明专利申请量达到 36.8 万件，比“十二五”末增加 10.3 万件，相较于 2012 年的水平提高了近两倍。其中，来自海外的专利申请比重进一步降低，仅为 13.3%，比“十二五”末降低了 4.3 个百分点。在新一代信息技术领域，量子通信技术取得突破，在国际上首次成功实现了白天远距离（53 千米）自由空间量子密钥分发；京东方科技集团股份有限公司开发的 ADSDS（advanced super dimension switch，高级超维场转换）技术是世界领先的超硬屏技术之一，提升了中国显示产业在全球高端显示领域的竞争力。生物医药领域，我国独立研发、具有完全知识产权的“重组埃博拉病毒病疫苗”在全球首家获批，该疫苗还突破了病毒载体疫苗冻干制剂的技术瓶颈。高端装备制造领域，国产大飞机 C919 和我国制造的全球最大水陆两栖飞机 AG600 均首飞成功，实现了航空领域重要突破。新能源领域，我国在南海北部神狐海域进行的可燃冰试采获得成功，创造了天然气水合物试采产气时长和总量的世界纪录。

四、创新氛围浓厚活跃

广泛深入推进大众创业、万众创新。国务院制定出台《关于强化实施创新驱动发展战略进一步推进大众创业万众创新深入发展的意见》，形成推动双创（大众创业、万众创新）工作的顶层设计，为战略性新兴产业发展注入创新创业动力。截至 2017 年底，全国批复建设双创示范基地共计 120 家，国家新兴产业创业投资引导基金成功参股上百只创业投资子基金，为推动战略性新兴产业创新创业提供有力支持。“十三五”期间成功举办全国双创活动周和“创响中国”等系列活动，在全国营造有利于创新创业的良好氛围。

第四节　开放发展水平提升

一、国际竞争实力增强

一是部分产业水平世界领先。我国新能源发电装机量、新能源汽车产销量、智能手机产量、智能电视产量、工业机器人产量、海洋工程装备接单量等均位居全球第一；在新一代移动通信、核电、光伏、高铁、互联网应用、基因测序、纳米技术等领域也具备世界领先的研发水平和应用能力。二是领军企业具备国际影响。2017 年，华为、阿里巴巴、腾讯等创新引领型巨头企业均入围世界 500 强，中国战略性新兴产业企业在世界 500 强榜单中占有 25 个席位，数量较“十二五”末增加了 7 个。2018 年上半年，华为智能手机发货量超过 9500 万台，仅次于三星手机，成为全球第二大智能手机厂商。根据科学技术部火炬中心统计，2017 年中国独角兽企业达到了 164 家，较“十二五”末增加了 94 家，形成了一批具有较强国际竞争优势的企业。三是成为出口贸易主要支撑。2017 年，战略性新兴产业 26 个重点工业行业累计出口交货值达 4.2 万亿元，同比增长 14.5%，对我国整体规模以上工业出口增长的贡献率达 131.5%。其中，新一代信息技术产业累计出口交货值为 3.7 万亿元，同比增长 15.3%，对战略性新兴产业工业出口增长的贡献率达 93.4%。四是积极制定和推广国际技术标准。我国主导制定手机（移动终端）动漫国际标准。地面数字多媒体广播（digital television terrestrial multimedia broadcasting，DTMB）标准在巴基斯坦和东帝汶落地，逐步走向世界。

二、开展多层次国际合作

一是积极开展多边国际合作。例如，在二十国集团（Group of 20，G20）、金砖国家、APEC（Asia-Pacific Economic Cooperation，亚太经济合作组织）等多边框架下，有关部门持续倡导新工业革命、数字经济相关发展理念和主张，初步建立了合作创新的国际框架。各部门着力构建区域技术转移协作网络，科学技术部、国家发展和改革委员会、外交部、商务部联合印发《推进“一带一路”建设科技创新合作专项规划》，并围绕科技人文交流、共建联合实验室、科技园区合作、技术转移等四项行动制定具体实施方案。二是积极开展与发达国家间的国际合作。国家发展和改革委员会按照中英新兴产业合作协议建立中英创新中心，推动项目联合孵化；通过举办第八届中德经济技术合作论坛，围绕新兴产业领域达成 96 项相关合作。三是积极开展与发展中国家的国际合作。例如，国家发展和改革委员会落实与智利签署的《关于开展信息通信领域合作谅解备忘录》，推进“中智电信合作及跨境海缆项目”；国家海洋局组织对发展中国家科技援助项目“适用热带海岛的高浓缩反渗透海水淡化技术研究与应用”立项实施，推动与佛得角、文莱等国在海水淡化设备方面的合作交流[①]。四是积极开展与跨国公司的国际合作。例如，国家发展和改革委员会与 IBM（International Business Machines

①《战略性新兴产业形势判断及“十四五”发展建议（上篇）》，https://www.ndrc.gov.cn/xxgk/jd/wsdwhfz/202101/t20210104_1264124.html[2021-01-04]。

Corporation，国际商业机器公司）签订合作谅解备忘录；深圳市政府与美国思科公司围绕研究开发、人才培养、信息交流、采购等内容签署合作谅解备忘录。各地积极引导外商投资战略性新兴产业，一批战略性新兴产业外资企业落户中国，波音公司 737 完工和交付中心落户浙江舟山，空客公司天津 A330 宽体机完工和交付中心启动建设。五是积极开展人才领域国际合作。更加重视以人才开发体制机制改革促进人才引进，国务院办公厅印发《关于推广支持创新相关改革举措的通知》，逐步形成高层次外籍人才申请永久居留的政策渠道，为外国留学生在华就业、创业提供更大便利。

第五节　我国各区域新兴产业发展成效显著

一、东部地区领航发展

从上市公司营收数据看，东部地区战略性新兴产业体量占到八成左右，是绝对的主体（图 7-2）。2016~2017 年，东部地区战略性新兴产业上市企业营收年均增速达 16.7%，高于同期上市公司总体 3.1 个百分点，对同期整个战略性新兴产业增长贡献度达到 78.5%。国家信息中心景气调查数据显示，“十三五”以来战略性新兴产业行业景气指数持续回升，2017 年第四季度东部地区行业景气指数达到调查以来最高点 160.9，较“十二五”末提升了 19.2 个单位（图 7-3）。

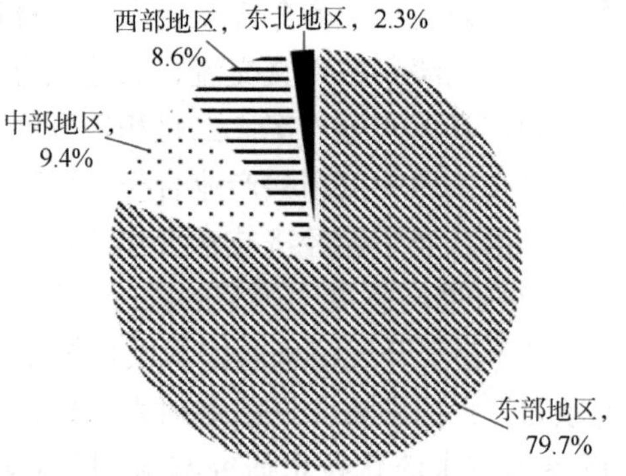

图 7-2　战略性新兴产业上市公司四大区域营收规模占比（2017 年）

东部地区战略性新兴产业规模不断壮大、创新能级快速提升，不但引领了地区产业、经济向高质量迈进，也对全国战略性新兴产业发展起到了重要的辐射带动作用。在深圳，创新生态已经初步建立，源头创新能力不断提升。据统计，2017

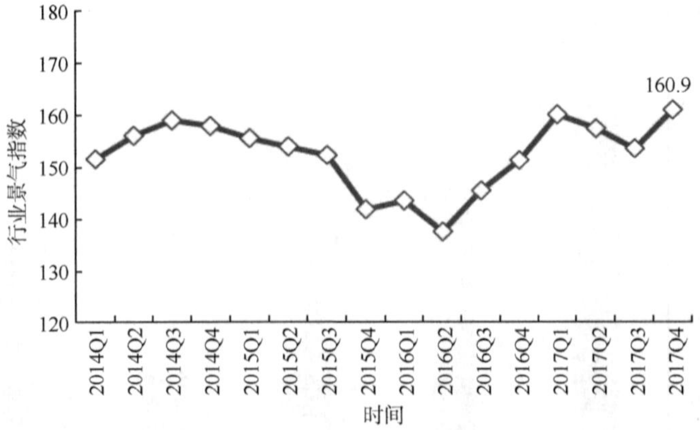

图 7-3 东部地区战略性新兴产业行业景气指数变化

年深圳创新载体总数累计已达 1688 家，年内新增国家级高新技术企业 3193 家，当年全社会研发投入超 900 亿元，较“十二五”末提升 30.7%。在 2018 年的 CES（International Consumer Electronics Show，国际消费类电子产品展览会）上，来自深圳的参展企业有近 500 家，占所有参展商的 10%，参展企业数遥遥领先。在北京，新技术产业化持续加速，新动能培育源源不绝。以人工智能为例，中关村地区集聚了北京旷视科技有限公司、北京市商汤科技开发有限公司、中科寒武纪科技股份有限公司、北京地平线信息技术有限公司等一大批具备颠覆性原创核心技术的创业企业，形成覆盖全产业链的产业集群，独角兽企业超 25 家，并迅速崛起为人工智能领域的全国性创新策源地。

二、中部地区异军突起

2016~2017 年中部地区战略性新兴产业上市公司营收年均增速达到 27.5%，比同期上市公司总体高出一倍，增长速度遥遥领先于其他区域（图 7-4）。从自身变化来看，“十三五”以来中部地区的战略性新兴产业行业景气指数总体实现了快速攀升，2017 年第四季度指数达到 148.3，较“十二五”末提升了 19.8 个单位（图 7-5）。

中部地区特色产业集聚区影响力辐射全国。安徽的平板显示和人工智能，江西的通用航空和中药制造，湖南的智能装备和数字创意，都已经成为在全国具有相当比较优势的产业集聚发展区，而且发展非常迅速。以安徽的人工智能为例，目前合肥“中国声谷”已集聚科大讯飞股份有限公司、华米（北京）信息科技有限公司、科大国盾量子技术股份有限公司、合肥赛为智能有限公司等人工智能相

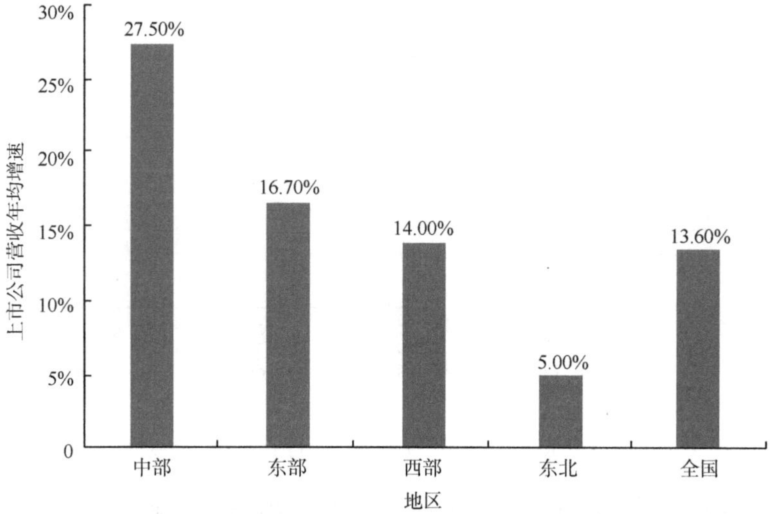

图 7-4　2016~2017 年战略性新兴产业上市公司营收年均增速

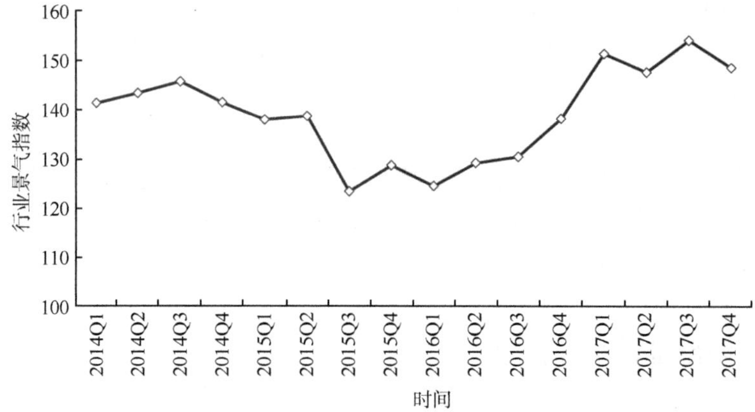

图 7-5　中部地区战略性新兴产业行业景气指数变化

关企业 170 余家，2017 年完成主营业务收入约 500 亿元，同比增长 53%；2020 年，“中国声谷”企业营业收入达到 1060 亿元，“十三五”期间年均增长超过 32%。截至 2017 年 10 月，讯飞开放平台已拥有 46 万个创业团队，累计接入终端数 14.7 亿台，并已在全国开始布局，与超过 20 000 家智能硬件客户建立合作关系，初步形成以科大讯飞股份有限公司为核心的人工智能生态圈。

三、西部地区稳健前行

“十三五”以来，在新兴产业特色优势集群快速发展带动下，西部地区战略性新兴产业实现平稳较快增长，2016~2017 年西部地区战略性新兴产业上市公司营收年均增速达到 14.00%，略高于同期上市公司总体（图 7-4）。贵州的大数据、重庆的电子信息制造业等产业集群迅速发展，在全国范围内确立较强的竞争优势，也成为地区经济发展的重要名片。2017 年第四季度西部地区行业景气指数达到 142.8 的最高点，较“十二五”末提升了 24.1 个单位（图 7-6）。

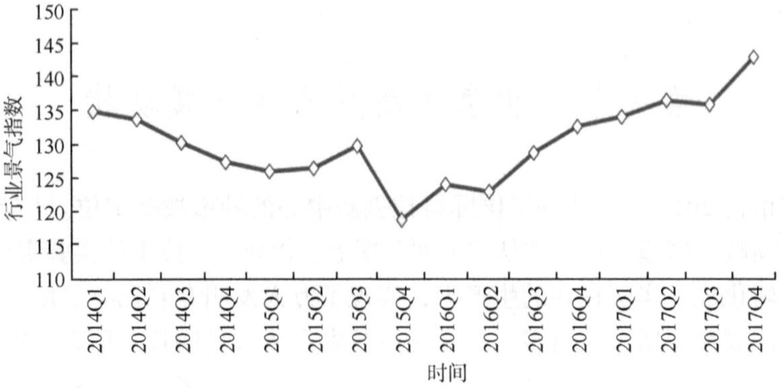

图 7-6　西部地区战略性新兴产业行业景气指数变化

四、东北地区蓄势待发

“十三五”以来，东北整体经济增长乏力，区域内战略性新兴产业发展速度仍在底部徘徊。2016~2017 年东北地区战略性新兴产业上市公司营收年均增速为 5.00%，低于同期上市公司总体 8.6 个百分点。此外，2017 年第四季度东北地区行业景气指数为 141.9，处于四大区域末位，景气状况相对较差。不过，在《东北地区培育和发展新兴产业三年行动计划》等政策支持下，东北地区一些省份加大了对战略性新兴产业的支持力度，产业实现较快增长，如吉林表现突出，战略性新兴产业上市公司营收增速连续两年达到两位数以上，年均增速达 19.9%，超过同期上市公司 6.3 个百分点。可以看到，东北地区正在蓄力走出发展困境，产业结构、区域结构将进一步向好。

第八章　北京市新兴产业发展经验及启示

第一节　北京市新兴产业发展现状

北京市自2014年始明确了国际科技创新中心的城市战略定位。十年来，北京市出台多项政策措施，让论文从“书架”摆上“货架”，技术从实验室走向市场，科技成果转化成了实实在在的生产力，实现了万人发明专利拥有量增长四倍多、年技术合同成交额增长一倍多、国家高新技术企业数量增长一倍多、每日新设科技型企业数量增长一倍多、高技术产业增加值增长一倍多、中关村示范区企业总收入增长一倍多的六个“创新跃升”。近年来，北京市大力推动“三城一区”国际科技创新中心统筹联动与融合发展，加快形成新质生产力，2023年新设科技型企业12.3万家，创新型产业集群示范区承接三大科学城成果超过270个，比2022年多了一倍。

一、“2441”高精尖产业体系

北京市的“2441”高精尖产业结构体系，是在全球科技竞争和产业转型的大背景下，推动首都经济高质量发展的重要战略。这一体系通过精准布局，将创新驱动与产业升级紧密结合，旨在构建具有国际竞争力的现代产业结构。具体而言，这一体系由两大主导产业、四大支柱产业、四大先导产业和一个优势产业组成，层次分明、相辅相成，既涵盖了当前的产业优势，又前瞻性地瞄准了未来的发展潜力。

“两大主导产业”代表新一代信息技术和医药健康，它们是北京市产业发展的“主战场”。新一代信息技术，涵盖了人工智能、大数据、5G通信技术等前沿领域，推动着数字经济的蓬勃发展，也为智慧城市建设和产业智能化提供源源不断的动力。医药健康产业则紧扣全球生命健康趋势，特别是在生物医药、健康管理等方面具有巨大的市场潜力，是未来经济增长的核心驱动力。

“四大支柱产业”代表智能装备、新能源智能汽车、绿色能源与节能环保以及新材料产业，在稳定经济增长、提升产业竞争力方面发挥着至关重要的作用。智能装备产业不仅是制造业转型升级的关键所在，还将推动工业智能化，提升整体制造业的效率和质量。新能源汽车产业则在助力“碳达峰”“碳中和”目标实现的过程中，占据了重要席位，尤其是智能网联技术的应用，极大地推动了行业的跨越式发展。绿色能源与节能环保产业，通过推动可再生能源的利用和能源效率提升，为可持续发展提供了基础支撑。新材料产业则以技术创新为驱动力，支撑着现代科技发展对新材料的高需求，成为多个行业创新突破的基础。

“四大先导产业”指人工智能、区块链、量子信息、虚拟现实与元宇宙，代表着技术创新的最前沿。这些产业不仅涵盖了信息技术、数字经济等领域，还涉及更为深层次的科技应用，如量子信息技术可能带来新的计算范式，区块链则提供了全新的数据信任机制，虚拟现实与元宇宙正在重新定义娱乐、教育、工作等多个生活和经济场景。这些先导产业，将为北京市未来的经济增长提供新的增长极。

“一个优势产业”指文化创意产业，其作为北京市独特的优势产业，融合了创新与文化的力量，借助北京作为文化中心的地位，推动文化产业与科技深度融合，打造独具特色的“文化+科技”新业态。这不仅提升了北京市的软实力，也为经济发展注入了文化创新的活力。

总体来看，北京市的“2441”产业结构体系不仅聚焦当前的产业优势，还通过高瞻远瞩的布局，引领着未来技术潮流。通过“2441”体系的实施，北京正努力打造高精尖产业 2.0 升级版，以实现产业的高端化、智能化和绿色化发展。

二、经济综合实力

近年来，随着北京非首都功能的疏解特别是产业疏解的推进，北京市工业高端化特征日趋明显。石油、煤炭和其他燃料加工业的比重显著下降；医药制造业，计算机、通信和其他电子设备制造业，铁路、船舶、航空航天和其他运输业始终保持在较高水平。北京接续谋划部署一批重大科技基础设施和高技术产业项目，推动一批人工智能、商业航天等新兴和未来产业项目落地，产业绿色化、高端化、智能化发展的态势更加明显。

2023 年，北京市全市经济总量达到 4.38 万亿元，人均地区生产总值达到 20 万元，居全国各省区市首位。“十三五”期间，北京市战略性新兴产业增加值占比从 2016 年的 20.91%提升至 2020 年的 24.83%，提高了 3.92 个百分点。

三、科技创新能力与产学研协同发展

（一）政策条件

北京市作为我国科技创新的核心城市，聚集了全国约三分之一的国家重点实验室。近年来，作为全国科技创新的引领者，北京市不断完善科技成果转化的政策和法规体系。2019 年，北京市率先实施了《北京市促进科技成果转化条例》，探索创新成果转化的市场化机制，赋予科研人员更多自主权，简化了科技成果转化过程中的资产管理程序，打通了以往转化过程中的瓶颈，解决了“最后一公里”的问题。同时，北京市积极推动投融资服务发展，引导社会资本参与早期科技项目。北京金融部门出台了《关于对科技创新企业给予全链条金融支持的若干措施》，并结合市科学技术、经济和信息化、财政等部门的协同努力，推动大企业向中小企业开放创新资源。北京市人民政府还落实了研发费用税前加计扣除、研发费用资助、科技创新券等支持政策，同时设立了创业投资引导资金和基金，为创新创业提供资本支持。

此外，北京市持续优化科技创新生态，推动产学研深度合作。通过鼓励各类创新主体联合建设重点实验室，市内的中国核工业集团有限公司、中国华能集团有限公司与清华大学等企业和科研院所协同攻关，助力我国高温气冷堆技术从“样品”向“产品”转化。北京市还围绕高精尖产业，建设了专业性强、开放度高的中试平台，并大力支持市场化和专业化的硬科技孵化器发展，提供从科研到市场的全链条支持，进一步推动科技成果的实际应用和产业化。

北京市已建立创新链与产业链的协调机制，并设立了联席会议，主要负责单位包括北京市科学技术委员会、中关村科技园区管理委员会、北京市教育委员会、北京市卫生健康委员会等 15 个政府部门，以及 16 个区政府和“三城一区”管委会。为促进创新成果转化，北京市积极建设各类服务平台，全市已有 174 家技术转移机构登记注册。与此同时，北京市持续支持北京清华工业开发研究院建设一站式、全链条的科技成果转移转化平台，并推动 15 家概念验证平台开展了 119 项验证服务。北京市人民政府还率先布局了 23 家标杆孵化器，支持组建包括国产化人工智能等在内的 24 个创新联合体，并累计建设了 20 家技术创新中心。北京市还重点布局了光场技术、工业芯片核心软硬件等共性技术平台，各区根据自身产业布局需求，建设了具有地方特色的科技成果转化基础设施。

（二）R&D 经费投入与技术市场

2023 年，北京全社会 R&D 经费投入总量为 2947.1 亿元，同比增长 3.7%，保持稳步增长势头；占全国 R&D 经费投入的比重为 8.8%，占比保持稳定。从投入强度看，2023 年，北京全社会 R&D 经费投入强度为 6.73%。自 2019 年以来连续 5 年保持在 6%以上，稳居全国第一。2023 年，北京市自然科学基金资助项目近 1700 项，技术合同成交额达 8536.9 亿元，在全国占比达 13.9%。2023 年，北京技术交易顺利实现“双突破”，全市认定登记技术合同突破 10 万项，达 106 552 项，比上年增长 12.1%；成交额突破 8000 亿元大关，达 8536.9 亿元，增长 7.4%。流向津冀技术合同达 6758 项，同比增长 14.9%，成交额达 748.7 亿元，增长 109.8%；“三城”流向“一区”技术合同成交额达 24.3 亿元，同比增长 9.6%。

我国独角兽企业数量超过全球独角兽企业数量的四分之一，居全球第二，仅次于美国。其中，北京市以 114 家的数量优势位居全国首位，成为当之无愧的中国“独角兽之城”。北京市独角兽企业总体呈现数量多、成色硬、赛道新、国际化水平高等特点。北京市独角兽企业中 60%为硬科技企业，全国三分之一硬科技独角兽企业诞生于北京。

四、区域格局的形成

（一）中关村示范区的发展

2023 年，中关村示范区约贡献了全市地区生产总值的三分之一、国家高新区总收入的六分之一。收入结构持续优化，2023 年中关村示范区规模以上企业技术收入占总收入比重达 28.5%，占比较上年提升 2.7 个百分点；国家高新技术规模以上企业实现总收入约 4 万亿元，对中关村示范区经济增长贡献率达 56.6%。人均产出不断提升，人均收入达 306.8 万元、人均净利润达 32.7 万元，分别是国家高新区平均水平的 1.5 倍、2.2 倍。

中关村示范区已形成新一代信息技术万亿级产业集群，医药健康、集成电路等 9 个千亿级产业集群。2023 年，新一代信息技术产业规模以上企业实现总收入达 4.7 万亿元，对中关村示范区总收入增长贡献率达 90.2%；人工智能处于全球前列，已备案上线大模型（80 款）占全市 85%、占全国 35%，人工智能独角兽企业数量占全国近五成；集成电路设计收入约占全国六分之一，车规级高算力芯片国内市场占有率超三成。

2023 年中关村示范区国家高新技术企业有 1.96 万家；年收入亿元以上企业有

5358 家，较上年增加千余家；累计培育专精特新“小巨人”企业 645 家，当年新认定 243 家。

（二）高技术产业集群

作为全国科技创新中心，北京市依托丰富的高等教育资源、科研机构及高技术产业集群，为新型工业化提供了坚实的智力支持和产业基础。近年来，市政府积极推动供给侧结构性改革，加速产业结构优化升级，高技术产业与现代服务业已成为经济增长的主引擎。在智能制造、生物医药、新能源汽车、新材料等领域，北京市成功培育了一批具有国际竞争力的产业集群和创新高地。2023 年，北京市重点培育的十大高精尖产业集群的收入均突破千亿元大关，其中信息技术产业突破三万亿元，智能装备产业突破五千亿元，数字经济增加值占地区生产总值的比重达到 42.9%，核心产业增加值同比增长 10.8%。在未来产业的布局方面，2023 年 9 月北京市人民政府办公厅印发《北京市促进未来产业创新发展实施方案》，明确聚焦六大前沿领域，布局 20 个未来产业，并实施八大行动计划，力争抢占未来产业发展先机，进一步巩固北京市作为世界领先未来产业“创新策源高地”的地位。

（三）构建“一区两带多组团”新格局

“一区”是指在北京经济技术开发区和顺义区深入推进创新型产业集群示范区建设，打造具有全球影响力的技术创新和成果转化示范区。北京经济技术开发区和顺义区是北京市产业发展的双引擎，对于推动首都经济向高端化、智能化转型具有举足轻重的影响，这两个区域在引领北京市产业升级和高精尖产业发展中发挥着至关重要的作用。

北京经济技术开发区利用其体制机制优势，致力于构建具有全球影响力的高精尖产业主阵地。通过突出“创新+制造”的业态，并以信息化、智能化为驱动力，加速推动中国（北京）自由贸易试验区高端产业片区亦庄组团的建设。重点发展领域包括新一代信息技术、集成电路、智能网联汽车、医药健康和智能制造与装备等，旨在打通创新链、产业链、资金链和政策链，强化各环节的协同互动，加快培育具有战略领航性、示范带动性、科技引领性的产业集群，引领全市产业向中高端迈进。与此同时，顺义区则利用其首都国际机场的交通枢纽优势，加强产业空间资源整合，推动传统产业的转型升级。依托北京天竺综合保税区、首都机场临空经济示范区和中关村顺义园等平台，顺义区聚焦智能网联汽车、第三代半导体、航空航天等关键领域，对接三大科学城的创新成果转化需求，集聚全球高端资源，并引导重大项目集中布局，通过加快产业链和创新链的融合，致力于培育一批创新型产业集群和战略性新兴产业。

“两带”包括北部的研发创新与信息产业带和南部的先进智造产业带。北部地区对接三大科学城创新资源，推动海淀、昌平、朝阳、顺义等区打造研发创新与信息产业带；南部地区依托北京经济技术开发区，推动丰台、大兴、房山等区打造先进智造产业带。

海淀区、昌平区和朝阳区各自依托其独特优势，共同促进北京市科技创新和产业升级。海淀区以中关村科学城为依托，聚焦信息技术和健康产业，致力于吸引全球创新资源和顶尖人才，构建国际科技创新中心。昌平区则利用其连接怀柔科学城和中关村科学城的地理优势，以未来科学城为核心，推动医药健康和绿色能源产业的发展，整合创新资源，打造协同创新的先行区。朝阳区则利用其商务中心区的总部经济优势，推进国际科技创新合作，依托中关村朝阳园，发展新一代信息技术产业，吸引国际企业和项目，建设国际化企业创新中心。这三个区域的联动发展，不仅提升了北京市在全球创新网络中的地位，也为首都经济的高质量发展提供了强劲动力。

丰台区、大兴区和房山区凭借其独特的区域优势，正成为北京市产业创新发展的关键驱动力。丰台区依托中关村科技园区丰台园等平台，发挥新兴金融的带动作用，加速构建轨道交通和航空航天等特色产业体系，建设创新平台，提升技术转移和专业服务，打造全球轨道交通和航空航天创新中心。大兴区利用其产业空间资源和北京大兴国际机场的枢纽优势，重点发展医药健康产业，培育氢能和商业航天等新兴领域，依托多个产业基地，集聚高端市场主体，强化国际资源链接，提升“新大兴、新国门”的产业影响力。房山区则加快产业转型升级，依托良乡高教园等载体，重点发展智能制造、前沿新材料、智能网联汽车等产业，培育氢能、医药健康等新动能，建设特色园区，优化“前店后厂”模式，推动创新成果的示范应用和产业化，打造南部重要的创新成果转化基地。这三个区域的联动发展，为北京市的产业创新和高质量发展注入了新活力。

“多组团”是指北京市在区域发展策略中，鼓励通州区、石景山区以及生态涵养区等地区利用各自的资源和地理优势，专注于特定产业领域，形成具有鲜明特色和国际竞争力的产业集群。这一概念旨在通过区域特色化发展，构建差异化的产业布局，以促进产业升级和经济结构的优化。

通州区依托国家网络安全产业园区，专注于网络信息安全产业，旨在建成国家网络安全产业的集聚区和人才培养基地，同时培育云计算、大数据等网络信息安全应用产业集群。石景山区以中关村虚拟现实产业园为载体，推动硬件研发和内容应用开发，促进 VR/AR 技术在游戏、教育、旅游等领域的融合应用，打造虚拟现实产业的区域特色发展高地。怀柔区利用怀柔科学城的创新成果，聚焦高端科学仪器和传感器领域，全力塑造“怀柔仪器”品牌，吸引全球产业链资源，构建高端科学仪器和传感器产业高地。延庆区依托民用无人驾驶航空试验区，发展无人机核心技术，把握“无人机+”跨界融合趋势，打造无人机产业创新服务基地。平谷区以农业科技创新示范区为平台，深化信息技术在农业领域的应用，构建智慧农业特色产业集群，打造具有全球示范性的数字农业产业体系。这些产业组团的发展，不仅强化了北京市的产业特色，也为经济的多元化和可持续发展提供了新动力。

第二节　北京市新兴产业发展面临的挑战

一、顶层设计缺乏系统性

“双链”一体化部署涉及多个主体和多层级的协调，包括政府职能部门、企业、高校、科研机构以及社会组织等。这些主体之间的协作和资源配置目前仍面临严重分散和碎片化的问题。相关项目、资源和权限由不同职能部门管理，导致政策制定的方向和执行缺乏整体规划，协同效应差。现有的科研管理体制和创新基础设施的布局缺乏统筹和长远规划，无法有效整合创新链与产业链的资源和优势。特别是在地方层面的实际部署中，创新链与产业链的融合仍停留在单一项目、单一学科或单一企业与高校之间的对接，难以形成跨部门、跨行业的协同推进机制。各链条之间的协作和整合缺乏系统性，整体布局谋划不足，导致双链融合效果较为有限。

二、科技和产业联动有待完善

产学研协同机制亟待进一步完善，特别是在企业提出技术需求和高校科研院所进行技术攻关之间的对接上仍有待加强。科研成果与市场需求、产业应用之间的脱节现象依然存在，部分项目和科研成果仍停留在高校和科研院所的实验室内，技术转化人才的短缺导致了科技与经济脱节的现象较为严重。此外，部分院校的专业设置和人才培养方案未能及时适应首都经济社会发展需求，甚至滞后于产业变化，进一步削弱了产业链对创新链的支撑作用，影响了研发的速度和效率。

科技成果转化机制亟待优化，贯穿基础研究、技术创新、成果转化和产业化的全链条尚不顺畅。首先，合作规则不清晰，产学合作的可持续性面临挑战。企业与高校在项目立项、资金投入、知识产权归属和成果分享等方面缺乏明确的规则，导致在合作中频繁出现矛盾，影响长期合作的稳定性。例如，企业可能因担忧技术泄露或成果被垄断，而不愿在基础研究上投入过多资源。其次，利益分配机制不健全，缺乏明确的参考标准，合作伙伴对成果和收益的预期不一致，容易导致矛盾和不满，从而影响合作的积极性与长期稳定性。最后，持续合作机制不完善，产学研合作往往呈现短期化、项目化特征，难以形成稳定、长期的合作关系，不利于技术的持续研发和创新成果的长期积累。

三、跨行业综合平台建设滞后

为了推动“双链”融合，必须建立跨行业、跨领域的综合性平台，这些平台应具备为不同领域提供共性技术、知识和工具的能力。然而，目前国内尚未出现能够独立完成这一任务的机构，现有的创新平台普遍存在横向联合缺乏有效利益驱动的问题，导致资本、科技、信息等生产要素难以得到有效整合和优化配置。进一步来看，科技创新的共性问题，尤其是基础性和行业共性问题，依然缺乏统一的服务平台和解决方案。现有的科研平台大多侧重于特定领域或单一技术方向的支持，缺乏跨行业的协同效应。创新发展所需的基础平台建设依然滞后，未能形成支持各类创新主体共同协作的生态系统。缺乏具有系统性和战略性的综合性平台，制约了技术成果的快速转化和产业化进程。

四、治理模式不健全

治理模式尚需完善，产学协同攻关能力不足。首先，技术研发协同存在困难。企业在评价研究成果时，更注重将其转化为实际产品和服务的能力，而高校则侧重于基础科学问题的研究和理论突破。由于基础研究具有较高的成本、长周期、较大风险及较低的回报，且成果具有明显的公共性，企业无法完全获得收益，这导致创新联合体在基础研究领域的动力不足。其次，科研基础设施的共享面临难题。高校科研平台的开放程度较低，造成创新联合体中数据和信息流通存在瓶颈，缺乏统一的技术标准和接口，使得企业难以充分利用高校的科研资源，增加了产学合作的复杂性和难度，限制了协同创新的效率。最后，技术标准统一难度较大。企业之间的技术标准差异代表了不同的技术路线和产品设计，增加了协调各方利益和达成共识的难度，进而制约了新技术的广泛应用和协同创新的推进。

对接合作和科技成果转化的深度仍需增强，投融资体系的完善也迫在眉睫。京津冀地区在知识产权质押融资方面仍存在较大提升空间，2021 年该地区的知识产权质押融资登记金额仅占全国的 7%，普惠贷款获得企业占比也仅为 3%，远低于长江经济带和长三角地区。同时，在科技成果的转化过程中，仍面临高质量成果供给不足、承接能力弱、供需信息流通不畅等问题，亟须进一步研究并解决科技成果转化中存在的问题。

五、人才结构性矛盾突出

随着新型工业化的深入发展，北京市对高技能、复合型人才的需求愈加迫切。然而，当前的人才结构未能有效跟上这一需求。高技能人才和创新型人才的短缺问题日益突出，同时也面临着较为严重的人才流失现象。导致这一问题的原因有多方面，其中包括北京严格的户籍管理制度、高昂的房价和生活成本，以及交通拥堵等因素，这造成了人才引进和留存的巨大困难。尽管北京市在教育和人才培养方面持续投入，但由于外部生活环境的制约，许多高端人才在求职和居住上面临诸多挑战，未能充分释放其创新潜力。因此，人才的短缺和流失问题正在成为制约北京市科技创新和经济发展的重要瓶颈。

第三节　促进北京市新兴产业发展的对策与建议

一、强化顶层设计，优化协同机制

北京市应从整体战略高度出发，推动创新链与产业链的深度融合，建立“双链”部署机制，以实现两者的有机衔接和协同发展。这一机制的核心是将创新与产业深度融合，通过政策和资源的精细配置，确保两者在规划、实施与转化过程中形成有效互动，促进科技创新成果快速转化为产业竞争力。应面向“十五五”规划，加快布局一批智能化改造和数字化转型项目，推动制造业企业实现转型升级。重点围绕智能制造技术的研发与应用，培育一批在细分领域深耕并具备独特技术优势的“单项冠军”企业，以及专注高技术创新的“专精特新”“小巨人”企业。

同时，必须科学设计并完善协调机制，推动链条各环节要素的自由流动和合理配置，通过整合分散在不同部门和领域的资源与权限，形成系统化布局，增强政府在科技创新和产业发展中的协同效能。优化协调机制有助于打破各个环节之间的壁垒，使得各项资源和政策能够高效联动，促进科技与产业之间的深度协作。通过加强科技、产业、资本等各方的互动，支持各类创新主体根据投入风险获得相应回报，能够激发更强的创新活力。最终，这种协同机制将提升北京市整体的协同创新能力，为地方经济高质量发展提供有力支撑。

二、深化科技与产业融合，打造创新驱动发展新格局

北京市应聚焦原创技术突破，强化基础研究，推动从“0到1”的关键技术创新，抢占全球竞争制高点。同时，加速科技成果转化，缩短实验室到市场的周期，完善转化机制，使创新成果更快转化为生产力，提升经济效益。北京市还需攻克“卡脖子”技术难关，从依赖进口向自主研发转变，增强产业链的韧性和安全性，确保关键技术的自主可控。借助超大规模市场优势，以应用场景为牵引，推动技术迭代和产业发展，形成科技与产业良性互动的新格局，助力北京在全球科技创新中占据领先地位，提升全市的创新能力和产业竞争力。

推动高校、科研院所与企业共建研发与技术转移机构，整合共享实验室和协同创新平台资源，促进创新成果在京转化。一方面，应明确产学研合作规则，通过制定规范的创新联合体协议，明晰各方责任、权益及知识产权归属，减少研发争议。同时，建立清晰的利益分配规则和长期合作框架，推动多阶段项目合作，配套财税优惠政策，保障联合体的稳定运行。另一方面，应提升治理模式，增强创新联合体的攻关能力，在重大科技任务中推广创新联合体作为核心组织模式，引导企业深度参与基础研究，促进产学研在前沿领域的紧密合作。此外，加强科研基础设施的共享和补贴支持，推动大科学装置等资源在联合体内的高效利用，并制定统一兼容的标准体系，以增强技术协同与互操作性，确保创新联合体快速响应技术发展需求。鼓励高校调整学科与专业设置，贴近市场需求和区域产业布局，推动校企联合培养创新人才，探索多元化合作模式，助力科技成果转化与产业发展深度融合。

三、构建创新平台，提升服务支撑

为推动科技创新与产业升级，应重点加强科技成果中试和产业化平台建设，促进共性技术支撑平台的发展，同时构建完善的制造业数据安全保障体系。首先，为优化创新生态，应着力建设赋能平台，推动平台体系的完善，特别是聚焦国家重大战略领域，构建全国统一、实时更新的产业发展信息平台，促进资源与信息的共享与互通。针对大企业，应制定专项扶持政策和资金支持，助力其建设工业互联网平台，提供技术支持，并健全平台监管机制，确保中小企业的合法权益得到保障。其次，应加大数据保护技术的研发与应用力度，确保数据在采集、存储、

传输及使用过程中的安全性与可靠性，为新型工业化进程提供坚实的数据安全保障。此外，需强化对数据泄露、非法获取等违法行为的打击力度，保障产业链的稳定与安全。同时，应提升企业创新的国际化水平，鼓励企业融入全球科技创新网络，充分利用全球科技成果与高端人才资源。支持企业牵头设立国际科技组织，参与国际标准制定，推动外资企业在华设立研发中心，促进开放型产业创新。

优化营商环境是提升科技创新活力和竞争力的关键。应通过简化审批流程、减少不必要的制度性交易成本，推动科技领域的“放管服”改革，进一步提升政策透明度和执行效率。同时，强化市场竞争政策，确保公平竞争环境，并加强知识产权保护，确保创新成果得到有效保障。为了促进科技创新的可持续发展，需进一步完善管理体制，优化资源配置，健全利益分配机制和运行模式，确保各方能够共享创新成果，激发市场主体的积极性。与此同时，推动产业政策向普惠化、功能性转型，使其更加适应经济结构转型和产业发展需求，进而增强整体创新生态系统的支撑能力，为创新主体提供更加宽松和支持的政策环境，推动科技与产业的深度融合和高质量发展。

四、破解创新要素流动障碍，完善创新联合体机制

优化政策法规体系，严格落实《中华人民共和国促进科技成果转化法》和《北京市促进科技成果转化条例》，清理并完善相关政策文件，制定明确的实施细则和操作指南，规范成果转化流程与责任分工，确保各环节有序衔接。为提升政策执行的透明度和实效性，应通过政策宣讲会、培训班和交流活动，帮助科研机构和企业深入理解政策内容，并提升其利用政策支持科技成果转化的能力。同时，建立健全政策评估和反馈机制，定期对实施效果进行评估，及时调整和优化政策措施，确保政策始终符合科技成果转化的实际需求。深化商事制度改革，赋予企业更大的自主决策权和资源调配权，进一步降低制度性交易成本，为企业提供高效便捷的服务。针对科技人才，应完善吸引、培养与激励机制，优化其工作与生活条件，增强人才对本地的归属感和发展动力。此外，通过构建标杆孵化器示范引领体系、市级骨干孵化器支撑体系及其他孵化器梯度接续体系，形成覆盖全生命周期的科技企业孵化网络，为科技成果转化提供强有力的支持。

畅通信息与资金流动，强化科技转化支撑。通过设立科技成果转化协调机制和全市统一的信息管理系统，推进科技成果数据的互联互通与共享，为创新主体提供全面的数据信息支撑。建立专门的项目库和数据服务平台，定期发布科技成果供需清单，促进企业、科研机构与资本之间的高效对接，缩短成果转化周期。同时，完善资金配套支持政策，设立专项基金支持科技成果产业化，吸引更多社

会资本参与科技成果转化项目。通过构建透明、高效的科技成果对接机制，打破信息壁垒，推动创新资源的集聚与合理配置，进一步释放科技创新的活力和潜能，为实现科技与经济的深度融合提供坚实保障。

五、优化户籍政策，推动高端人才聚集

通过优化户籍管理制度，为吸引高技能和复合型人才提供制度保障，以服务北京国际科技创新中心建设。一方面，应充分利用互联网、大数据等先进技术手段，拓宽人才引进渠道，构建高效精准的引才机制，重点面向高层次和紧缺型人才，加大引进力度，确保引进人才的多元化与高质量，进一步提升北京市在全球人才竞争中的吸引力和竞争力。另一方面，可针对特定行业及关键领域的高端人才，制定更加灵活且精准的落户政策，结合人才的贡献度、创新能力及对经济社会发展的推动作用，将落户资格与实际贡献挂钩，为推动北京市高质量发展提供智力支持。

同时，应完善社会保障和职业发展配套政策，为吸引和留住高端人才创造优越的条件。通过加强住房保障、优化医疗服务以及完善子女教育等配套服务，营造高质量的工作和生活环境，增强人才的归属感和长期发展意愿。通过这一系列政策措施，形成有利于人才引进、培育和发展的良好生态，为实现北京市科技与产业创新的双链深度融合提供持续支撑。

第九章 重庆市新兴产业发展经验及启示

第一节 重庆市新兴产业发展现状

一、重庆市战略性新兴产业发展布局

在《国务院关于加快培育和发展战略性新兴产业的决定》（国发〔2010〕32号）文件发布之后，2011 年重庆市为了切实加快培育发展战略性新兴产业，提出《重庆市人民政府关于加快发展战略性新兴产业的意见》。

意见指出：重庆市要加快发展战略性新兴产业，推进产业结构升级、加快转变发展方式。抓住当前的大好机遇，发挥老工业基地产业基础雄厚的优势、综合创新能力领先西部的优势、新兴产业开放发展先行一步的优势，在全球新兴产业大调整、大重组、大转移的战略格局中乘势而上，占有重要的一席之地。

意见明确了重庆市有关战略性新兴产业的发展布局（图 9-1）。

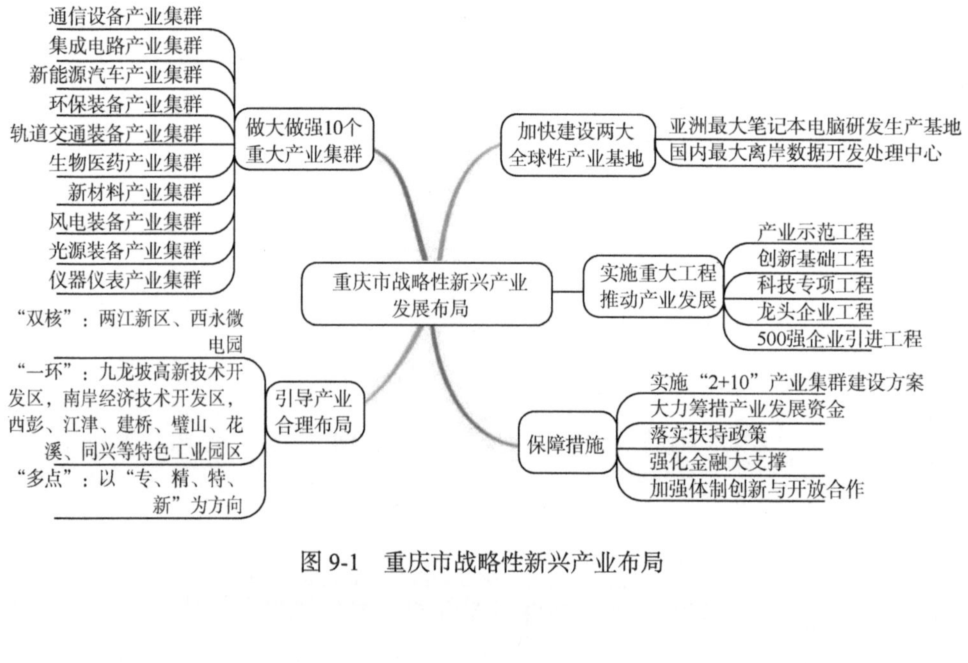

图 9-1 重庆市战略性新兴产业布局

意见中重庆市有关战略性新兴产业的发展布局的具体内容如下。

（1）加快建设两大全球性产业基地。深度参与全球大分工，集中资源引进跨国龙头企业，引导集聚相关配套产业，垂直整合产业体系。重点发展笔记本电脑及配套产业、离岸数据开发和处理，打造亚洲最大笔记本电脑研发生产基地和国内最大离岸数据开发处理中心。

（2）做大做强 10 个重大产业集群。根据新兴产业发展的规律特点，大力推行产业链垂直整合模式，突出重点，分类推动，抢占先机，将 10 个产业集群分别建设成为国家重要的产业大集群。

（3）引导产业合理布局。遵循“集群发展、垂直整合”的思路，优先引导布局“1+2+4+41”开发区，将两江新区、西永微电园打造成为战略性新兴产业核心集聚区，沿主城外环布局产业环形发展带，在有条件和优势的区域性中心和工业强区促进产业点状发展，引导战略性新兴产业形成“双核带动、一环多点”的空间布局。

（4）实施重大工程推动产业发展。发挥重大工程推动作用，在科技创新、产业示范、龙头带动、招商合作等方面取得突破，为战略性新兴产业提供动力。

二、重庆市新兴产业发展成效

重庆市作为我国四大直辖市之一，是我国中西部最具投资潜力的特大城市，地处长江上游经济圈核心地区，区位条件优越，是我国西部重要的交通枢纽。重庆市是我国老工业基地之一，工业基础较为雄厚，基础设施较为完备，综合配套能力较强，目前在信息技术、节能环保、新能源、新材料等领域取得较快的发展。当前，重庆经济正处于转型升级的攻坚期，市委市政府高度重视培育和发展战略性新兴产业，出台相关政策规划，集中力量，统筹资源，积极依托战略性新兴产业等实体经济的发展，带动经济的平稳快速增长。目前，重庆市战略性新兴产业的发展呈现出了良好的态势。

自 2010 年国家大力加快培育和发展战略性新兴产业以来，重庆市加快制定《“十二五”科学技术和战略性新兴产业发展规划》，实施“2+10”战略性新兴产业集群建设方案。面对全球产业革命及中国制造业发展新趋势，重庆市及时调整新兴产业发展战略，前瞻性布局了电子核心部件、机器人及智能装备、物联网、新材料、高端交通装备、新能源及智能汽车、MDI（methylene diphenyl diisocyanate，二苯基甲烷二异氰酸酯）及化工新材料、生物医药、环保、页岩气十大战略性新兴产业，分产业编制规划，引进龙头企业，实施带动性重大项目。近年来，重庆市将发展战略性新兴产业作为大力实施创新驱动发展战略、深入推进供给侧结构性改革、深化拓展五大功能区域发展战略、推进产业结构升级的重要举措。通过政策配套、资金扶持、平台建设等全方位引导战略性新兴产业相关企业以创新增加有效供给，加快发展新技术，积极推进产业集群发展。2013 年以来重庆市十大战略性新兴产业连续翻番，2015 年实现产值 1664 亿元，对工业产值增长贡献率超过 30%，正逐渐成为全市新的经济增长极，支撑全市整体经济持续快速增长。

（一）总体发展趋势向好

自 2011 年重庆市发布了《重庆市人民政府关于加快发展战略性新兴产业的意见》后，重庆市战略性新兴产业快速增长。根据重庆市统计局数据，本书统计了自 2011 年至 2018 年战略性新兴产业的年增长率以及年产值（表 9-1），并根据数据绘制出重庆市战略性新兴产业产值（图 9-2）、重庆市战略性新兴产业增长率平滑曲线（图 9-3）。

表 9-1　2011~2018 年重庆市战略性新兴产业增长率和年产值

年份	战略性新兴产业增长率	产值/亿元
2018	13.1%	4415
2017	25.7%	3904
2016	27.2%	3105
2015	16.8%	2441
2014	20.0%	2090
2013	16.1%	1741
2012	20.0%	1500
2011	39.0%	1250

从图表中可以看出自 2011 年《重庆市人民政府关于加快发展战略性新兴产业的意见》发布以来，重庆市战略性新兴产业的产值从最开始的 1250 亿元快速增长，并且逐年增加，战略性新兴产业的规模越来越大。尽管重庆市战略性新兴产业的增长率数据波动幅度较大，但总体的平均增长率仍处于较高区间，重庆市战略性新兴产业的发展势头仍很强劲。

从重庆市整体工业发展的视角来看，重庆市战略性新兴产业的增长率均高于重庆市工业增长率（图 9-4）。同时由图 9-4 分析可知，重庆市战略性新兴产业在近年来确实相较于其他传统产业的增长率较高，但仍随着重庆市整体工业发展增长率的变化而变化。

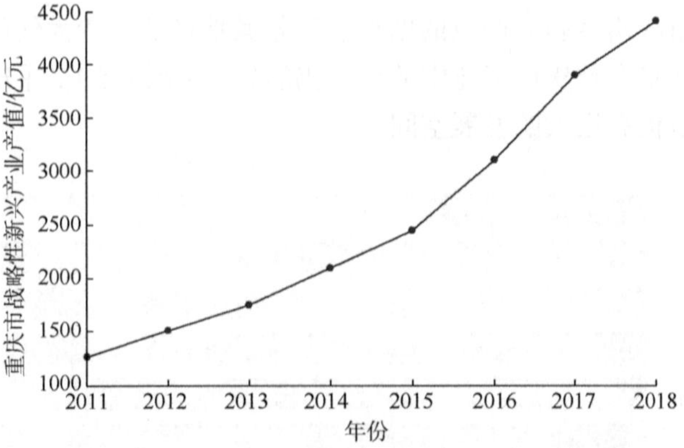

图 9-2　2011~2018 年重庆市战略性新兴产业产值

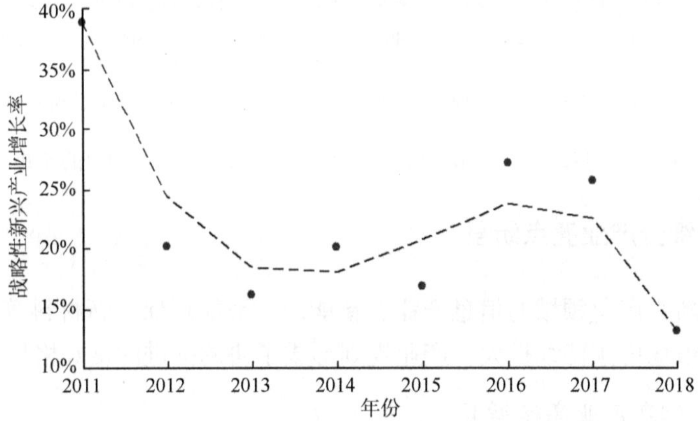

图 9-3　2011~2018 年重庆市战略性新兴产业增长率平滑曲线

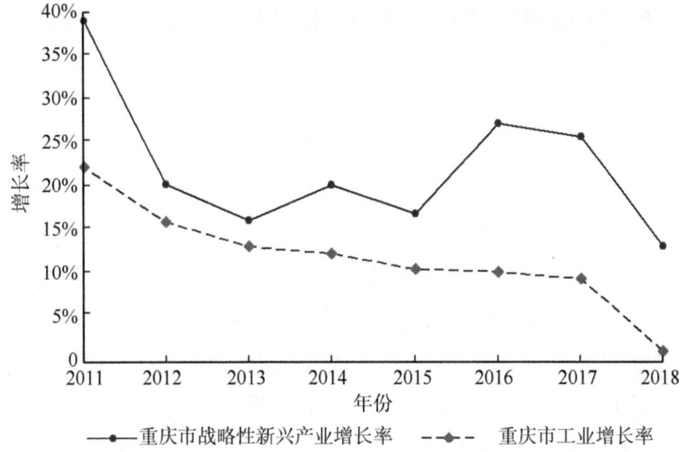

图 9-4　2011~2018 年重庆市产业增长率对比图

虽然重庆市战略性新兴产业的增长速率较其他产业有较大优势，但重庆市战略性新兴产业在整个重庆市工业中的比重仍然较小（图 9-5），重庆市战略性新兴产业的发展体量仍有很大的发展空间。

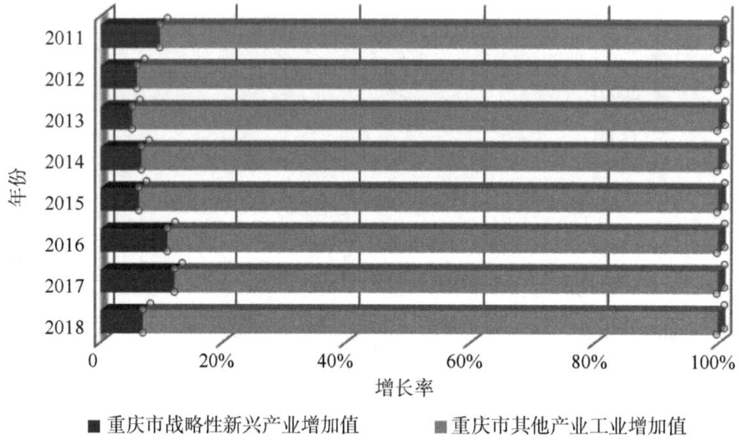

图 9-5　2011~2018 年重庆市战略性新兴产业占总工业增加值的比重图

（二）细分产业亮点纷呈

重庆市新兴产业领域的信息产业、新能源、节能环保、新材料等产业发展迅速，规模及市场份额持续扩大，产业规划形成了协调推进的良好格局。

1. 电子信息产业高速增长

“十三五”期间，重庆市大力强化电子信息产业垂直整合力度，加快引进核心零部件生产商。2018 年，重庆市新一代信息技术产业销售收入 4640 亿元，增长 19.2%。智能网联汽车、机器人产量增长 50%以上，智能手机增长 28%。新一代信息技术产业在工业经济中保持领先地位，支撑作用不断增强。2018 年集成电路实现销售收入 214 亿元，产量 5.4 亿块，产量相比 2016 年增长 64%。2018 年重庆市物联网核心产值达 564.9 亿元，同比增长 37%，相关产业产值超过 1000 亿元。据不完全统计，2018 年，重庆市物联网企业总数达 438 家，规模以上 287 家，并且随着重庆市物联网产值规模持续扩大，保持 35%以上的高增长率。2018 年，智能硬件实现销售收入 2494 亿元，增长 10.4%，大数据产业实现销售收入 12.6 亿元，增长 9.2%；软件服务产业实现销售收入 448 亿元，增长 16%；数字内容产业实现销售收入 15.6 亿元，增长 12.6%。“十三五”期间，重庆新一代信息技术产业在实施大数据智能化行动计划的指引下处于加速发展的黄金阶段。

2. 高端装备制造新增长点不断涌现

目前，重庆市高端装备制造业已逐步形成门类齐全、具有相当规模和水平的体系。2018 年重庆装备制造产值同比增长 3.2%，高端交通装备产业实现销售收入 92.8 亿元，增长 14.9%。其中，机器人产业集聚效应业已显现。重庆市按照“一个基、三个功能区”的产业布局打造“全球机器人之都”，已形成研发、整机制造、系统集成、零部件配套、应用服务的产业雏形。其中，两江新区为工业机器人和配套功能区，江津双福工业园为服务机器人功能区，璧山工业园为特种机器人功能区。建成国家机器人检测标定中心和智能制造装备产学研协同创新中心等国家级和市级研发服务平台与企业技术中心。风电装备产业加快发展。海装风电获得全球 A 类设计认证证书，2015 年在中国本土新增装机 2 吉瓦，跻身全球十大陆上整机制造商行列。通用航空产业取得突破。以重庆获批国家通航改革试点城市为契机，以两江新区航空产业园为核心载体，初步形成了通航研发、运营服务、教育培训、航空展览为一体的产业集群。“重庆造”皮拉图斯轻型飞机已开始试飞。瑞士皮拉图斯、美国恩斯特龙和重庆通用航空产业集团有限公司三大厂商产能进一步释放。轨道交通装备本地化生产能力增强。形成了以重庆长客为核心的轨道交通产业集群，国家轨道交通装备基地已显雏形。重庆在轨道交通设计、组装集成、零部件配套、安全认证与评估等方面已经实现了本地化，单轨车辆实现 90%以上本地配套。

3. 新材料科技研发和产业化同步推进

2018 年，重庆新材料产业实现销售收入 540 亿元，增长 22%。其中，先进基础材料产业为 316.13 亿元，同比增长 33%；关键战略材料产业实现产值 45.05 亿元，同比增长 26.2%；前沿新材料产业实现产值 1.00 亿元，同比增长 42%；化工新材料完成产值 180.26 亿元，同比增长 8.0%。重庆先进基础材料主要集中在长寿经济技术开发区、两江新区、梁平工业园区、垫江工业园区、涪陵工业园区等，主要为汽车、电子、装备及环保产业提供先进钢铁材料、高性能有色金属材料、先进化工材料、新型建筑材料等。关键战略材料主要布局在长寿经济技术开发区、忠县工业园区、建桥工业园区、同兴工业园区、铜梁工业园区、万盛经济技术开发区、高新技术产业开发区，在耐高温、耐蚀钢铁材料、贵金属功能材料、锂电池正极材料、高性能二代玻纤及塑料光纤等传输材料有所布局。前沿新材料重点布局在重庆高新区、同兴工业园、空港工业园、长寿经济技术开发区、两江新区，主要以石墨烯、纳米新材料、磁流变材料为主。

4. 电动智能汽车发展进入“快车道”

重庆新能源汽车制造企业已初步掌握新能源汽车整车集成技术，形成重庆长安汽车股份有限公司（简称长安汽车）、重庆力帆汽车有限公司（简称力帆汽车）两家乘用车企业，重庆恒通客车有限公司（简称恒通）、重庆五洲龙新能源汽车有限公司（简称五洲龙）两家客车企业，重庆瑞驰汽车实业有公司专用车和近20家零部件企业所组成的“2+2+1+20”的产业体系，基本实现客车、轿车、微车的新能源汽车车型全覆盖。其中，长安汽车、恒通、力帆汽车、重庆小康工业集团股份有限公司等四家企业实现纯电动汽车商品化。力帆汽车全面启动新能源智蓝计划，推进互联网与物联网将人、车、道路、电池、能源互联互通。长安汽车与韩国LG集团合作开发全球领先的汽车用锂离子电池系统。重庆造快速充电纯电动客车在高海拔地区成功运行并创世界纪录。重庆车企借助雄厚的汽车制造基础和近年来迅速发展的电子信息产业不断推动智能汽车产业发展。2015年长安配有自动泊车汽车、车道偏离预警等8项智能技术的新型SUV（sport utility vehicle，运动型多功能车）上市，并与华为达成在智能汽车领域的战略合作。2018年，重庆新能源汽车已集聚长安汽车、长安福特汽车有限公司、重庆金康动力新能源有限公司等一批重点企业，长安汽车全球研发中心、重庆金康动力新能源有限公司年产5万辆纯电动乘用车建设项目建成投产，2018年重庆新能源汽车产量2.4万辆、增长33%。

5. 页岩气开发加快推进

重庆页岩气进入商业开发阶段。2015年底，累计生产页岩气38.88亿立方米，约占全国总量的三分之二，日产能已达1300万立方米，形成50亿立方米年生产能力。涪陵页岩气田已成为全国页岩气勘探开发、理论创新、技术创新、管理创新的典范，并成为全球除北美以外最大的页岩气田。涪陵国家级页岩气示范区勘探开发单位建立了116项页岩气勘探开发技术标准和规范，获得国家专利39件，实现了关键技术和装备国产化。

6. 生物医药产业平稳增长

生物医药产业快速发展，初步形成了以生物医药、现代中药、医疗器械、生物育种等为特色的生物产业集群。积极推进两江新区水土园区、巴南园区、合川园区三个医药产业基地建设。据统计，2018年重庆市医药工业投资达99.6亿元，实现工业总产值615.1亿元，生物医药产业实现销售收入600亿元，增长12%。拥有规模以上医药企业177户，年产值过亿元的企业有97户，全市可药用天然气化工产品3000多种，为化学原料药生产配套了完善的原辅料，20多个产品准入欧美发达国家。2016 年，重庆市政府发布《重庆市加快生物医药产业集群发展行动计划（2016—2020 年）》，进一步聚力向两江新区、巴南、合川、涪陵等区域集中，形成“4+1”医药产业集聚区，集群效应逐步增强。作为第一批国家战略性新兴产业集群的巴南生物医药产业集群，汇集了智睿生物医药产业园、北大医药产业园、美国 Athenex 制药基地、麻柳医药产业园等园区，初步构建了“孵化+基金+生产制造”的相对完善的生物医药产业环境。合川医药产业园重点打造以医药健康为主的消费品产业集群，两江新区为重庆市认定的生物医疗发展的主要承载区，北碚水土高新产业园区为生物医药及医疗器械的产业集聚园区。涪陵区通过多年的发展已形成以中成药为代表的太极集团有限公司和葵花药业集团股份有限公司、以生物制药为代表的华兰生物工程股份有限公司、以化学药物为代表的重庆常捷医药有限公司、以医药包装材料为代表的重庆市涪陵三海兰陵有限责任公司等龙头企业。

7. 节能环保产业加快发展

重庆在环保装备、环保产品、环保服务等领域取得较快发展。目前，环保产业年产值约 500 亿元。重庆三峰环境产业集团形成年产 48 台（套）垃圾焚烧设备总装基地，建立了“国家环境保护垃圾焚烧处理与资源化工程技术中心”。中电投远达环保工程有限公司建立燃煤大机组多污染物协同控制一体化系统。重庆碳排放权交易在重庆联合产权交易所正式开市，全市 254 家年碳排放超过 2 万吨二氧化碳的重点工业企业纳入了配额管理范围，工业碳排放控制机制逐步建立。

8. 战略性新兴服务业异军突起

大数据云计算形成集聚。两江国际云计算中心开始运行，全力打造国内最大的离岸数据处理中心。重庆加强区域合作，携手浪潮电子信息产业股份有限公司、亿赞普（北京）科技有限公司等龙头企业共同打造仙桃数据谷等大数据企业、产业聚集地，引进了惠普重庆分公司渲染云、浪潮政务云、安硕金融云等布局云服务，引进腾讯“互联网+”、阿里巴巴诚信通、欧洲 IT 巨头源讯公司、亿赞普（北京）科技有限公司等布局大数据应用，共推云计算和大数据产业发展。2015 年重庆大数据产业技术创新联盟成立。电子商务实现突破。2015 年重庆电子商务交易额 6000 亿元，网络零售额 800 亿元，跨境电商交易额 8 亿元，同比增长 12 倍。成功引进京东、阿里巴巴、腾讯、易迅网、齐家网等知名电商，本土猪八戒、大龙网等电子商务快速成长，电子商务、跨境电子商务、网络零售等新型服务贸易业态逐渐成熟。猪八戒等 5 家企业获评全国示范企业称号。重庆市积极承接国家中土网上丝绸之路合作项目，成功让重庆成为中土网上丝绸之路合作唯一中方落地城市。

（三）创新能力不断提升

1. 大力建设创新示范区

按照“一区多园”模式，以两江新区国家创新创业示范基地为核心区，高新区、经济技术开发区、璧山高新区为拓展区，创建国家自主创新示范区。截至 2017 年底，两江新区共入驻世界 500 强企业 129 个，落地产业项目 1824 个，合同投资总额 5900 亿元，形成了汽车、电子信息、高端装备制造三大优势产业，正着力发展新能源及智能汽车、云计算及物联网、通用航空、生物医药等其他战略性新兴产业。高新区积极打造石墨烯产业园，大力发展石墨烯等新材料产业，正着力集聚物联网、工业机器人、智能仪表、生物制药等战略性新兴产业。璧山高新区、西永微电子产业园、南岸区茶园产业园、涪陵页岩气国家级示范区等新兴产业园区产业集聚发展态势强劲。

2. 全面搭建研发平台

成功构建以国家级创新平台为龙头、市级创新平台为支撑的多层次、联动式创新平台体系。截至 2015 年底，重庆建有国家级科技平台 68 个，教育部重点实验室和工程研究中心 34 个，市级科技平台 1139 个。进一步强化企业创新主体地位，在自主品牌汽车、集成电路、新材料等领域培育了一批国内同行业领先的企业研发创新中心、国家级企业技术中心和市级企业技术中心。

3. 积极发展众创空间

大力营造创新创业良好环境，培育了以小 Young、赛伯乐为代表的知名众创空间。截至 2015 年底，全市共建设各类众创空间 405 家（13 家入选国家级众创空间），入驻创客团队 2900 个，盘活闲置楼宇约 300 万平方米，完成投融资 65.49 亿元。

4. 加快提升创新能力

重庆市战略性新兴产业研发创新成果丰富，自主创新能力显著提升。其中，电子信息产业引进京东方科技集团股份有限公司半导体显示技术研发中心；建立移动通信终端与网络控制国家地方联合工程研究中心。物联网产业研发出全球首款工业物联网核心芯片——“渝芯一号”和具有自主知识产权的 IPv6 传感网协议栈软件，参与制定 ISA100.11a、WirelessHART、WIA-PA[①]等多项国际标准，核心技术已形成专利保护群；建立仪表传感器与测量系统国家地方联合工程研究中心。机器人产业成功研制国内首台大尺度并联 3D 打印机器人；建成机器人检测标定中心和智能制造装备产学研协同创新中心。新能源汽车及智能汽车产业研制国内第一辆八轮轻量化低地板全电动客车整车样车；建立新能源汽车关键零部件试验开发平台；重庆市科学技术研究院和重庆理工大学联合建成汽车电子控制系统试验开发平台；建立新能源汽车关键零部件试验开发平台。高端装备制造产业成功编制单轨设计、施工、车辆技术等国家标准；牵头制订《海上风力发电机组防腐规范》国家标准；高可靠精密滤波传动技术及系统获国家科学技术进步奖二等奖。新材料产业成功研制 15 英寸单层石墨烯和纳米纤维空气净化膜；全球首批石墨烯手机实现量产；国际复合低介电常数玻璃纤维、川仪车载马达用电接触复合材料打破了美国、日本等国的技术封锁；全国首个石墨烯产业专利分析与专利数据库启动建设。生物医药产业建成重庆创新药物孵化基地；研发出国内首个治疗儿童多动症的中药新药"小儿黄龙颗粒"；首仿治疗帕金森病药物"盐酸罗匹尼罗"实现产业化。环保产业建成首个核环保技术试验的放射性废水处理与烧煤烟气颗粒污染物净化技术试验平台；在烟气脱硫脱硝、垃圾焚烧发电、高温水源热泵、汽车尾气治理产品制造、垃圾收运设备、环境监测仪器等领域掌握了一批自主知识产权技术优势。页岩气等新能源产业页岩气附属产品处理实现新突破，页岩气田油基岩屑处理后的岩屑含油量低于国家 0.3%的标准。

5. 突破并掌握了一些关键核心技术

由于重庆市注重加强科技管理机制创新、健全科技评价体系、完善产学研结合机制、促进军民融合科技创新、创新有利于产业发展的体制机制，同时强化知识产权政策导向，因而推动了产业技术水平不断提升，突破并掌握了一批核心技术：一是拥有超声医疗、微系统医疗器械、血液净化设备、胃病疫苗等一批技术领先的自主创新研究成果和产品，正在研发抗艾新药、治疗肺癌肝癌用药（HC-1 康布瑞汀磷酸二钠）、龋齿疫苗等十余个国家 I 类新药；数十种原料药获得美国 FDA 认证，并大规模出口。二是长安汽车、力帆汽车、恒通、五洲龙等多家整车企业发力新能源汽车，驱动电机和电控专用部件开发生产居国内领先地位，长安汽车建成全国首家新能源汽车研制国家地方联合工程实验室，轻度混合动力技术在部分成熟车型中普遍采用，长安汽车杰勋混合动力、长安汽车志翔油电中混、恒通气电混合动力乘用车与客车在全国率先进入市场。三是节能环保产业迅速起

① WIA-PA 表示 Wireless Networks for Industrial Automation Process Automation，面向工业过程自动化的工业无线网络标准技术。

步，其中燃煤烟气净化技术及装备国内领先。四是重庆材料院开发的耐腐蚀高性能特种合金、光敏材料、特种温度传感材料及器件达到国际先进水平。

（四）发展环境日益完善

1. 政策规划体系全方位配套

自 2011 年重庆市人民政府出台了《重庆市人民政府关于加快发展战略性新兴产业的意见》之后，重庆市以及其各个地级市等相关部门根据重庆市战略性新兴产业发展情况、发展需要以及发展中出现的一些问题相继出台了许多政策措施，助力重庆市战略性新兴产业的发展。

从政策倾斜上，2010 年重庆市人民政府办公厅发布了《关于加强区县知识产权工作的意见》，指出工业基础较好的区县（自治县）要加强主导产业和战略性新兴产业的专利布局，通过专利获得市场竞争优势，抢占产业制高点。2017 年重庆市人民政府办公厅又发布了《关于印发重庆市装备工业调结构促转型增效益实施方案的通知》，指出按照供给侧结构性改革整体部署，发展壮大战略性新兴产业，改造提升传统产业，促进战略性新兴产业与传统产业有序衔接、竞相发力，构建装备工业多支柱产业体系，不断增加有效供给。以市场化、法治化方式加快化解过剩产能，积极稳妥去除无效供给。2017 年重庆市人民政府推出了降低战略性新兴产业用电单价等政策。

从战略举措上，2014 年重庆市人民政府在“十二五”期间加快培育和发展“2+10”战略性新兴产业集群；2016 年重庆市人民政府又推出新的战略举措：贯彻实施《重庆市深化标准化工作改革实施方案》计划，推动先进技术、专利转化为标准，推动实施“6+1”支柱产业和十大战略性新兴产业领域先进技术标准等政策。

从金融政策上，2010 年重庆市财政局印发了《重庆市地方特色产业中小企业发展资金管理暂行办法》的通知，重点支持地方特色产业集群和特色产业聚集区内中小企业产业升级改造，新能源、新材料、节能环保、生物医药、信息网络及高端制造等战略性新兴产业中小企业项目建设和技术改造，集群和聚集区内主导性产业中小企业向附加值高的产业前端和后端延伸而进行的技术改造项目。2012 年重庆市人民政府办公厅发布了《关于进一步加强金融服务民营经济的实施意见》，指出建立健全股权投资引导机制。鼓励民营企业广泛参与，探索建立股权投资引导基金，引导海内外股权投资基金落地。发挥科技风险投资引导基金作用，加大对科技型中小企业和战略性新兴产业投资力度。2015 年重庆市人民政府又开始鼓励创新政府性基金使用方式，支持市产业引导股权投资基金、战略性新兴产业股权投资基金。

综上可以看出，近年来重庆市人民政府对于重庆市战略性新兴产业的政策支持力度较大，重点对战略性新兴产业的财政和金融政策进行大力扶植，为战略性新兴产业相关的企业给予了较好的融资环境、较宽松的财政政策以及适度的财政性补贴。同时对于战略举措方面，重庆市人民政府对于重庆市战略性新兴产业的发展也做出了非常合理的产业规划和政策引导。

2. 产业投融资体系日益壮大

2015 年，重庆组建了规模高达 800 亿元的战略性新兴产业股权投资基金，用于投资十大战略性新兴产业。科技金融取得成效。全市创投引导基金参股 15 只基金，参股基金规模已近 100 亿元，累计投资全市信息技术、高端装备制造、清洁环保、医疗健康等行业类项目 76 个。

3. 技术创新服务体系加快完善

出台了《关于加强重庆市战略性新兴产业知识产权工作的实施意见》《重庆市知识产权战略纲要》《重庆市促进科技成果转化股权和分红激励实施办法》等政策意见。成功争取国家知识产权局同意重庆设立“国家云计算知识产权（重庆）实验区”。国内首个云计算专利数据库服务平台开通上线。以项目为载体、资本为纽带，推动科研院所和高等学校重点实验室、工程（技术）研究中心为创新成果转化服务。成立了物联网产业发展联盟、生物医药国际产学研联盟、汽车电子产业技术联盟、面向机器人核心技术研究与产业化领域的科技创新联盟、新材料产业联合会等中介组织，加强创新成果与产业应用对接，加强创新项目与市场需求对接，为企业和社会提供多层面研发创新、技术验证及产业化服务。

4. 财政资金对社会资本的引导和带动明显增强

重庆市建立了稳定的政府科技投入增长机制，设立战略性新兴产业发展专项资金，综合应用财政拨款、风险投资、贴息、担保等方式引导企业不断加大科技投入，吸引社会资金支持科技创新和产业发展，形成了多元化、多渠道的投入模式，财政资金的投入在取得显著效益的同时起到了很强的带动作用。

5. 逐渐培育形成了一些特色产业链条，集群效应逐步显现，部分龙头骨干企业发展势头良好，发挥了一定的引领作用

重庆市根据战略性新兴产业发展的规律特点，积极引导集聚战略性新兴产业的相关配套产业，垂直整合产业体系，大力推行产业链垂直整合模式，分类推动，抢占先机，培育形成了一批特色产业链条，推动建设多个产业分别建设成为国家重要的产业集群。以新能源汽车为例，重庆发挥汽车工业龙头企业的整车及集成

技术优势，以纯电动车为主攻方向，以混合动力汽车为转型过渡，建立节能与新能源汽车推广配套体系，不断完善汽车产业链条，聚集整车及关键零部件企业，依托龙头企业长安汽车新能源汽车项目、力帆汽车纯电动轿车项目、恒通纯电动客车等项目引领动力电池、驱动电机、控制系统、阳极材料等相关产业迅速发展。吸引了世界知名企业汽车产业项目相继入驻，进一步增强了重庆汽车产业的集聚效应，形成了汽车产业要素的集聚地。单体电池、驱动电机、车身控制模块、电机控制系统、总线控制系统、整车控制系统等重大项目集聚形成了产业集群效应。笔电产业也形成了“5+6+700”品牌商、代工商、零部件企业垂直整合的集群发展态势，并加速向平板电脑拓展。

第二节　重庆市新兴产业发展的重要举措

一、深化政策规划引领，引导产业健康发展

为引领推动全市战略性新兴产业发展，引导产业健康有序发展，根据《“十三五”国家战略性新兴产业发展规划》和《西部大开发“十三五”规划》要求，“十三五”期间，重庆市要培育新材料、新能源、生物医药等七大战略性新兴产业，形成新的主导产业。重庆市对战略性新兴产业的培育遵循战略性新兴产业发展的基本规律，强调布局优化、产业集聚，突出重庆市自身优势和特色。并且重庆市进一步强调要充分结合各区县（自治县）产业基础和资源禀赋，加快特色产业园区建设，引导同类企业、产业链上下游企业在有条件的区域集聚，鼓励在全市范围内打造一批战略性新兴产业发展集聚区和特色产业集群，构建多点支撑、错位发展、相互支撑的空间布局，从而避免不同区域产业发展间出现同质性强、恶性竞争等情况。此外，重庆市还进一步印发了物联网、生物医药、机器人及智能装备等系列细分新兴产业专项发展规划。这些规划同样充分结合了重庆市各地发展基础和相对优势，对产业发展进行了空间布局，引导区县和开发区差异化发展。

二、有效利用财政杠杆，完善金融支撑体系

首先，重庆市建立了稳定的政府科技投入增长机制，确保财政科技投入增长幅度高于财政经常性收入增长幅度，设立战略性新兴产业发展专项资金，综合应用财政拨款、贴息等政府引导手段和风投、科技担保等科技金融方式，带动全市

研究与试验发展经费支出占地区生产总值比重不低于 2.2%。其次，重庆市从优化股权投资、创新融资模式、健全多层次资本市场入手，吸引社会资本进入战略性新兴产业领域，建立“投、保、贷、补、扶”“五位一体”的科技金融支撑体系。在优化股权投资方面，发挥创投及引导基金集聚作用，落实股权投资扶持政策，通过增资扩股、发起新设等方式吸引更多社会资本加入重庆市创投行业；推动区县和科技园区出资设立天使投资引导基金，加大对初创期企业投资。在拓宽融资渠道方面，创造条件支持企业发行债券融资，引导金融机构建立适应战略性新兴产业特点的信贷管理制度和贷款评审体系，以财政贴息鼓励金融机构加大贷款力度；推动财政和民间资金组建融资性担保公司，积极发展知识产权质押、租赁融资、产业链融资等新型融资模式。在健全多层次资本市场体系方面，充分发挥了重庆股份转让中心功能，推动不同发展阶段创业企业进入该中心挂牌，帮助挂牌企业实现股权质押贷款和定向增发融资，支持企业境内外上市，满足不同发展阶段创业企业的需求。

三、重视服务平台建设，大力实施培育工程

产业在发展初期往往存在着市场失灵和系统失灵问题。其中，市场失灵指的是传统用户对新的产品缺乏必要的信息，导致市场对新产品不认可和不信任。系统失灵指的是由于路径依赖和能力缺失，广大企业，尤其是中小企业，在面对新产品时，往往选择现有成熟的产品和技术，从而拒绝新产品。这些问题在新兴产业中往往更为明显，因此需要政府对新兴产业进行有效培育。

针对新兴产业面临的市场失灵和系统失灵问题，一方面重庆市重视服务平台建设，包括：①着力打造公共服务平台。建立了国家机器人检测与评定中心（重庆）、重庆两江机器人融资租赁有限公司、机器人应用与培训中心（学院）等智能装备产业公共服务平台；搭建了“全国车联网监管与服务公共平台”和“全国道路货运车辆公共监管与服务平台”等国家级车联网平台；增材制造领域江北华港 3D 打印应用中心、永川 3D 打印快速制造创新中心建成投运；搭建了重庆仙桃智能样机创新中心、智能硬件测试公共服务平台等智能终端公共服务平台。②打造企业创新平台。机床集团智能装备研发中心、四联集团智能仪器仪表研发中心建成国家级企业技术中心；建成中科云丛人工智能基础资源平台、凯泽科技人脸识别与图像处理产业园、暴风云尚 VR 应用研究院等技术研发平台；长安汽车研究院、长安福特技术中心、中国汽研等机构平台竞相加强智能汽车技术的应用开发及与整车匹配研究，加快中高档乘用车智能技术的应用发展并快速向中低档乘用车甚至商用车领域延伸，并注重提升新能源汽车的智能化水平。③创建产业技

术创新联盟。依托重庆大学、中国科学院重庆研究院、重庆信息通信研究院、中国汽研、鲁班机器人研究院等单位，建立了大数据、物联网、智能网联汽车、智能制造、集成电路等 13 个产业技术创新战略联盟，推动产业链上下游合作，培养产业学研用创新生态。培育了智能物流网络、智能传动与控制技术、生物感知与智能信息处理等 120 余个国家或市级重点实验室、工程技术中心技术创新平台。

另一方面，重庆市政府鼓励创新产品开展大规模示范应用，积极争取国家培育计划支持。推进实施智慧重庆、绿色三峡等市场培育工程，拓展笔记本电脑、通信设备、下一代互联网，小型化、轻量化节能汽车，混动、纯电汽车，新型医疗器械和节能环保产品等形成市场规模。重庆市运用体制机制创新、强化规划实施保障，坚持突破重点、开放引进、创新模式、龙头带动、集群发展等总体原则，打造新一代信息产业成为重要支柱产业，做大做强高端装备制造、新能源汽车、节能环保三大优势产业，培育新材料、生物、新能源三大先导产业，实施“2+10”产业链集群建设方案，建设笔记本电脑和离岸数据开发处理“2”个全球重要基地，培育通信设备、集成电路、光源设备、新材料、仪器仪表、生物医药“10”个千百亿级产业集群。

四、建立工作协调机制，提供有力组织保障

首先，推动科技与经济社会部门联动合作。强化重庆市科教领导小组和战略性新兴产业发展工作领导小组的统筹协调职能，开展联合组织实施重大项目、重大工程、重大基地建设等试点示范，突破体制分割、资源分散等统筹瓶颈，形成部门分工协作，市、区、县联动的良性工作机制，汇聚各方资源共同解决科技、经济发展重大问题。制定落实“区县、产业、民生、创新能力”四大科技示范工程实施方案和“2+10”战略性新兴产业集群建设方案，明晰具体思路，明确创新能力建设、科技攻关、知识产权、龙头企业培育、市场拓展、重大招商等战略任务，细化保障措施，明确牵头部门，推动各项工作落到实处。其次，加强科技系统资源统筹与共享。积极对接国家科技战略，深化部市会商机制，加强国家科技计划和重庆市级科技计划互动合作，建立积极推进国家科技资源和重庆市科技资源梯次配置与合理布局的新机制。建立重庆全市科技系统资源统筹协调机制，提高科技计划、科技经费的协同集成度，避免了多头管理、分散投入。全面完善全市科技资源社会共享机制，提高科研设施、科技信息与数据的利用效率，避免了重复研究、重复建设。

第三节 重庆市新兴产业发展面临的挑战

一、重庆市新兴产业的政策层面所面临的问题

重庆市人民政府自提出发展战略性新兴产业的国家战略后，创新性地出台了许多相关的扶植政策，大力地推动了重庆市的战略性新兴产业发展。这些政策中既有统领全局的重庆市整体战略性新兴产业的发展规划目标也有重庆市财政局等相关政府机构的各个方面的产业支持，可以说重庆市对于战略性新兴产业的政策层面给予了很好的范例，但是其中也存在一些较为突出的问题。

（一）政策的衔接性有待提高

政策的衔接性涉及两个方面。

一是政策对于重庆市的传统产业与战略性新兴产业的衔接引导性不够。战略性新兴产业与传统产业更多地应该表现为共生关系，战略性新兴产业与传统产业并没有天然的界限，所以在政策施行过程中，要注重传统产业与战略性新兴产业的政策衔接。在对重庆市战略性新兴产业的政策研究过程中，发现重庆市有关战略性新兴产业的政策中都是对新产业或另起炉灶的企业扶植力度较大，而对传统产业升级改造并与战略性新兴产业进行衔接的政策所给予的扶持较少。战略性新兴产业的发展也不是孤立的一个体系，往往需要传统产业为其配套衔接，如重庆市较为优势的新一代信息技术产业，传统产业便是其重要的下游市场。所以引导传统产业与战略性新兴产业衔接的相关政策对于重庆市整个工业发展和工业升级都有重大意义。

二是战略性新兴产业的有关政策之间的衔接性、一致性不高。重庆市有关战略性新兴产业的政策较为全面，但是政策与政策的衔接性较低。例如，重庆市战略性新兴产业的政策模式较为不固定，并且扶持的重点领域的连贯性不高。或许有些政策是出于对于发展现状的考虑而进行变化，但是政策衔接性、一致性的下降会导致前期的财政投入得不到较好效果，而后刚有起色的产业便可能因为政策倾斜方向改变而导致失败。所以，重庆市战略性新兴产业发展的有关政策的衔接性、一致性以及整体政策的顶层设计还需要一定优化。

（二）政策及保障机制难以满足产业发展需求

在新兴产业形成初期，政府通过产业扶持政策，坚持“重点倾斜、优先扶持”的原则，针对某些产业或部门给予一定的优惠和优先发展条件，促使产业发展，

新兴产业由此得到推广，运用并渗入到市场中去；在发展过程中，由于是由市场决定产业资源配置的去向问题，当市场调节作用失灵后，产业扶持政策又开始发挥作用，推动产业结构不断调整、带动其他产业共同发展。从市级层面而言，市委市政府已出台相关若干政策推动产业发展，如《重庆市推动制造业高质量发展专项行动方案（2019—2022 年）》《重庆市加快生物医药产业发展若干措施》《重庆市加快集成电路产业发展若干政策》等，但从整体上还存在扶持力度不够、扶持政策不配套、落实难等问题。一方面，当前针对各战略性新兴产业上下游发展的政策尚不健全，针对各战略性新兴产业行业特点的配套政策仍有待提高，需要当地政府不断完善政策体系并加大政策扶持力度。另一方面，从区县层面而言，部分区县政府和企业缺乏发展新兴产业的意识，仍停留在抓传统产业的老路上，对发展新兴产业的紧迫性和必要性认识不到位，发展导向明显不足，引导发展的政策体系仍未形成。

（三）忽略了对环境的影响以及外部性

相比于传统产业，新兴产业的污染问题更加隐蔽，现实中一些由新兴产业造成的能耗和污染往往容易被忽视，如重庆市大力发展的新一代信息产业中的芯片生产以及高端制造产业的废物污染等。这些战略性新兴产业所产生的污染具有隐蔽性、难处理性。因为重庆市处于长江、黄河等重要河流的中上游且生态资源较为丰富，所以其生态环境关乎整个国家的生态安全。重庆市在战略性新兴产业的发展过程中也应该出台一些关于环保要求的政策，保证重庆市战略性新兴产业在发展过程中对环保较为友好且产生较低的外部性。

二、重庆市新兴产业的产业体系所面临的问题

（一）重庆市新兴产业的企业规模偏小，缺乏产业带动能力

战略性新兴产业发展较好的地方往往是产业集群发达或有龙头企业带动的区域，如美国的硅谷、波士顿。重庆市战略性新兴产业集群大型龙头企业数量不多。2016 年，全国高技术产业大型企业共 1860 个，其中西部地区排名前三的为四川省 59 个、重庆市 44 个、陕西省 42 个。虽然重庆市在西部地区排名较为靠前，排名西部地区第 2 位，但是与北京市、上海市、天津市另外三个直辖市的高技术产业大型企业数量或战略性新兴产业相关的大企业数量相比，重庆市的大型企业以及龙头企业数量仍然较少，对于带动重庆市战略性新兴产业的作用较小。

（二）重庆市新兴产业的企业技术水平较低，利润较少

重庆市战略性新兴产业的专利发明情况属于中等水平，这也从侧面印证了重庆市战略性新兴产业的企业创新能力较弱，也就间接导致了这些企业的科技水平较低，进而影响到战略性新兴产业相关企业的产值和利润。2016 年重庆市战略性新兴相关产业的企业产值为 1490.8 亿元，排名西部地区第 3 位；企业利润总额 72.6 亿元，排名西部地区第 4 位；企业平均利润为 1.65 亿元，排名西部地区第 8 位[①]。所以可以看出，重庆市战略性新兴产业的利润和其产值相比，并不在同一水平，其各个新兴产业的科技水平、创新能力都有很大的提升空间。只有将科技与创新能力提升起来，才能生产出高精尖产品，才能获取产品附加值，从而助力整个战略性新兴产业的快速发展。

（三）重庆市新兴产业较为分散，未能形成较大集群

目前重庆市已经形成新一代电子信息产业、高端制造业两大产业集群，新材料、新能源汽车、生物医药等战略性新兴产业正加速发展。但是，集群内企业之间大多处于同类竞争关系，还未形成产业链纵向一体化、核心企业横向体系化发展的态势，一些关键设备和关键零部件对外依存度还比较高。例如，新一代电子信息产业的芯片等还需要从国外进口，尚未形成全产业链集群发展态势。

（四）节能环保、生物医药产业有待提高

重庆市整体的战略性新兴产业布局发展较好，但是产业结构还有待改善。各个战略性新兴产业的发展差异性较大。重庆市较为有优势的新一代信息技术、高端制造业等发展速度、质量、成果较好，但是根据效用递减的原理，其之后再迈进式发展所需要的努力和付出会较大，且所带来的成效也会有所下降。所以根据重庆市现状，应该进一步加大节能环保产业和生物医药产业有关的战略性新兴产业的发展。重庆市是西部地区的交通枢纽，地理和区位优势明显，发展环保产业和生物医药产业所面对市场的需求较大，有较大的发展空间和发展潜力，加大对节能环保和生物医药产业的发展，会更加助力重庆市战略性新兴产业整体的发展效果和成果。

① 国家统计局社会科技和文化产业统计司编.《2017 中国高技术产业统计年鉴》，中国统计出版社，2017。

三、重庆市新兴产业的创新能力所面临的问题

（一）创新能力有待提高

新兴产业发展的重要依托在于技术创新，特别是一批颠覆性技术的出现。但在当前培育和发展战略性新兴产业的过程中，产业技术创新体系仍然是薄弱环节。完善的产业创新体系是发展新兴产业的重要支撑。基础研究、技术开发、融资环境、创新基础设施、规制政策框架等创新体系上任何一个环节的欠缺，都会成为相关产业发展的“短板”。在调研中发现，我国在很多战略性新兴产业领域中，企业的整体科研实力特别是基础研究领域长期滞后，很多核心技术和关键设备仍然掌握在国外企业手中，企业内部创新能力不强，有限的技术创新尚未形成良性状态。部分新兴产业规模不大，产业链不完备，企业大多集中在中下游环节，产品附加值低，整体处于产业价值链低端。产业创新水平不高，配套能力不强，上游环节发展滞后，下游应用面临较大的升级压力。重庆市战略性新兴产业企业总体规模偏小，竞争力较弱，承接世界先进技术、产业转移和自主发展的能力不强。这些导致了重庆市战略性新兴产业的持续创新潜力不足。2016 年，重庆市高技术产业拥有研发机构 202 个，仅占全国的 1.47%、西部地区的 21.89%，排名西部地区第 2 位。其中，高技术产业中有研发机构的企业 165 个，排名西部地区第 2 位，仅占全国的 1.52%。高技术产业 R&D 经费内部支出 44.2 亿元，仅占全国的 1.5%，排名西部地区第 3 位①。可见，重庆市战略性新兴产业研发整体投入不足，创新还未成为企业获取竞争优势的重要力量，全市还未形成创新创业的良好氛围。

（二）人才储备引进有待提高

人才是提升战略性新兴产业技术创新能力的核心要素。2016 年，重庆市高技术产业 R&D 人员全时当量 10 314 人/年，占全国的 1.41%，仅相当于四川、湖南、湖北等省的一半②。可见，重庆市科技创新的人才和智力支撑不足、企业研发实力较弱，不能很好地推进战略性新兴产业企业向产业价值链高端迈进。人才始终是产业发展的第一要素。重庆市地处内陆，战略性新兴产业发展面临着人才缺口问题。从当前重庆市战略性新兴产业的发展现状来看，高层次、复合型的领军人才和技能型人才缺乏，已成不屑一顾为制约战略性新兴产业发展的瓶颈问题。虽然

① 国家统计局社会科技和文化产业统计司，科学技术部创新发展司编.《2017 中国科技统计年鉴》，中国统计出版社，2017。

② 国家统计局社会科技和文化产业统计司编.《2017 中国高技术产业统计年鉴》，中国统计出版社，2017。

一些高新技术企业吸引了一批科技人才，但缺乏良好的用人机制，这造成了很难留住高级人才的局面。目前国内城市间人才争夺日趋激烈，受人才环境、人才供给和人才成本等多重因素影响，高层次科技创新人才的供给缺口逐步成为制约未来战略性新兴产业发展的瓶颈。这不仅与城市发展积累和高校科研院所的集聚相关，而且与用人机制与人才激励机制相关。人才缺口不仅体现在高层次领军人才和创新型人才上，还体现在工程师、经营管理人员和专业技术人员等定向型人才的缺乏上。此外，虽然传统产业积累了大量的专业人才，但面向战略性新兴产业需求的人力资源有效转移不足。如何“引得进、留得住、用得上”战略性新兴产业发展所需的高端人才和实用型人才，是当前各地在发展中需要解决的一大难题。

（三）产业发展环境不利于战略性新兴产业的进一步发展

在发展战略性新兴产业的过程中，科技基础设施、创新载体、公共平台等方面的建设相对滞后，对企业的创新支撑不足，技术规范、行业标准、产品认证、配套设施、创新平台、资本服务等产业环境尚待进一步完善。发展战略性新兴产业，主要关注的重点集中在国有企业和大中型企业，对于民营和中小企业关注度不够，尚未形成以龙头企业为核心、以中小企业为支撑的战略性新兴产业协同创新集群。金融市场对战略性新兴产业发展的支持力度不足，传统金融倾向于支持大中型企业，对科技型中小型企业的支持较少；新兴产业中的中小企业和民营企业较难获得卖方信贷。此外，当前推进战略性新兴产业的发展模式，主要注意力集中在龙头企业和重点项目，但对配套产业、民营以及中小企业的政策支持力度不够。

第四节　促进重庆市新兴产业发展的对策建议

重庆市充分发挥各类资源、政策优势，在全面贯彻落实总体部署的进程中，紧紧抓住建设统筹城乡综合配套改革试验区、两江新区开发开放、实施三峡后续工作规划、建设成渝经济区等重大历史机遇，积极探索、大力推进战略性新兴产业的发展，坚持“放眼全球、科学规划，发挥优势、重点突破，开放引进、创新模式、跨越提升，龙头带动、集群发展”，积极发挥产业、科研、人才、政策等综合优势，着力增强综合创新能力，着力将新一代信息产业打造为重要支柱产业，做大做强高端装备制造、节能与新能源汽车、节能环保三大优势产业，积极培育新材料、生物、新能源三大先导产业。实施“2+10”产业链集群建设方案，建设笔记本电脑和离岸数据开发处理“2”个全球重要基地，培育通信设备、集成电路、节能与新能源汽车、环保设备、轨道交通装备、生物医药、新材料、风电装备、光源设备、仪器仪表等“10”个重大产业集群。在发展过程中，逐步形成了以企业为核心的新型产学研用协同创新模式、围绕龙头企业和特色园区的产业集群发展模式等，相关经验值得借鉴。总体来看，重庆市战略性新兴产业的发展尚处于起步阶段，遇到了资金、人才、体制、政策等相关约束与瓶颈。进一步分析，其深层次原因在于目前尚缺乏对于战略性新兴产业的发展规律以及创新活动的内在特质的深入分析与准确把握。为了更好地推动重庆市战略性新兴产业的发展，需要充分发挥各类优势，在继续完善已有模式的同时，积极探索新的应对措施和政策。

一、重庆市新兴产业的政策扶持提升对策

（一）加强新兴产业各层级发展的政策衔接机制

深化战略性新兴产业发展规划的前瞻性和统筹性[①]，在完善重庆市新兴产业发展总体规划、各细分产业战略规划以及各区县、产业园区规划的基础上，强化各层级政策的衔接性，优化协同发展机制。第一，建议建立以市长牵头，包括市工信局、科技局以及相关区县、园区等相关单位在内的推动新兴产业发展的领导小组，系统性地根据各单位基层实际发展情况，制定重庆市新兴产业发展总体规划。第二，建议聚焦新一代信息技术、高端装备制造、生物产业、新材料、新能源、新能源汽车、节能环保、相关服务业等八大产业链和重点金融业、旅游业的规模以上企业，建立新兴产业发展数据库，包含企业经营范围，每年营收情况等。第三，改善激励考核机制，对于产业园区的考核，建立长期评价机制，评价范围不仅包含园区自身表现情况，也应将园区间协同发展纳入考核范畴。

（二）加大新兴产业市场需求侧的引导和支持力度

在培育战略性新兴产业方面，建议政府的工作重点要从主要出台支持供给的政策逐步转移到出台支持供给和刺激需求并重的政策上来，加强对于市场需求的引导，优化政策对传统产业和新兴产业间衔接的促进作用。首先，积极发挥政府采购的激励作用。建议将具有自主知识产权的新兴产业产品列入政府采购目录，优先予以采购。完善各类重大技术装备国产化政策，加快建立政府补贴和重大建设项目工程采购制度，鼓励优先使用国产首台（套）设备，充分发挥政府首购和

① 詹懿《供给侧结构性改革背景下重庆市战略性新兴产业发展研究》，《中国西部》2018 年第 5 期。

订购的激励作用。其次，建议实施产品应用示范工程。选择尚处于产业化初期、社会效益大、市场机制难以有效发挥作用的重大技术和产品，组织实施一批重大应用示范工程，采取必要措施推进战略性新兴产品在社会公共领域的推广应用，努力创造战略性新兴产业的初始需求，努力培育市场，拉动产业发展。再次，着力启动本土市场需求。制定本土新产品推广目录，对采购国产战略性新兴产业技术设备提供政策支持，帮助企业突破产品进入市场初始阶段的瓶颈约束。积极帮助企业宣传产品、发布市场信息，提高战略性新兴产业产品的市场认可度。综合运用价格杠杆、税收优惠、费用减免、标准体系建设、完善基础设施等手段，开拓市场空间。

本土企业的地方根植性强，且由于文化、习俗等多种因素的影响，互相之间沟通交流便利，更容易形成集群网络，更利于提升行业竞争力，是区域内生增长动力的主要因素。一方面，地方政府应对本土企业发展给予大力扶植，尤其应在研发、品牌、人才引进等方面，提供多种形式的优惠和支持措施；另一方面，积极搭建创新平台、中介平台，推进本土中小企业之间、本土中小企业与外来企业之间的联系与合作，使本土企业融入外来大型企业价值链的同时，也形成根植性较强的本土产业链，逐步实现内生增长，降低战略性新兴产业发展对外来企业的依赖性[①]。

（三）重视新兴产业的环保政策制定，降低其负外部性

战略性新兴产业在重庆市发展势头迅猛，但是有关产业的环保规定性政策还比较缺乏，由于战略性新兴产业所产生的污染具有隐蔽性、难处理性等，所以要加紧制定环保规定，从源头上进行遏制，降低战略性新兴产业发展所带来的整个社会的负外部性。

（四）进一步改善财政、税收政策，加大对企业的支持力度

建议政府相关部门对具有较强国际竞争力的国家和地区进行深入调研（如新加坡等），参照其财税政策制定相关优惠政策，使国内企业在参与国际竞争时，能够在税收上与其他跨国公司站在同一起跑线。加快制定针对战略性新兴产业的，如激励政策有差异化的税收补贴、税费减免等。适当降低营业税税率，返还一定比例的增值税抵扣研发支出。此外，汇率波动对出口企业影响较大，建议政府部门制定相应的补贴政策。

① 胡新华《西部战略性新兴产业取向比较与优化路径》，《重庆大学学报》（社会科学版）2014年第4期。

二、重庆市新兴产业的产业体系优化对策

（一）改善产业发展的市场环境，重点出台普惠性政策

政府相关政策支持的重点应从“择优”支持具体项目转移到普惠“改善市场环境”上来。要将注意力集中到着力提升长期产业竞争力、构建良好产业发展环境方面，包括公平有效的市场环境、高质量的人力资源和产业要素、良好的人文社会生活环境等。建议政策支持的重点从支持大中型企业转移到支持大型企业与支持民营中小企业并重。建议在住房配套、子女教育以及个人所得税减免等方面加大对人才培养、引进以及人才队伍稳定方面的扶持力度，鼓励企业、研究院所充分利用全球人才资源和技术资源不断提升技术创新能力与管理水平。

（二）重视提升企业国际化水平，加大对企业发展的支持力度

建议政府出台相关政策，鼓励企业走国际化发展战略，鼓励国内企业积极参与国际竞争与合作，支持其与国外企业开展深入合作。同时，鼓励国内企业走出去，引进、吸收或收购国外的先进技术成果，鼓励国外具有独立知识产权的公司的研发部门来重庆市落地，为形成产业集群创造条件。对于走出去的国内企业，国家应在产业结构调整中给予具体支持，建议出台和 WTO 原则相符的相关政策，解决部分产业转型升级、人民币汇率升值等问题，促进国内企业的成长。

加大对现有战略性新兴产业企业的优化重组，淘汰部分战略性新兴产业中低端制造环节的落后产能，加强对产业链中关键零部件企业的引进和培育，推进产业价值链升级，促进战略性新兴产业由高端产业低端制造向高端产业高端制造和智造转变①。

（三）提高节能环保产业、生物医药产业发展

节能环保产业和生物医药产业在重庆市发展规模不大，还处于发展初期，其发展潜力大、发展空间足。要重点发展节能环保产业和生物医药产业，通过这两大类的战略性新兴产业发展，改善重庆市生态环境，努力打造“绿水青山就是金山银山”的绿色发展理念；同时通过生物医药产业发展提高重庆市医疗水平，提高社会公共服务能力。

① 詹懿《供给侧结构性改革背景下重庆市战略性新兴产业发展研究》，《中国西部》2018 年第 5 期。

（四）融入现代化经济体系，做好新旧产业衔接

重庆市战略性新兴产业的发展应该融入现代化经济体系建设之中，不断获取市场和技术支撑。推进传统产业的改造升级。传统产业是战略性新兴产业的基础和土壤，发挥重庆市传统产业基础雄厚的优势，按照智能化、绿色化、高端化和服务化的要求，运用新技术、新业态、新模式改造提升传统产业，使传统产业重新焕发生机和活力，强化传统产业对战略性新兴产业发展的支撑。

（五）加强区域合作

重庆市在资金、技术、人才等方面的高端要素有限，应该发挥重庆市作为“西部大开发重要战略节点”“一带一路”和长江经济带的联结点的区位优势，加强与四川省、陕西省、云南省、贵州省、湖北省、湖南省、江苏省、浙江省、上海市等西部地区和长江经济带沿线省区市的合作，共同打造电子信息、高端装备制造和新能源汽车等产业集群，实现产业的梯度发展和优势互补。

三、重庆市新兴产业的创新能力提高对策

（一）加强产业创新平台建设，构建产业技术创新体系

围绕战略性新兴产业重点领域，着力抓好关键领域的技术创新，集中优势力量，组织联合攻关，实施核心技术攻关、关键领域突破，促使一批具有自主知识产权的关键核心技术的产生。推进相关领域重大创新成果产业化，加快形成产业发展突破口。加强现有产业创新平台建设，加强对产业技术基础研究的投入，构建适应战略性新兴产业特点的产业技术创新体系。建议国家在研究型大学设立战略性新兴产业技术国家实验室，使高校相关科研机构集中从事战略性新兴产业技术的基础研究工作，为企业研发工作提供支撑和储备。建议对国家地方联合创新平台建设给予资金支持。建议政府部门加强产学研用的联合与深度合作，依托高校、科研院所的科研力量积极开展战略性新兴产业的基础研究，依托企业研发中心推动相关技术的产业化与市场化，促进战略性新兴产业技术创新体系的形成与完善。

（二）强化人才支撑，吸引更多创新人才

在强化人才支撑方面，整合优化人才政策、简化政策申报程序；探索建立广域重庆大都市圈高端乡情人才数据库，建设高端人才“一站式”服务平台，为各

类引进人才做好居留签证、落户、子女入学等服务。

（三）进一步激发民营及中小企业的创新活力，推动原始创新与颠覆性技术的涌现

发展新兴产业不能仅仅依托国有企业与大型企业，建议将民营企业和中小企业作为推动战略性新兴产业发展的重要抓手，着力推动形成战略性新兴产业的产业链与产业生态环境，为战略性新兴产业的持续发展提供动力。政府应当制定促进中小企业与民营企业创新的激励政策，调动中小企业技术创新的积极性，充分释放民营企业的创新活力，鼓励企业立足产业发展前沿开展基础研究，为颠覆性技术的涌现创造环境与氛围。

第十章　广东省新兴产业发展经验及启示

第一节　广东省新一代信息技术产业发展形势与环境

党的十九大以来，广东省贯彻落实习近平对广东省做出的“四个走在全国前列”“两个重要窗口”指示精神以及视察广东重要讲话精神，深入贯彻落实省委、省政府决策部署，落实新发展理念，大力振兴实体经济，以供给侧结构性改革为主线，实施创新驱动发展战略，全面推进制造业高质量发展，加快建设现代产业体系，取得了良好的成效。

一、广东省新一代信息技术产业基本情况

（一）信息制造业规模稳步增长、经济贡献大、集聚程度高

广东省积极推动新一代电子信息产业的转型升级，借助粤港澳大湾区建设的契机，着力打造珠江东岸的高端电子信息产业带，推动沿海经济带东西两翼以及北部生态发展区的协同发展。以广州和深圳为核心，以惠州、东莞、河源、梅州、肇庆、潮州等城市为重点，到 2025 年，广东力争建设成为全球领先的新一代通信设备、新型网络、智能手机及新型智能终端、半导体元器件以及新一代信息技术创新应用产业的聚集区。

广东省电子信息制造业规模保持稳中有进。广东省电子信息产业规模连续 33 年位居全国首位。2023 年，全省规模以上电子信息制造业实现营业收入 4.71 万亿元，同比下降 0.6%，占全省规模以上工业的 25.4%。广东省电子信息制造业工业增加值达 0.96 万亿元，同比增长 3.6%，占全省工业增加值的 23%。广东省多种主要产品产量居全国首位。广东省电子信息终端产品制造发达，手机、电视等电子信息产品产量均居全国第一，是我国最大的电子信息产品生产制造基地、全球最重要的电子信息产业集聚区。2023 年，在广东省高技术制造业中，电子及通信设备制造业增长 6.1%，计算机、通信和其他电子设备制造业增长 3.6%；在先进

制造业中，高端电子信息制造业增长 5.2%；在优势传统产业中，家用电力器具制造业增长 9.9%。从主要产品产量看，2023 年广东省手机、智能电视、光电子器件、集成电路同比分别增长 7.0%、9.5%、17.9%、23.8%。

广东省培育了多家龙头骨干企业，显著增强了企业的综合竞争力。华为、中国电子信息产业集团有限公司、富士康工业互联网股份有限公司、比亚迪、OPPO、TCL 科技集团股份有限公司、立讯精密工业股份有限公司、vivo、富泰华工业（深圳）有限公司、中兴通讯、TCL 实业控股股份有限公司等企业的年营收均超过 1000 亿元。这些企业主要集中在深圳、东莞、惠州、广州、佛山等地区。

电子信息产业是深圳市的第一支柱产业，2023 年产值达到 2.52 万亿元，占全国总产值的六分之一，超过广东省的一半，且多年稳居内地城市之首。与此同时，软件产业持续保持强劲增长，2023 年业务收入达到 11 636 亿元，同比增长 15.4%，超出全国平均增速 4.2 个百分点，在 15 个副省级城市中排名第一。

深圳拥有强大的电子信息产业基础，形成了完善的企业梯次结构。截至 2024 年，全市规模以上电子信息制造企业超过 4100 家，其中，年产值超过千亿元的企业有 5 家，百亿元以上的企业有 27 家，产值超过五亿元的企业接近 400 家。此外，全国电子信息百强企业中有 21 家来自深圳，产业格局呈现出龙头企业引领、细分领域领军企业深耕发展的良好态势。从行业及产业结构来看，深圳的电子信息制造业具备显著优势。其中，网络通信和智能终端的年产值已突破万亿元，超高清显示、半导体和集成电路的年产值均超过千亿元。在移动通信基站、彩色电视机和手机等领域，深圳的产业规模和技术水平稳居全国前列。

（二）信息服务业领先程度较低，发展潜力广阔

广东省高度重视软件和信息技术服务业发展，将软件与信息服务产业集群列入广东省 20 个战略性产业集群之中，大力实施核心软件攻关工程，谋划推动信息技术应用创新，加快构建自主软件产业体系，全力打造具有国际竞争力的软件与信息服务业发展高地。

2019 年到 2023 年，广东省软件业务收入从 1.19 万亿元增长到 1.997 万亿元，13.8%，占全省生产总值的比重从 11%增长到 14.7%；利润总额从 2145 亿元增长到 2864 亿元，年均增速 7.4%；研发费用从 1507 亿元增长到 3001 亿元，年均增速 18.8%；从业人数从 104 万人增长到 129.7 万人，增加了 25.7 万人。

随着云计算、大数据、人工智能、区块链等新一代信息技术加速应用推广，新技术、新产品、新模式、新业态日益成熟，带动了企业数字化转型，软件和信息技术服务业市场需求持续释放，有力推动了产业蓬勃发展，加速产业提质

增效。2023 年，广东省实现软件业务收入 1.997 万亿元，同比增长 14%，占全国 16.2%，全国排名第二。其中，深圳实现软件业务收入 11 636 亿元，同比增长 15.4%。从软件业收入分类来看，2023 年广东省信息技术服务、软件产品、嵌入式系统软件、信息安全收入分别达 13 890 亿元、3806 亿元、2154 亿元、120 亿元，分别占全省软件业务收入的 69.5%、19.1%、10.8%、0.6%。

2023 年，深圳市信息传输、软件和信息技术服务业增加值达 4168.64 亿元，增长 10.3%。其中，拥有腾讯、中兴通讯等龙头企业的南山区，数字经济、软件和信息技术服务业势头强劲，2023 年互联网和软件信息产业规模以上企业达 1497 家，占全市比重达 66.07%。

广东省加快完善软件与信息服务产业布局，逐步形成了广州、深圳中国软件名城双核引领、珠三角地区梯队协同、粤东粤西粤北地区竞相发展的产业格局。广东省支持地市加快培育发展各具特色的软件产业园区，引导优势企业、重大工程和重点项目向园区集聚。广东省拥有华为、中兴通讯、腾讯、网易、小米、平安等一批软件与信息服务细分领域领军企业，主要布局在广州、深圳、珠海、东莞、惠州等地区。其中，华为入选广东省战略性产业集群重点产业链软件与信息服务“链主”企业名单。

第二节　广东省新一代信息技术产业发展思路和发展目标

一、以培育核心动能、推动转型升级、确保自主可控为发展思路，打造世界领先的新一代信息技术产业集群

目标定位：打造世界领先的新一代信息技术产业集群。认真落实广东省“四个走在全国前列”的决策部署，以推动实现高质量发展为主线，引导电子信息产业向高端化、集聚化、生态化、品牌化方向迈进，最终形成世界领先的新一代信息技术产业集群。

发展路径：聚集全省优势资源，以珠三角为主体，其余地区为辅，打造新型产业生态。主体建设落在珠三角，并由此向其他区域辐射，其他区域以配套为主，持续深化区域间的人才、技术、模式交流，逐步推动新一代信息技术产业发展红利惠及全省。

支撑体系：构建自主创新体系、科学产业体系、精准政策体系、高效管理服

务体系等四个体系，将广东省打造成为新一轮科技革命中心和产业变革中心，最终实现世界领先的产业集群。

二、到 2025 年，确保新一代信息技术产业持续发展，实现产业关键技术自主可控，初步实现新旧动能的转型升级

（一）优势产业做大做强，核心动能培育持续壮大

（1）新一代通信与网络（5G）。关键器件、部件和整机快速发展，形成涵盖从材料、芯片、终端到系统的 5G 完整产业链，全面梳理，制定 5G 全产业链企业目录。推动多个 5G+重点领域试点示范应用。实现 5G 产值超 1.2 万亿元，5G 整体技术创新能力达到世界水平。

（2）新型显示、超高清视频（4 K/8 K）产业。建设超高清视频产业发展试验区，推动超高清面板生产线重大项目建设，确保新型显示产业持续增长。推进超高清视频芯片和整机制造的发展，加速超高清节目内容制作及应用领域等产业集聚发展，建成全球重要的超高清视频产业基地 3~5 个，全省超高清视频相关产业产值破万亿元。

（3）软件信息服务业。推动广州、深圳创建国际软件名城，重点发展包含 EDA 在内的工业软件，大力发展安全可控信息技术产业，打造世界级工业软件产业集群。软件和信息技术服务业增势显著，收入力争近 2 万亿元。

（4）智能终端产业。稳步推进智能终端芯片产业化，加快人机交互、生物特征识别、计算机视觉、AR/VR/MR①等关键技术在智能终端的应用。建立 3~5 个地市级智能终端产业基地，广东省实现智能终端产业规模近万亿元，初步形成国际新型智能终端制造高地。

（5）人工智能产业。创建国家级创新应用先导区和试验区，初步建成人工智能创新和应用体系。推动人工智能产业园和应用中心建设，推动“人工智能+”在智能制造、智能家居和智能医疗等领域的广泛应用。全省建设省级人工智能产业园超 10 个，人工智能核心产业规模超过近千亿元，带动相关产业规模近万亿元。

① MR 表示 mixed reality，混合现实。

（二）新兴产业不断发展，关键基础安全可控

（1）建设芯火双创基地和芯片生产、测试平台。基于广州市、深圳市和珠海市三地规划的第三代半导体和集成电路等重大项目，建设和引进一批具有国际领先技术的高端芯片制造项目。建立芯片测试、检测和封装平台。依托现有封测企业，做强集成电路封装测试，提升和完善集成电路芯片、模块及系统级计量测试技术水平和产业化规模。全省集成电路产值接近2000亿元，建成3~5个集成电路设计基地和2~3条国内先进的特色制造工艺晶圆代工生产线。

（2）以设计平台、公共EDA平台、半导体测试分析平台及知识产权（intellectual property，IP）交易中心为重点，建立集成电路和半导体产业化基地。提升集成电路设计能力。重点实现5G射频和基带芯片、高清显示和智能终端电子芯片、汽车电子和智能网联汽车芯片等核心芯片和集成电路的自主设计能力。建设国家大数据综合试验区。建设省级大数据综合试验区、产业园以及创业创新孵化园。全省建设40个左右大数据产业园和创新创业孵化园，创建2~3个国家级大数据应用示范基地。

（三）产业要素体系不断完善，为高质量快速发展奠定基础

（1）建设新一代信息技术产业发展金融中心和金融服务区。针对新一代信息技术产业发展的特点，在广州市和深圳市建设新一代信息技术产业发展金融中心，在珠江市东、西口岸建立2~3个新一代信息技术产业发展金融服务区。

（2）增设国际人才交流工作站。增设新一代信息技术领域国际和国家级院士（专家）工作站，其中国际级别的增设2~4项，国家级增设3~5项。加快部分普通型大学向应用型大学转变，加速填补应用型中等院校和研究型大学之间的空缺，新一代信息技术领域高水平骨干院校达5所以上。

（3）打造世界级科技成果转化保障体系。建设广东省、大湾区等省级科技成果转化和推广服务中心，设立各市级服务站，设立科技成果管理和转化公司，优化权益分配，提升转化效率。

（4）培育基于新型创新体系的国家实验室。建设新一代信息技术广东省实验室，培育国家实验室，突破和协调现有的管理模式，建设长效创新型运营和管理机制。

三、到 2035 年，构建新型信息技术产业体系，打造科技和产业变革中心，实现产业高质量发展，新一代信息产业集群世界领先

一是打造若干个世界领先的产业集群。以“信息技术产业化和产业信息化”为思路，进一步提升产业规模、聚集密度和关联程度，全省新一代信息技术产业为核心的数字经济总体规模超十万亿元，占 GDP 比重超过 60%，建成国家新一代信息技术产业发展先导区，全省信息技术产业整体发展水平进入世界先进行列。二是建立完善新型信息技术产业体系，实现产业高质量发展。打造和推进新一代信息产业科技和产业革命，提升国际分工协作能力，信息领域供应链发展完备，产业实现高质量、高层次发展。三是实现全球信息技术领先的产业高地。统筹利用国内外创新要素和市场资源，建成产业链完善、核心技术先进、服务自主创新，具有创新引领能力和产业影响力的全球信息技术产业高地和创新中心。

第三节　广东省新一代信息技术重点产业领域

2020 年 1 月 3 日，广东省政府第 79 次常务会议召开，为加快推动广东省产业集群培育发展，立足未来经济发展并涵盖第一、二、三产业，选定具有产业基础优势和核心竞争力的 10 个战略性支柱产业集群和 10 个战略性新兴产业集群（简称“双十”产业集群）进行重点培育，其中新一代信息技术领域中的新一代电子信息、软件与信息服务、超高清视频显示三个方向分列战略性支柱产业第一、第七和第八位，而半导体及集成电路位于战略性新兴产业第一位。

结合广东省“双十”产业集群，遵循培育核心动能、推动转型升级、确保自主可控的发展思路，充分考虑广东省与全国相关产业的现状，选择以 5G 为代表的新一代通信与网络、以工业 EDA 和云技术为代表的软件与信息服务、以智能家电和超高清视频为代表的消费电子，以及以电路设计和测试能力为代表的半导体及集成电路作为广东省新一代信息产业发展的重点方向，并最终细化为超高清视频、信息技术服务、新型显示、智能终端、人工智能、半导体及集成电路、工业软件、新一代通信与网络（5G）“八大产业”，并将之作为广东省新一代信息技术重点产业（图 10-1）。

图 10-1　广东省新一代信息技术八大重点产业领域

一、培育引擎，驱动新兴产业加速发展

领航新一轮科技变革和产业变革的发展趋势，加快构建以 5G 为代表的新一代电子信息产业生态，驱动新一代通信与网络（5G）、超高清视频、信息技术服务三大产业加速发展，积极奠定广东新一代信息技术产业生态建设的产业引擎。

（一）新一代通信与网络（5G）

广东省是我国信息通信产业的重镇，在我国 5G 产业布局（图 10-2）中占据重要地位。依托华为、中兴通讯等领军企业，广东省在 5G 国际标准制定、核心专利布局等方面取得了显著进展，并在全国乃至全球 5G 系统设备、终端设备制造领域占据了可观的市场份额。结合广东省在上游电子元器件、中游通信设备及智能终端制造等领域强大的 5G 产业现实优势条件，推动从网络布局到应用创新的 5G 产业全生态建设，推动广东省关键核心技术创新能力迈入世界前列，形成世界级 5G 产业集聚区和 5G 融合应用区。

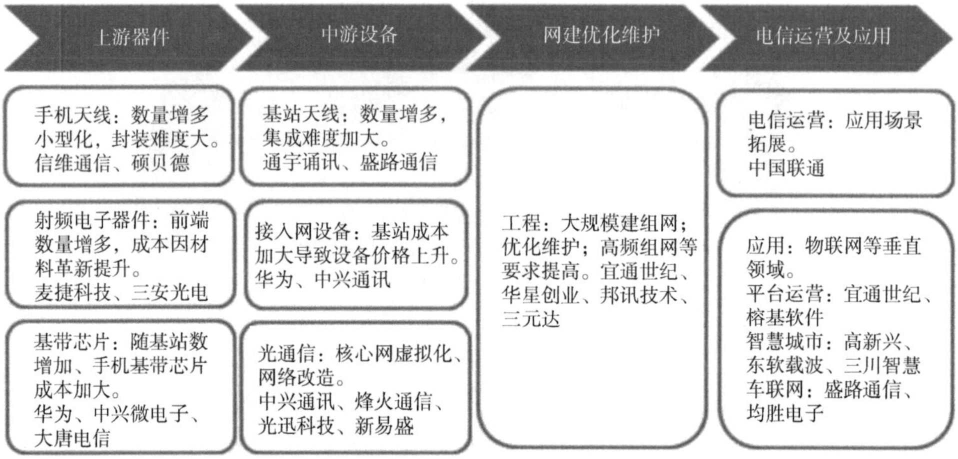

图 10-2　5G 产业链

一是加快 5G 网络设备领域发展。要把握 5G 网络部署机遇，开拓 5G 网络设备基站天线、光模块、接入网设备等细分领域。二是积极发展 5G 新型终端设备。要积极引进并鼓励引导现有企业把握产业发展趋势，一方面推动现有智能终端设备与 5G 的协同创新；另一方面重点围绕 5G 新兴的低时延、高可靠和海量机器类通信应用场景，大力发展新型行业级终端设备。三是布局 5G 行业级应用。要深刻认识 5G 带来的技术和产业变革机遇，紧紧瞄准 5G 在传统的消费级应用市场之外的新蓝海，大力推进 5G 行业级应用试点示范，促进 5G 与各行业的融合发展，推进 NB-IoT（narrow band internet of things，窄带物联网）、5G 网络及相关通信技术在制造企业的深度应用。

在 5G 网络设备领域，推动 5G 器件、5G 网络与基站设备、5G 天线以及终端配件发展，推进全省交通干线与重要交通枢纽场所、热点区域 5G 网络建设，构建连续覆盖的 5G 网络。在 5G 新型终端设备领域，一是基于智能终端领域的产业优势，发展新型 5G 智能终端；二是依托汽车电子、物联网产业基础，重点瞄准低时延、高可靠和海量机器类通信应用场景，发展基于 5G 的辅助驾驶产品，以及面向智慧城市、智能工厂、工业控制等行业级场景的新型终端设备，加快工业级 5G 芯片和模组发展。在 5G 行业级应用领域，搭建 5G 技术公共服务平台，为企业进入 5G 产业提供产品检测、入网测试、技术合作和创新应用的技术服务。制定 5G 全产业链企业培育名录，分类培育一批 5G 产业应用型企业。

专栏：5G的应用领域

4G技术给我们带来了高速移动互联网，催生了云计算、移动社交网络、移动多媒体等多项数据业务的大规模普及发展。5G是未来各行各业数字化转型的关键基础设施，其中信息的传输速率和设备的连接数量将在现有的基础上呈现倍数级提升，传输时延也将大幅降低。同时，通信服务商利用5G可以为个人用户、企业和政府提供更加可靠的通信服务，信息产业和传统加工、制造行业将面临一次脱胎换骨式的蜕变，激发出新的生命力，新的产业格局也随之诞生。

智能制造：在智能制造领域，5G的大力发展可以加速传统制造向智能化制造转型，其中关键的应用包括物联网、无线自动化控制、物流追溯和工业AR应用。物联网是连接人、机器和设备间的关键技术，5G通信技术可以极大地推动物联网应用的落地，对推进工厂智能化转型起着决定性的作用。采用5G通信技术可以实现基于分布式网络的无线自动化控制，促进现代化工厂中对生产线的有效管理，扩大有效管理覆盖范围。5G通信技术因覆盖范围广、低功耗、大连接等特点可被应用于物流追溯，保证产品的全生产过程可跟踪，实现产品生命周期的自动化连接。在5G的支持下，工业AR可以更好地进行生产流程监控、任务分配及专家远程业务支持。

智慧医疗：5G通信技术开启医疗发展新时代，对构建系统化、智能化、精细化的医疗卫生综合监管体系具有极为重要的作用。5G带来的技术变革将深刻影响整个医疗健康行业，提高医疗救治效率，远程手术、远程监护、远程救治等医疗场景在未来都可能成为现实。

智能交通：5G商用的到来给车联网、自动驾驶技术带来更多的突破，为整个产业打开更多想象的空间。利用5G通信技术低时延、高可靠、高速率和大容量的能力，车联网不仅可以帮助车辆间进行位置、速度、行驶方向和行驶意图的沟通，更可以利用路边设施辅助车辆对环境进行感知。5G和车联网技术是自动驾驶所必需的技术保障，可以提高自动驾驶车辆的环境感知能力，还可以实现车辆间无线连接，让多个车辆进行协作式决策，合理规划行动方案，促进车辆自动安全驾驶的发展。

智能家居：5G通信技术具备低时延、高带宽、大连接等优势，为家庭物联网市场的发展注入新的强劲动力。将基于5G的物联网技术应用在智能家居领域，不仅能大幅缩短家居间互联响应时间，提升用户感知速度，还能降低系统业务传输资源占比，降低运行成本。将5G通信技术与智能家居结合，完美符合当今消费者对家居环境智能智慧、节能环保、健康舒适的需求，同时也加速了智能家居时代的到来。

游戏：通过5G网络提供的高带宽以及低时延的数据服务，个位数的时延表现足够让任何设备在瞬间与服务器端完成交互，高达 10 Gbps 的带宽不仅能满足全高清（full high definition，FHD）分辨率游戏的传输，甚至未来可以在手机端实现 4 K 甚至 8 K 级别的游戏画面。基于高带宽，5G 促进 VR 和 AR 的更快发展，促进云游戏的兴起。我们也能预想出更多的游戏方式，如千人混战的游戏场景、实时 AR 游戏以及超高清无线 VR 传输等，都能真正来到我们身边。在 5G 时代，游戏行业无疑会迎来新的革命浪潮，云游戏、多人超高清游戏等畅想都将成为现实。

智慧金融：5G 时代，将实现从金融科技到智慧金融的转变。智慧金融不仅仅是横向简单地叠加产品，而是提供更加差异化的金融服务，以客户视角打磨产品。一个数字化、智能化、开放性的银行 3.0 时代正在到来，它将彻底改变商业银行的服务模式、营销模式、风控模式、运营模式，拓展银行的服务边界，最终改变银行的增长曲线。

5G 战略的顺利实施不仅可以提升一个国家的通信能力，同时也给整个数字化产业带来前所未有的发展机遇。以 5G 建设为契机，国内相关产业的发展可以带动上游电子信息制造、下游数字化垂直行业应用以及人工智能/大数据/云计算等科技软实力的提升，并成为推动国家经济增长的又一动力源泉。

专栏：5G 系统中的基本原则

1. 线接入网络、核心网和终端设计原则

NE（network element，网络单元）是基于一些输入信息而生成一组输出信息的基本单元。这些输入与输出的信息用于与其他 NE 的通信。比如，基站 NE 就是以无线电波信号为输入，通过射频处理、基带信号解调等功能将语音等比特信息输出到核心网络，核心网络 NE 生成客户感知的多媒体如 AR/VR 并完成路由功能。系统要确保 NE 功能明确、NE 之间接口明确、NE 之间可以互操作，这往往是通过一系列功能、接口、协议以及测试工作完成。

2. 基于服务统一架构

移动通信发展的秘诀就是服务驱动（service driven），以一定的服务远景[如 5G 的 eMBB（enhanced mobile broadband，增强移动宽带）、URLLC（ultra-reliable & low-latency communication，低时延高可靠通信）以及 mMTC（massive machine-type communication，海量机器类通信）]制定标准、建设网络和构建应用开发联盟，拉动消费者（2C）体验服务以及赋能行业（2B）试用服务，根据服务闭环进行网络优化和弹性扩容。3GPP（3rd generation partnership project,

第三代合作伙伴计划）初期支持固定业务（如语音和短消息）驱动的电路交换架构；从3GPP的Release 5（即第五个版本）开始，开放的IP数据交换架构成为主流。5G的业务比前四代的业务更为复杂，需要在面向多个业务的同时保持高度灵活性。为了达到这个需求，5G切片（5G slicing）保障技术应运而生，5G切片是一种不同业务共享网络资源的机制。公众网络的宏站和热点、企业网络以及家庭网络不同部署环境业务比例不同，即使同一基站随着时间推移业务成分也可能发生较大变化。比如，初期网络面向eMBB，后期mMTC和无线宽带到家庭业务比例大幅增加，因此5G网络必须具备弹性以低成本快速部署。这种弹性可以通过NE解耦、可编程、可重构等方法实现，这个需求通过5G SDN（software defined network，软件定义网络）/NFV（network functions virtualization，网络功能虚拟化）保障。5G还必须以低时延的方式快速响应业务需求并节约带宽。要实现这个功能，需要引入类似有线互联网视频的CDN（content delivery network，内容分发网络）体制。5G核心网络分为集中的5G Core以及下沉的MEC（mobile edge computing，移动边缘计算）两部分。

3. 效率（频谱效率/功率效率/站址效率）优先原则

移动通信无线空口（Uu，U表示用户网络接口：user to network interface；u表示通用：universal）技术以同样频谱提供尽量大的吞吐量（bit/s/Hz）即频谱效率，为主要目标。受到香农定律的约束，信号噪声比越大，收发最小天线数越大，以及同时同频能够同时使用用户数越多，则频谱效率越高。4G主要依赖MIMO+OFDMA（MIMO：multiple-input multiple-output，多输入多输出；OFDMA：orthogonal frequency division multiplexing，正交频分复用），5G主要依赖灵活业务调度以及Massive MIMO提升频谱效率。

5G终端引入更多天线[从1T2R（即1发2收）到2T4R（即2发4收）]和网络引入多天线（从2T2R到32T32R以上），都可能导致设备功率消耗增加。为解决这一问题，一方面要依靠功率线性化技术和半导体工艺的优化；另一方面如果5G相比4G吞吐量能够更显著提高，单位bit能耗也会有数量级降低。比如，基站从传统的4T4R上升到Massive MIMO，功耗若增加一倍而一般容量会增加3~5倍，仅仅从比特意义上看，5G功率效率有大幅度提高。

无论是从天线结合射频拉远单元（remote radio unit，RRU）还是从有源天线的角度，运营商都必须在有限的站址空间放置多个频段的设备（基站），并且为了提高容量，运营商要提供尽量多的信号处理端口，这就是所谓的站址效率，必然受到麦克斯韦定律的刚性约束。多频段多端口天线、高效率滤波器、高效率功放以及多频段天线和射频集成工艺等成为功率效率提升的关键所在。

4. 终端多样性原则

5G 终端除了常规的智能手机，更多承载的是全场景的“端接万物”，将会呈现出千奇百怪的形态。由于家庭、企业和行业场景的差异性以及需求的动态变化，终端开放性、安全性以及融合计算、存储、感知、定位和人工智能的能力成为 5G 成败的关键。我国 5G 产业创新领域政策工具如表 10-1 所示。

表 10-1　5G 产业创新领域政策工具

5G 产业创新领域政策工具	政策来源
通过 5G 应用产业方阵等平台，汇聚应用需求、研发、集成、资本等各方，畅通 5G 应用推广关键环节	《工业和信息化部关于推动 5G 加快发展的通知》
组织第三届“绽放杯”5G 应用征集大赛，突出应用落地实施，培育 5G 应用创新企业	
以创新中心、联合研发基地、孵化平台、示范园区等为载体，推动 5G 在各行业各领域的融合应用创新	
组织开展 5G 行业虚拟专网研究和试点，打通标准、技术、应用、部署等关键环节。加速 5G 应用模组研发，支撑工业生产、可穿戴设备等泛终端规模应用	
持续开展 5G 增强技术研发试验，组织芯片和系统开展更广泛的互操作测试，加速技术和产业成熟	
支持领先企业利用 5G 融合新技术，打造并提供行业云服务、能力开放平台、应用开发环境等共性平台，鼓励建设相关开源社区、开源技术基地，促进开放式应用创新	
加快 5G 检测认证平台建设，面向 5G 系统、终端、服务、安全等各环节提升测试、检验、认证等服务能力，降低企业研发及应用成本	

（二）超高清视频

广东省是我国视频产业最为发达的地区之一，已形成以节目制作为突破、网络设施为基础、显示产业为先锋、电视整机为抓手的良好发展态势，具备了发展超高清视频产业的基础。在传统产品增长乏力和信息消费升级趋势下，要牢牢把握超高清视频发展机遇，将广东省打造成为超高清视频产业（图 10-3）的生产基地、创新中心和应用示范区，推动区域产业结构持续升级。

一是加强超高清产业基础保障建设。依托广东鹏城实验室，开展超高清视频领域的前沿技术研究，着力突破超高清视频传输技术、音视频编解码技术、超高清节目制作和转换技术等；引导现有智能终端企业大力发展满足超高清视频要求的新型终端设备；加大重大项目引进，强化产业配套，大力发展视频生产和网络传输设备。二是丰富超高清视频内容供给。加强游戏动漫、网络直播、电子商务、

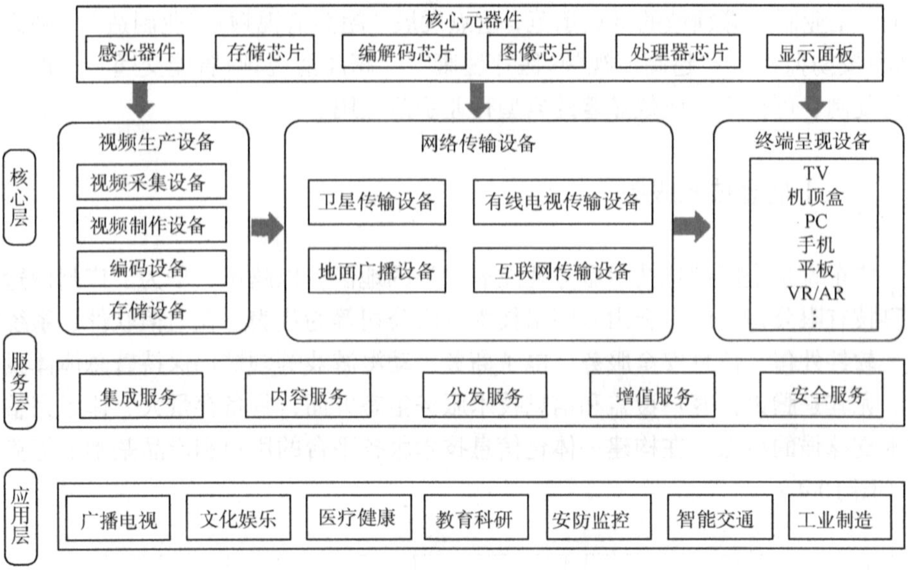

图 10-3 超高清视频产业链

居家生活、体育赛事、综艺节目、信息服务等领域的 4 K 内容供给，满足内容服务市场的需求。三是要弥补超高清视频服务环节短板。要积极发展超高清视频的平台服务，推动产业补链强链，并以此为契机大力改变广东省新一代信息技术产业“软硬失衡”的现状。四是要积极推动超高清视频行业应用。要推动超高清视频的应用落地，尤其要前瞻布局超高清视频行业级应用，扩大产业间接经济贡献，推动与各行业的协同创新和融合发展。

在硬件设备领域，一方面，要依托创维集团有限公司、康佳集团有限公司、TCL 科技集团股份有限公司等整机骨干企业，加快整机制造关键技术和产品研发，发展消费级和行业级的超高清 4 K 及 8 K 智能电视、超高清一体机、超高清机顶盒等产品；另一方面，要大力发展视频采集、制作、编码和存储等超高清视频生产设备，以及卫星传输、有线电视传输、地面广播和互联网传输等网络传输设备。在内容制作和内容分发服务领域，支持广东省电视台及省内各地市电视台等电视媒体和腾讯视频等网络媒体开展有线电视栏目制作、4 K 点播/试播频道，加大对影视剧、纪录片、体育赛事、综艺节目等超高清视频内容的生产制作，发展面向移动端、客户端、网页版的超高清游戏、动漫内容制作，支持已有视频、数字动漫等出版内容向超高清化迁移，搭建立足广东辐射华南面向全国的超高清内容生产、后期制作、内容分发平台。在平台服务领域，要围绕超高清视频应用需求，积极发展超高清视频的平台集成、内容制作与分发、应用增值和安全等服务。在行业应用领域，要积极推动超高清视频在文化娱乐、医疗健康、安防监控、智能交通、工业制造等领域的试点示范，重点发展“超高清视频+工业制造”“超高清视频+安防监控”“超高清视频+医疗健康”“超高清视频+智能交通”，形成一批可复制、可推广、成效显著的典型行业示范应用。

（三）信息技术服务

广东省是全国信息技术服务业发展最早的地区，以腾讯、华为、广州博冠信息科技有限公司、广东金山云网络技术有限公司等为代表，在通信软件、系统集成、软件外包、信息安全服务、电子商务、动漫游戏等领域仍保持着总体体量优势。尤其是腾讯在客户覆盖和信息技术服务生态方面，具备存量大、体系完整、技术支撑强的特点，在构建一体化信息技术服务平台的用户和产品基础上优势突出（图 10-4）。

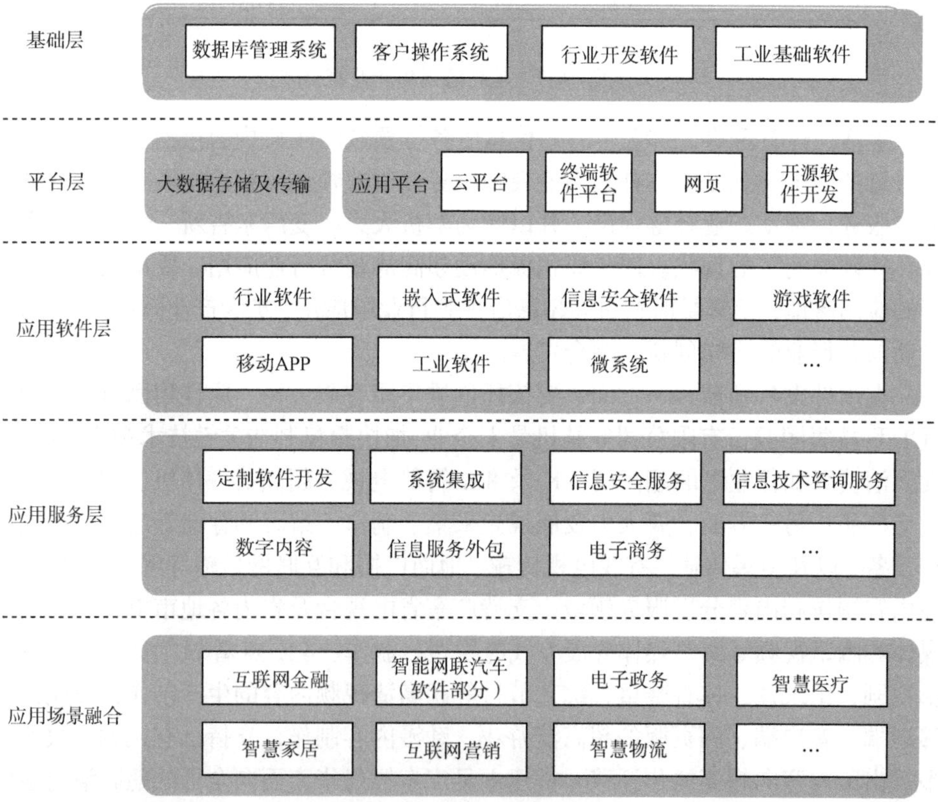

图 10-4　信息技术服务产业链

在当前京津冀、长三角信息技术服务业快速追赶，物联网、云计算、人工智能等新技术快速发展的背景下。广东省应重点鼓励云技术产业、开源软件平台、PaaS（platform as a service，平台即服务）、大数据应用服务的深入发展。

推动信息技术服务产业再创新，支持信息技术服务业网络化、服务化、平台化发展，应用云技术、区块链、大数据等新技术创新业务内容和模式。主要沿着以下三个发展方向：一是推进云技术产业发展，积极推进公有云、私有云、行业云等云技术基础网络的搭建和终端应用，围绕云技术环境，逐步完善云技术产业的完整生态；二是推进开源软件平台发展，积极鼓励企业运用云技术推动开源软件平台建设，优化开源平台商业运营模式，进一步激发信息技术服务业创新潜力；三是深化大数据产业链的发展，加快省内大数据产业链的建设步伐，逐步建成数据采集、数据传输、数据共享、数据开发、数据应用和数据呈现的新兴信息技术产业生态格局。

在云技术产业方面，一方面是要加快行业云、政务云、企业云等各类云平台的建设步伐，优化云平台的服务应用形式，鼓励基于云技术的信息技术服务新业态的发展，优先推动云技术在社会治理、交通、物流、医疗等公共领域起到更大的作用；另一方面是要加快云安全产业发展，推动数据加密、信息安全主被动防护技术的发展，加快符合云应用环境的信息安全软件开发和应用。在开源软件平台方面，加快基础软件开发，建设一批在物联网、新兴网络环境下的开源软件开发平台，推动以华为“鸿蒙”系统为代表的物联网开发平台生态建设。在大数据产业链发展方面，拓宽大数据采集窗口，鼓励开展大数据处理和分析技术研究，应用新一代通信技术，提升大数据的传输交换能力，建立大数据的共享、交易、开发、应用机制，突破大数据的可视化技术，降低大数据的使用门槛。推广大数据和区块链技术在政府治理、城市管理、公共服务、创业创新、区域一体化等领域的应用，充分发掘大数据技术红利，使新一代信息技术产业发展的核心动力由人口驱动转为技术驱动。鼓励大数据、云计算安全体系建设问题的研究。

专栏：新冠疫情冲击下“互联网+”应用实践加速升级

新冠疫情给社会生产生活带来巨大不便和影响，倒逼社会运转方式和群体行为模式发生深刻改变，激发了互联网应用创新的“蝶变”效应，给远程办公、在线教育、远程医疗等带来规模最大、范围最广、参与人数最多的一次应用体验。

远程办公与超高清云视频应用乘势崛起。受新冠疫情影响，远程办公正加速成为常态化工作模式。于工业企业而言，由于绝大多数生产主体还处于制造业自动化、工业互联网应用初级阶段，且由于不同行业门类底层运行逻辑、技术和数据标准等特征不一，现阶段的互联网模式应用对生产一线组织助力还较为有限，在实际生产制造环节中的普及度还偏低，对复产复工的助力主要体现在远程办公、资源调配、信息报送等。华为、阿里巴巴、腾讯、字节跳动等互联网巨头纷纷聚焦通用级应用市场，从 to C 业务向 to B 业务迁移，积极提供各类在线工作方式，协助应对疫情。超高清云视频会议助力高效沟通。中国电信基于 5G 双千兆+网络和超高清云视频技术，利用电信跨域连接、有线、无线实时接入的网络能力，并对云资源进行扩容，实现高清流畅的远程视频会议，保障疫情期间工作的实时部署。协同办公无缝承接远程办公需求。诸多底层基础架构公司、办公协作应用公司、通信类应用公司推出了系列远程办公产品和云端作业模式，助力企业及政府快速构建统一信息门户、个性化工作入口、员工移动应用，并通过提供工作协同、业务协同、跨组织协同、智能化协同等应用，推动提升疫情期间企业及政府的协同运营管理效率。

互联网教育成为“停课不停学”的重要支撑。在互联网技术和移动互联网基础设施渐趋成熟、用户习惯向线上大规模迁移、付费意识觉醒的背景下，在线教育行业近年来持续升温。疫情之下，互联网在线教育产品和应用场景加速演进创新，成为“停课不停学”的重要支撑。在线教培机构围绕家庭场景打造互动教学新产品。多家在线教育机构针对疫情推出特色解决方案，升级原有功能模块。腾讯教育为提升疫情期间远程教学的接入流畅性，推出“空中课堂”特色解决方案，能够实现 10 秒开课、3 秒上课，解决了非常时期远程课堂卡顿的教学难题。钉钉“在线课堂”针对疫情期间需要多人多地教职工之间的协同需求，紧急研发升级了原有电话会议及直播功能模块，推出了 302 方视频电话会议功能和直播互动功能。与此同时，新东方在线、学而思网校、跟谁学、网易有道、英语流利说等诸多在线教育机构还在疫情期间提供了更加丰富专业的互联网课件内容。传统线下实体培训将线下优质资源同步共享迁移至线上。北京立思辰科技股份有限公司、苏州科德教育科技股份有限公司、深圳市思考乐文化教育科技发展有限公司、精锐国际教育集团等传统教育机构将课程设计、师资力量等线下教育资源转移至线上，并在线上新开设了招生获客、教学排课、课堂学习、同学圈子、师生互动、成绩排名等服务模块，为生源获取、教学监管、家校沟通等环节提供有效支撑。教育科技企业/互联网平台为在线教育提供技术赋能。鸿合科技股份有限公司、科大讯飞股份有限公司等教育科技公司，以及阿里巴巴、腾讯、快手等互联网平台向高校、中小学、培训机构提供免费技术支持，解决传统线下教育机构线上迁移面临的可视化教学资源制作工具不足、线上基础设施不完善、线上教研经验欠缺等问题。

互联网医疗有效缓解疫情防控“正面战场”压力。互联网医院三大模式并行助力远程医疗。疫情期间，实体医院的医疗资源线上服务模式［H+I 模式，其中 H 代表医院（hospital），I 代表互联网（internet）]、医联体共同线上融合服务模式（H 与 I 融合模式）、集聚医生资源的平台服务模式（I+H 模式）共同助力缓解实体医院压力，疏解恐慌情绪，在湖北省、浙江省等重点疫区已得到应用。华为、中国电信等企业也为疫情开发专用“远程会诊平台”，方便医生进行远程视频问诊、会诊讨论、辅助问诊、远程操控等。线上诊断纳入医保支付范围，打通了互联网医疗“任督二脉”。疫情时期，浙江省率先开展试点示范。2021 年 2 月 8 日浙江省医疗保障局副局长龚源昌在新冠疫情防控工作疫情发布会上表态，支持有需求、有条件的地方通过互联网医院给不便出行的慢性病患者开展在线复诊，由医保进行支付并通过第三方配送药品，以减少患者去医院的次数。互联网+5G+人工智能提升互联网医疗网络支撑能力和辅助诊断水平。中国移动、中国电信联合多家医疗机构推出 5G+远程会诊应用系统，为远程救治指挥提供网络高速率、低延时、图像清晰的远程视讯功能，助力高效实施疫情诊断。百度研究院、阿里云向各基因检测机构、防疫中心及全世界科学研究中心免费开放了针对 RNA（ribonucleic acid，核糖核酸）结构预测的人工智能算法和在线算力，以提升新冠病毒机理研究及疫苗研发的速度。

二、转型创新，保障传统优势产业核心竞争能力

依托省内现有产业基础，围绕以 5G 为代表的新型网络生态和技术环境，积极推动新型显示、智能终端和人工智能产业的技术迭代，保障传统优势产业创新活力，巩固广东省新一代信息技术总体规模优势。

（一）新型显示

广东省新型显示产业基础雄厚，上中下游产业链配套完整。未来应着力以大项目、大企业引进为突破口，合理布局，适度超前，推动广东省新型显示产业由生产制造向研发、创新、应用等价值链高地跃迁。

一是形成新型显示面板、配套材料与器件完善的高端面板生产基地。在已有产业基础上加快落地重点项目建设步伐，推动高世代 TFT-LCD（thin film transistor liquid crystal display，薄膜晶体管液晶显示）和 AMOLED（active matrix organic light emitting diode，有源矩阵有机发光二极管）面板生产线重大项目尽早量产。带动吸引关键配套材料项目落地，提升高分辨、低功耗、大尺寸的 LCD（liquid crystal display，液晶显示屏）显示模组和柔性、可折叠 AMOLED 显示模组出货规模。二是布局具有发展前景的前瞻技术，集中广东省科研院校

和企业优势技术力量，解决制约产业发展的关键技术，提升广东省新型显示产业创新水平。

高世代 TFT-LCD 面板领域，积极推动旭硝子与乐金 8.5 代液晶面板项目扩大产能，富士康 10.5 代 TFT-LCD 生产线等重大项目尽早量产。以低温多晶硅（low temperature poly-silicon，LPTS）、氧化物（oxide）等先进背板技术为基础，突破 4 K/8 K、低功耗的 LCD 显示面板工艺，研发柔性 LCD 器件生产工艺。AMOLED 面板领域，着力发展 55 寸以上大尺寸 AMOLED 面板及 5 寸以上中小尺寸用 AMOLED 面板，不断拓展多样化 AMOLED 显示模组。突破长寿命、高效率、高良率 AMOLED 面板生产工艺。研发 8 代以上大尺寸 AMOLED 面板生产技术，研发可折叠 OLED（organic light emitting diode，有机发光二极管）显示技术。配套方面，围绕大尺寸 LCD 和 AMOLED 面板需求，不断提升掩膜板、靶材、偏光片、高性能液晶、有机发光材料、蒸镀设备等关键配套产品的自主保障能力。在前瞻技术方面，积极布局全息显示、激光显示、量子点、石墨烯等新型显示技术。

（二）智能终端

广东省是全国最大的智能终端生产制造和服务基地，以华为、广东步步高电子工业有限公司、深圳市大疆创新科技有限公司、广州小鹏汽车科技有限公司等为代表的企业，在智能手机、智能手表、智能网联汽车、无人机等领域具备较强的国际竞争力，在 5G 时代即将来临的大背景下，驱动智能终端产业围绕 5G 新型应用生态主动转型将是智能终端创新升级的重要主题。应重点鼓励 5G 智能终端、智能终端应用生态发展（图 10-5）。

基于 5G、人工智能、物联网领域的新兴技术和网络环境，推进智能终端产业进行产品和应用的改进与升级，逐步探索智能终端新市场，实现智能终端产业发展与外部技术环境发展和消费者需求相匹配。一方面，推进 5G 智能终端发展，围绕 5G 物联网时代万物互联的新型网络生态，在保持 5G 手机、手表等产业升级趋势的同时，推动家庭智慧终端、车载智能终端等新产业研发和应用；另一方面，加快建设国产化的智能终端应用生态，依托鹏城实验室等国家级科技创新平台，加快国产智能终端基础操作系统开发，搭建平台运营商、软件开发者、软件服务商、平台用户等共建共享的国产智能终端应用生态。

在 5G 智能终端方面，加快 5G 技术与智能终端产业融合，突破人机交互、生物特征识别、计算机识别关键技术，深化关键技术在手机、平板、智能可穿戴设备、智能网联汽车等消费类终端的应用。支持 5G 智能手机、智能可穿戴设备、

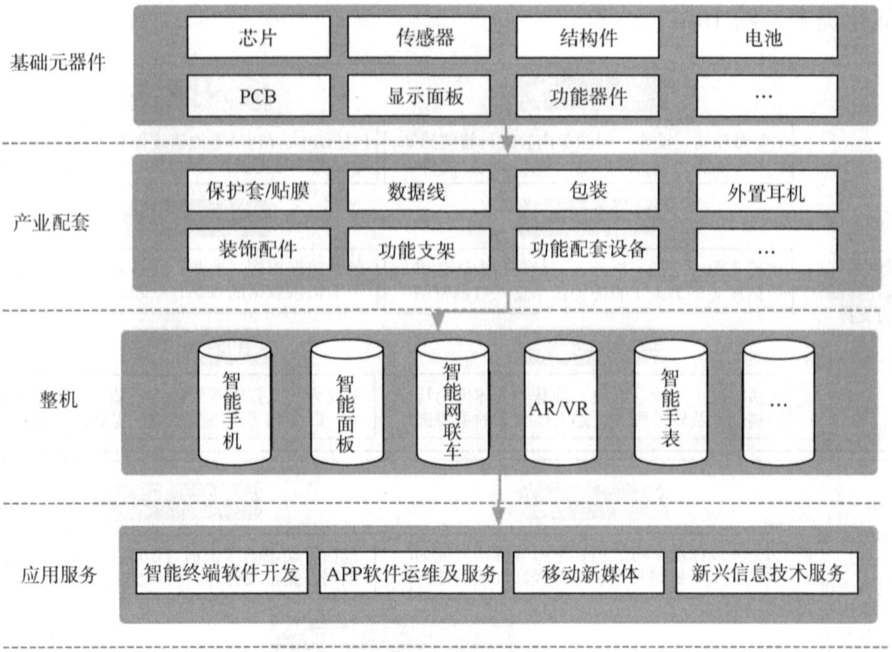

图 10-5　智能终端产业链

PCB 表示 printed-circuit board，印制电路板

智能音箱、智能家居、智能健康设备的研发和制造。在智能终端应用生态方面，加快物联网环境下的软件和信息技术与产品开发，支持以华为“鸿蒙”系统为代表的新一代基础软件开发，形成数个基于 5G 和物联网的新型国产化网络应用平台，鼓励中小企业围绕基础平台共建新兴网络应用生态系统。推进智能终端设备在工业制造、医疗服务、社会治理等领域的应用创新。

（三）人工智能

夯实创新发展基础，加速推进规模化、特色化、体系化人工智能产业集聚，着力构建人工智能产业创新体系，全面提升人工智能产业服务配套能力，打造重点行业领域的解决方案，形成技术过硬、应用深入、场景丰富的人工智能发展图景。重点从两方面开展相关工作：一是核心技术和服务，着力突破计算机视觉、自然语言理解、智能决策控制、生物识别、新型人机交互等人工智能关键技术和产品瓶颈；二是行业智能应用，面向电气机械、石油化工、纺织服装、食品饮料、汽车、生物医药等广东省优势行业领域大力布局人工智能相关智能系统与服务，推动行业领域人工智能技术嵌入，推动广东省制造业和服务业的智能化提升（图 10-6）。

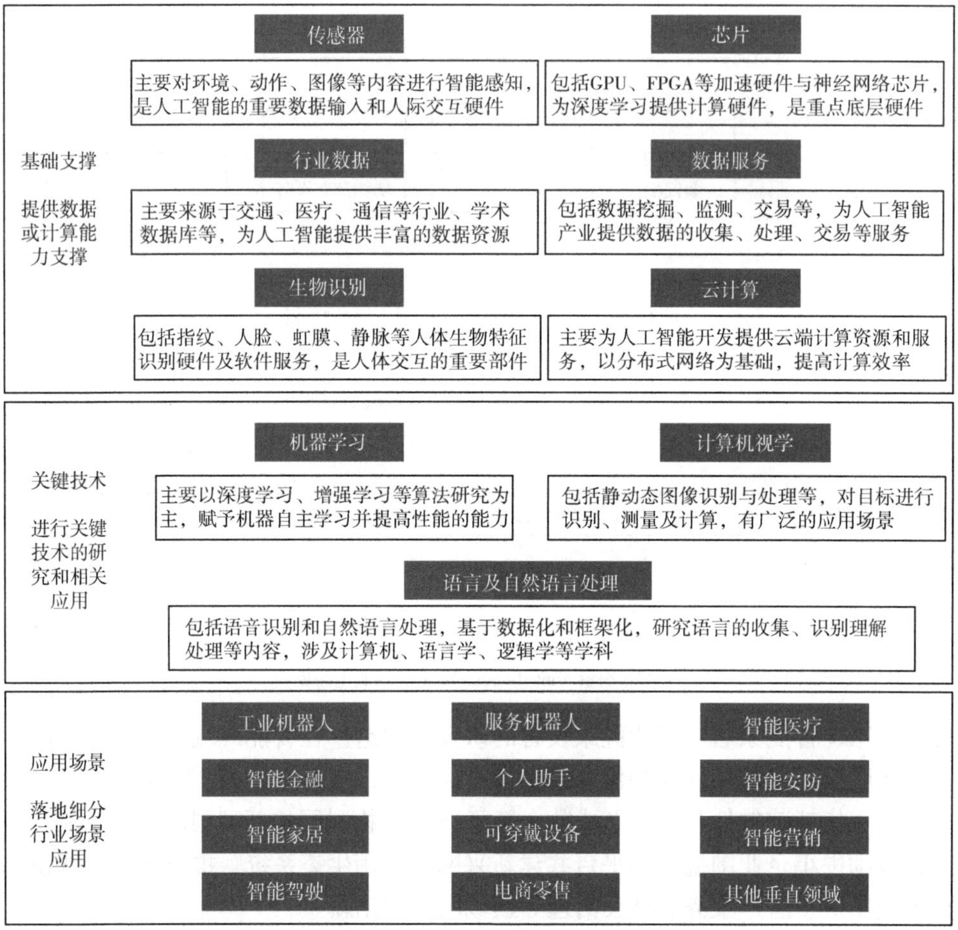

图 10-6　人工智能产业链

FPGA 表示 field programmable gate array，现场可编程门阵列

在核心技术和服务方面，支持计算机视觉、语音识别、自然语言处理、生物特征识别、新型人机交互、自主决策控制等算法开发，加速人工智能算法落地；加强认知智能、多模态智能、人机混合增强智能、无人自主智能等基础理论研究，开展类脑神经计算、类脑信息处理等类脑智能领域前沿理论和技术研究；发展模式识别、智能语义理解、智能分析决策等人工智能相关智能系统与服务，增强智能化服务供给。在行业深度应用场景方面，突破智能驾驶、智能制造等领域所需的复杂环境感知、智能人机交互、灵活精准控制、群体实时协同技术；深化人工智能技术在智能终端制造、汽车制造、智能医疗等领域的深度融合应用，鼓励各

行业积极探索人工智能新产品、新服务、新模式创新。我国人工智能创新领域政策如表 10-2 所示。

表 10-2　我国人工智能创新领域政策

人工智能创新领域政策	政策来源
针对机器学习、模式识别、智能语义理解等共性技术和自动驾驶等重点行业应用，支持面向云端训练和终端执行的开发框架、算法库、工具集等的研发，支持开源开发平台、开放技术网络和开源社区建设，鼓励建设满足复杂训练需求的开放计算服务平台，鼓励骨干龙头企业构建基于开源开放技术的软件、硬件、数据、应用协同的新型产业生态	《促进新一代人工智能产业发展三年行动计划（2018—2020 年）》
研究建立人工智能技术专利协同运用机制，支持建设专利协同运营平台和知识产权服务平台	
以重大需求和行业应用为牵引，搭建典型试验环境，建设产品可靠性和安全性验证平台，组织协同攻关，支持人工智能关键应用技术研发及适配，支持创新产品设计、系统集成和产业化	

三、补齐短板，稳固产业链体系安全

构建高质量、安全、完善的产业链条，稳定具有全球竞争优势的产业体系。从软硬件两个维度，重点突破半导体及集成电路、工业软件两大核心短板，掌握核心技术，优先国内配套，逐步解决广东省新一代信息技术产业的“卡脖子”问题，保障广东省新一代信息技术产业体系健康、安全、可持续发展。

（一）半导体及集成电路

当前，广东省内半导体及集成电路的产业链条（图 10-7）尚不完备，部分企业如深圳市海思半导体有限公司，在集成电路设计中取得了一定突破，同时部分集成电路封装企业已具备一定规模。广东省作为全球最大的半导体及集成电路需求市场之一，应瞄准新一代的集成电路体系架构开展差异化、前瞻性的 EDA 软件开发，提升省内高端集成电路设计和测试能力，同时优先保障重点领域的行业集成电路芯片供给，逐步实现高端半导体及集成电路的国产化。

半导体及集成电路尤其是高端芯片是我国新一代信息技术的“卡脖子”问题，在国家即将重点发展高端芯片的背景下，广东省应重点关注目前省内半导体及集成电路的应用需求，有方向地开展半导体及集成电路的产业发展。一是前瞻布局

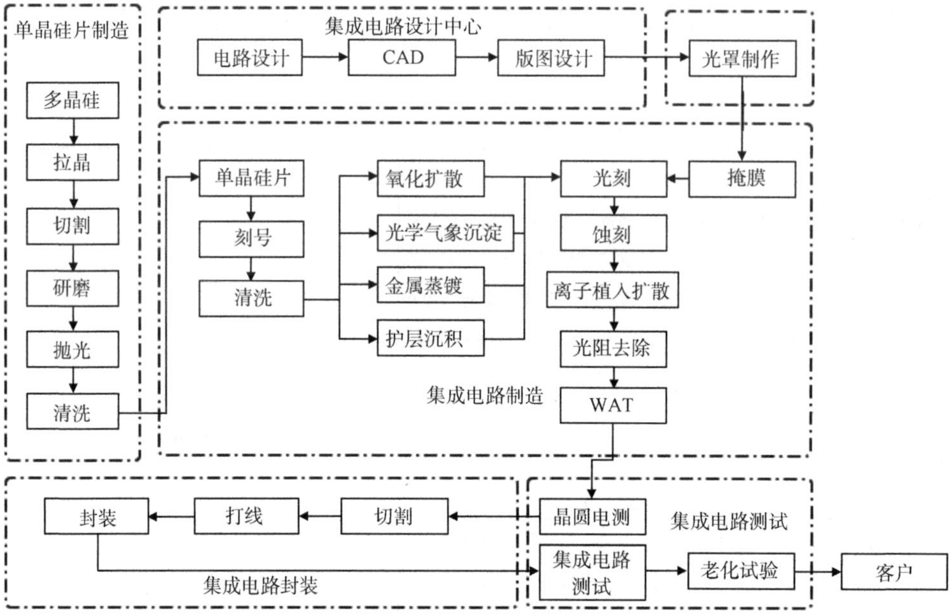

图 10-7　半导体及集成电路产业链

WAT 表示 wafer acceptance test，晶圆接受测试

着眼新一代集成电路体系架构的新型 EDA 软件开发，与国际 EDA 设计软件企业形成差异性竞争，提前布局新一代集成电路的工业设计软件基础。二是结合当前广东省半导体及集成电路产业基础，优先实现半导体及集成电路设计和测试能力与国际接轨，为建成完整国产半导体及集成电路产业链打好基础。三是在行业集成电路方面，优先推进广东省半导体集成电路芯片需求较大的手机、新型显示、汽车、智能终端等领域的集成电路能力建设，保障关键领域芯片的自主可控。

在 EDA 软件方面，加紧引进或新建数个 EDA 软件和工具开发公司，围绕新一代集成电路体系架构，从广东省应用场景丰富、开发难度适中的 MCU（multipoint control unit，多点控制器）、PLA（programmable logic array，可编程逻辑阵列）工控产品芯片入手，开展 EDA 设计、分析、仿真、测试等领域的研发创新。在半导体及集成电路设计和测试能力方面，支撑省内具备集成电路设计能力的龙头企业及科研院所开展英特尔、AMR（adaptive multi-rate，自适应多速率）、RISC-V（一个基于精简指令集原则的开源指令集架构）芯片基础架构应用分析、自主芯片架构研发和基础算法研发。加快建立省内半导体及集成电路的仿真和测试能力建设。在行业集成电路方面，以手机移动终端、5G 设备、超高清视频、汽车电子、人工智能五大产业为半导体及集成电路主要应用领域，优先保障五大产业在芯片领域的产业链自主可控，优先提升相关芯片产品的设计能力，加大手机CPU、GPU（graphics processing unit，图形处理单元）、5G基带芯片、射频芯片、人工智能芯片、高清图像编解码芯片、车规级SoC（system on chip，系统级芯片）等关键技术研发投入；扶持科研院所芯片测试能力建设，构建高质量的半导体产业保障体系。

（二）工业软件

目前广东省在嵌入式软件、研发设计软件CAD、生产管理软件领域中有广州中望龙腾软件股份有限公司、用友网络科技股份有限公司、广州数控设备有限公司等国内领军企业，整体在国内相对领先，但距国际水平有较大的距离。要进一步推动工业软件国产化步伐，应优先推进研发设计软件的高端基础代码开发和工业软件的PaaS平台和服务能力建设（图10-8）。

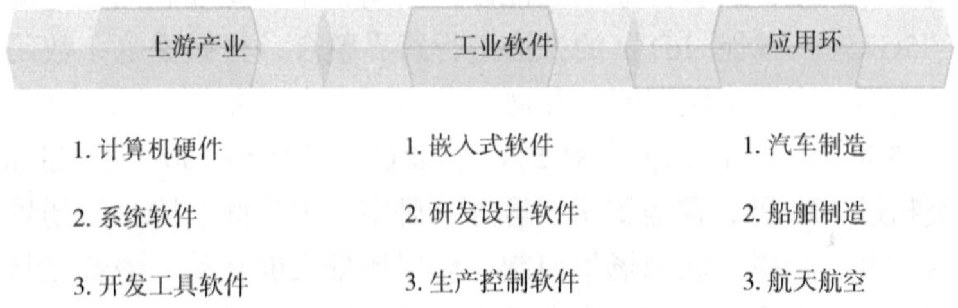

图10-8　工业软件产业链

加快省内工业软件国产化步伐，重点突破短板较为明显的研发设计类软件进行开发，逐步建成工业设计软件从设计到仿真的一体化解决平台，重点在于两个方面。一是高端基础代码开发，支持省内工业软件进行基础源代码研发，在CAD/CAE/CAPP①等领域推广国产软件，形成改进和优化的市场存量基础。二是加强PaaS平台和服务能力建设，提升基于国产工业设计软件的专业级经验数据积累、模块和工具开发、平台综合服务效率和商业运营能力，提供专业的、高效的、多样的工业信息软件服务产品。

在高端基础代码领域，加大政府财政对国产工业软件的支持力度，建立产业发展基金，集中资源扶持一批具备较强自主创新能力的企业进行CAD、CAE、EDA、CAPP的开发，推出一批在基础源代码领域充分国产化的工业设计应用软件，引导企业优先采购国产工业设计软件产品和服务。在PaaS平台服务方面，鼓励腾讯、华为等具备一定基础的工业软件服务平台提供商加快PaaS层工业软件服

① CAPP表示computer aided process planning，计算机辅助工艺过程设计。

务平台建设，支持平台吸纳小企开展工业软件专业级应用服务模块和工具开发，复合推进工业软件工具整合和平台化发展，驱动多学科工程问题的工业设计+工业仿真一体化解决方案云平台建设。

四、重点企业案例

（一）重点企业案例一：云米科技

1. 企业简介

佛山市云米电器科技有限公司（简称云米科技）成立于 2014 年，总部设在佛山市顺德区，并在广州市、北京市等地设立分部。公司是国家级高新技术企业、美国纳斯达克上市企业。作为小米科技有限责任公司（简称小米）生态链企业之一，云米科技是一家高科技互联网智能硬件公司，是全屋互联网家电的开创者，率先通过“5G+人工智能+IoT”的方法进行跨界整合，打破家电、数码、家居、汽车等产品边界，构建全屋智能、万物互联的一体化解决方案。2019 年企业实现销售收入 46.5 亿元，比上年增长 81.5%，企业员工总数约 1000 人。目前，云米科技产品品类超过 200 种，覆盖厨房、客厅、卧室、卫生间、阳台等场景，实现全屋互联自动控制、全屋互联网场景控制、全屋场景大屏互动、语音控制等功能。主要产品有：智能净水器、中央净水及中央软水机、互联网智能冰箱、互联网智能烟机/智能灶具（嵌入式）、嵌入式洗碗机、嵌入式蒸烤机、互联网洗衣机、智能热水器、云米小 V、智能门锁及智能安防等，构成了一体化的全屋智能家居解决方案。

2. 传统家电企业为何要拥抱互联网？如何拥抱互联网？

随着互联网、物联网的蓬勃发展，人们消费体验、采购、获取信息的方法等方方面面都在发生变化，新一代信息技术正在深刻而快速地打通各行各业，传统家电行业在生产方式、销售渠道、售后服务方式等方面都受到不少冲击，众多家电企业开始思考，企业所生产的产品、所在的领域与方向，是不是能结合互联网。此外，消费升级趋势加强，传统家电企业也在积极探索如何打造迎合消费者中高端需求的产品，除了将传统的质量、品牌、性能等作为卖点外，还有什么其他新思路，是否可以利用“互联网+”“智能+”为行业发展赋能升级？

3. 云米科技天然拥有互联网基因

云米科技作为小米生态链企业之一，拥有互联网企业的天然基因。2013 年小米开始布局生态链，培育生态产品。原来小米主要打造手机、电视、路由器等品牌产品，但小米意识到每个品牌（三大产品）都有局限性，于是开始布局生态链。云米科技是在小米意图打造生态链、开展天使轮投资背景下成立的，因此，云米科技天然具有互联网企业基因。云米科技企业管理者认为，互联网思维的要点是开放、极致、快速、扁平化等，办好云米，也需要将互联网思维全方位融入企业经营当中。

4. 企业快速洞察市场发展的智能化新趋势

作为传统行业，众多家电企业对市场消费者需求及市场趋势的把握相对滞后。而到了5G、人工智能、物联网陆续落地的今天，科技产品之间原本的边界将被再次打破，5G必将赋能人工智能，让智能终端算力得到成倍增长。同时5G的出现也会改变物联网的现有格局，让家中的每一台设备变得高效便捷。针对这一时代性的科技更迭，云米科技利用企业自身具备的互联网思维优势，通过各项调研分析，快速洞察家电市场发展新趋势。一是年轻人消费观念的革新。年轻的新中产是推动消费升级的主要人群，他们更愿意接受高科技、智能产品，普遍认同智能化让生活更便利、更高效并愿意为之付费。二是智能化将成为消费升级的主要方向，家电产品的智能化提升将大大提升消费者的用户体验。三是全屋互联是未来家居行业的发展趋势。过去，家电产品强调功能性；目前，部分家电产品已经实现单机智能；未来，家电行业将向全屋场景、智能互联方向发展，全屋互联将成为可能。将互联网、数字化、智能化技术植入家电产品，推进行业和产品升级，是云米科技对市场趋势的主要研判。

5. 互联网思维植入的不仅仅是家电产品，还有企业的经营管理

结合对市场新趋势的洞察，云米科技充分运用互联网思维，在经营管理上通过以下几个方面推进企业和产品的开放、极致、快速、扁平化发展。①创新营销管理模式，云米科技用创新的“F2C云分销”[①]新零售营销模式，打破线上线下、不同城市的地域限制，颠覆传统营销“旧路”，建立起一条互联网时代的新零售模型，构建全网、全渠道、全价值链的营销模式和渠道通路。②场景式体验门店运营，云米科技颠覆性地采用场景式体验式营销，让用户在门店就能感受到不同家庭场景的智能体验，使全屋互联网家电实现一站式购买。截至2022年5月，云米科技在全国各地的智能体验店已有2000多家店。除了营销渠道的创新外，云米科技从产品的研发设计、原材料采购、生产加工、质量检测、成品出厂到售后服

① F2C是指从工厂到消费者的电子商务模式，指的是厂商直接面向消费者，产品直接从生产线送到消费者手中，减少中间环节，对于消费者来说可以买到性价比更高的商品，享受最直接的售后服务。

务，每一处细节都十分专业用心。

6. 持续不断打造出颠覆性爆款家电产品，构建全屋互联网家电

2014 年云米科技成立后，打造的第一款产品是小米净水器。企业董事长陈小平带领团队夜以继日地研发，曾经三套模具、三种方案同时作业，平行试错。其中几个月，陈小平团队通宵达旦都是常态，最极端的时候是 10 天 4 个通宵，吃睡都在办公室。2014 年底做出第一代产品之后，陈小平认为产品“体积太大，价格不够低”，毅然决定推倒从头再来，这意味着此前投入上千万元做的模具作废。此后云米科技又经过 300 多次反复试验，最终研发出立体集成水路，替代其他品牌净水器常用的 40 余条水管。这省去了传统净水器的储水桶，既缩小了体积又从根本上解决了净水器漏水、积水问题。因为解决产业级痛点的颠覆性创新，这款净水器获得专利授权 518 项、申请专利 1000 多项。打造高性价比净水器。小米净水器定价 1999 元，由于净水器产品没有中间代理商环节，当时对利润期望不高而当时市场价低于 4500 元的都很少。与市场上多数净水器产品相比，云米科技产品由于高配置，生产成本更高，而且作为互联网品牌定位，云米科技强调极致用户体验，因此对材料、做工要求高。为保证产品质量，这款净水器的材料全部进口，关键零部件云米自主开发，模具、釉材挑选厂商生产。云米科技要求供应商要进行生产线岗位培训、技能培训，合格后才能上岗，关键工序定人定岗、关键岗位检测必须到位、厂房洁净度也要达到要求等。2015 年，云米科技打造的净水器成功上市，一经发售即引起行业轰动，一举奠定云米科技在净水器行业的创新地位。

开创全屋互联网家电。制造爆品、品牌打响的云米科技很快抓准了契机，顺利由净水业务切入全屋互联家电市场，并持续不断地对智能家电进行迭代和创新；2016 年 6 月，云米科技发布全球第一台人工智能净水器 V1；2016 年 12 月，发布全球首台一秒即热净水器；2017 年 8 月，发布互联网冰箱；2018 年 3 月和 6 月，云米科技发布全球第一台人工智能油烟机和全球首台 ERO（electronic reverses osmosis，电子反渗透）净水器。

成家庭物联网第 1 股。经过短短 4 年的发展，云米科技的产品已经涵盖人工智能净水器、互联网冰箱、互联网智能烟机灶具等全屋互联网家电，并且于 2018 年 9 月 25 日在美国纳斯达克上市成功，成为家庭物联网第 1 股；2019 年 3 月在中国家电及消费电子博览会上，云米科技携手全球顶尖咨询机构 IDC 发布《全球消费物联网趋势展望 2025》白皮书阐述家庭物联网六大趋势，发布近 60 款智能家电新品。目前，云米科技全屋互联网家电正通过打破产品、平台、场景界限，实现“人—车—家”智能互联，构建全面的服务体系。

7. 企业发展成效：成为家电行业一枝独秀

云米科技从 2015 年净水器开始售卖，快速实现超过 1 亿元的销售额，到 2019 年，云米科技企业全年合计实现销售收入 46.5 亿元。截至 2020 年 5 月，企业有 200 多款家电产品，获得授权专利总数超过 1000 项，海外专利授权超过 33 项，更是有 27 项产品先后获得中国国家高新技术产品认证，云米科技已经成功打造出一个全新的全屋互联网家电品牌，在巨头林立的传统家电行业独辟蹊径，成为中国高新科技家电品牌当之无愧的领军企业之一。

（二）重点企业案例二：万和

1. 企业简介

广东万和新电气股份有限公司（简称万和）成立于 1993 年，国内 A 股上市公司。万和是国内热水器、厨房电器、热水系统专业制造龙头企业，万和燃气热水器市场综合占有率连续十五年在行业创领新高，万和燃气灶、吸油烟机等产品的市场占有率均处于行业前列，燃气热水器和燃气炉具的出口量连续多年在行业同类产品中名列前茅，企业在佛山市、中山市、合肥市等地拥有七大生产制造基地，年产能超过 1500 万台。2019 年，万和员工总人数为 5197 人，其中研发技术人员 778 人。2019 年度营业总收入 62.03 亿元，营业利润 7.07 亿元。

万和于 2019 年获得佛山市推动机器人应用及产业发展专项支持（机器人应用补助项目），其中万和获得 2019 年机器人应用示范企业扶持项目；2018 年成为工业和信息化部公布的第三批制造业单项冠军培育企业，被认定为佛山市“专精特新”企业；2017 年获得佛山市机器人及智能装备应用专项资金项目支持（骨干企业应用单体机器人及智能装备专项），被评选为广东省制造业与互联网融合发展试点示范项目；2016 年、2017 年均获得工业企业技术改造项目事后奖补资金扶持。

2. 家电企业智能化改造为何困难重重？

当前国内家电行业增速相对放缓，整个行业向自动化、智能化、柔性化生产转型已经成为必然趋势，由此催生了家电制造业对于智能化改造的需求。主要知名家电企业在制造转型智造的战场上先人一步，力图在行业洗牌中夺得主动权。许多具备一定规模的家电制造企业为了减员增效，也在陆续跟进开展智能化改造升级。然而，目前家电行业自动化智能化改造存在不少难点。一是家电产品零部件种类多，且非标准化，致使柔性生产需求提高，很多生产环节机器人尚且无法满足；二是同一产线产品更迭速度较快，平均每天 5~8 个型号，智能制造设备调整改造较难及时跟进；三是家电生产依旧以多品种小批量生产为主，大规模量产的较少。

3. 招工难用工贵，万和开始考虑“机器换人”降本增效

万和作为家电行业的龙头企业之一，认识到行业技术差异化不大，产品基本功能的技术发展已经达到瓶颈，而且家电行业产品的品牌集中度高，因此，做出未来技术发展主要向智能化、数字化方向的初步研判。2015 年前后，佛山市地区众多企业的生产一线员工出现回流到中部西部地区的明显趋势，万和也开始面临招工困难问题，劳动力市场供不应求，企业普工用工成本提升，而且当时员工社保成本比较高（员工人均每年 1.1 万元）。当时，国家、广东省、佛山市大力推动“机器换人”和智能化改造，各类型机器人集成和制造厂商蓬勃发展，万和也开始尝试推进内部生产线的智能化改造升级。

4. 智能化改造要有基本原则和要求，不能为了改而改

万和管理层为智能化改造定了基本要求。一是设备投入需要详细测算投入回报的期限，预计 3 年能回收投入成本的设备引进，由企业事业部批准，预计 5 年以上的，需要企业老板批准。二是明确自动化智能化改造不一定带来经济效益，不能盲目上智能化设备，为了改而改，普工每人一年含社保 7 万~8 万元，市面上六轴机器人只要 20 多万，三轴的只要 5 万元多，需要清晰核算投入产出后，有合适的设备才能上。三是每个行业智能化改造有其行业特性，自动化率并非越高越好，家电行业不同于汽车、家具等行业，没有批量、没有标准化的产品不适合自动化、智能化改造。

5. 并非一蹴而就，万和循序渐进推动智能化改造

（1）早期尝试。2016 年，万和开始提出机器代人，当时最早试用佛山市顺德区鼎丰贸易有限公司的三轴平转机器，企业认为效果好，开始大批量在焊接、喷涂、包装等环节改造生产线，实现“机器换人”。

（2）选取合适的集成商按部就班开展改造。万和在选取智能化改造的集成商时，认为佛山隆深机器人有限公司（简称隆深）在家电行业的成功案例较多，经验较为丰富，在工装设计、程序设计、产线设计等方面较有优势。在隆深与万和合作期间，与万和的持续沟通比较到位，隆深经常派工程师到万和车间调研、梳理改造需求、重点难点，提出前期标准化的问题，建议万和先做产品工艺改进，后期探讨怎么做智能化生产线改造。

（3）不照搬国外，结合万和生产实际改造产线。隆深在深入分析万和智能化改造需求后，建议不完全照搬学国外的生产线，而根据万和不同产线的生产特点，

一步一步、一个一个环节对生产线进行改造，对于底面壳、换热器、弯管、包装，进行全产线的智能化改造，全产线改造用了半年时间。对于某些不适合全产线开展智能化改造的，针对单点工序引入自动化智能化设备替换人工操作，实施周期在3个月左右。

（4）不同生产环节选取合适的设备。万和认为国产机器人精度相对差，维护成本比较高，使用的综合成本并不低，为保证生产的质量和效率，万和与ABB签订了战略协议，万和购买ABB机器人，交由隆深、大族激光科技产业集团股份有限公司、佛山市泓实机械制造有限公司等公司对不同的生产工序进行改造，佛山市工厂合计采购200多台ABB机器人。在焊接车间，万和还引入了大族激光科技产业集团股份有限公司、佛山市泓实机械制造有限公司、惠州市毅隆机电设备有限公司等企业的焊接设备；在冲压车间，由隆深集成提供机器人冲压生产线、板式换热器机器人冲压连线。

6. 智能化改造成效：产能提升，人员减少，实现降本增效

截至2022年4月，万和智能化改造总投入2亿~3亿元，机器换人效果明显，产能大幅提升。例如，冲压车间改造前，每条生产线有5台冲床并配备6名员工，每台冲床一个人，还有一人负责传送物料；智能化改造后，冲床产线全部配置机械手，一名工人可以负责2条生产线，只在上下料环节需要人工操作，产能提升超过40%。钣金车间经过智能化改造后，用工从1000多人下降到300人，企业的用工成本大幅下降。

（三）重点企业案例三：智布互联

1. 企业简介

智布互联纺织科技有限公司（简称智布互联）成立于2015年，是一家专注于优化纺织行业流程、致力于通过互联网系统平台改变国内纺织生产、贸易过程中烦冗环节的高新技术企业。公司主营业务范围涵盖纺织行业的ERP系统研发、生产制造、销售和供应链服务。目前拥有员工600余人，全球办公室有10余个地点，分别位于中国深圳、上海、香港、台北，韩国首尔，新加坡，孟加拉国达卡，印度新德里、班加罗尔，美国洛杉矶，英国伦敦等地，核心成员来自华为、金蝶国际软件集团有限公司、江西福田实业集团有限公司（全球最大的针织面料生产商）、IBM、广东溢达纺织有限公司等海内外知名企业。客户主要为海外品牌及制衣工厂，截至2019年底，客户覆盖70%的全球排名前200制衣厂，其中包括H&M、Target、Walmart等大型品牌。

佛山市智布互联纺织有限公司是智布互联的全资子公司，成立于 2016 年，内设市场部、客服部和产品研发部、生产管理部，利用自主研发的 SaaS（software as a service，软件即服务）系统和智布织造 ERP 等配套子系统，承接海内外市场客户订单，拥有 300 余名员工。2019 年和 2020 年年均出货量超过万吨，年营收额呈 300%增长趋势。整个公司业务处于飞速发展状态。

2. 传统纺织行业发展痛点：劳动密集程度高，如何在互联网共享经济下实现突破

纺织技术与印染技术具有非常悠久的历史，是一个劳动密集程度高的产业。目前，我国已具有世界上规模最大、产业链较为完善的纺织工业体系，从纺织原料生产开始（包括天然和化学纤维），纺织、织布、染整到服装及其他纺织品加工，形成了上下游衔接和配套生产，成为全球纺织品服装的第一生产国、出口国，出口以欧洲、美国、日本等地区为主，是数万亿级纺织产业大国。一直以来，纺织行业技术装备落后、新品开发不足、相关生产工艺标准不统一、信息化程度低、劳动力成本大幅上升、融资困难等问题极大影响着纺织生产效率和纺织产业的发展。

3. 互联网与供应链将成为纺织行业发展突破口

当今全球纺织服装行业进入供应链更为多元和高质量发展的新时代，市场的竞争已不再是简单地介于企业之间，而是转化为企业所处的供应链之间的族群式竞争、转化为供应链的品质以及可持续发展的理念之争。随着信息技术的进步，供应链已发展到与互联网、物联网深度融合的新阶段。在新一轮科技革命和产业变革的推动下，智能制造成为纺织服装行业创新升级的突破口和主攻方向。企业应通过网链结构全新的有效的管理，不断增强市场的反应能力乃至引领能力，从而赢得市场先机。

4. “工业大脑”摆平两股来自市场的倒逼压力

来自市场的两股力量也正在逼迫着纺织业转型升级——消费端个性化、定制化消费的浪潮层层迭起；服装行业业绩触底、库存成山，“小单快返”成为行业的运营趋势。这两股力量无疑让服装品牌和制衣厂对原料供给稳定性和时效性的要求都更上一层楼。

智布互联作为产业中的平台方，扮演的角色正是一颗“工业大脑”，通过软件获取数据，再将数据进行连接和运算，组织跨厂生产，实现低成本、高效且稳定交付。

5. 智布互联带领纺织行业的数字化浪潮

智布互联专注于优化纺织行业的生产流程，致力于通过互联网系统平台改变国内纺织生产、贸易过程中烦冗环节，目标是建立起“物联网+纺织行业 SaaS 系统+数据+算法”四大核心的整体解决方案，提高工厂生产效率、便捷客户交易过程。在技术端，智布互联依托物联网及链接系统，实现纺织生产流程的数字化，灵活调度产能，组织协同生产，数据驱动下优化订单流程，提高生产效率；在生产端，智布互联向产业链上游延伸，快速获取纺织供应链中上下游的供应商资源，打造中国目前最大的织造和印染产能的生产联盟，实现智能化云工厂，推进纺织行业产业链升级。

智布互联以 SaaS 云平台为基础，让纺织供应链中的上下游供应商、客户通过高效的物联网和排单系统链接，提高工厂生产效率，做到生产可视化，降低供应商和客户间的沟通成本。

6. SaaS 云平台深入打通供应链，多方面助力纺织行业转型升级

智布互联通过物联网技术和设备了解纺织品产能分布，通过 SaaS 平台打通产业链各系统。一方面，发挥互联网经济的“轻资产”特性，整合所有生产制造工厂资源并共享在互联网平台上，企业无须自建纺织工厂即可拥有纺织产能资源；另一方面，扶持国内中小型纺织企业发展，提高就业率和岗位技术含金量，并且通过各个制衣厂客户订单数据的收集，建立客户档案，为各面料贸易商提供销售数据支持、市场风向指导，帮助下游品牌零售等环节延伸，在纺织制造中心逐步转移、行业价值链重构的过程中保证市场竞争力，提升行业地位。

7. 运营模式先进，获国际顶级机构投资

2019 年 9 月 12 日，智布互联获得由腾讯和红杉资本中国基金领投，中国宽带资本跟投，老股东元璟资本、经纬创投（北京）投资管理顾问有限公司、IDG 资本、翊翎资本全部加码的 C 轮融资。此前，智布互联已于 2017 完成由北京险峰长青投资咨询有限公司、翊翎资本、IDG 资本、杭州暾澜投资管理有限公司投资的 A 轮融资，2018 年获得由元璟资本、经纬创投（北京）投资管理顾问有限公司、翊翎资本投资的 B 轮融资。

在国际顶级投资机构对智布互联的纺织行业数字化升级工作的关注和帮助下，智布互联所研发的 SaaS 和 ERP 系统在全国范围推广使用，智布互联还将建立起纺织行业产能调度的智能中枢，快速规模化拓展纺织供应链业务。当国内的生产能力加强后，重新聚拢外流向海外工厂的面料订单转为国内生产。

未来，智布互联将继续依靠互联网，以资源共享推动纺织生产升级，将通过

数字化连接与运算，实现“让纺织产业生产效率提升至少 20%”的产业互联网愿景！

第四节　保 障 措 施

一、成立“广东省信息产业重大科技专项及工程技术研究中心”，建立产学研合作的产业联盟

瞄准产业发展“卡脖子”领域和未来产业发展制高点，聚焦关键领域瓶颈，系统梳理清单，明确优先级、提出路线图、制定时间表，重点提升基础软硬件、关键元器件、关键电子材料和关键生产装备性能、稳定性和自给保障能力，在制定关键领域瓶颈清单基础上组织“一揽子”突破计划，以重点基础产品、工艺“一条龙”应用计划为抓手，攻克一批关键共性质量技术，加强可靠性和可测性设计、试验验证，制定和修订一批急需的计量基标准，促进整机系统和基础技术互动发展，加快提升产业链现代化水平。建立产学研合作的产业联盟，推动产学研用的紧密结合，探索建立长效稳定的产学研合作机制，突破产业发展的核心技术。

二、设立省级 5G 产业、消费电子产业、半导体及集成电路产业、软件与信息服务业重大专项

强化整机系统产品优势，不断完善消费电子、5G 通信等领域产业链，聚焦集成电路产业链薄弱环节。在消费电子、5G 通信等优势领域强化系统集成创新能力建设和规模化应用示范，着力提升基础软硬件、关键元器件、关键电子材料和关键生产装备性能、稳定性和自给保障能力。强化骨干企业在重大专项创新突破上的主体地位，加强产学研用研发力量协调和产业链上下游协同，统筹利用各方资源，支持高端芯片、高性能存储设备、操作系统等核心技术研发和试验验证。采用揭榜挂帅等方式，大力支持自主研发的关键技术和产品商业化应用，强化重大专项对创新成果的市场化推动力度，以关键产品为突破口，以构建完善产业链为目标，不断提升关键电子材料和专用设备供给能力，强化芯片与整机系统匹配发展，不断夯实核心基础元器件发展基础。围绕党政军及重点行业应用需求，集中力量突破专业领域半导体技术瓶颈。落实落细专项资金支持举措，统筹研发费用

加计扣除和固定资产加速折旧等政策，推动设备更新和新技术使用，强化专项资金跨部门统筹使用和绩效评价结果应用，提升专项资金运用成效。

三、主动参与国家重大工程项目、粤港澳大湾区建设、新基建支撑工程

积极主动参与国家重大工程项目，主动为国分忧、勇担重任。以粤港澳大湾区建设为契机，做强珠江东岸高端电子信息产业带，带动粤东西北协同发展。加快 5G、数据中心、智能计算中心、人工智能、工业互联网、物联网等新型基础设施支撑建设，强化以智能制造为核心的工业技术改造，推动 5G 网络、NB-IoT、eMTC（enhanced machine-type communication，增强型机器类型通信）等技术在制造业各环节深入应用。加强广州超算中心、深圳超算中心、深圳鹏城实验室“云脑”、横琴先进智能计算平台等超算中心建设。

四、加强新一代信息技术产业开放创新平台建设和核心技术攻关平台建设，关注前瞻性战略布局与未来产业

支持省内新一代信息技术产业领军企业牵头申报，联合科研院所、高校参与建设并提供智力和技术支撑，建设一批面向新一代信息技术产业的高水平公共技术服务平台。聚焦“卡脖子”问题，有方向地针对 5G 芯片及元器件、高端芯片、工业软件等重点领域，利用平台有效聚集省内资源，引导校企、院企共同开展科技攻关，集中全省力量攻破制约新一代信息技术产业发展的核心问题。作为排头兵、先行地、实验区的广东省，新一代信息技术产业同时需要重视前瞻性战略布局，加快培育布局一批未来产业。

五、培育、重视具有产业引领作用的大型龙头企业是广东省信息产业当前发展阶段竞争力提升的重中之重

大型龙头企业在产业发展战略性中的作用是解决以市场为主的广东省信息技术产业发展方向性不强的问题关键；大型龙头企业要参与相关产业规划，在技术路线规划制订、国家和省重大规划制订中，赋予大型龙头企业足够的话语权；以龙头企业所需的关键技术和关键产品为导向，在全省范围内形成产业配套，构建大型龙头企业带动引领，政府适度引导，中小企业协作配套的集群式发展模式。

六、推广深圳经验激励人才引进，重视综合性人才培养，讲好“广东故事”形成区域品牌

在人才引进方面，在全省范围内积极学习和推广“深圳”经验，学习推广当前相对成功的深圳人才激励机制；重视综合性人才的培养，弥补新一代信息产业与传统产业两者融合的综合性人才缺口；加大宣传力度，不断讲好“广东故事”，形成在全国甚至全世界具有影响力的优势产业区域品牌。

七、加强政策扶持和引导，激发市场主体主动开拓新一代信息技术产业前沿

一是强化核心技术产品国产化的方向引导和支持。明确广东省政府对 MCU、工业控制软件等核心技术产品国产化的原则、范围、方向和认定，制定核心技术产品国产化的政策奖励和扶持政策。二是大力支持国产化核心技术产品的市场推广和应用，政府优先采购具备装载国产核心技术的产品和服务，鼓励和支持市场主体优先选用具备国产核心技术的产品与服务，大力保护国产核心技术研发主体的市场权益和知识产权，对国产核心技术产品达到一定应用规模的企业提供合理的优先政策和财政扶持。三是建立新一代信息技术前沿领域的科技创新风险补偿机制。建立新一代信息技术前沿科技领域目录，有针对性地对企业投资、研发、推广和应用新一代半导体及集成电路、工业设计软件等前沿领域提供专项金融、财政与政策支持，降低企业在前沿领域的创新风险。

第十一章　湖北省新兴产业发展经验及启示

第一节　湖北省新兴产业发展现状

一、湖北省培育发展战略性新兴产业的内在动力较大

湖北省作为我国中部内陆省份，经济社会发展水平与东部省市存在较大差距，面临工业化、城镇化、市场化、信息化和国际化全面提速与产业结构亟待优化提升的突出矛盾。为破解发展难题，湖北省致力于抢抓发展机遇、更新发展观念、创新发展模式、转变发展方式，高度重视培育发展战略性新兴产业。

自 2010 年 10 月，《国务院关于加快培育和发展战略性新兴产业的决定》发布以来，湖北省委员会、省政府高度重视，迅速部署，加快推进。

（一）组织领导和协调工作到位

为加强对培育发展战略性新兴产业工作的组织领导和协调，湖北省成立了常务副省长任组长，分管科技、工业的两位副省长任副组长，26 个省直部门为成员的战略性新兴产业发展领导小组。由领导小组统筹全省战略性新兴产业发展战略、规划和政策，协调解决相关重大问题，推进重大项目建设。领导小组将办公室设在省发展和改革委员会，负责日常工作，明确各部门具体任务及年度工作重点。同时，湖北省召开了全省做大做强高技术产业会议，省委书记、省长作重要讲话，省委副书记、省政协主席主持会议。由于领导级别高，阵容强大，战略性新兴产业的培育发展工作形成了各级政府及相关部门齐抓共管、协同推进的良好局面。

（二）相关规划、政策出台及时

在战略性新兴产业发展领导小组强有力的领导下，“十二五”期间湖北省先后出台了《中共湖北省委、湖北省人民政府关于加快培育战略性新兴产业的若干

意见》（2010 年 9 月）、《中共湖北省委、湖北省人民政府关于促进生物产业发展的若干意见》（2011 年初）、《湖北省战略性新兴产业发展“十二五”规划》（2012 年）、《湖北省省级股权投资引导基金设立与运作实施方案（试行）》；武汉市制定了《武汉市十五个新兴产业发展实施方案及指导意见》，宜昌市、襄阳市等也结合当地实际制订了相关规划和政策。

“十三五”期间，湖北省继续大力推动新兴产业快速发展，省政府相继出台了《关于加快新旧动能转换的若干意见》《关于进一步稳投资稳预期的实施意见》等一系列以新兴产业发展为重要目标的政策；另外，武汉市作为湖北省新兴产业最集中的地区也积极结合自身产业优势，发布了《武汉市战略性新兴产业发展“十三五”规划（2016—2020 年）》。

（三）国家税收优惠政策得到积极认真落实

湖北省认真落实企业所得税、营业税、增值税优惠政策；落实对创业投资企业的税收抵扣政策；落实对单位和个人从事技术转让、技术开发业务和与之相关的技术咨询、技术服务业务取得的收入免交营业税；落实对中小企业所需进口的自用设备以及按合同随设备进口的技术及配套件、备件免征进口关税和进口环节增值税。

2018 年，全省享受研发费用加计扣除税收优惠政策的企业总数达到 5121 家，研发投入总额达到 350.05 亿元，税收优惠总额达到 44.61 亿元，同比分别增长 47.05%和 50.6%；全省 3419 家入库的科技型中小企业累计研发费用加计扣除总额达到 44.05 亿元，享受税收优惠 11.01 亿元；120 家科技型企业被推荐纳入“科创板”上市后备企业。

（四）技术创新稳步推进

围绕服务国家战略、支撑地方发展，湖北省积极建设国家工程（技术）研究中心、国家工程实验室、国家认定企业技术中心和省级企业技术中心。截止到 2019 年 4 月，湖北省国家地方联合工程研究中心（含工程实验室）增至 37 个，研究范围涉及大数据、水下隧道、海洋工程、航空航天、新材料等领域，数量在中部领先，为湖北省产业转型升级、培育壮大新动能提供了有力的技术支撑。湖北省还积极组织建设省级、国家级战略性新兴产业技术创新战略联盟，如湖北省组织建设了智能电网、人机互动、三网融合、数字家庭、高端制造业信息化、新能源汽车等六个省级战略性新兴产业技术创新战略联盟，光纤及其应用、地球空间信息两个国家级战略性新兴产业技术创新战略联盟。此外，湖北省十分注重打造人才高地，如湖北省实施“高端人才引领培养计划”，发布《2017 年湖北省战略性新兴产业紧缺人才需求目录》等。

二、湖北省培育发展战略性新兴产业的成效较大

自 2010 年 10 月国务院发布《国务院关于加快培育和发展战略性新兴产业的决定》以来，经过十多年的努力，湖北省战略性新兴产业快速健康发展，取得显著成效。

（一）产值高速增长，技术成果丰硕

2018 年，湖北省区域科技创新综合水平保持在全国第 7 位；高新技术产业增加值达 6653 亿元，较上年增长 12.8%。另外，湖北省内国家高新区达到 12 家，省级高新区达到 20 家；高新技术企业总数突破 6500 家，科技企业孵化器在孵企业突破 20 000 家；组织转化科技成果 1315 项，技术合同成交金额达 1237 亿元；获国家科技奖励 26 项，继续保持全国前列。

（二）原始创新能力持续提升

湖北省积极推进创建国家实验室工作；启动农业微生物、国家作物表型组学设施、第四代同步辐射光源等三项重大科技基础设施建设预研；武汉光电国家研究中心正式运行；湖北大学省部共建生物催化与酶工程国家重点实验室正式获批。

在具体技术层面，武汉大学珞珈一号科学试验卫星成功发射入轨运行，华中科技大学国家脉冲强磁场科学中心脉冲平顶磁场强度创造了新的世界纪录，湖北省地球空间信息产业领域一批研究成果处于世界领先水平，武钢集团有限公司自主研发的取向和无取向硅钢片具有国际先进水平，武汉华中数控股份有限公司在数控系统领域处于国际先进水平或国内领先水平，华中农业大学绿色超级稻新品种培育科技成果入选庆祝改革开放 40 周年大型展览，中国科学院武汉物理与数学研究所甚高精度星载铷钟首次装备北斗三号入轨服役，另外在节能环保产业在脱硫、除尘、智能电网、中高浓度氨氮处理、废旧电池回收再利用、碳捕捉等方面掌握了一批关键技术，充分彰显了湖北省较强的原始创新能力。

（三）打造了若干特色优势产业链和集聚区

湖北省初步形成了涵盖光纤光缆、光传输系统设备、光有源和无源器件、光接入系统设备等比较完整的光通信产业链。

湖北省着力打造东湖国家自主创新示范区，获批建设武汉综合性国家高技术产业基地、国家光电子产业基地、生物产业基地、信息产业基地，武汉综合性国家高技术产业基地目前基本形成生物创新园、生物医药园、生物农业园、医疗器械园、生物能源园、中新（武汉）生物科技园“一城六园”发展格局。

2019 年 10 月，国家发展和改革委员会下发《关于加快推进战略性新兴产业集群建设有关工作的通知》，公布第一批 66 个国家级战略性新兴产业集群名单。其中包括湖北省武汉市的新型显示器件、集成电路、下一代信息网络和生物医药四大产业集群，充分体现了湖北省在相应产业的优势地位和集聚效应。

三、湖北省培育发展战略性新兴产业的创新体制机制已初步形成

湖北省通过在武汉东湖新技术开发区（简称东湖高新区，又称中国光谷）不断加强“人才特区”“资本特区”“政策特区”“创业特区”建设，初步形成了创新驱动发展的体制机制，并通过加快推进创业投资、高新技术企业上市或发行债券融资、银企对接，健全中小企业信用体系与担保机构，以及项目建设用地、人才引进等向重点战略性新兴产业倾斜等，提高了战略性新兴产业发展的要素保障能力。

（一）重点培育发展首位产业和专业园区

湖北省基于多年来倾力打造光谷（东湖高新区），着力发展“光谷生物城”、武汉未来科技城、新能源与环保产业园、光谷金融港等专业园区，重点发展光电子信息产业、生物产业、高端装备制造业、节能环保产业和高技术服务业等优势产业。

（二）以大项目、大企业为抓手

湖北省不断充实完善战略性新兴产业重大项目库，编制了“湖北省战略性新兴产业项目建设计划”，2021~2022 年共争取国家高技术及战略性新兴产业重大项目近 50 项，争取国家资金近 7 亿元；通过整合光电子信息、生物、装备制造、

新能源、节能等省级财政专项资金约 2 亿元，重点支持战略性新兴产业重点项目建设，带动社会资本投资战略性新兴产业。

（三）强化对市县领导班子的考核

湖北省把高新技术产业增加值占 GDP 的比重纳入市县领导班子年度目标考核。这强化了战略性新兴产业发展的责任机制和导向机制，有效地调动了各地加快培育和发展战略性新兴产业的积极性。

第二节 湖北省新兴产业发展面临的挑战与问题

一、产业基础相对薄弱

湖北省作为中部省份，在培育发展战略性新兴产业方面，除了面临自主创新能力不足、高层次人才匮乏等创新发展普遍面临的问题外，还面临产业规模小、领军企业少等困难。湖北省的战略性新兴产业从总体上看只有一些“点”，尚未形成以点带线、以线带面的联动效应。产业规模较小，居行业龙头地位、带动力强、规模超十亿元甚至上百亿元的大企业很少。截止到 2018 年，湖北省拥有的国家电子信息百强企业仅三家、国家规划布局内重点软件企业仅两家、国家规划布局内集成电路企业仅一家，生物产业领域还没有产值过百亿元的企业。在高新技术主导产品中属于传统产业领域的比例较高，属于战略性新兴产业领域的比例较低。

二、市场机制尚不完善

长期以来，我国资源、能源、土地、劳动力等生产要素价格没有很好形成对创新驱动的“倒逼机制”，加上市场竞争秩序不完善、部分行业垄断和市场分割，对企业来说，依靠创新才能持续发展的内生动力尚没有普遍建立。2018 年，湖北省全社会研发投入为 822.1 亿元，研发投入强度为 2.09%，较同属中部地区的安徽省 2.16%略低，较全国平均水平 2.19%低 0.1 个百分点，与研发投入超过全国平均水平的北京市、上海市、广东省、江苏省、天津市和浙江省差距很大。

“十三五”期间，湖北省出台了大量鼓励企业投入研发的政策，如《湖北省自主创新促进条例》《湖北省激励企业开展研究开发活动暂行办法》等，2018 年规模以上企业研发机构覆盖率达到近40%，较2014年增长约5个百分点。据不完全统计，2019年湖北省有各类研发机构2340个，研发人员23.53万人。2017年全省研发经费支出700.63亿元，其中企业投入547.54亿元。

虽然全省规模以上企业研发机构建设取得了较好成绩，但规模以上企业创新意愿不强、研发投入不足、创新能力偏弱等问题仍然存在。一些企业单纯靠引进技术维持发展，对创新的关注和投入都显不够，尚未成为技术创新和成果应用的主体。同时，在资源获取方面、市场准入方面都存在各种所有制企业不公平竞争问题，国有研究机构和企业具有优势，而民营机构和企业处于相对弱势，导致竞争不充分。一些行业管理体制也影响产业技术创新。例如，现行医药管理体制和药品定价、采购机制制约医药企业创新。一方面，我国药品生产过程管理和质量认证体系与国际水平相差较远，市场准入和退出制度不健全，导致"优不胜，劣不败"，难以形成具有国际竞争力的制药企业；另一方面，药品定价和采购机制使许多医保目录药品的生产亏损，一些所谓新药价格偏高，药品利润的60%被流通环节拿走，大部分国内医药企业缺乏创新能力和持续发展后劲。

三、创新模式有待改变

目前湖北省企业的创新主体地位不突出。在高技术产业化的进程中，高校和科研机构发挥了不可替代的作用，但从实践经验教训和下一步发展的需要来看，应进一步突出企业产业化的主体地位。当前的政策法规，对高校、科研院所的科技成果转化强调较多，但对如何激发企业的自主创新动力和活力，以企业和市场为核心进行制度设计，将政策支持重点聚焦到鼓励和支持企业创新上来尚显不够。

在产业层面，各级政府的科技计划、资助项目和考核评比成为引导企业创新的主要手段。一是政府选择产业发展方向、制定科技计划项目指南、组织专家评选项目和评价研究成果，导致企业和研究机构围着政府的指挥棒转，甚至为迎合政府要求而偏离市场需求。二是用各种评比和考核等要求企业创新，导致创新指标化。例如，现行高新技术企业和创新型企业的评选指标以专利数量、R&D支出强度和R&D人员强度为主，入选企业可以享受减免税的优惠政策。这一政策虽然在某种程度上促进了企业加大创新投入，但也有部分企业虚报R&D，花钱购买专利等，利用政策寻租。三是政府科技资源多头管理，各部门之间的科技计划不衔接，导致科技资源分散使用和低水平重复。同时，当前是在市场经济条件下发展战略性新兴产业，企业从根本上来说还是要立足于市场，因此与财政补助政策相比，企业更加需要培育市场和税收金融支持等方面的政策。

四、创新政策仍需完善

目前一些鼓励企业的创新政策难以落实，部分创新政策效果不显著。一是鼓励创新的政府采购政策无细则，一些国有投资的大型工程项目招标没有体现对知识产权的重视；二是省内国有机构和企业对创新的股权激励政策难以落实，人才激励不到位；三是湖北省鼓励采购国产首台（套）装备的政策出台较晚，尚未对科技创新起到有效的促进作用。

五、金融支持尚显不足

科技型企业大多是科技人员创办的民营企业，拥有固定资产较少，难以通过抵押获得银行贷款，科技型企业特别是中小企业普遍面临融资困难、融资成本过高的压力。与沿海发达省份相比，我省风险投资发展还不够充分、担保体系不够健全、小额贷款公司还未成气候，直接融资比重偏小，难以支持企业快速成长。以生物医药产业为例，生物医药的发展周期较长，研发投入大，风险大，资金投入严重不足，已成为制约企业发展的瓶颈，甚至威胁到很多中小型企业的生存。一方面企业限于自身规模和短期利益需要，没有形成投资主体；另一方面，技术创新长期以来只有政府拨款支持，如国家自然科学基金、国家攻关计划，以及省份各种创新基金等，但是这种扶持基金有限，往往申请到的资金离项目开发需求资金相距甚远，导致很多科研项目做到一半即告夭折。企业创业阶段本应以风险投资为主，但由于资本融资市场尚未完善，目前对生物产业的投资以自有资金和银行贷款为主，风险投资和从证券市场进行的直接投资较少。由于我国私募基金较少，担保公司力量薄弱，很多初创型企业缺乏足够的资本金或担保，很难得到风险投资的支持。

第三节　湖北省新兴产业发展重点任务

一、加强新兴产业基础

掌握关键核心技术是支撑新兴产业健康发展的基础。在湖北省具有优势的新一代信息技术、高端装备制造、绿色低碳、生物产业、数字创意等新兴产业，应尽全力打破关键核心技术受制于人的局面，努力缩小基础创新能力同国际先进水平相比的差距。在产业技术发展的核心瓶颈环节找到突破口，培养省内新兴产业在生产核心基础零部件、开发先进基础工艺、研制关键基础材料等领域的基础能力。加强新兴产业基础，形成以自主创新为引领的新兴产业发展格局。

二、完善创新市场机制

创新是战略性新兴产业发展的第一原动力，提升自主创新能力是从根本上提升战略性新兴产业发展能力的首要条件，而企业正是创新发展战略性新兴产业的中坚力量。应深化市场化改革，完善营商环境和建立公平的创新市场机制，通过鼓励开展各类体制机制改革创新和先行先试落地，积极改进新技术、新产品、新模式准入管理，打破地方保护主义，引入市场化的竞争和激励机制。

三、转变创新推进模式

随着省内新兴产业发展实力和创新能力的不断提升，创新推进模式也在逐渐调整，对应的管理方式也亟待创新。近年来，省内新兴产业领域的创新明显越来越多地正在从模仿创新向自主创新转变。因此，现有创新推进模式应逐步从政府主导创新转向市场引导和政府支持相结合，分类制定政策。根据不同的发展阶段，采取多种方式分类支持创新。

四、强化创新政策作用

新兴产业往往存在高技术风险的问题，因此合理地运用创新性政策工具可以有效降低企业的投资风险，鼓励企业在新兴技术领域加大科研投入，从而以技术创新驱动新兴产业发展。

五、降低企业融资难度

金融是引导社会资源流向的重要手段，提升资源配置效率，加强战略性新兴产业支持力度离不开金融体系的调整。战略性新兴产业企业长期面临融资难、融资贵的问题，金融体系支持力度不足已成“老大难”，帮助省内金融机构准确把握和支持战略性新兴产业的有效金融需求是下一阶段的重点任务之一。

省工业和科技主管部门可联合行业协会等部门，加强行业指导和信息互通，搭建业务支持平台，组建省内重点客户名单、重点项目库及行业专家库，及时传递行业、企业、项目相关信息。组织发布对相关政策、行业、技术的解读，帮助了解发展趋势及风险特征。

省财政主管部门可加大金融机构面向战略性新兴产业的人才培养力度，定期开展新兴产业相关培训交流。另外，推动实施适应性监管，适当提高不良容忍度，通过定向降准、纳入宏观审慎评估体系等手段激励商业银行加大对战略性新兴产业的支持。给予新一批投贷联动试点资质，鼓励银行信贷部门设立专门负责新兴产业投资的业务小组，加强对本省新兴产业的了解和业务对接。

省工业和金融主管部门还应联手建立健全风险分摊和风险补偿机制，可以有针对性地建立战略性新兴产业信贷风险补偿基金，并规范战略性新兴产业补贴资金制度执行。进一步完善知识产权登记、评估、交易机制，加强知识产权流通平台建设，促进知识产权交易流通，鼓励银行接受拥有自主知识产权的轻资产企业采用知识产权质押进行融资。

第四节　湖北省新兴产业发展政策建议

一、加速推进新兴产业集聚发展

集聚发展是提升战略性新兴产业发展效率的有效路径，要以打造一批具备较强竞争力的战略性新兴产业集群为目标，加快产业集聚发展。强化宏观政策引导集聚发展，在总结前期集聚试点政策经验基础上，继续深化集群集聚试点工作，推动形成一批要素高效集聚、产业链完备、引领示范作用突出、协同创新发展的国家级新兴产业集群。鼓励因地制宜，基于本地产业发展阶段、要素禀赋和产业基础有针对性地选择集聚发展模式，分类施策。

湖北省应依托省内优势产业，包括新一代信息技术、高端装备制造、绿色低碳、生物产业、数字创意等新兴产业，加快推进新兴产业集聚发展。

首先，应对标世界最先进水平，从构建完整产业链角度全面梳理在关键技术、关键基础材料、核心零部件、工艺装备、专业人才、标准等方面的突出短板，筛选各优势产业面临的最紧迫的“卡脖子”环节进行突破，采取事前支持、事后奖励等方式，扎实部署建设一批重点项目，强化关键共性技术供给、自主可控装备研发，提升工业基础能力。

其次，围绕优势产业集聚发展培育需要推进高水平大学和学科建设，健全高水平实验室体系和重大科技创新基础设施，打造综合性国家科学中心和国家技术创新中心。在各集群领域再谋划建设一批国家级和省级制造业创新中心、新兴产业创新中心、技术创新中心、企业技术中心、工程中心、重点实验室等重大创新平台，支持相关企业在全球布局研发网络，开展前沿先导技术和重大战略产品研发。大力推进规模以上工业企业建立研发机构，支持产学研用各方联合建立协同创新平台或联盟。

再次，支持产业创新主体与知识产权服务机构深度合作，开展高价值专利培育布局，形成高价值专利组合。引导相关产业园区创建国家知识产权试点示范园区。支持优势产业建设国家级产业专利导航研究和发展中心，围绕重点细分领域开展专利导航。构建优势产业专利信息数据库和国际化知识产权交易运营平台，培育发展知识产权服务业态。

最后，建立科学遴选机制和企业培育库，推广实施企业创新能力和质量效益倍增计划，支持重点企业瞄准产业链关键环节和核心技术实施兼并重组，加快产业链关键资源整合，形成一批根植湖北省、具备产业链整合能力和世界级影响力的大型骨干企业。培育一批高成长的独角兽企业和瞪羚企业。

二、尽快完善市场化创新激励机制

首先，应大力培育创新型领军企业。加大对创新型、引领型新兴产业企业的支持和引导，鼓励企业加大研发投入，支持有条件的企业开展基础研究和前沿技术攻关，并在企业布局建设一批国家科研基地。

其次，建设产业技术创新战略联盟。围绕新兴产业发展重点领域，针对湖北省优势产业引导建设一批产业技术创新战略联盟，同时建立企业技术创新对话机制，吸收更多企业参与研究制定湖北省技术创新规划、计划、政策和标准。

最后，深入开展大众创业、万众创新。大力弘扬创新精神、企业家精神和工匠精神，形成鼓励创造、追求卓越的创新创业文化以及包容失败的商业文化。构建低成本、高效率的创新创业服务网络，加快建设专业化众创空间，依托互联网打造开放共享创新平台，降低创业创新成本，推动各类创新主体协同创新。

为了鼓励企业加大研发投入，湖北省政府还应积极构建普惠性创新支持政策体系，加大研发费用加计扣除、高新技术企业认定、固定资产加速折旧等重点政策落实力度。另外，还要强化知识产权保护和运用，进一步完善知识产权保护相关法律法规，加大知识产权执法保护力度，开展对企业知识产权保护的相关培训和宣传活动，培育一批专业化知识产权服务机构。

三、加速创新推进模式市场化改革

第一，从政府主导创新转向市场引导和政府支持相结合，分类制定政策。根据不同的发展阶段，采取多种方式分类支持创新。政府主要支持前期研发和示范项目，以及市场培育等，产业技术路线和发展方向由市场选择。根据不同领域，实行分类引导。在一些重点战略领域，政府可以通过重大科技专项，引进技术消化吸收国产化等多种方式支持创新；对面向广大市场需求的企业创新，应有效发挥市场配置资源的决定性作用，政府采取普遍性政策予以引导和支持。

第二，从科技政策为主转向系统性创新政策，提高政策的综合性与协调性。科技政策只是创新政策的一部分，实现创新驱动发展战略不能仅靠科技体制改革，提高全社会的创新动力需要科技体制、产权制度和经济体制等综合配套改革，要加强科技政策、财税金融政策、贸易政策、投资政策、产业政策等多项政策的协调配套，形成目标一致、部门配合的政策合力。

第三，从补助、优惠政策和考核为主转向加强体制机制建设和营造市场环境，有效发挥市场配置资源的决定性作用。企业是否愿意创新取决于创新是否能够给企业带来效益，企业创新应从市场获得回报。因此，政府要重点营造公平竞争的市场环境，建立有利于创新的政策体系，促进要素向创新集聚，为企业创新开辟市场渠道，提高企业创新动力与能力。同时，探索创新评价指标体系，不仅要看研发投入和科技产出，更要看创新对市场竞争力和经济的贡献，以及要素生产率的提高。

第四，从直接支持单个企业创新转向加强创新基础设施建设和普适性政策，提高公共资源和政策的社会效益。政府的直接投入应重点加强创新基础设施和公共平台建设，如加强教育培养人才、加大基础研究投入、建设中小企业创新服务平台等。除了少数涉及国家安全的战略性产业和项目以外，应实行普遍性政策，调动全社会创新的积极性。

第五，加强产业化引导和科技成果转化，从技术推动向应用推动转变，特别是在设计湖北省重大创新工程或项目时，更加注重应用工程的策划，努力解决科技经济“两张皮”问题。

四、深化创新政策改革促进创新

首先，应完善公平竞争的市场环境，形成市场倒逼创新的机制。一是建立公平的市场准入规则，创造各种所有制企业公平竞争、平等获得创新资源的市场环境和机制；加快重要资源价格和税收改革，利用市场机制推动和引导企业创新；加强知识产权保护，提高侵权成本和降低维权成本，提升知识产权价值，激励创新积极性和保护创新者的利益。二是处理好政府与市场的关系。政府的主要作用是营造有利于创新的外部环境。重点加强创新基础设施建设，包括科技基础设施、信息基础设施、公共服务平台建设。

其次，应扶持中小企业创新创业，加强公共服务平台建设，为中小企业创新提供技术、标准和质量检测等各方面的服务。鼓励创业风险投资、完善多层次资本市场，扩大中小企业创新融资渠道。对面向广大市场需求的产业技术创新，应有效发挥市场机制的作用，靠普惠性政策调动企业和社会的创新积极性。一方面，切实落实鼓励企业增加创新投入的各项政策，降低企业的税费负担，如重点落实 R&D 支出加计扣除所得税政策，清理对智力密集型企业的不合理税费；另一方面，以多种方式加强鼓励创新的需求政策，使企业既成为创新投入的主体又是收获创新效益的主体。例如，进一步细化政府采购政策，发挥政府采购对创新的激励作用；通过法律、技术标准、安全标准、市场准入等措施促进新技术的利用和推广；对应用节能减排等社会效益明显的创新产品和技术，给予适当的补贴和减免税等；以试验示范项目的形式，通过税收、金融等政策鼓励使用国产首台或首批次重大技术装备。

最后，应加强创新要素的培育。加强对人力资本的投入，为创新提供各类适用人才。优化教育结构，改进教育模式，为社会提供适应创新链条各环节需要的多层次人才。进一步落实国有企业、院所转制企业、高校和科研院所创办企业的股权激励政策。构建以鼓励创新为目标的人才评价机制，改进科研院所和大学的考核制度，将成果转移纳入科研人员评价和考核体系。实行政府支持与市场选择相结合的人才引进政策，政府人才引进计划应重点满足参与国家重点研究项目和创新型企业的需要。

五、加大资金支持力度缓解融资困境

一是加强专业化指导。应组建或聘请专业咨询服务机构，帮助政府及投资机构准确把握支持战略性新兴产业的有效金融需求。联合行业协会等部门，加强行业指导和信息互通，搭建业务支持平台，组建重点客户名单、重点项目库及行业专家库，及时传递行业、企业、项目相关信息。组织发布对相关政策、行业、技术的解读，帮助了解发展趋势及风险特征。加大金融机构面向新兴产业的人才培养力度，定期开展新兴产业相关培训交流。

二是推动实施适应性治理。适当提高不良容忍度，通过政府背书、担保、建立科技专项等手段激励地方商业银行加大对省内新兴产业的支持。给予新一批投贷联动试点资质，鼓励地方银行设立专门负责新兴产业股权投资的业务部门，并相应调整监管尺度和标准。

三是加强多元化支持。通过建立多层次、多样化、多渠道的地方金融体系，包括地方资本机构、商业银行、行业基金等，为处在不同生命周期的新兴企业提供多元化融资支持。大力引导创投基金加强对处于种子期和创业期的新兴产业企业的资金支持。

四是推进制度化改革。健全风险分摊和风险补偿机制，建议建立湖北省新兴产业信贷风险补偿基金，规范新兴产业补贴资金制度执行。进一步完善知识产权登记、评估、交易机制，加强知识产权流通平台建设，促进知识产权交易流通，鼓励地方银行接受拥有自主知识产权的轻资产企业采用知识产权质押进行融资。

第十二章　浙江省新兴产业发展经验及启示

当前，我国经济已由高速增长阶段转向高质量发展阶段，正处在转变发展方式、优化经济结构、转换增长动力的攻关期。推进制造业技术改造智能升级对于我国实现绿色可持续发展、加快供给侧结构性改革有着重要的价值。智能升级是指制造范式由机械化和自动化向数字化、数字化网络化和数字化网络化智能化的技术跃迁。目前，我国仍未完成工业化发展阶段，不同区域和领域的制造业发展水平参差不齐。对于我国大多数企业，特别是广大中小企业，还没有完全实现从机械化到自动化，以及从自动化到数字化的过渡，这为现阶段在量大面广的成熟工业部门中进行技术改造智能升级带来了极大的困难。因此，要在已有的制造业基础上顺利实现转型升级和跨越发展，不仅需要政府在制度设计和政策执行等方面提供保障，更需要依靠市场，充分动员、协调广泛的社会资源并积极发挥企业在技术改造智能升级过程中的主观能动性。

2013 年以来，浙江省在推动广大中小企业技术改造智能升级过程中取得并积累了丰富的经验，在提高企业劳动生产率，增强产品质量水平，缓解招工难问题，培育新兴产业发展，优化工业投资结构等方面取得了丰硕的成果。提炼并学习浙江经验，对于实现我国制造业转型跨越发展有着重要的意义。

第一节　浙江省推进制造业技术改造智能升级的主要成效

一、增效提质，企业中高端产品供给能力增强

2013~2016 年，浙江全省规模以上工业人均劳动生产率累计提高 33.2%，2016 年达到 20.7 万元/人；2015 年在全国工业利润负增长的情况下，浙江省规模以上工业企业率先实现利润增长 5%，2016 年浙江省规模以上工业利润增长 16.2%，比全国平均水平高 7.7 个百分点。劳动生产率和工业利润水平的提升得益于实施智能化

技术改造后，企业中高端产品供给能力增强。以浙江恩大智能科技有限公司为例，在智能工厂初步建成后，订单量从3500万/年提高到5000万/年，中高端产品订单占比上升到78%。诸暨市大唐镇袜业作为浙江省传统轻纺产业典型代表，通过淘汰落后产能，成立创新综合服务体，有效整合产业链各要素，其产量在2015年、2016年分别同比下降5.7%和3.9%，地区生产总值却同比上升3.8%和6.9%，财政收入同比上升9.74%和9.7%。

二、有效缓解企业招工难问题

浙江省制造业长期面临普通劳动用工供给不足和大中专毕业生就业困难的结构性问题，严重制约着浙江省工业经济的持续发展。开展智能化技术改造工作后，2013~2016年，浙江全省万元工业增加值用工人数分别下降9.0%、8.6%、7.5%、7.4%，相当于四年累计弥补普通劳动用工需求缺口250万人，有效缓解了企业招工难问题。同时，智能化技术改造创造了一大批技术要求更高的新就业岗位，有效解决了大中专毕业生的就业问题。

三、培育新兴产业发展，助推传统产业升级

2016年浙江省规模以上装备制造业和战略性新兴产业分别增长10.9%、8.6%，高于规模以上工业增速4.7个百分点和2.4个百分点。规模以上装备制造业增加值5430亿元，成为浙江省工业的龙头产业。工业设计产业蓬勃发展，近四年实现设计服务收入251亿元，设计成果转化产值突破1.5万亿元。与此同时，2016年，纺织、服装、造纸等10个传统制造业企业数、增加值和利润总额分别占全部规模以上的50.3%、46.9%和50.5%。这既得益于量大面广的中小企业主动实施智能化技术改造，构建了企业规模和素质的新均衡，也得益于新兴产业的快速壮大加速了创新技术在传统产业的广泛扩散。

四、改善投资结构，企业技改投入成为工业投资主导力量

2013~2016年，浙江全省技术改造投资年均增长17.7%，其中，2016年技术改造投资额7126亿元，占工业投资比重达78.3%，成为工业投资的主导力量。实施技术改造引导和促使企业更多的内涵式改造实现提质增效。在2013~2016年的技术改造投资中，以内涵式改造为重点的改建类投资年均增长73.7%，以产能扩

张为主的扩建类投资年均仅增长 3.1%。2015 年工业投资增长率 11%。

第二节　浙江省推进制造业技术改造智能升级的主要做法

在推进以智能升级为主攻方向的制造业技术改造过程中，浙江省各级政府高度重视，坚持以市场为导向，并经过不断地探索和总结，逐步确立并深化了“最大限度地发挥企业家积极性、最大限度地发挥市场机制的决定性作用、最大限度地发挥政府引导作用”的总体工作思路，并形成了分类指导、典型示范、政策扶持、机制保障的推进思路。

一、优化机制保障，最大限度地发挥政府引导作用

浙江省各级政府高度重视推动制造业智能化技术改造是重要前提。为保障智能化技术改造工作有序进行，在战略层面，浙江省出台《浙江省全面改造提升传统制造业行动计划（2017—2020 年）》等，以是否在今后一段时期具有重大需求及是否已经具备一定产业基础为主要原则，确定了 11 大产业发展重点领域，并针对现阶段发展中的薄弱环节，开展实施了 11 大基础工程。

在战术层面，浙江省一方面深化巩固长效保障机制，开展工业投资和智能化技术改造考核评价，形成省与地方联动推进的工作格局，推动了 11 个市和工业强县制订智能化技术改造实施方案，发掘一批可复制、可推广的典型工作经验，并在全国率先实施企业“零土地”技术改造项目审批方式改革，实行负面清单管理和承诺验收制，大大简化了项目审批手续；另一方面，基于市场化手段激发智能化技术改造各相关主体的主观能动性，每年安排 2 亿元财政专项资金支持企业智能化技术改造，每年落实 3000 亩（1 亩≈666.67 平方米）用地指标和 3000 万元财政专项资金用于鼓励工业投资和智能化技术改造做得好的地区，对企业购置工业机器人给予设备购置款 10%~20%的补贴。

二、以效益为原则，最大限度地发挥企业家积极性

在智能化技术改造过程中，企业的主观能动性是改造是否成功的主要因素。浙江省结合全省块状经济产业特色，分行业、分批次支持企业实施智能化技术改

造项目试点示范，并选取成功案例在行业内推广。在具体工作中，坚持以效益为原则，以智改成功案例为样板，每年在全省召开近百场“机器换人”、工业互联网升级案例推广现场会，让企业家切实认知智能化技术改造对企业发展所产生的效益，降低智改顾虑，并促进了潜在智改企业与工程服务企业的交流合作，有效激发了企业家参与智能化技术改造的主观能动性。

三、多方协同，最大限度地发挥市场机制的决定性作用

（一）培育工程服务队伍，加强企业智改技术供给和推广

推进企业智能化技术改造工作的首要难点是解决生产线改造的技术支撑问题。在实践中，不同行业中的不同企业所面临的技术瓶颈千差万别，为此，浙江省先后推动成立了22个智能化技术改造专家服务指导组和54家工程服务公司，鼓励采取市场化手段，以成本效益为首要原则，分行业开展智能化技术改造诊断调研、方案设计、项目实施等全方位专业技术指导和服务，在实践中强化细分领域工程服务能力。同时，结合浙江省块状经济产业特色，分行业支持企业进行智能升级的试点示范，取得成功后，在行业内推广。截至2021年底，浙江省分三批组织实施了汽摩配、电气、泵阀、木业等30个行业的分行业试点示范，成效显著。

（二）加快金融创新，加强企业智改资金供给

资金问题是约束企业，尤其是中小企业进行智能化技术改造的主要问题。为此，浙江省协调整合地方政府、智能化技术改造企业、浙商银行、工程服务企业、工程设备企业等多个主体，探索出融资、融物、融工程三类融资租赁新模式（表12-1），有效缓解了智改资金难问题。

表12-1　融资租赁新模式

类型	合作主体	合作条件	案例
融资模式	银行与智改企业，或银行与工程服务企业，或银行与工程设备企业联合开展资金信贷业务	银行对智改项目的全部生产经营活动进行独立账户封闭式监管，按协议规定的利润比例收回信贷资金	杭州蕙勒智能科技股份有限公司（工程服务企业）接受浙商银行1000万元信用额度，用于装配线和研发中心建设，实现年销售1.0085亿元，投资回报率达58%
融物模式	银行与工程服务企业，或银行与工程设备企业联合开展设备租赁业务	银行对智改项目的全部生产经营活动进行独立账户封闭式监管，按协议规定的利润比例收回设备租金	杭州新天元织造有限公司借助浙江日发纺织机械股份有限公司（工程设备企业）信用，提前使用智能设备，节约人力成本50%，产能提高30%，销售增长200多万元

续表

类型	合作主体	合作条件	案例
融工程模式	银行与工程服务企业，或银行与工程设备企业联合开展智能制造工程租赁或 PPP（public private partnership，公共私营合作制）模式	根据协议规定，从全部生产经营的独立账户的利润中分期扣还租金，或回收投资	浙商银行为浙江陀曼智能科技股份有限公司（工程设备企业）与浙江新昌三雄轴承有限公司（智改企业）提供“工程分期付款+电子商票入池”方案，加速智改工程进度

（三）依靠信息经济先发优势，助力制造业加速升级

为充分发挥信息经济的先发优势，加速制造业转型升级，浙江省提出“十万企业上云行动”计划，积极采用“以高打低”的技术战略，充分利用新一代信息技术尤其是近年取得重大突破的人工智能技术，加快推进新一代智能制造技术的创新研发与集成应用。在做法上，为使各项工作任务和举措落到实处，浙江省于 2017 年 4 月下发了《浙江省“企业上云”行动计划（2017）》，召开全省“企业上云”专题会议，对各地制订推进计划、组织宣传培训、抓好试点示范和标杆打造等任务都做出了具体部署。抓好目标任务分解，量化各行业主管部门和全省 11 个市“企业上云”的目标任务，各市层层抓落实，均出台了本地“企业上云”具体实施方案。2018 年 4 月，浙江省信息化工作领导小组发布《关于 2017 年度全省“企业上云”工作情况的通报》，通报 2017 年浙江全省新增上云企业 12.99 万家，超额完成十万家企业上云目标。

第三节　对完善我国制造业技术改造智能升级的启示

总的来说，浙江省在推进制造业技术改造智能升级过程中所面临的困难是中国制造业总体在实现技术改造过程中所处现实情境的缩影，其在推进制造业智能化技术改造方面所取得的经验，对于我国全面推进制造业智能化技术改造有着重要借鉴价值。

第一，推进智能化技术改造，需要政府高度重视。浙江省高度重视推动传统制造业技术改造智能升级工作，各级单位协调配合，形成工作合力，且多年来坚持以“三个最大限度”方针不变，大力保障智能化技术改造工作的连贯性，不断优化项目审批流程，并且坚持以市场机制为导向，减少政府直接干预。通过树立典型示范，扶持工程服务企业以及鼓励金融创新等做法，以点带面，致力于提高企业整体装备水平。长期坚定实施普惠性政策，针对处于技术改造智能升级的应

用、推广和普及阶段的企业，采取如“零土地技改”、后补助形式的综合奖补等方式，由企业家根据企业的市场需要，选择智能升级内容，真正做到“企业主体，政府引导”。巩固增强了传统块状产业特色的国际竞争力，为未来进一步开展智能化技术改造工作奠定了市场基础。

第二，推进智能化技术改造工作，方针制定还需有的放矢，因企施策。改革开放以来，浙江省民营经济一直是全省经济发展的主要力量，经过多年积累，逐渐形成了若干分工明确的区域块状经济带。但随着用工成本的上升以及国际政治经济环境的变化，具备传统优势的产业，如轻纺业，逐渐面临着单位生产率和利润率越低、体制机制比较优势越弱化的发展瓶颈。面对着不同区域产业差异性及不同企业间机械化水平差异性均较大的复杂局面，浙江省在推进智能化技术改造工作前，全面系统地总结了省内各区域的优势和劣势，通过培育一批具有多个领域技术背景的专家服务组及工程服务企业，分批次、分行业、分区域地对传统制造企业进行智能化技术改造工作推广，进而从整体上保障全省智能化技术改造工作的稳健运行。同时，结合自身信息经济先发优势特点，大力开展企业上云行动，进一步促进了制造业企业智能化技术改造进程。

第三，推进智能化技术改造工作，需要从政府视角切换到企业视角。只有切实解决企业问题，企业家才有动力参与智能化技术改造。本着以解决企业实际问题为工作导向的思路，浙江省没有强行摊派企业智能化技术改造指标，而是采取智改成功案例现场会等方式，开展智能化技术改造工作推广。一方面，让企业家切实感受到企业参与智能化技术改造的实惠，从而激发企业家热情；另一方面，降低了制造业企业与工程服务企业间的信息不对称，提高了双方的合作机会，从而显著加速了制造业智能化技术改造进程。

第四，推进智能化技术改造工作，需要加强金融财税支持。资金约束是影响我国企业，尤其是中小企业实现智能化技术改造的主要因素。对此，浙江省一方面设定财政专项资金支持企业智能化技术改造；另一方面采取市场化手段，积极探索金融支持方式，引导银行业金融机构对技术先进、优势明显、带动和支撑作用强的智能制造项目优先给予信贷支持，支持金融和投资、信用和融资担保、融资租赁、小额贷款等企业和机构创新融资方式，并开创性地探索出融资、融物、融工程三类融资租赁新模式，为技术改造注入资金杠杆，为智能制造装备企业和制造业智能化改造拓宽融资渠道，从而有效缓解了企业智能化技术改造中融资难问题。

第四篇　路线图规划与政策建议篇

第十三章　新兴产业技术态势与路线图分析①

科技是强国之基，创新是进步之魂，工程科技是科技向现实生产力转化过程的关键环节，是引领与推动社会发展的重要驱动力。当前，中国特色社会主义进入新时代，党的十九大提出 2035 年基本实现社会主义现代化的奋斗目标。实现现代化需要强有力的工程科技支撑，未来 20 年将是中国工程科技大有可为的历史机遇。2016 年，习近平总书记在“科技三会”上指出：“当前，国家对战略科技支撑的需求比以往任何时期都更加迫切。”②这对我国工程科技的发展提出了新的期望，“科技创新的战略导向十分紧要，必须抓准”③，这对我国科技规划的准确性提出了新的要求。

“十二五”以来，新兴产业的发展动力十足。尤其是在第四次工业革命背景下，大数据、云计算和人工智能技术广泛应用，新兴产业进入迅猛发展的时代，金融科技、网约车、基因测序、邻近空间等创新模式不断涌现，便利了人类的生活。但是，新兴产业的颠覆性、前沿性、网络化等特征也带来诸多全新的社会风险，可与之相匹配产业政策和治理模式的发展却步履蹒跚，比较产业发展速度相对迟滞。如何更好地对产业发展形势包括其带来的风险进行预判，针对性地制定合适的产业政策和监管政策，引导新兴产业的健康发展并促进产业创新，是国家治理能力现代化的重要内容之一。

新兴产业往往不是由某项技术单独推动的，而是基于多项产业技术或商业模式交叉融合创新并驱动的。传统的技术轨道等理论无法解释这种多轨道的相互影响甚至交融，更缺乏对其背后的制度嵌入及演进机理进行解析。一方面，产业及技术创新总是嵌入在复杂的社会系统之中，推动新兴产业发展的颠覆性或融合性

---

① 刘宇飞、苗仲桢、黎凌峰等《战略性新兴产业多领域知识融合路径研究——基于引用网络和文本信息的分析》，《中国工程科学》2020 年第 22 卷第 2 期。

②《在新起点上，勇攀世界科技高峰！——落实习近平总书记在“科技三会”上的重要讲话一周年述评》，http://www.nea.gov.cn/2017-05/31/c_136327404.htm[2017-05-31]。

③ 习近平《习近平谈治国理政》第二卷，外文出版社，2017。

等技术创新主体必然受到国家、社会及市场等制度环境的影响；创新主体的发展战略会受到其本身制度相对位置的影响，而两者均会受到宏观创新制度环境及社会对创新的接受程度的影响。另一方面，从制度主义视角来看创新主体会与制度环境产生互动，而新兴产业的颠覆性、高不确定性等特质往往使其与传统监管制度和社会认知产生冲突，如转基因水稻争议等。因此，新兴产业创新主体的制度相对位置也应该会影响宏观制度环境变化以及社会风险认知。

面对上述挑战，现有产业创新政策理论虽仍具有指导意义，但亟须更适应新兴产业的分析框架。新兴产业发展路径不是某个技术路径的发展，而是技术主体、政策主体及社会主体等多个主体之间相互影响及互动协同而形成的发展路径。因此，产业发展规划与创新政策制定应该系统围绕“技术创新—制度体系—社会风险”等多重维度进行综合考虑，并强调上述不同维度主体之间的互动、沟通及协同。一方面，应重视多元主体的参与互动和沟通，协调不同主体间目标平衡，以更好地应对当前社会中新技术、新产业、新业态、新模式带来的复杂多样化挑战；另一方面，应充分考虑政策过程的动态化，更科学地识别发展路径，掌握产业发展的内在规律，明晰政策方向。

第一节　新兴产业技术态势预见与路线图方法

一、技术预见方法概述

技术预见是对科学、技术、经济和社会的远期未来进行系统探索的过程，其目的是遴选对国家经济、社会发展有重大影响的新技术。技术预见是一种系统的评估方法，其评估对象是对产业竞争力、社会发展和民众生活质量提高能产生强烈影响的科学技术。技术预见也是一个过程，是对未来较长时期内的科学、技术、经济和社会发展进行系统研究，其目的在于确认可能产生最大经济效益和社会回报的战略研究领域和新兴通用技术。技术预见作为世界各国普遍采用的方法，在制定科技战略与规划中得到广泛应用。20 世纪 90 年代以来，发达国家如日本、美国、英国等开展了一系列技术预见研究，旨在更准确地把握未来科技发展趋势，为区域及行业内的科技发展制定更有效的战略政策，以将国家、社会及经济的发展和科学技术的发展更紧密地结合起来，实现优化资源配置，争取未来技术发展制高点，赢得科技竞争优势。在战略性新兴产业战略研究中，技术预见不仅要考虑工程科技领域技术发展自身的客观规律，还要考虑政治、经济、社会等环境因素对技术发展的影响，更要结合我国相关技术发展的特点，有针对性地在目标、发展重点和流程等方面开展研究。

技术路线图是技术预见、技术管理和信息管理中常用的方法与工具，是由一个基于时间的多层级表格组成的可视化方法，采用结构化的框架视觉呈现了战略和创新要素，能够直观地体现各方面专家达成领域发展共识、技术未来创新发展路径。可以说技术路线图提供了一个多维的视角（功能、原则和机构）来描绘未来发展和期望，以及这些视角之间的关系。在咨询研究中，技术路线图通过探索和描绘各个层级及层级间的系统演变路径，保障各个层级创新和战略的开发与展开，在实施中可被当作是一个动态的业务流域系统框架。在技术路线图中需要注意不同层级信息粒度的一致性和层级间的关联。为此，技术路线图是一种技术创新管理工具，通过明确起点、规划过程、预测未来，具有科学性、前瞻性和战略性地获取对技术（产品、行业）发展的全方位认识。技术路线图是战略咨询研究的重要成果之一，可以一目了然地呈现出技术的发展路线，对于资源整合、提高竞争力有较好的指导作用。在技术路线图绘制过程中，通过科学规范的方法组织一批权威的具有一定专业知识的专家充分交流、反复论证并达成共识，体现集体智慧的决策，最终共同构筑关于未来发展的愿景、蓝图。需要注意的是，技术路线图应用层面越高、越宏观，涉及的群体也应越多，尤其是国家战略层面的技术路线图，需要政产学研多方面力量的结合。综上所述，在战略性新兴产业的研究中，各领域技术路线图需要组织多次专家研讨，对相关资料反复迭代，按照里程碑时间节点，将愿景、需求、目标、任务、关键技术、重点产品以及保障措施等进行关联，并最终分层展示各领域未来的发展路径。

二、技术体系与技术态势分析方法概述

近年来，科技创新与产业发展愈加迅速，产业范式产生重大变革（如工业 4.0、“互联网+”等）。科技、经济、社会的巨大变化，对传统的技术预见与技术路线图研究方法提出了新的挑战。同时，随着知识爆发式增长和大数据时代的到来，信息化、大数据等技术已成为辅助咨询研究的重要手段，数据分析支撑已成为战略咨询研究的迫切需求。因此，在发挥院士专家战略思想和经验的基础上，改进咨询研究流程加强相关计量方法和数据分析对工程科技战略研究的支撑，是提高咨询研究质量的重要途径。

为提高战略咨询研究的前瞻性、科学性和规范性，在借鉴国内外科技战略研究方法理论和经验的基础上，依托中国工程科技知识中心，建设了工程科技战略咨询智能支持系统（intelligent support system for strategic studies，简称 iSS 平台）。该平台引入了技术预见以及相关系统性定量分析方法和路线图绘制工具，为展望未来 20

年我国战略性新兴产业的发展方向和重点任务、制定各领域技术路线图提供丰富、翔实的数据支撑，以期提高研究的系统性、全面性和规范性。该平台已上线运行，并为广大科研人员提供免费开放的服务，其网址为 https://iss.ckcest.cn/。

基于信息化、大数据、人工智能等技术，iSS 平台构建了以专家为核心、数据为支撑，集流程、方法、工具、案例、操作手册于一体，服务院士专家开展战略咨询研究的线上服务平台。该平台依托于中国工程科技知识中心，由中国工程院战略咨询中心、清华大学、华中科技大学、湖南大学、浪潮集团有限公司等多家单位共同建设，为工程科技领域高端智库战略咨询研究提供线上支持服务。

iSS 平台以技术预见与技术路线图为特色功能，以专家为核心，以流程为规范，以数据为支撑，以交互为手段。在“战略性新兴产业”研究项目过程中，工程科技研究人员可以使用 iSS 平台完成数据收集、筛选与分析，并将分析结果与领域专家进行多轮交互。在交互过程中，一方面，形成支撑专家们对问题的研判；另一方面，引导专家按照规范化的流程开展技术预见工作。同时，在交互过程中，将专家意见融入数据分析，修正分析结果，以便更为准确地描述领域客观发展态势。为了避免单维数据带来的偏差，iSS 平台建立了包括论文、专利、基金、报告等多源数据库，并集成了中国经济信息网、国研网、世界银行等产业、经济、政策数据。基于上述多源数据，平台引入了基于新一代人工智能方法的大数据挖掘技术对上述多源数据进行挖掘，在传统文献计量分析方法基础上，还开发了路径分析、主题河流图、交叉学科新兴技术识别等分析工具。

在上述多源数据与分析工具的基础上，iSS 平台通过标准化的流程支撑战略性新兴产业战略研究项目的开展，支持专家更全面、系统地把握领域发展态势，在一定程度上提高领域分析的全面性，降低由专家领域背景不同带来的偏好性，并保证领域技术颗粒度的一致性。其主要流程包括技术态势扫描、技术清单制定、德尔菲调查和技术路线图绘制四个环节（图 13-1）。

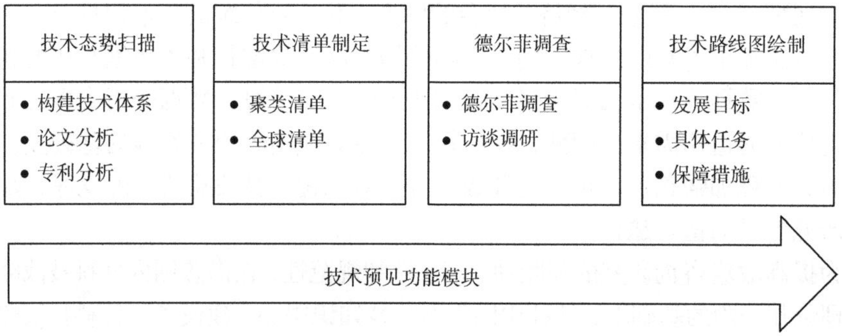

图 13-1　iSS 平台技术预见功能模块

在 iSS 平台的支持下，利用论文专利等海量数据，使用文献计量与机器学习等先进定量方法，支持专家完成技术预见与技术路线图的流程主要有以下四个方面。

（1）技术态势扫描。一个领域内的技术呈现体系化、系统化，对技术发展态势进行分析，首先需要构建多层级技术结构，用于描述领域内技术之间的关系，从而支持专家梳理技术脉络、划分研究边界。同时，形成的技术体系也是一种可以体现专家知识与共识的可视化形式。技术体系既可以作为一种体现专家知识与共识的形式，又可以指导技术专家对客观数据开展技术态势扫描。技术态势扫描是通过论文、专利等客观数据对领域进行分析，并将分析结果与专家进行多轮交互和修正，最终形成对领域技术发展现状的描述。在中长期研究项目中，主要使用中国工程科技知识中心自建的论文专利数据库和第三方的论文数据［如 Web of Science（WOS）］、专利数据（如 Derwent Innovation 数据库），从全球、国家、研究者、研究主题等多个维度进行分析，如相关领域的每年发表论文数量、关键词词云、国家分析、关键作者及机构分析等。战略性新兴产业技术体系（图 13-2）、战略性新兴产业技术态势扫描相关分析（图 13-3）支持领域组与专家从定量的角

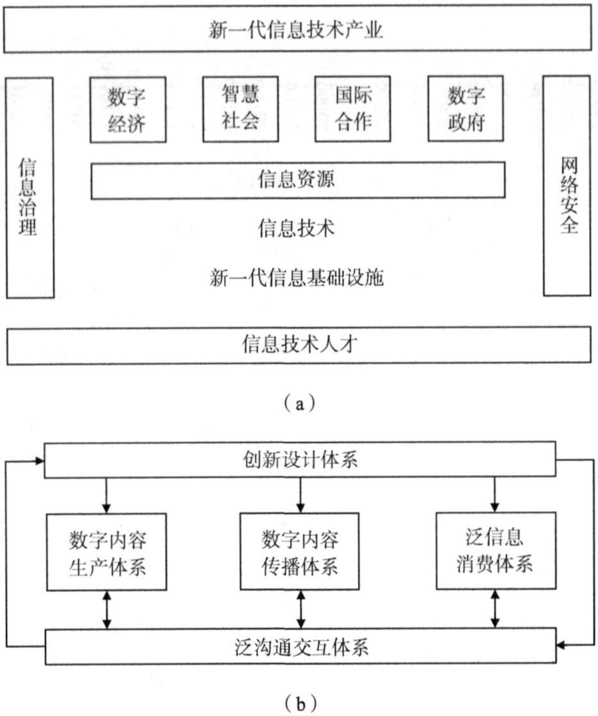

图 13-2　战略性新兴产业技术体系示例

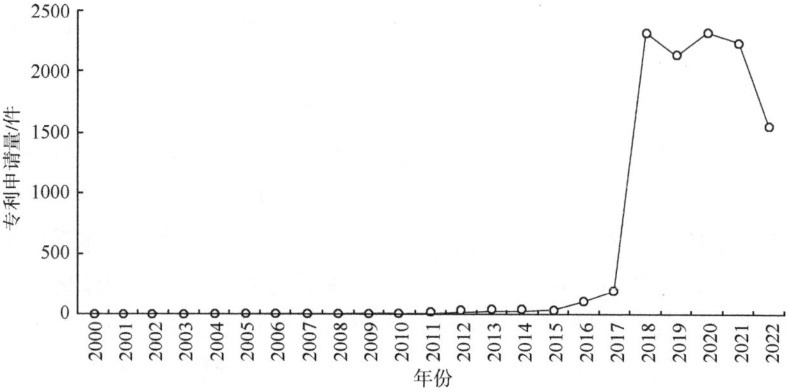

（a）申请趋势

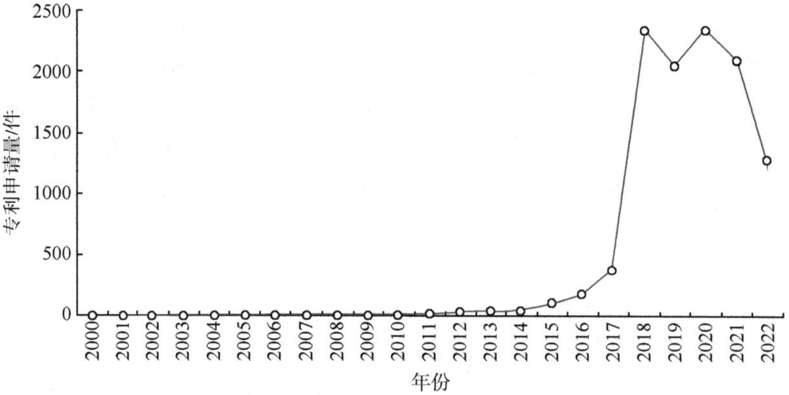

（b）优先趋势

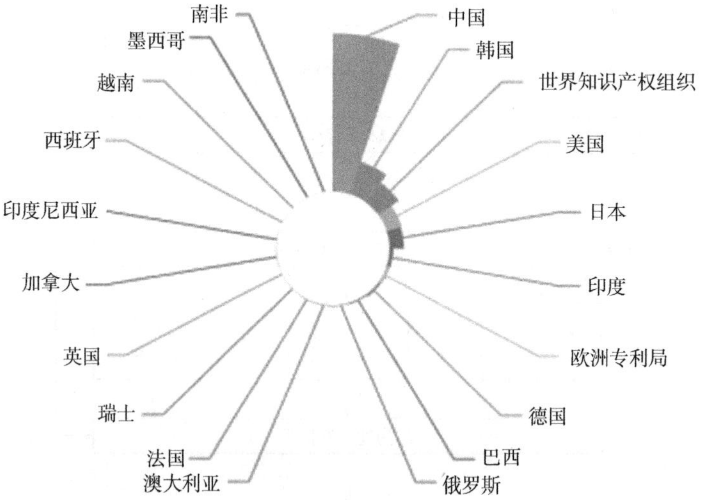

（c）申请人的国家或组织分析

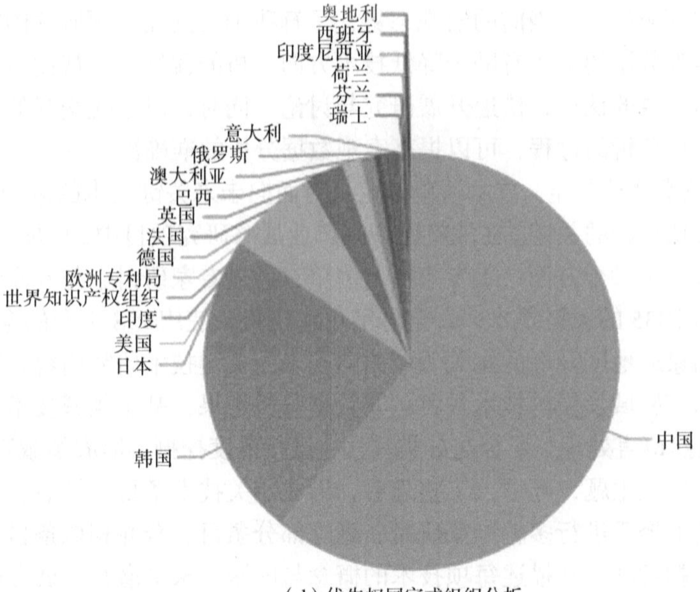

（d）优先权国家或组织分析

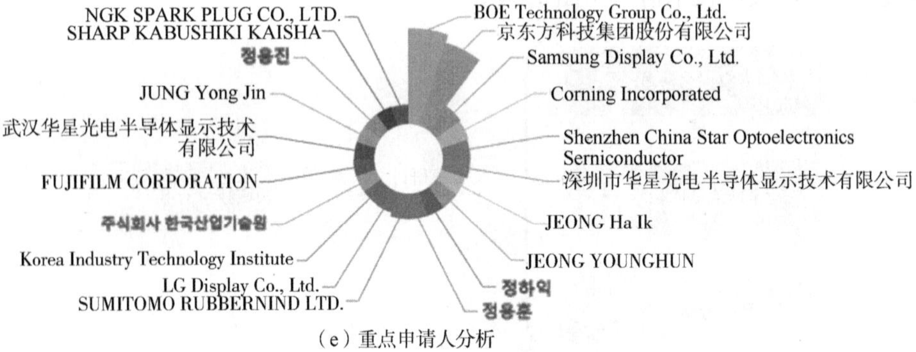

（e）重点申请人分析

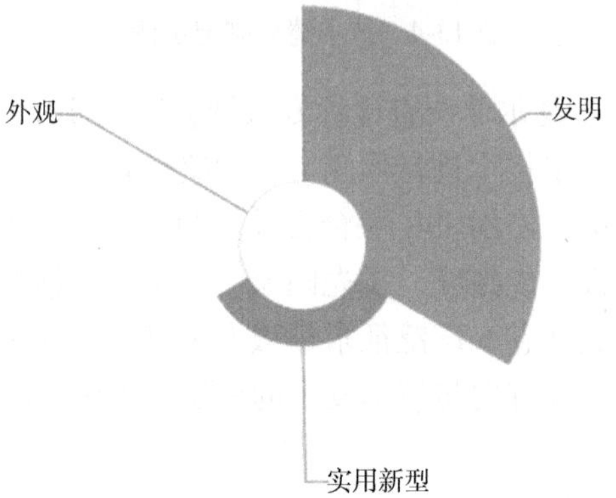

（f）专利类型分析

图 13-3 战略性新兴产业技术态势扫描示例

度厘清研究领域过去、当前的宏观态势，了解我国目前在该领域的国际地位和竞争态势。客观数据的引入有助于降低技术方向分析的偏好性，帮助专家对研究背景形成较为一致的认识，快速开展研究与讨论。同时，以迭代交互的方式将专家意见融入数据分析的过程，可以提高客观数据分析的准确性。

（2）技术清单制定。技术清单制定是对面向未来关键技术的遴选，也是技术预见工作成功与否的关键。在战略性新兴产业战略研究项目中，面向 2035 的技术清单主要来源于三个方面：①专家提名清单，通过专家研讨会与专家访谈，由专家提出面向 2035 的关键技术；②全球清单库检索，使用 iSS 平台的全球清单库，检索其他国家或地区开展的相关领域面向未来的关键技术研究内容，整理分析其中适合我国该领域发展的技术条目；③数据分析结果，基于领域技术态势分析结果，利用自然语言处理、聚合与分类算法，进行深度挖掘，形成领域知识聚类图，分析主要的研究主题，经过人工整理后，形成相关技术条目。最后，将三个方面的技术条目汇聚后进行多轮专家研讨，删除部分条目、合并相似条目、补充遗漏内容、调整颗粒度，并描述每项技术的概念与内涵、未来潜在发展方向等，最终形成本领域的关键技术清单（图 13-4）。

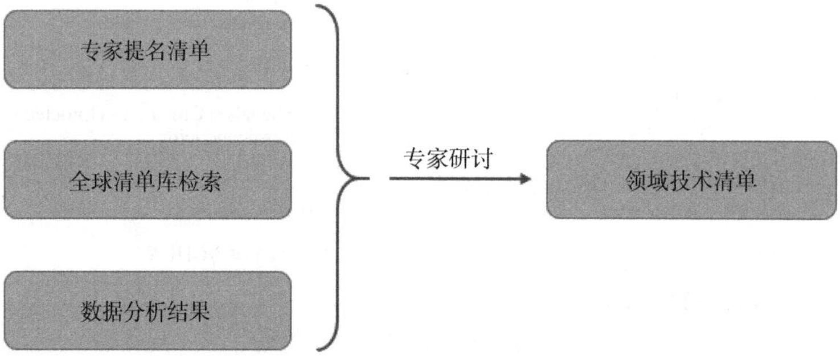

图 13-4　技术清单制定示例图

（3）德尔菲调查。德尔菲调查也称专家调查法，通过背靠背征询专家对技术发展的意见，然后对未来技术进行预测。在战略性新兴产业研究项目中，可以基于遴选的关键技术清单，使用 iSS 平台设计并制定问卷，围绕技术的重要性、核心性、带动性、颠覆性、成熟度、领先国家、我国发展情况、技术实现时间等方面，面向领域专家发放问卷，广泛征求领域专家意见。通过对专家意见汇总与分析，梳理本领域重要发展方向与技术发展的重要里程碑（图 13-5）。

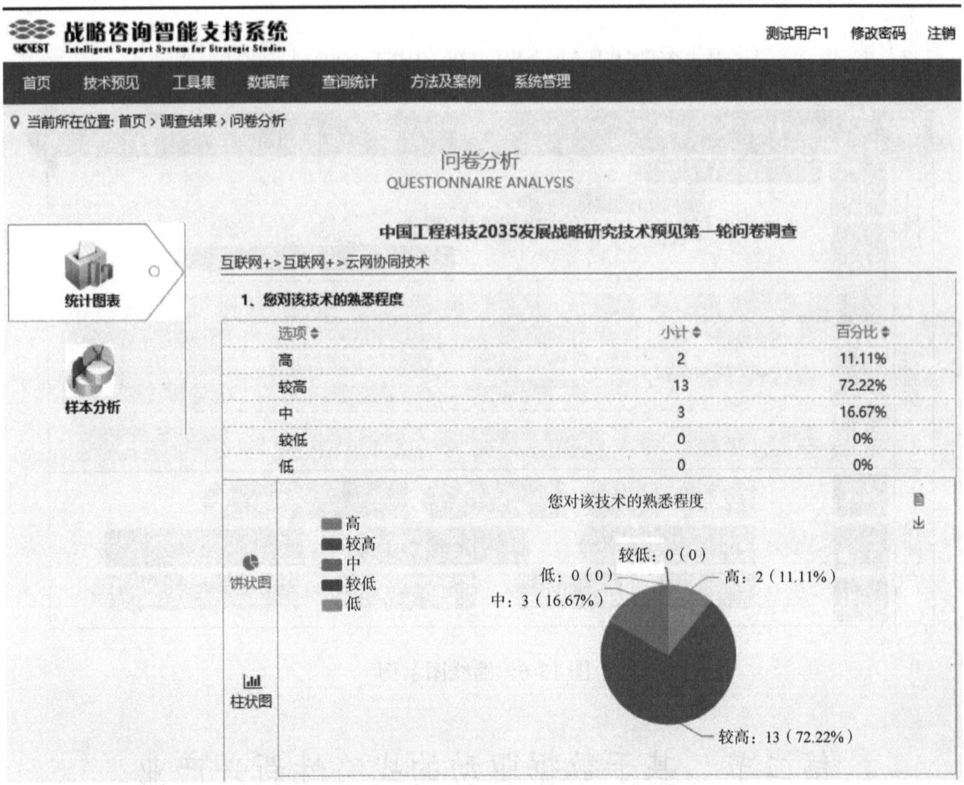

图 13-5　德尔菲调查系统示例图

（4）技术路线图绘制。技术路线图是对技术未来发展路径的可视化，也是战略性新兴产业研究项目的重要成果。iSS 平台为各领域提供路线图绘制流程、方法和工具。基于技术路线图绘制流程，在技术态势扫描对领域发展现状的分析、技术清单制定过程中的关键技术遴选和德尔菲调查对专家意见汇总的基础上，组织专家分析本领域发展愿景、经济社会发展需求，以及本领域战略目标与任务，围绕目标层、实施层、保障层等层次进行多轮细致研讨，明确各层之间的关联关系，重要里程碑和关键技术实现的时间节点。在此基础上，深入开展重点任务与发展路径研究，分析可能存在的不同技术路径。专家经过一系列讨论，在意见收敛后，使用 iSS 平台的路线图绘制工具，绘制本领域技术路线图（图 13-6）。最终，通过技术路线图中的路径规划明确不同阶段的重点任务和未来发展方向，确定我国在该领域的近期、中期、长期发展战略规划。

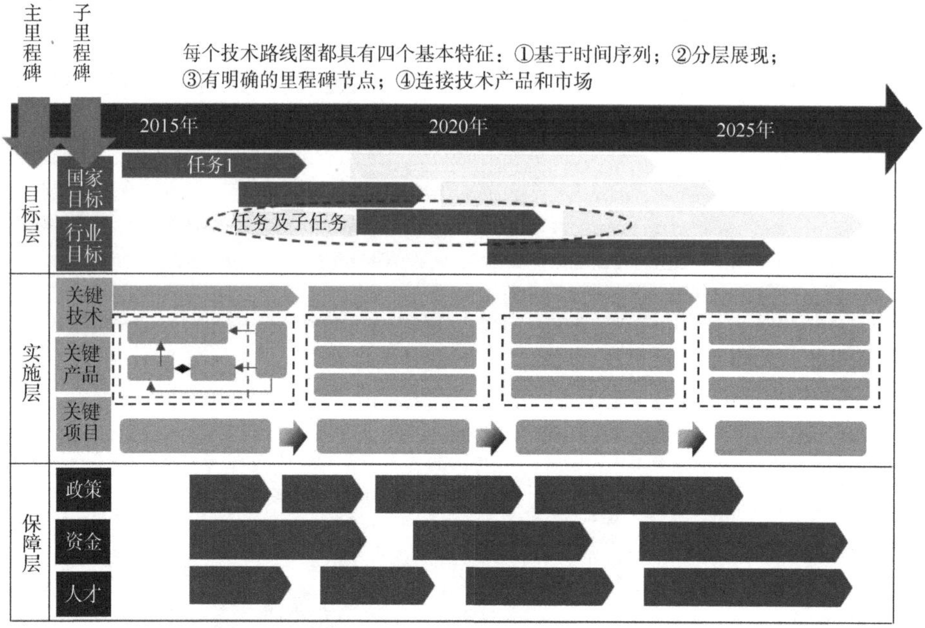

图 13-6　路线图示例

第二节　基于数据驱动的战略性新兴产业融合路径分析案例

一、案例简介

当今社会，粗放型经济增长方式被认定为是一种低效的国家发展战略，以科技创新为基础的集约型增长方式成为各国努力发展的方向[1]。在过去的三次工业革命中，科技创新都扮演着重要的角色，并且当前全球科技创新进入了空前密集活跃的时期[2]。新一轮科技革命和产业变革与我国加快转变经济发展方式形成历史性交汇，国际产业分工格局正在重塑。在此环境下，发展战略性新兴产业，对推动经济社会高质量持续发展、产业转型升级、实现创新驱动发展、改变现有国际产业分工格局具有重要意义。《“十三五”国家战略性新兴产业发展规划》明确指出，要把战略性新兴产业摆在经济社会发展更加突出的位置，大力构建现代产业新体系，推动经济社会持续健康发展。因此掌握战略性新兴产业的发展规律和动向，找准发展方向，对于推动战略性新兴产业健康快速发展至关重要[3]。

战略性新兴产业与新兴技术有密切联系。新兴技术是指处在早期发展阶段，具有重大潜在经济效益的技术，它有多种产生方式，其中技术融合作为新兴技术产生和发展的一种重要途径受到研究学者的广泛关注[4,5]。战略性新兴产业中存在着由技术融合产生的新兴技术，如生物质能产业的核心技术主要由生物和能源两个不同领域的技术融合而来。

有研究认为，知识融合是技术融合的前提[6,7]。知识融合是两个或多个不同学科领域之间相互交流，产生知识外溢的演化过程。这一过程中，随着知识流动程度的不断加深，知识外溢会带来新的研究模式和不同于原有科学领域的新知识，最终引导技术融合的出现[8-10]。有学者从技术路径的角度研究技术融合[11-13]。技术路径和技术范式的概念于 1982 年被提出，指的是技术演化的轨迹和技术演化所遵循的特定模式，能够解释技术的动态和创新的进化过程[14]。不同路径间知识的交叉渗透能够形成新的范式，从而带来技术创新。以知识融合为前提的技术融合创新是新兴技术范式的起源，它的出现能够催生新兴产业。因此从知识融合路径的角度分析新兴技术发展，是一种捕捉新兴产业早期动向、理解产业发展过程的有效方法，能够在战略性新兴产业的发展中发挥积极作用。

关于技术融合和知识融合的研究可分为定性方法和定量方法。其中，定量方法所采用的数据包括论文、专利、新闻等[15-17]。一些研究以科技文献的引用信息为主要分析数据，如苗红等基于专利的引用信息和 IPC（international patent classification，国际专利分类）号构建知识流动网络，并分析技术融合趋势[18]；No 和 Park 提出一种基于专利引用网络的技术融合程度指标[19]。还有一些研究则对文本数据进行分析，如邱均平和杨强以论文的关键词为主要数据，使用词频分析和共现分析方法研究技术融合的发展趋势[20]；Kim 等使用新闻数据中企业的共现信息来测度产业融合的程度[21]。另一些研究则使用多种方法结合的分析策略，同时使用了科技文献中的引用信息和文本信息，如 Kim 等使用引文分析法和潜在语义分析法对专利的引用、标题、摘要和权利声明进行分析[22]。知识融合过程伴随着积极的跨学科知识流动，论文作为科学知识的重要载体，包含着丰富的文本信息和引用信息，是研究知识融合的重要数据。现有的技术融合和知识融合研究大都偏向于只利用科技文献的文本信息或引用网络，即使同时利用两种信息也还停留在流程层面，也未能深入到算法层面。这导致得到的结果未能综合利用两种有效信息，存在一定偏误性。

针对上述问题，本章提出一种基于图神经网络（graph neural networks，GNN）的知识融合路径分析方法，该方法利用 GNN 的特性将论文数据中包含的引用信息和文本信息结合起来用于融合路径的识别。GNN 是一种基于图域的深度学习方法，对图的计算、表征能力十分优秀，近年来已成为一种广泛应用的图分析方法[23-25]。图和网类似，是一种由节点和边组成的数据结构，但更强调节点带有能够表征其表示对象的特征。GNN 能够同时接受图的节点信息和结构信息作为输入，并利用两种信息进行计算推理。例如，Li 等用 GNN 预测交通流量，将交通网络表征成以传感器为节点，传感器的地理距离为边的网络，其中节点的特征是传感器测得的数据（如车流量、车速）[26]；Kipf 和 Welling 用 GNN 进行论文分类，将论文的文本信息作为引用网络中的节点特征[27]。以论文为节点、引用关系为边，连接而成的引用网络能够反映海量知识的复杂流动，同时论文包含的文本信息是科学知识凝聚的产物，二者都是研究知识融合的重要数据。因此本章使用 GNN 将论文的引用信息和文本信息综合利用起来，提高分析结果的合理性和全面性。

分析技术融合过程对理解战略性新兴产业的产生过程和发展规律，并引导产业发展具有重要意义。本章提出一种基于引用网络和文本信息的知识融合路径分析方法，该方法利用 GNN 模型结合引用网络、标题和摘要信息对论文进行聚类，聚类结果作为知识融合路径上的节点，能够减少只利用一种信息分析而带来的结果偏误。随后选取战略性新兴产业中的数控机床、信息技术、生物医药和太阳能四领域进行实验分析，识别出三种融合程度。分析结果对于捕捉领域发展动向，推动战略性新兴产业的发展具有积极作用。

二、新兴产业融合路径分析中的关键方法介绍

本章基于引用网络和文本信息建立了知识融合路径分析方法的总体框架，如图 13-7 所示。总体方法框架分为引用网络构建、论文聚类、融合路径识别三个主要步骤，包含了引用网络可视化、GNN 模型、K-means 聚类算法、相似度计算、主题模型等方法。本流程对按时间累积的论文数据进行聚类和关联，最终识别出知识融合的路径。

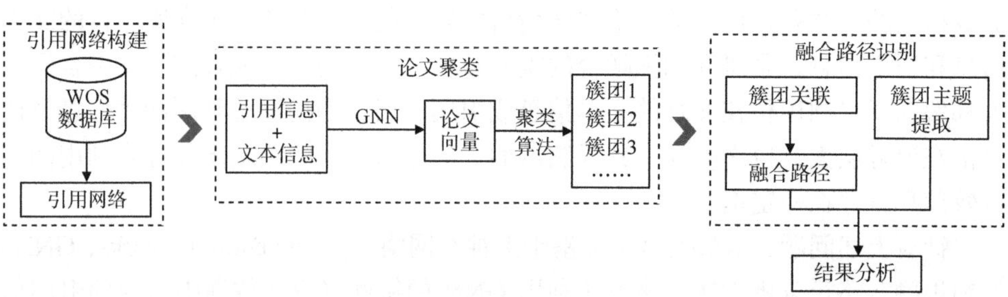

图 13-7　基于引用网络和文本信息的知识融合路径分析框架

（一）引用网络构建与可视化

本章实验的论文数据来自科睿唯安信息服务（北京）有限公司的 Web of Science 数据库中的 Web of Science 核心合集。确定多个科学领域后，分别根据选定领域的专业知识和分析需求确定检索式，之后检索论文。再提取出论文的标题、摘要、发表时间、参考文献等信息用于后续分析。根据参考文献，构建引用网络并可视化，该步骤主要通过 Citation-Network Data Analyzer（CDA）软件完成[11]。在后续的融合路径识别中需要确认不同时间的路径节点，因此要对论文数据按照一年为间隔进行积累形式的切分，即以某一年进行切分表示提取出截至该年发表的论文作为一组数据。

（二）基于 GNN 的论文聚类

1. 基于 GNN 的图自动编码器

图是一种与网络类似的数据结构，它同样是由节点和边组成，但图中的节点往往带有能够表示其对象的特征。例如，在论文的引用网络中，节点代表论文，边代表引用关系，节点特征可以是论文的文本信息、发表时间、期刊等信息。图可以表示为 $G=\{V,E,X\}$，其中 $V=\{v_i\}$，$i=1,2,\cdots,n$，表示图中的 n 个节点；$e_{i,j}=v_i$，$v_j\in E$，表示节点 v_i 和节点 v_j 之间的边；$x_i\in X$，表示节点 v_i 的特征。图 G 的拓扑结构可以用邻接矩阵 A 表示，其中 $A_{i,j}=1$ 时代表 $e_{i,j}\in E$。

邻接矩阵的稀疏性能够使其适用于离散算法，但却很难推广到统计学习方法中[28]。图嵌入（graph embedding）是一种将图表示在低维稠密空间中的有效方法，它将图中的每个节点表示为低维的稠密向量，之后可将这些向量用于分类、聚类、链路预测等任务。传统的图嵌入算法大多侧重于尽可能地保留图的结构信息，而大多忽略了节点本身的信息[29]。

GNN 是一种深度学习模型，它区别于其他深度学习模型的最大特点是可以同时对图的结构信息和节点信息进行计算。原始的 GNN 由 Gori 等在 2005 年提出[30]，它的计算原理是在图结构的指导下进行信息传播，简单来说即通过相邻节点状态的加权和来更新节点的隐藏状态。能够同时接受结构信息和节点信息作为输入并计算的特点使得 GNN 被用于图嵌入算法[29,31]。

本章采用基于 GNN 的图自动编码器（graph auto-encoder，GAE）[32]来进行图嵌入得到节点的向量表示，模型结构如图 13-8 所示。

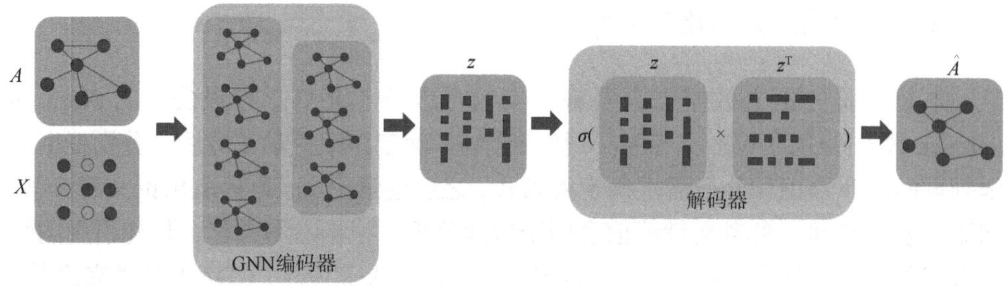

图 13-8　GAE 模型结构

编码器由两层的 GNN 构成，计算公式为

$$Z = \tilde{A}\ \mathrm{ReLU}\left(\tilde{A}XW_1\right)W_2$$

$$\tilde{A} = \tilde{D}^{-\frac{1}{2}}\dot{A}\tilde{D}^{-\frac{1}{2}}$$

式中，ReLU 表示神经网络中的非线性激活函数；特征矩阵 $X \in R^{n\times m}$，n 表示节点数量，m 表示节点特征的维数；$W_1 \in R^{m\times h}$，$W_2 \in R^{h\times d}$ 表示训练的参数，h、d 分别表示第一层和第二层隐藏层的维数，为可设置的超参数，d 决定了图嵌入后节点向量的维度。嵌入矩阵 $Z \in R^{n\times d}$ 是 GAE 的输出，它包含了图的结构信息和节点信息，其中第 i 行 z_i 是节点 v_i 的低维向量表示。$\dot{A} = A + I$，单位矩阵 $I \in R^{n\times m}$，邻接矩阵 $A \in R^{n\times m}$，GAE 模型只能够处理无向图，因此 A 是对称矩阵。$\tilde{A}$ 与邻接矩阵 A 相关，它决定了信息传递的方向。$\tilde{D}_{ii} = \sum_j \dot{A}_{ij}$；$\mathrm{ReLU}(x) = \max(0, x)$。

解码器的功能是利用通过图嵌入得到的节点向量去重构邻接矩阵，计算公式如下：

$$\hat{A} = \sigma(ZZ^{\mathrm{T}})$$

式中，$\sigma(x) = \dfrac{1}{1+\mathrm{e}^x}$。GAE 通过优化重构矩阵 $\hat{A} \in R^{n\times m}$ 与邻接矩阵 A 的相似度来训练，即训练目标是尽可能使得 $\hat{A}$ 与 A 同分布。当 GAE 训练完成后，可以对与训练数据节点特征意义相同的任意结构的图进行嵌入，且得到的节点向量同属于一个向量空间。这一性质是后续的簇团关联的保证。

本章使用论文引用网络和文本信息分别构造邻接矩阵和特征矩阵作为 GAE 的输入，在按时间切片的每一组数据上得到了相对应的节点向量，即论文向量。

2. *K*-means 聚类

本章使用 *K*-means 算法对论文进行聚类，输入为通过图嵌入得到的论文向量（图 13-7）。*K*-means 是经典的无监督聚类算法，它的优化目标是将给定样本集

$D=\{x_1,x_2,\cdots,x_n\}$ 划分到簇团 $C=\{C_1,C_2,\cdots,C_k\}$ 中，使得平方误差最小（图 13-8）：

$$E=\sum_{i=1}^{k}\sum_{x\in C_i}\left\|x-\mu_i\right\|_2^2$$

式中，$\mu_i=\frac{1}{|C_i|}\sum_{x\in C_i}x$ 表示簇团 C_i 的均值向量；类别数量 k 表示可以选择的参数。由于上式的最小化不易求解，因此 K-means 通过迭代优化来求近似解。步骤如下[33]。

（1）随机选取 k 个样本作为初始均值向量 $\mu=\{\mu_1,\mu_2,\cdots,\mu_k\}$。

（2）对每个样本点计算其到每一个均值向量的欧氏距离。

（3）将样本点归类到距离最近的均值向量对应的簇团中。

（4）根据步骤（3）的聚类结果更新均值向量。

（5）重复步骤（2）到步骤（4）直到满足收敛条件，即均值向量不再改变。

簇团代表着演化路径中的研究领域。计算出每个簇团中各科学领域论文所占比例，两个或多个科学领域的论文占比较为均匀的簇团即融合簇团。

（三）领域融合路径的智能识别

簇团关联是指对按年份切片的论文数据进行聚类后，每一年得到 k 个簇团，作为技术路径上的节点。计算簇团中论文向量的均值作为簇团向量，簇团向量综合反映了该簇团包含的论文的文本信息和引用信息。在相邻时间节点上，簇团的转换构成了融合的演化路径，按时间积累的引用网络是转换的保证[11,34]。

通过计算相邻年份上簇团向量的相似度来捕捉簇团间的转换关系，将相似度最高的簇团相连就构成了知识融合路径。本章采用欧氏距离衡量簇团间的相似度，距离越小则表明相似度越高。具体步骤如下。

（1）选择一个年份下的一个簇团。

（2）计算该簇团与下一年的所有簇团的欧氏距离。

（3）将该簇团与下一年距离最近的簇团连接。

（4）对所有年份下的所有簇团重复步骤（1）到步骤（4）。

根据上述步骤得到的知识融合路径展示了知识融合的演化过程。

簇团主题提取是为了能够确定簇团所代表研究的主题，本章采用 LDA 主题模型[35]进行主题词的提取。LDA 主题模型是一种无监督的提取语料库中隐含主题的方法，它将语料库中的每篇文档表示成 K 个主题的概率分布，每个主题又可表示成单词的概率分布。本章按照论文的所属领域，将簇团包含的论文分成四个部分，四个部分的主题词共同构成整个簇团的主题词。对每个部分提取主题词时，将其中所有的论文合并为一篇文档，仅考虑主题词在一个主题下的分布，即主题数 K=1。

三、数据收集

根据战略性新兴产业的类别划分，本章选择数控机床、信息技术、生物医药和太阳能四个领域进行具体分析，并识别知识融合路径。最后根据引用数量统计、主题词、论文占比等信息分析出融合簇团的主题以及融合程度。

按照各领域的涵盖范围和在战略性新兴产业中的侧重确定检索的关键词，并将检索的时间设定为 1997~2019 年，数据库选择 Web of Science 核心合集数据库，其中包括 SCI-Expanded、SSCI、A&HCI、CCR-Expanded 等数据库[①]（表 13-1）。

表 13-1　各领域检索式

领域	检索式	论文数量/篇
数控机床	TS=（"machine tool" OR "NC machine" OR "numerical control machine" OR "computer numerical control" OR "numerical control" OR "digital control" OR "NC system" OR "numerical control system" OR "NC technology" OR "numerical control technology"）	15 475
信息技术	TS=（"Information Technology" OR "electronic engineering" OR "electric engineering" OR "software engineering" OR "artificial intelligence" OR "Telecommunications"）	75 422
生物医药	TS=（"biological medicine" OR "bio-pharmaceutical" OR "biomedicine" OR "biopharmacy" OR "Biotechnology" OR "biological pharmacy" OR "biopharming"）	28 274
太阳能	TS=（（"solar energy" OR "solar power"）AND（"electricity generation" OR "power generation" OR "photovoltaic"））	11 355

为了减少论文数据噪声带来的干扰，检索式下的 Web of Science 类别设置为按照数量排名的前十类别，并将同属于两个或多个领域的论文从检索的数据中剔除。从图 13-9 中可以看出数控机床的论文数量保持稳定的增长；信息技术无论是论文数量，还是增长速率都远高于其他领域，且增长率还在逐步增加，在 2019 年论文数量达到了 75 422 篇；生物医药的论文增长速率在 2009 年之后有明显提升；太阳能的论文数量在 2008 年以前较少，少于 1000 篇，在 2010 年后论文数量迅速增加。

对论文数据按照一年的时间间隔进行积累形式的切分，即以某一年进行切分表示提取出截至该年发表的论文作为一组数据，并提取出论文的标题、摘要、发表时间、参考文献等信息用于后续分析。

---

① SCI-Expanded 表示 science citation index expanded，科学引文索引扩展版；SSCI 表示 social sciences citation index，社会科学引文索引；A&HCI 表示 arts & humanities citation index，艺术与人文科学引文索引；CCR-Expanded 表示 current chemical reactions expanded，化学反应扩展版。

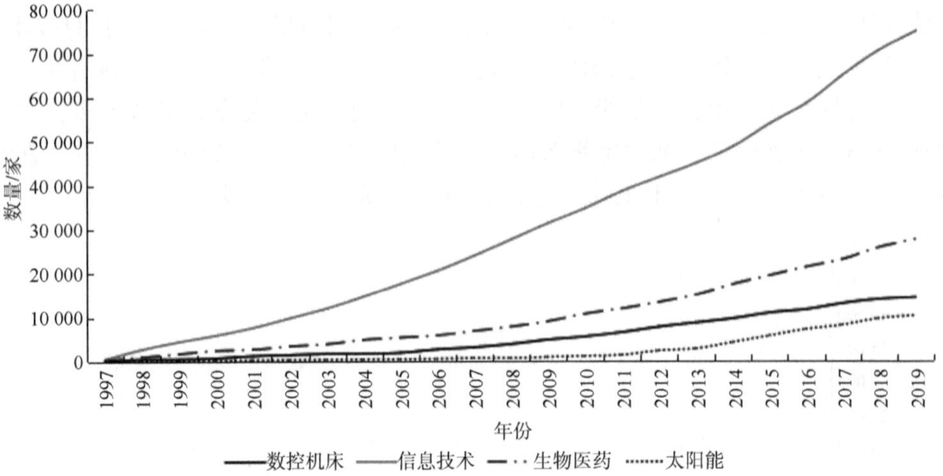

图 13-9　论文发表趋势

四、研究结论

（一）文献引用趋势分析

论文作为科学知识的载体，其通过参考文献信息构成的引用网络能够反映知识的流动。按照本章的研究框架，根据参考文献信息构造引用网络。在检索到的结果中，2000 年以前的论文数量较少，构成的网络十分稀疏，无法对其进行有效的分析，并且相邻年份的引用网络变化不大。

2000 年的引用网络十分稀疏，直到 2004 年才在信息技术和生物医药领域形成了具有一定规模的子网络。2008 年，四个领域都产生了一定规模的子网络，不同领域间的网络较为独立，2012 年跨领域引用开始变得明显，反映了跨领域的知识流动逐渐形成。随着时间的推进，引用网络的规模和密集程度进一步增大，跨领域的引用越来越频繁。2019 年，数控机床和信息技术之间的跨领域引用最频繁。

为了能够进一步分析引用信息，统计了领域内引用和跨领域引用的数量（图 13-10）。其中“A ← B”表示 A 领域的论文引用 B 领域的论文。图 13-10（a）展示了领域内的引用趋势，可以看出领域内的引用趋势与论文的发表趋势类似，2000 年以前四个领域的引用都很少，少于 5000 篇；2005 年引用数量逐年增加，增长率也逐步提升。图 13-10（b）展示了跨领域的引用趋势，到 2019 年，“数控机床 ← 信息技术”和“信息技术 ← 数控机床”是跨领域引用数量最多的两种形式，且明显多于其他形式，反映了两个领域的知识相互流动频繁。“太阳能 ←

数控机床”“太阳能 ←生物医药”“信息技术←太阳能”“太阳能←信息技术”这四种形式的引用较多，到 2019 年都超过了 130 篇，且都与太阳能领域有关。这体现出在四个领域中，太阳能领域的跨领域知识流动更为复杂，形式更多。“数控机床 ← 生物医药”和“生物医药 ← 数控机床”两种形式的引用最少，直到 2019 年，引用数量仍少于 30 篇，说明这两个领域之间几乎没有知识流动。

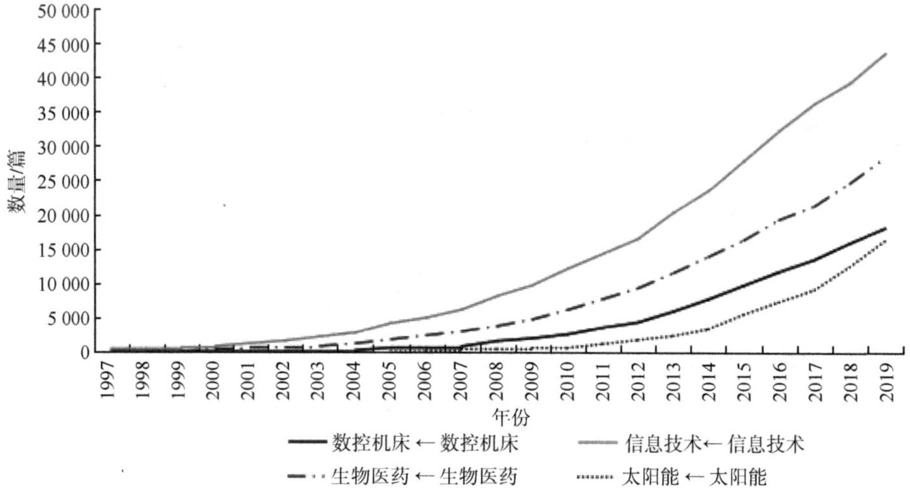

（a）领域内引用趋势

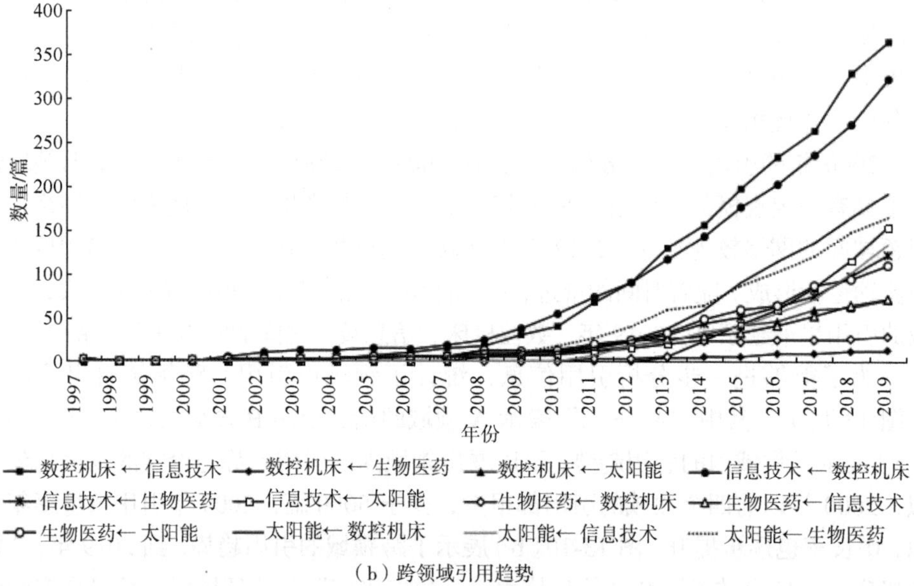

（b）跨领域引用趋势

图 13-10　引用趋势

（二）图自动编码器训练

按照本章的研究框架，使用图自动编码器聚合引用网络的结构信息和本章信息，将网络中的每篇表示为低维的稠密向量，之后用 *K*-means 算法对这些向量进行聚类。

研究将每一年的引用网络构造成邻接矩阵和特征矩阵用于图自动编码器的输入。邻接矩阵 $A \in R^{n \times n}$ 以论文的引用关系构造，n 表示引用网络中论文的数量，$A_{i,j}=1$ 表示第 i 篇论文与第 j 篇论文存在引用关系。由于忽略了引用关系的方向信息，A 为对称矩阵。将论文的摘要和题目合并作为论文的文本信息来构造特征矩阵 $X \in R^{n \times m}$，m 为论文的特征维数。检索得到的所有文本信息经过去除标点符号、停用词后，最终得到 9155 种单词。每个单词都可以用 9155 维的 one-hot 词向量表示，即该单词对应的维度值为 1，其余值为 0，则一篇论文表示所包含单词的词向量的和，即对应维度上的值为该单词在论文中出现的次数，以此构造了特征矩阵 $X \in R^{n \times 9155}$。

本章采用 Kipf 和 Welling[32]文献中的训练策略和参数设置。训练集中邻接矩阵 A 是不完整的，其代表的引用网络中的部分引用关系（边）已被随机删除，但特征矩阵 X 中的全部信息得到保留。将被随机删除的边和相同数量的非连接节点对作为验证集和测试集。设置迭代次数为 200，学习率为 0.01，第一层隐藏层维数为 32，第二层隐藏层维数为 16，并分别将 5%和 10%的引用关系作为验证集和测试集。使用 2008 年的引用网络构造的邻接矩阵和特征矩阵来训练图自动编码器。训练结束后得到的图自动编码器能够将引用网络嵌入到低维的空间中，论文（节点）可以表示成 16 维的向量，包含了引用信息和文本信息。

使用已训练的模型对每一年的引用网络进行嵌入，得到多组论文向量。需要注意的是，每篇论文自发表后的每一年都有不同的向量表示，这是引用结构的不同所导致的，但仍属于同一个向量空间。将得到的重构邻接矩阵 $\hat{A}$ 中对应元素的值作为测试集中引用关系的预测结果来评价图嵌入结果的可靠性。本章采用 AUC（area under the curve，曲线下面积）和 AP（average precision，平均正确率）两个指标[32]衡量预测准确性，如图 13-11 所示。AUC 取值范围是 0.5 到 1，越大表明预测结果越好；AP 取值范围是 0 到 1，越大表明预测结果越好。为了降低随机因素对结果的影响，一共进行了十次实验来取平均值。

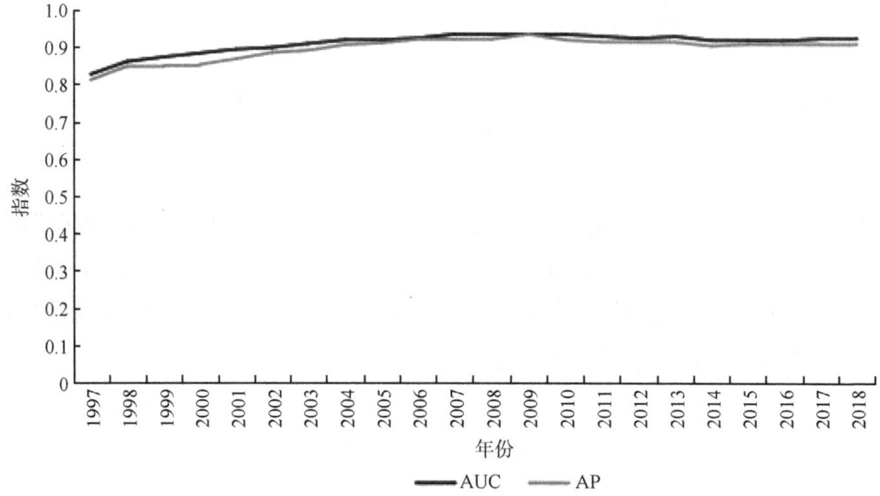

图 13-11　图嵌入结果评价

（三）基于文献数据的聚类方法

分别将得到的每一组论文向量作为 *K*-means 算法的输入进行聚类。理论上类别数设置得越大则对技术划分的粒度就越小，更利于分析，但类别数过大则会聚类出较多意义不明确的簇团。设置不同的类别数进行多次试验，发现当类别数大于 25 时，会产生多个论文数量占比小于 1%的簇团，因此将类别数设置为 25 较为合适。由于篇幅限制，仅展示识别出来的五条融合路上的簇团信息。

（四）知识融合路径识别与分析

根据簇团的论文占比情况，确定 2019 年中簇团 4、簇团 10、簇团 20 为融合簇团。绘制出这些簇团对应的融合路径（图 13-12）。为了能够更直观展示各路径上融合簇团的论文数量变化情况，绘制堆积图（图 13-13）。为确定每个簇团的研究主题和路径上主题的演化情况，使用 LDA 算法提取每个簇团的主题词。先将簇团包含的论文按领域分成四个部分，分别提取出四个部分的主题词，它们共同表示整个簇团的主题词。为排除簇图中的数据噪声干扰，因此只提取了簇团中论文占比超过 15%的领域的主题词。主题数设置为 K=1，超参数 α 、β 使用 Python 语言中 Gensim 库的默认设置。

两个指标在所有年份中都达到 0.8 以上，2005 年后达到了 0.9 以上。说明通过图自动编码器得到的论文向量具有较高的可靠性，能够在一定程度上反映论文所包含的引用信息和文本信息。

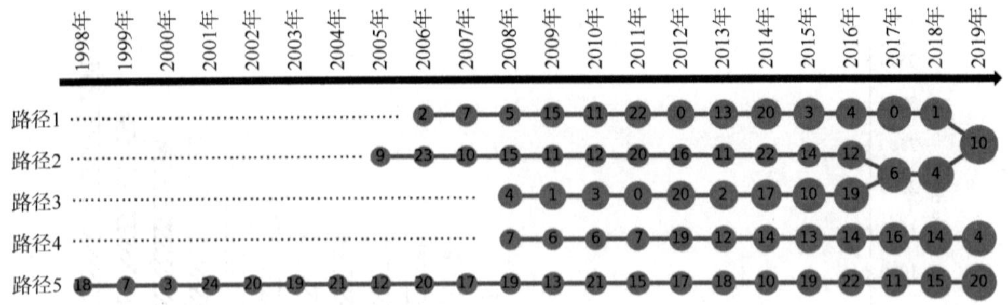

图 13-12　知识融合路径

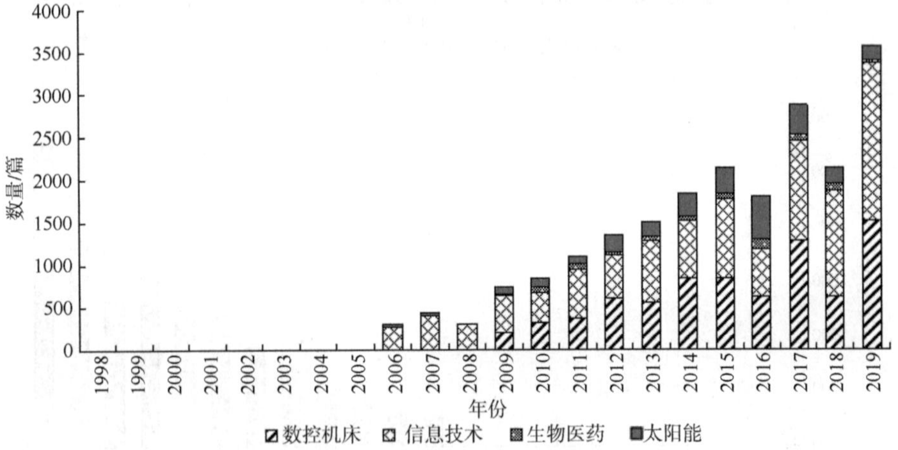

（a）路径1

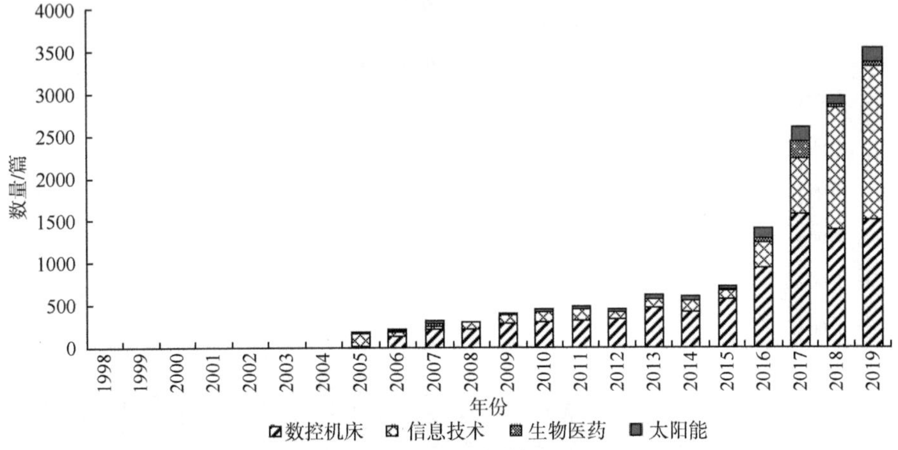

（b）路径2

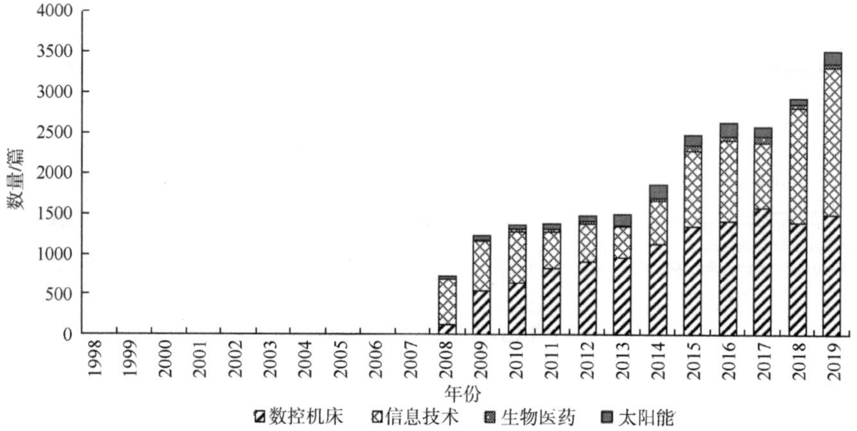

（c）路径3

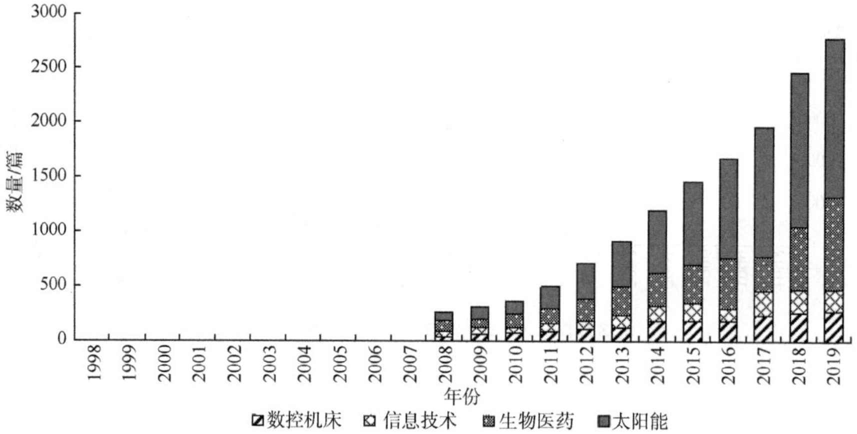

（d）路径4

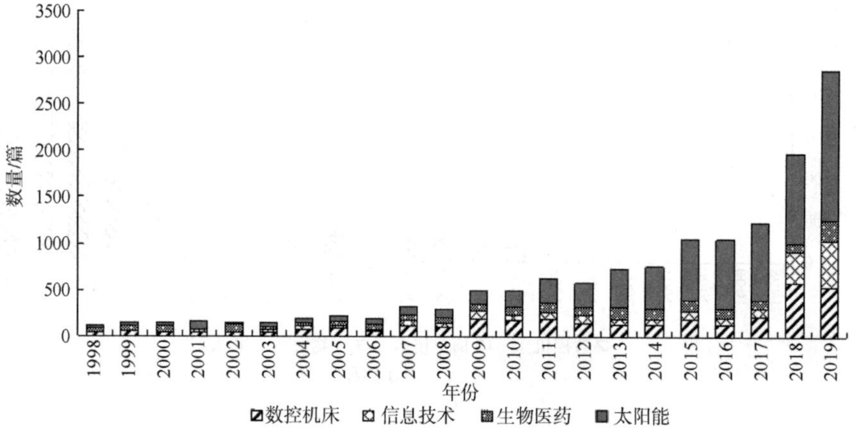

（e）路径5

图 13-13　融合路径上簇团变化情况

由图 13-12 看出，路径 1、路径 2 和路径 3 从 2007 年左右开始出现，并各自演化，到 2017 年和 2019 年合并，最终演化成为 2019 年的簇团 10。结合图 13-13（a）可以看出，路径 1 出现的前三年信息技术的论文占比都达到了 90%，几乎不包含其他领域的论文，到 2009 年数控机床论文占比变得明显，之后主要以数控机床和信息技术两个领域的论文为主。路径 2 在 2017 年以前（与路径 3 合并之前）以数控机床的论文为主，合并以后形成了数控机床和信息技术两个领域的论文占比均匀的融合簇团。路径 3 自出现以来，两个领域的论文占比都较为均匀。通过对主题词进行分析发现，三条路径中信息技术的主题词占主要地位的都是“intelligence”（智能）、“data”（数据）、“network”（网络）、“algorithm”（算法）；而数控机床的主题词则是“cutting”（切割）、“control”（控制）、“error”（误差），但三条路径仍有些差异，对比来看，路径 1 中“spindle”（主轴）重要程度相对更高，路径 2 则是“error”（误差），路径 3 则是“surface”（表面）和“milling”（铣削），反映出三条路径的主题各有侧重。根据主题词的含义，并结合簇团中包含论文的文本内容分析可得，由数控机床和信息技术两个领域融合而来的主要研究主题是“智能算法在运动控制、误差补偿、工艺规划等方面的应用”。

路径 4 从 2008 年开始出现，但最初阶段论文数量占比还较为均匀，数据噪声影响较明显，直到 2013 年以后才逐渐确定了路径上的簇团以生物医药和太阳能两个领域的论文为主。生物医药的主题词“synthesis”（合成）和“materials”（原料）的排位都越来越靠前；太阳能的主题词“energy”（能源）、“power”（功率）、“cells”（电池）、“storage”（存储）一直处在靠前的位置。分析路径 4 包含的论文，本章认为生物医药和太阳能领域间知识融合所产生的一项主要研究主题是“太阳能转换与电能储存中的合成材料”。

路径 5 在 1988 年就已经出现，但论文数量一直较少，且增长缓慢。2015~2019 年论文数量快速增长，首先以太阳能领域的论文为主，2018~2019 年数控机床和信息技术领域的论文占比突然增大，2019 年分别占比 56%、18%、18%。数控机床的主题词“energy”（能量）和“consumption”（消费）的排位都越来越靠前；信息技术的主题词排位靠前的是“data”（数据）、“algorithm”（算法）、“neural”（神经系统）、“network”（网络）；太阳能的主题词排位靠前的是“energy”（能源）、“power”（功率）、“photovoltaic”（光伏）。结合路径 5 的主题词分析所包含的论文发现，数控机床与信息技术相融合形成的主要研究主题之一是“智能算法在优化机床能量效率中的应用”；太阳能与信息技术相融合形成的主要研究主题之一是“智能算法在光伏发电功率预测中的应用”，而太阳能与数控机床相融合主要体现在电流、电压的转换、控制方法和元件设计上，如最大功率点跟踪方法、电源逆变器设计等。

（五）研究小结

1. 信息技术与制造业的深度融合趋势明显

信息技术与数控机床的融合较深，出现了四条相关的融合路径，并且这两个领域的互引数量较多。在 2017~2019 年都出现了两者论文占比比较均匀的簇团，如 2019 年的簇团 10，数控机床和信息技术的占比分别为 42%和 52%，2018 年的簇团 4 为 47%和 49%。且两个领域融合范围也较广，涉及数控机床中的运动控制、误差补偿、工艺规划、能源效率优化等多个子领域。相比之下，信息技术与太阳能的融合深度和广度不及信息技术与数控机床，以太阳能领域为主导的路径 5 在 2018 年和 2019 年才出现信息技术占比超过 15%的簇团。从图 13-10（b）看出，两个领域的跨领域互引在 2011 年以前几乎没有，之后逐渐出现，到 2014 年开始迅速增加，且增长速率逐年变大。因此本章认为信息技术与太阳能融合开始的时间较晚，其融合的深度和广度不够，但有很大的融合潜力。数控机床与太阳能融合的情况同信息技术与太阳能的类似。

从图 13-13（d）看出，在生物医药与太阳能的融合路径（路径 4）上，无论是论文数量的增长幅度，还是两个领域的占比变化范围都相较于其他路径更小，没有明显的波动，当 2019 年生物医药与太阳能的占比分别为 30%和 52%，融合程度较深。因此本章认为短期内两个领域的融合发展趋势仍将维持现有的状态，继续稳定发展，这一过程中融合也将逐步加深。研究同时发现，数控机床和生物医药的论文互引数量直到 2019 年都不超过 30 篇，且增长十分缓慢，并且未识别出两个领域占比均匀的稳定演化的路径。可以预见，短期内两个领域几乎不会产生融合。

2. 产业融合具有特定规律，应分类施策

本章将领域的知识融合程度分为三类：①深度融合，将继续融合——信息技术与数控机床、生物医药与太阳能；②产生一定程度的融合，且有较大的融合潜力——数控机床与太阳能、信息技术与太阳能；③没有融合，且短期内不会产生融合——数控机床与生物医药。

同时，本章采用基于 GNN 的聚类方法，从知识融合路径的角度分析融合过程，并选取战略性新兴产业中的数控机床、信息技术、生物医药和太阳能四个领域进行实证分析，分析了四个领域相互融合的程度与潜力。对于未来技术预见与规划研究，本章研究有三方面的意义。第一，提出一种基于引用网络和文本信息

的多领域知识融合路径分析方法，本方法针对现有研究中对引用信息和文本信息利用方式的不足，采用 GNN 在算法层面综合利用这两类信息，从而减少只利用一种信息分析而带来偏误。第二，本章提出的分析方法能够有效地识别出知识融合路径，并得到可视化的引用网络、引用数量统计、融合簇团主题词等丰富的结果，最终根据这些结果分析出选定领域知识融合产生的主要研究主题，以及三类知识融合程度。第三，本章具体分析战略性新兴产业中数控机床、信息技术、生物医药和太阳能四个领域的知识融合情况，最终依据融合程度分为深度融合、产生一定程度的融合、没有融合三类。分析结果能够帮助相关领域的学者和从业人员迅速了解领域融合发展的历程和最新动态，把握未来领域发展方向，为政策制定提供支持。

第三节　对策建议

同时，基于数据驱动分析，本节针对促进我国战略性新兴产业发展，尤其是对高端装备制造、新医药和新能源产业的发展，提出以下政策建议。

一、继续鼓励广泛使用数控设备，并向网络化范式转型

在大力推动制造业智能化转型升级，面向中长期推进制造业高质量发展的大战略背景下，本章研究印证了我国将智能制造作为建设制造强国的主攻方向的合理性和必要性。建议在后续推动我国制造业转型升级和高质量发展的进程中，相关行业主管部门应坚定不移地继续鼓励并扶持制造企业结合产业特点广泛采用数控设备，完成对数字化制造范式的补课。与此同时，在数字化范式的基础上，鼓励企业将数控设备等设备与新一代信息技术相结合，加快从数字化范式向网络化范式的转型。

二、继续设计产业政策，加速推动新能源技术的应用

太阳能光伏与信息技术和数控设备两个领域的融合程度较高，但融合速度相对较慢。在我国大力推动工业节能减排、保护环境的时代背景下，加快太阳能光伏等新能源技术在两个技术领域的应用与融合发展具有重要的战略和社会意义。因此，建议出台相应优惠政策，鼓励太阳能光伏等新能源技术在制造业和信息通信行业的应用。

三、积极应对疫情后复产复工，提高生物医药领域的数字装备水平

数控设备与生物医药领域的技术融合相对匮乏。目前我国生物医药行业发展处于稳步增长阶段，在中药和西药的研发与生产环节中已经开始逐步加大对数控设备的应用，从而提高生产效率并通过减少人员参与创建无菌环境。因此，加大促进生物医药和数控设备领域的技术融合是十分必要的。建议生物医药研发制造主管单位鼓励企业引进数控设备，提高医药产品的品质和生产效率，加快我国生物医药行业的发展进程。

第四节　本 章 小 结

总的来说，技术路线图是一种可以有效支撑国家战略性新兴产业规划的方法，但是过往的技术路线图在制定实践过程中，单纯依赖专家研讨，缺乏客观数据的支持，易存在主观偏误性，导致战略性新兴产业领域中的技术发展预见、国家战略规划和相关行动计划的脱节。因此，需要技术大数据分析与挖掘支持的专家交互技术路线图制定流程。通过构建技术体系与扫描技术发展态势、制定技术预见清单、问卷调查与专家研讨、制定技术路线图等步骤，支持专家知识与客观数据分析进行多轮交互，帮助专家意见快速收敛，从而更准确地把握未来技术发展方向。该流程与方法对战略性新兴产业战略发展与技术路线图制定有重要支撑作用，专家知识与数据分析的交互，能够有效降低技术预见分析过程中的主观偏误性，有效地将专家知识和技术客观发展规律相连接，并通过路线图的形式支持战略性新兴产业领域的国家战略规划，最终以政策建议辅助落实行动计划。

参 考 文 献

[1] Pirozhkova S. Technological forecasting as a prerequisite for successful country specialisation[J]. Economic Annals-XXI，2017，164（3/4）：53-55.

[2] Blind K，Cuhls K，Grupp H. Current foresight activities in Central Europe[J].Technological Forecasting and Social Change，1999，60（1）：15-35.

[3] 刘宇飞，周源，廖岭. 大数据分析方法在战略性新兴产业技术预见中的应用[J]. 中国工程科学，2016，18（4）：121-128.

[4] Lee S，Lee S，Seol H，et al. Using patent information for designing new product and technology：

keyword based technology roadmapping[J]. R&D Management，2008，38（2）：169-188.

[5] Kim E，Cho Y，Kim W. Dynamic patterns of technological convergence in printed electronics technologies：patent citation network[J]. Scientometrics，2014，98（2）：975-998.

[6] Hacklin F，Marxt C，Fahrni F. Coevolutionary cycles of convergence：an extrapolation from the ICT industry[J]. Technological Forecasting and Social Change，2009，76（6）：723-736.

[7] Curran C S，Bröring S，Leker J. Anticipating converging industries using publicly available data [J]. Technological Forecasting and Social Change，2010，77（3）：385-395.

[8] Hacklin F. Management of Convergence in Innovation[M]. Heidelberg：Physica-V erlag，2008.

[9] Cho Y，Kim E，Kim W. Strategy transformation under technological convergence：evidence from the printed electronics industry[J]. International Journal of Technology Management，2015，67（2-4）：106-131.

[10] 周源，董放，刘宇飞. 融合新兴领域知识融合过程研究——以生物信息领域为例[J]. 图书情报工作，2019，63（8）：127-134.

[11] Zhou Y，Dong F，Kong D J，et al. Unfolding the convergence process of scientific knowledge for the early identification of emerging technologies[J]. Technological Forecasting and Social Change，2019，144：205-220.

[12] Song B，Suh Y. Identifying convergence fields and technologies for industrial safety：LDA-based network analysis[J]. Technological Forecasting and Social Change，2019，138：115-126.

[13] Lee K. Patterns and processes of contemporary technology fusion：the case of intelligent robots[J]. Asian Journal of Technology Innovation，2007，15（2）：45-65.

[14] Dosi G. Technological paradigms and technological trajectories：a suggested interpretation of the determinants and directions of technical change[J]. Research Policy，1982，11（3）：147-162.

[15] Curran C S，Leker J. Patent indicators for monitoring convergence - examples from NFF and ICT[J]. Technological Forecasting and Social Change，2011，78（2）：256-273.

[16] Kose T，Sakata I. Identifying technology convergence in the field of robotics research[J]. Technological Forecasting and Social Change，2019，146：751-166.

[17] 李丫丫，赵玉林. 基于专利的技术融合分析方法及其应用[J]. 科学学研究，2016，34，（2）：203-211.

[18] 苗红，宋昱晓，黄鲁成. 基于知识流动网络评价的技术融合趋势研究[J]. 科技进步与对策，2018，35（6）：131-139.

[19] No H J，Park Y. Trajectory patterns of technology fusion：trend analysis and taxonomical grouping in nanobiotechnology[J]. Technological Forecasting and Social Change，2010，77（1）：63-75.

[20] 邱均平，杨强. 技术融合的计量分析——以 4 种新兴信息技术为例[J]. 图书情报工作，2014，58（14）：90-97.

[21] Kim N，Lee H，Kim W，et al. Dynamic patterns of industry convergence：evidence from a large amount of unstructured data[J]. Research Policy，2015，44（9）：1734-1748.

[22] Kim D H，Lee H，Kwak J. Standards as a driving force that influences emerging technological trajectories in the converging world of the Internet and things：an investigation of the M2M/IoT

patent network[J]. Research Policy，2017，46（7）：1234-1254.
[23] Zhou J，Cui G Q，Hu S D，et al. Graph neural networks：a review of methods and applications [J]. AI Open，2020，1：57-81.
[24] Wu Z H，Pan S R，Chen F W，et al. A comprehensive survey on graph neural networks[J]. IEEE Transactions on Neural Networks and Learning Systems，2021，32（1）：4-24.
[25] Battaglia P W，Hamrick J B，Bapst V，et al. Relational inductive biases，deep learning，and graph networks[EB/OL].https://qiniu.pattern.swarma.org/pdf/arxiv/1806.01261.pdf[2020-07-24].
[26] Li Y，Yu R，Shahabi C，et al. Diffusion convolutional recurrent neural network：data-driven traffic forecasting[EB/OL]. https://ui.adsabs.harvard.edu/abs/2017arXiv170701926L[2022- 10-21].
[27] Kipf T N，Welling M. Semi-supervised classification with graph convolutional networks [EB/OL]. https://arxiv.org/abs/1609.02907[2016-09-09].
[28] Perozzi B，Al-Rfou R，Skiena S. DeepWalk：online learning of social representations[EB/OL]. https://arxiv.org/abs/1403.6652[2014-06-27].
[29] Pan S，Hu R，Long G，et al. Adversarially regularized graph autoencoder for graph embedding [EB/OL]. https://www.ijcai.org/Proceedings/2018/362[2022-10-21].
[30] Gori M，Monfardini G，Scarselli F. A new model for learning in graph domains[R]. 2005 IEEE International Joint Conference on Neural Networks，2005：729-734.
[31] Yu W C，Zheng C，Cheng W，et al. Learning deep network representations with adversarially regularized autoencoders[R]. The 24th ACM SIGKDD International Conference on Knowledge Discovery & Data Mining，2018：2663-2671.
[32] Kipf T N，Welling M. Variational graph auto-encoders[EB/OL]. https://ui.adsabs.harvard.edu/abs/2016arXiv161107308K[2022-10-21].
[33] 周爱武，于亚飞. K-Means 聚类算法的研究[J]. 计算机技术与发展，2011，21（2）：62-65.
[34] 周源，杜俊飞，刘宇飞，等. 基于引用网络和文本挖掘的技术演化路径识别[J]. 情报杂志，2018，37（10）：76-81.
[35] Blei D M，Ng A Y，Jordan M I，et al. Latent dirichlet allocation[J]. Journal of Machine Learning Research，2003，3：993-1022.

第十四章　新兴产业创新发展政策建议

第一节　重视应用基础研究，培育技术创新体系

一、加强应用基础研究，促进群体性技术的涌现

对于发展方向较明确、产业化周期短的应用基础性技术，应提升与其相关配套技术的培育研发能力。一方面，通过产业园区、示范性基地、科技孵化等机构，加强新兴技术的应用转化能力；另一方面，不断完善产业集群的功能，以政府为主导，以大型企业为核心，提升周边中小企业创新能力，营造推动群体性技术涌现的联盟环境。

二、对标市场需求，提高新兴技术的应用效率

现阶段，我国新兴市场技术创新能力不断加强，新兴技术不断涌现，然而新技术的产生与市场需求脱节，表现为大量技术成果难以转化为现实生产力，技术创新活动难以实现经济效益，大量技术资源浪费[①]。因此，应以市场需求为导向，完善新兴产业的研发、实验试制、生产创新链；同时，加强技术产业链上各主体间沟通效率，弱化信息不对称现象，提高新兴技术市场应用效率，从而满足市场新需求。

三、加快推进共性技术平台建设

着眼于解决产业面临的共性技术问题，围绕关键核心技术的研发和系统集成，充分发挥企业、高校、科研院所的作用，建设若干资源共享优势互补的国家

① 《人民日报新知新觉：激发企业自主创新的活力》，http://opinion.people.com.cn/n1/2017/0815/c1003-29469891.html[2017-08-15]。

级共性技术平台，完善国家重大科研基础设施共享机制。加强共性技术平台的专业化和市场化运行，通过为产业提供技术供给、产品设计、分析测试、验证试验、特殊装备使用、市场信息等公共服务，带动产业整体具备向价值链高端提升的能力。

第二节　转变政府监管方式，激发市场创新活力

一、厘清政府与市场的关系

在创新全球化加速创新要素的全球流动时，哪里创新环境好，创新要素就向哪里流动。因此，政府的主要任务是从国家层面构建开放的创新体系，营造有利于开放创新的生态环境。消除阻碍创新要素流动的制度因素，有效利用和整合国内外的创新资源，提高创新能力和水平。例如，取消资金流进流出的障碍，促进创新要素双向流动；搭建促进开放创新的公共平台，如产学研合作的共性技术研发平台；建立鼓励创新、包容的市场监管体系，多用环境、安全、质量等社会标准引导研发和投资，减少行政审批项目和政府选择技术路线，根据国情及时制定环境、节能、质量、安全等标准，营造各种所有制、各种技术路线和各种规模企业公平竞争获得创新要素的机会。微观层面的开放式创新则是由企业根据竞争需要和成本效益原则，选择合作创新模式。

二、通过适应性监管模式，激发市场创新活力

新兴产业的发展，不仅要考虑到传统产业的成本、收益问题，还要考虑到技术及产业发展的风险问题。决策者不仅仅追求效率最大化，还要把风险控制到尽可能低的水平，或者可接受的程度。所以，适应性治理的目标是多元化的。首先，适应性规制在一定程度上，要依靠互联网和大数据基础，从大数据中掌握事物发展的内在规律。其次，应加强政府与创新主体的协同治理能力，在规制政策的制定过程当中，跟企业、用户和其他利益相关方进行沟通。最后，在具体制定规制政策时，方向要“明”，下手要“轻”，发挥创新政策四两拨千斤的作用。

三、优化行业监管体系

完善市场准入和退出机制，加强政府管控力度，由政府机构、专家库及其他

第三方机构联合组成多方监管体系，提升中央与地方政府沟通效率，合理发挥各级政府的约束作用。加强新一代信息产业、新能源汽车产业、生物质能源产业、太阳能产业、风能产业行业监管和政策引导，促进政策的持续优化，推进产业有序发展。

第三节　完善成果转化机制，提升科技转化效率

一、加强关键核心技术的自主创新

政府引导、构建一批“互联网+智能制造”创新中心，建立产业互联智能制造创新中心、云制造创新中心、智能网联汽车创新中心、装备大数据创新中心、机器人应用创新中心、产业金融创新中心等；加快促进高等院校、科研院所、骨干企业强强联合，组建国家智能装备创新研究基地，落实智能制造、高档数控机床与基础制造装备国家科技专项。依托重点企业、科研院所和高等学校联合组建产学研用一体的国家级风电技术创新平台，开展风能利用基础理论研究、关键共性技术研究和重大战略研究，加速推进太阳能电池技术和实证实验技术公共研究平台建设。

二、完善产学研合作和技术转移机制

积极从法律和制度两个维度推动产学研合作创新，建立产学研合作的直接支持性政策，对产学研在合作中的责权利归属进行明确界定，促成优势互补、分工明确、成果共享、风险共担的开放式合作模式。促进产学研合作从短期、松散、单项技术的合作逐步转向在知识生成、技术研发、产业示范与商业化中的紧密稳固的合作关系。大力推进技术转让中心的建设，完善技术转移平台，创新专利经营的模式，落实专利的转化实施，激发创新的潜力、动力和活力，促进从研究开发到产业化的有机衔接，加快创新成果的产出和转化应用。吸引国外创新孵化器和技术转移机构来中国开展业务，合作建立技术转移平台，开展技术转移服务。

三、加强创新城市和创新园区等区域创新合作

构建国际化区域协同创新平台，在创新城市和创新园区之间进行对接；推动创新园区、创新城市及创业孵化器建设，增强各地区的区域创新合作能力。建议

在全国科技创新中心建设城市、全面创新改革试验区和自主创新示范区等区域，加大对开放创新改革的探索力度。加大开放创新改革先行先试力度，重点针对区域创新环境与国际规则接轨、地方科技计划开放、海外人才吸引机制、合作建立研究机构和产业合作园区等方面进行先行先试。

第四节　构建产业示范基地，促进新兴技术扩散

一、加强应用示范基地及示范工程建设

选择在航空航天、生物医疗、能源动力、汽车、文化创意等增材制造重点应用领域，建立增材制造装备研制及应用的示范基地；大力实施工业机器人产业细分行业应用示范工程，推进产业化发展；打造一批国际一流的标志性“互联网+智能制造”示范工厂，有序建设一批大型煤制油、煤制烯烃、煤制气等示范项目，加快煤层气示范区建设，并给予示范区以政策扶持；打造一批基于宽带移动互联网的智能汽车与智慧交通应用示范城市，加快产业化推广；加快数字创意产业园区建设。推动新兴技术在市场中的扩散，提升新兴技术扩散、利用效率。

二、营造良好市场环境，拓展、培育高端消费市场

继续以医保、医药、医疗的“三医联动”来推动医改，为生物医药产业发展提供强有力的“三医联动”的组织保障体制机制，高效科学地推动创新生物技术和产品的应用。开拓智能机床市场或升级现有的智能机床市场，带动低端机床的升级改造和淘汰更新，极力拉动国内机床的内需，带动高端机床产业的快速升级。培育、拓展新材料消费市场，特别是高端市场，以需求带动发展，推动企业上档次、上规模。发展增材制造服务中心，推广增材制造技术应用，营造产业发展的良好环境。推动新能源汽车产业政策公开、透明、可持续化。

三、建立和完善高端装备首台（套）保险机制和示范应用制度

建立轨道交通高新技术产品、智能机床与基础制造装备首台（套）示范应用机制，加强整机与成套装备研发与生产，对研制企业、首家单位应该进行专项补贴或者税费减免，推动配套设备及高端装备维修、支援、租赁、服务等产业配套体系建设，在国防系统技术改造及国家重点工程等设备招标中，应该采取安全性

一票否决制，以保障国家安全。

第五节　创新财税金融支持，解决企业融资难题

一、设立战略性新兴产业专项资金

加大重大创新资金投入，运用多种财税激励政策，集中支持重大产业创新发展工程、重大应用示范工程等。设立国家集成电路产业投资基金，重点支持集成电路等产业发展，促进工业转型升级，支持设立地方性集成电路产业投资基金；鼓励有条件的地方设立“互联网+”智能制造专项资金；加大我国生物制药产业的资金投入，建议整合政府科技计划（基金）和科研基础条件建设等资金，设立“国家生物产业发展基金”；设立地热资源开发利用专项补贴基金，扶持地热资源开发利用；设立国家数字创意发展基金，鼓励和支持数字内容创作和数字创意技术装备研发。

二、创新投融资模式

加强科技、财政、税收、金融等政策的协调，实现科技创新与金融创新的相互促进。在金融政策方面，实施鼓励创业投资发展的政策，创新信贷方式，建立适应新兴产业发展特征和支持中小企业发展的多元化多层次融资体系。创新科技金融服务模式，为科技企业提供全方位、专业化、定制化投融资解决方案。综合运用创业投资、风险分担、保费补贴、担保补助、贷款贴息、产业引导基金等多种方式，引导金融机构加大对科技企业的融资支持。

三、加大对创新型中小企业支持力度

中小企业是技术创新的重要源泉和核心力量，在技术开发、商业模式创新方面起到独特的作用。政府应加强投融资体系构建，为中小企业提供充足、可靠和稳定的资金保障。通过综合运用贷款贴息、风险投资、偿还性资助等多种投入方式，鼓励政策性银行设立专项基金，引导商业性金融机构为中小企业战略性新兴产业项目提供融资服务。构建中小企业公共服务平台，为中小企业提供相关信息及技术服务，探索激励中小企业创新的机制，进一步提高其创新动力，激发其创新活力，强化中小企业的技术创新优势。

第六节 不断吸纳行业人才，创新人才激励机制

一、大力引进和培养复合型人才

在人才政策方面，应加强高校战略性新兴产业相关专业学科的建设。大力培养和引进跨学科的科技、产业人才，通晓专业技术以及管理方法的工程管理人才。探索建立创新型、应用型、技能型的人才培养模式。鼓励和引导教育部门培养大批能熟练掌握先进技术、工艺和技能的高级技术人才。深化产教融合、校企合作，探索中国特色学徒制，持续完善职业教育体制机制，加快培养产业紧缺的新型复合型人才。

二、优化人才激励机制

根据行业、企业需求，制定人才激励机制。一方面，构建充分体现知识、技术等创新要素价值的收益分配机制，完善科研人员职务发明成果权益分享机制；另一方面，完善多元主体参与的战略性新兴产业人才评价、评估制度，健全以创新能力、质量、实效、贡献为导向的科技人才评价体系。

三、建立战略性新兴产业人才工作联动机制

不断完善战略性新兴产业人才工作联席联动机制，形成系统科学、部门联动的产才融合推进模式。切实推动战略性新兴产业专项人才规划的推进落实，鼓励、完善“双招双引”联动机制，同步打造战略性新兴产业高地、人才高地和创新高地。

第七节 广泛开展国际合作，布局全球创新体系

一、加强产业资源整合、提升国际竞争力

改善企业的规模结构，突出国家对重点行业的聚焦支持，防止出现“投资碎片化”。建议从国家层面加强轨道交通装备企业和其他科研单位的整合力度，助推中国机车车辆产业形成统一品牌，强势发展；提高工业机器人产业集中度，推

进机器人产业的集群化发展，并大力培育具有国际竞争力的工业机器人龙头骨干企业；改善生物制药业的产业结构和行业结构，加快资产重组或企业重组的步伐，建立起大公司、大集团、大医药的产业格局；提高新材料产业集中度，推动优势企业实施强联合、跨地区兼并重组、境外并购和投资合作，加快培育具有国际竞争力的企业集团。

二、充分利用各种渠道和平台，探索各种对外合作模式

加强与美欧等航空产业发达的地区合作，从国家层面推动中国、俄罗斯两国民用航空管理当局的合作进程。建设我国卫星及应用产业的全球化运营服务体系，进一步加强“一带一路”共建国家的卫星应用国际合作关系。加强海洋工程装备产业相关领域的国际合作和技术交流。支持国内增材制造骨干企业紧跟全球发展步伐，加快融入增材全球产业链。支持和鼓励互联网企业联合制造、金融、信息技术、通信等领域的企业“走出去”。依托国际重大合作项目，推动我国先进风电技术装备“走出去”。

三、充分利用全球科技成果、智力资源和高端人才

以更开放的创新政策，主动融入全球创新体系，充分利用全球创新资源。实施创新人才发展全球战略，加强高层次创新人才培养，鼓励采取核心人才引进和团队引进等多种方式引进海外人才。充分发挥行业协会、科研单位和大学的作用，共同建立战略性新兴产业人才体系，加强研发、生产和应用的国际合作和交流。建立跨领域“π”形人才培养体系，在国家人才计划中进一步加大对引进海外“互联网+”领域高端人才的支持力度。

四、建立与国际规则接轨的创新政策体系

扫除创新要素流动的制度性障碍，为企业融入新兴产业全球创新发展体系提供引进来和走出去的便利条件，促进创新要素的双向流动，有效利用全球科技资源，提高创新质量和效率。增强国内创新政策与国际规则的协调性。创新政策的资助、贷款和税收减免等政策工具应与国际形势和贸易规则相适应，以减少贸易争端，维护公平竞争的市场环境。